묵 시 록 해 설 [8]

―묵시록 9장 1-21절 영해(靈解)―

예 수 인

묵시록 해설 [8]
―묵시록 9장 1-21절 영해(靈解)―

E. 스베덴보리 지음
이 영 근 옮김

예 수 인

THE APOCALYPSE EXPLAINED

by

EMANUEL SWEDENBORG

차 례

옮긴이의 머리말[1] · 13
옮긴이의 머리말[2] · 17

묵시록 9장···21
  제 9장 본문(9장 1-12절) · 21
  제 9장 상세한 영적인 해설(9장 1-21절) · 23

옮긴이의 머리말[1]

작금의 기독교계에서 이해하기 가장 어려운 성경책이 있다면 아마도 ≪묵시록≫일 것입니다.

많은 교회들이나, 그 교회에 속한 사람들은 ≪묵시록≫이 성경의 편집 구조상 "마지막 책"이기 때문에, 앞서의 성경책의 내용의 결론처럼 생각하고 있습니다. 따라서 이른바 그들의 말세사상(末世思想)에 입각(立脚)해서 묵시록서를 이해하고, 해설하고 있습니다. 우리가 잘 알고 있듯이, 그들의 "말세사상" 또는 "말세론적인 가르침"은 한마디로 "이 세상이 끝이 나고, 새로운 세상이 도래(到來)한다"는 것입니다. 뿐만 아니라, 여기에다 말도 되지 않는 이른바 "세상창조 6,000년 설"을 꿰맞추어서 ≪묵시록≫의 말씀을 해석하기 때문에, 그들은 온갖 그릇된 교리(敎理)를 날조(捏造)하게 되었습니다.

이와 같이 날조된 허무맹랑(虛無孟浪)한 종지(宗旨)나 미망(迷妄)은 소위 사이비 기독교(似而非基督敎) 또는 사이비교회(似而非敎會)를 양산(量産)하는데 일조(一助)하는 결과를 빚고 말았습니다. 이런 고약한 짓을 서슴치 않고 자행(恣行)하는 자들을 우리 주님께서는 "교회의 마지막 때"(=시대의 종말)에 창궐(猖獗)할 "거짓 그리스도들" "거짓 예언자들"이라고 말씀하셨습니다(마태 24 : 24).

저자 스베덴보리 선생님께서는 이 책 즉 ≪묵시록 해설≫에서 이런 것들이 야기(惹起)된 근본적인 원인들로 크게 "두 가지"를 지적하고 있는데, 그 첫째는 성경말씀(聖言)에 대한 그릇된 이해의 오류(誤謬)이고, 그 둘째는 교회에 대한 그릇된 신념(信念)이라고 하였습니다.

먼저 성경말씀에 대한 근본적인 이해의 오류에 관해서 말씀드리겠습니다. 저자는 그의 수많은 저서 곳곳에서 언급, 주장하고 있듯이, 성경말씀은, 그것의 겉 뜻인 문자적인 뜻(文字意)과 그 문자 속에 숨겨져 있는 영적인 뜻(靈意)으로 이루어졌다는 것입니다. 이 두 뜻의 관계는 마치 우리 사람의 경우에 비교한다면, 바로 전자는 우리의 육체이고 후자는 우리의 영혼이다는 관계와 같다는 것입니다. 성경말씀(聖言)이 그와 같이 이루어져야만 하는 것은, 태초 전부터 존재한 말씀(聖言)이 이 세상, 즉 시간(時間)과 공간(空間) 안에 존재하기 위해서는 반드시 시공(時空)적인 매체(媒體)를 사용할 수밖에 없었는데, 그 매체가 바로 문자

(文字)요, 문체(文體)이기 때문입니다. 이런 사실을 요한복음서는 "말씀이 육신이 되어 우리 가운데 사셨다"(요한 1 : 14)고 선포하고 있습니다. 그리고 저자는 이 책 여러 곳에서 주님께서는 "모든 것들 안에 존재하는 모든 것"이라고 하였고, 그리고 주님께서는 궁극적인 것 안에 존재하신다고 설파(說破)하였습니다.

이 책을 읽는 독자들께서는 저자가 이 책에 기술한 이른바 성언(聖言)의 문자적인 뜻과 영적인 뜻에 관해서 밝히 아시겠지만, 한마디로 성언의 영적인 뜻은 성경말씀의 문자들이나 문자적인 뜻 안에 숨겨져 있으며, 그리고 성언의 영적인 뜻은 시공(時空)을 초월(超越)한 이 세상 너머의 뜻으로, 영들(spirits)이나 천사들의 사회에서 통용되는 뜻이라고 하겠습니다.

또한 저자는 다른 책에서 이러한 뜻, 즉 영적인 뜻은 성경말씀에 속한 대응(對應)·표징(表徵)·표의(表意)의 지식이나, 그 어떤 낱말이 가지고 있는 고유의 뜻에 관한 지식에 의해서만 알 수 있다고 하였습니다(저자의 저서 ≪새로운 교회의 사대교리≫ 중 제 2편 "성경에 관한 새 예루살렘의 교리" 참조).

그럼에도 불구하고 작금의 기독교계는 성경말씀의 문자적인 뜻에만 매달려서, 그리고 그들의 잘못된 교리적인 신조(信條)에 얽매여서, 다시 말하면 그들의 그릇된 미망(迷妄)이나 종지(宗旨)에 사로잡힌 채 성경말씀을 이해하고, 해석하려고 하고 있습니다. 우리가 경험하였듯이, 그 결과는 무가치(無價値)한 것이고, 혹세무민(惑世誣民)적인 신기루(蜃氣樓)였습니다. 그 대표적인 예를 든다면 "붉은 용"(묵시록 12 : 3)이 소위 "공산당"이나 공산주의자들의 괴수인 "소련"이라는 것이고, 그리고 "666"(묵시록 13 : 18)을 마귀의 숫자로 규정하고, 그것을 이른바 '바·코드(bar code)화'해서, 그 칩을 사람의 머리에 삽입(揷入)시켜, 마귀들이 그 사람들을 자신들의 의도대로 이끌고 간다는 매체로서 해석한다는 것 등등이 되겠습니다.

밝히 말씀드리지만, 저자는 성경에 기록된 모든 것들은—그것이 낱말이든, 인물이든, 지명이나 나라이든, 심지어 금수(禽獸)에 이르기까지, 또는 그 어떤 역사적인 사건들까지도—높게는 주님에 관해서, 낮게는 주님의 나라 교회에 관해서, 아주 낮게는 우리 사람에 관해서 서술하고 있다는 것입니다. 그러므로 묵시록서에 서술된 것들도, 그것이 어떤 것이든, 바로 위에 언급된 것들에 관한 것입니다.

그리고 저자가 지적하고 있는 두 번째 원인인 "교회에 관한 그릇된 신념"에 관해서 말씀드리겠습니다. 우리가 잘 알고 있듯이 "교회"는 어떤 사람들이 정의하고 있듯이, 이른바 가시적인 "하나의 공동체"를 뜻하는 것은 아닙니다. 여기서 가시적인 것들이라고 하는 것은 교회의 건물을 비롯하여, 그 건물에서 행해지는 예배의 예전이나, 그 예배에 속한 사람들과 그 예전에 사용되는 수많은 집기(什器)들의 공동체를 가리키는데, 사실 이런 의미의 공동체가 교회일 수는 없습니다. 굳이 공동체라는 말을 한다면, 예배 받는 주체인 우리 주님과 예배하는 객체인 우리 사람의 공동체입니다.

본질적으로 교회는, 주님께서 요한복음서에서 여러 차례 말씀하셨듯이, "주님께서 사람 안에, 사람이 주님 안에 존재할 때, 그 사람이 교회"인 것입니다. 이런 교회를 가리켜 우리 예수님은 자기 자신을 성전(聖殿)이라고 말씀하셨습니다(요한 2 : 19-22). 그리고 서간문은 여러 곳에서 우리 사람이 곧 하나님의 집, 또는 성전이라고 설파하였습니다(고린도 전서 3 : 9 ; 3 : 16 ; 6 : 19 ; 고린도 후서 6 : 16 ; 베드로 전서 2 : 5). 그리고 출애굽기서는 사람이 주님을 만나는 곳(會幕)이라고 하였습니다(출애굽기 33 : 7).

따라서 진정한 교회는, 단순한 예전적인 예배나, 그 예전이 집전되는 건물이 아니고, 우리 주님을 창조주요, 구원주로 고백하고, 예배하며, 그리고 그분의 말씀(=가르침・진리)에 순종하는 삶이 있을 때, 교회입니다. 이 두 초석—주님의 시인과 그의 말씀에 순종하는 삶—이 바로 묵시록서에서 언급된 "두 증인" 즉 "두 그루의 올리브 나무"요, "두 개의 촛대"가 뜻하는 것입니다.

그럼에도 불구하고 이 두 초석은 시간과 공간 속에서, 시간의 경과와 더불어 변절(變節)되었는데, 이것이 바로 저자가 말하는 "교회의 종말과 시작"입니다. 그리고 또한 교회의 종말과 시작의 연속적인 역사가 우리 주님의 인류구원의 대업(人類救援 大業)입니다.

저자가 기술하고 있는 내용은, 묵시록서에 기술된 모든 예언적인 사건들은—개별적인 것이든 전체적인 것이든—바로 우리 주님의 인류구원의 대업에 관한 것이다는 것입니다. 말세론적인 말로 표현된 것을 빌려서 말한다면 하나의 교회의 종말은 곧 새로운 교회의 시작으로 이어지고 있다는 것입니다. 왜냐하면 인류구원이 단절(斷絶)된다면, 주님나라는 존속될 수 없고, 그리고 주님나라가 계속해서 존재하지 않는다면, 주님께서는 주님 자신의 속성(屬性)이나 명분(名分)을 상실하는 것이기 때문입니다.

따라서 묵시록서는 크게 나누면 첫째는 교회의 본질적인 것에 관해서(1-3장), 둘째는 교회들의 심판에 관해서(4-7장), 셋째는 개혁교도, 또는 개혁교회에 대한 심판에 관해서(8-10 · 13 · 15 · 16장), 넷째는 로마 가톨릭 종파에 대한 심판에 관해서(17 · 18장), 그리고 마지막으로 그 심판들이 있은 뒤, 새롭게 세워질 새로운 교회에 관해서(3 · 11 · 12 · 14 · 19-22장) 기술하고 있습니다.

저자는 "묵시록 영해"에 관해서 두 책을 저술하였습니다. 그 하나는 ≪묵시록 계현≫(黙示錄 啓顯 · the Apocalypse Revealed)이고, 다른 하나는 ≪묵시록 해설≫(黙示錄 解說 · the Apocalypse Explained)입니다. 우리의 ≪묵시록 해설≫은 후자의 번역이 되겠습니다. 번역에 사용된 책은 미국 새교회 재단(Swedenborg Foundation)이 1968년도에 발간한 표준판(Standard Edition)입니다.

이 번역서가 나오기까지 격려와 조언을 아끼지 않은 예수교회 소속의 여러 목사님들과 남양주시에서 목회하시는 김기표 목사님, 여러 면에서 재정적인 도움을 주신 논산시의 안영기 집사 내외분과 자당 어른되시는 윤순선 전도사님, 무척 어려운 가운데서도 헌신적으로 word processing에 수고하신 조근휘 목사님, 그리고 경제적으로 작고, 크게 도움을 주신 여러분들에게 감사의 말씀을 드리고, 끝으로 번역에 참여해 주신 박예숙 권사님에게 이 자리를 빌어서 감사의 말씀을 드립니다.

끝으로 와병(臥病) 중에 계신 <예수+교회 동산 예배당>의 방성찬 복음사의 쾌유를 두 손 모아 우리 주님께 간절히 기도드립니다.

독자 여러분의 편달(鞭撻)과 지도(指導)를 거듭 말씀드립니다. 감사합니다.

2007년 11월 1일
예수+교회 제일 예배당 서재에서
이 영 근

옮긴이의 머리말[2]

제 짧은 인생에서 우리나라 기독교계의 두 번의 비극적인 사건을 보았습니다. 하나는 1992년의 이른바 "휴거소동"이고, 또 하나는 2014년의 "양푼 비빔밥 성만찬" 사건입니다. 전자는 매스컴을 통해 떠들썩하게 잘 알려졌으므로 특별히 소개하지 않겠습니다. 그러나 후자 "양푼 비빔밥 성만찬" 사건은 크게 알려진 것은 아니지만, ≪한겨레 신문≫에 기재된 것은 이런 내용입니다. 교단은 알 수 없고, "동녘 교회"(김경환 목사 시무)에서 있었던 일입니다. 이 사건은 한마디로 말하면 성만찬의 "빵"(=떡) 대신에 교인들 가정에서 각자 준비한 우리나라 음식인 "비빔밥"을 준비하고, 그것들을 모두 큰 그릇에 넣어서 만든 비빔밥을 사용하였고, 그리고 어른들은 "포도주"로, 어린 아이들은 "포도 주스"로 성만찬 예배를 드렸다는 것입니다. 그 이유를 그 교회의 담임목사는 예수님 당시에는 일상적인 음식이 "빵이었고, 포도주"였기 때문에, 오늘날 우리에게는 일상적인 음식이 "밥"이기 때문에, 특히 "공동체"인 교회에서는 "비빔밥"이 성만찬에서는 제격이라는 설명입니다.

이쯤 되면 정말 꼴불견의 극치(極致)입니다. 왜냐하면 기독교회의 "성만찬"이나 성만찬 예배는 예배의 진수(眞髓)이기 때문입니다. 성만찬의 "빵과 포도주"는 일상의 먹거리나 마실거리로 먹는 것은 더더욱 아닙니다. 왜냐하면 우리가 잘 알고 있듯이 "성만찬의 빵(=떡)과 포도주"는 우리 주님의 살과 피를 표징하고, 그리고 그것은 곧 우리 주님의 신령선과 신령진리를 표징(表徵)하는 것이기 때문이지, 결코 조달(調達)하기 쉽기 때문에 그것들이 사용된 것은 아니기 때문입니다.

근자 기독교계통의 TV방송사들이 많은지라 여기서도 때로는 "꼴 불견들"이 더러더러 소개되는 것을 볼 수 있습니다. 그중의 하나는 근자 교황님의 방문 시 "영성체"를 모실 때 그것의 빵에 대해서 설명하는 어느 가톨릭 신자는 그것을 가리켜 "양념이 하나도 들어가지 않은 것"이라고 방송에서 말하는 것을 들었습니다. 또 하나는 서울의 대형교회를 자처하는 성만찬 예배를 집전하는 목사의 말입니다. 술을 마시면 기분이 좋기 때문에 "성만찬에서 포도주가 사용되는 것"이라는 취지(趣旨)의 설명입니다.

이런 사건, 사실에 대하여 비극(悲劇)이라는 낱말을 사용한 것은 시쳇말로 지나치게 "뻥 튀긴 것입니까?" 우리의 것·우리의 문화·우리의 유산이 값진 것이기 때문에 육성(育成)하고, 보호, 장려한다는 데는 동의하지만, 위의 사건들은 우리 문화나 전통과는 아주 무관(無關)한 것이라고 생각됩니다. 제가 아주 역설하는 말입니다.

우리나라 개신교회가 지키는 11월의 이른바 "추수감사주일"이나 "추수감사예배"는 우리의 것이 아니고 미국의 명절을 우리가 지키는 것입니다. 특히 그 주일을 성경말씀이 정하고 있는 것도 아니라면, 우리의 것으로, 우리의 문화에 맞는 것이 더 좋은 것이 아니겠습니까! 따라서 11월 추수감사주일은 우리 민족의 전통 명절인 "한가위" 명절 때로 바뀌어야 제격이라고 생각합니다. 차치(且置)하고 "휴거소동"은 이른바 "종말론적 말세론"이나 성경말씀의 잘못된 해석인 이른바 "주님의 재림신앙"에서, 그리고 "이 세상 창조 6,000년설"에서 빚은 촌극(寸劇)이라고 한다면, 지나친 과언(過言)입니까? 그리고 "비빔밥 성찬" 사건은 성경말씀의 영적인 뜻을 모르고, 그저 단순한 "편의주의"(便宜主義)나 개혁(改革)이면 다 좋다는 "개혁 과신론자"나 "개혁 만능주의자"들의 씻을 수 없는 과오(過誤)라고 지적하고 싶습니다.

왜 이런 비극이 일어나는 것일까요? 한마디로 그 이유를 말한다면 "무지 무식"(無知 無識)의 결과라고 생각합니다. 다시 말하면 성경말씀을 "문자로만" 그리고 "문자적인 뜻으로만" 읽고, 그렇게 이해하고, 믿기 때문입니다.

그런 과오를 저지르면서도 그들 대부분은 때로는 성경말씀의 "영적인 뜻"이라고 말하기도 하지만, 사실 그들의 그 영적인 뜻까지도 어느 심리학자, 어느 시인, 어느 철학자나 어느 종교가가 말하는 뜻이나 해석을 빌리는 것이 대부분입니다. 왜냐하면 성경말씀이 뜻하는 영적인 뜻이 아니기 때문에, 그들의 "영적인 뜻"은 일관성(一貫性)이 없고, 따라서 체계적이지 못하기 때문입니다. 그러므로 그들의 "영적인 뜻"으로는 성경말씀의 전반적인 뜻이나 개별적인 뜻까지도 해석되지 않은 것은 물론, 이해되지도 않습니다. 저자 스베덴보리 선생님은 성경말씀의 영적인 뜻을 시공(時空)을 초월(超越)한 것이고, 따라서 주님나라에서 통용(通用)되는 것으로 정의(定義)하고 있습니다. 그리고 그것은 체계적이고, 일관성이 있는 것이고, 따라서 성경말씀 어디에나 적용될 수 있는 것입니다.

이런 초지(初志)의 일관된 변함없는 영적인 뜻으로 저자는 묵시록서를 해설하고 있습니다. 저자는 자신의 "영계처럼" 가운데 있었던 것이나, 천사들과의 대화(對話)에서, 때로는 성경말씀에 대한 해박(該博)한 지식으로, 또는 저자 자신의 심오(深奧)한 이성(理性)적인 판단(判斷)이나 직관(直觀)에 의하여 본서 ≪묵시록 해설≫을 저술하였습니다.

번역하는 사람이 불학무식(不學無識)하고, 기독교회의 가르침에 밝지 못하기 때문에 저자의 뜻을 바르게 번역하지 못한 과오도 많이 있으리라 생각하지만, 무식한 우격다짐으로 여러분에게 일독(一讀)을 강권(强勸)합니다. 왜냐하면 여기에 한국 기독교회의 소망이 있고, 사명이 있고, 진정한 기독교회의 가르침인 "구원"(救援)이 있기 때문입니다.

이 책의 출판을 위해 워드·프로세싱에 헌신적으로 수고하신 ≪사단법인 한국상담심리연구원≫의 안시영 실장님에게 이 난을 빌어 감사의 말씀을 드립니다.
지금까지 격려해 주시고, 편달(鞭撻)을 주신 독자 여러분, 그리고 교역자 목사님 여러분에게 감사말씀을 드립니다. 감사합니다.

2014년 11월 23일
양천구 우거(寓居)에서
이 영 근 드림

제 9장 본   문(9장 1–21절)

1 다섯째 천사가 나팔을 불었습니다. 내가 보니, 하늘에서 땅에 떨어진 별이 하나 있는데, 그 별은 아비소스를 여는 열쇠를 받았습니다.
2 그 별이 아비소스를 여니, 거기에서 큰 용광로의 연기와 같은 연기가 올라왔습니다. 그래서 해와 하늘이 그 구덩이에서 나온 연기 때문에 어두워졌습니다.
3 그리고 그 연기 속에서 메뚜기들이 나와서 땅에 퍼졌습니다. 그것들은, 땅에 있는 전갈이 가진 것과 같은 권세를 받아 가지고 있었습니다.
4 그것들은, 땅에 있는 풀이나 푸성귀나 나무는 하나도 해하지 말고, 이마에 하나님의 도장이 찍히지 않은 사람만을 해하라는 명령을 받았습니다.
5 그러나 그들에게는, 사람들을 죽이지는 말고, 다섯 달 동안 괴롭게만 하라는 허락이 내렸습니다. 그것들이 주는 고통은 마치 전갈이 사람을 쏠 때와 같은 고통이었습니다.
6 그 기간에는 그 사람들이 죽으려고 애써도 죽지 못하고, 죽기를 원해도 죽음이 그들을 피하여 달아날 것입니다.
7 그 메뚜기들의 모양은 전투 채비를 한 말들과 같고, 머리에는 금 면류관과 같은 것을 쓰고, 그 얼굴은 사람의 얼굴과 같았습니다.
8 그리고 그것들은, 여자의 머리털 같은 머리털이 있고, 이빨은 사자의 이빨과 같고,
9 쇠로 된 가슴막이와 같은 가슴막이를 두르고, 그 날개 소리는 마치 전쟁터로 내닫는 많은 말이 끄는 병거 소리와 같았습니다.
10 그것들은 전갈과 같은 꼬리와 침을 가졌는데, 꼬리에는 다

섯 달 동안 사람을 해할 수 있는 권세가 있었습니다.
11 그것들은 아비소스의 사자를 자기들의 왕으로 떠받들었는데, 그 이름은 히브리 말로는 아바돈이요, 그리스 말로는 아볼루온입니다.
12 첫째 재앙이 지나갔습니다. 그러나 아직도 두 가지 재앙이 더 닥쳐올 것입니다.
13 여섯째 천사가 나팔을 불었습니다. 나는 하나님 앞에 있는 금제단의 네 뿔에서 울려오는 음성을 들었습니다.
14 그것은 나팔을 가진 여섯째 천사에게 "큰 강 유프라테스에 매어 있는 네 천사를 풀어놓아 주어라" 하는 음성이었습니다.
15 그래서 그 네 천사가 풀려났습니다. 그들은 사람의 삼분의 일을 죽이기로, 그 해, 그 달, 그 날, 그 때를 위하여 예비된 이들입니다.
16. 내가 들은 바로는 그 천사들이 거느린 기마대의 수는 이 억이나 된다는 것입니다.
17 나는 이러한 환상 가운데서 말들과 그 위에 탄 사람들을 보았는데, 사람들은 화홍색과 청색과 유황색 가슴막이를 둘렀고, 말들은 머리가 사자의 머리와 같으며, 입에서는 불과 연기와 유황을 내뿜고 있었습니다.
18 그 입에서 나오는 불과 연기와 유황, 이 세 가지 재앙으로 사람의 삼분의 일이 죽임을 당하였습니다.
19 그 말들의 힘은 입과 꼬리에 있는데, 꼬리는 뱀과 같고, 또 꼬리에 머리가 달려 있어서, 그 머리로 사람을 헤쳤습니다.
20 이런 재앙에서 죽지 않고 살아 남은 사람이 자기 손으로 한 일들을 회개하지 않고, 오히려 귀신들에게나, 또는 보거나 듣거나 걸어다니지 못하는, 금이나 은이나 구리나 돌이나 나무로 만든 우상들에게, 절하기를 그치지 않았습니다.
21 그들은 또한 살인과 복술과 음행과 도둑질을 회개하지 않았습니다.

제9장 상세한 영적인 해설(9장 1-21절)

533. 1, 2절. 다섯째 천사가 나팔을 불었습니다. 내가 보니, 하늘에서 땅에 떨어진 별이 하나 있는데, 그 별은 아비소스를 여는 열쇠를 받았습니다. 그 별이 아비소스를 여니, 거기에서 큰 용광로의 연기와 같은 연기가 올라왔습니다. 그래서 해와 하늘이 그 구덩이에서 나온 연기 때문에 어두워졌습니다.
[1절] :
"다섯째 천사가 나팔을 불었다"는 말씀은, 그것이 전적으로 변한 것인, 교회의 상태를 명확하게 드러내는 천계에서 나온 입류(入流)를 뜻합니다(본서 534항 참조). "나는, 하늘에서 땅에 떨어진 별 하나를 보았다"는 말씀은 위화(僞化)된 진리의 지식들을, 따라서 거짓들로 바뀐 진리의 지식들을 뜻합니다(본서 535항 참조). "그 별은 아비소스를 여는 열쇠를 받았다"(=그가 끝없이 깊은 구덩이의 열쇠를 받았다)는 말씀은 지옥과의 교류와 그리고 지옥과의 결합을 뜻합니다(본서 536항 참조).
[2절] :
"그 별이 아비소스를 열었다"는 말씀은, 이런 부류의 거짓들이 있고, 그리고 그것에서 비롯된 지옥과의 교류(交流)와 결합(結合)을 뜻합니다(본서 537 · 538항 참조). "거기에서 큰 용광로의 연기와 같은 연기가 올라왔다"는 말씀은 이 세상적이고, 관능적인 사랑들(=애욕들)에 속한 악들에서 나온 매우 심한 거짓들을 뜻합니다(본서 539 · 540항 참조). "그래서 해와 하늘(=공기)이 그 구덩이에서 나온 연기 때문에 어두워졌다"는 말씀은 주님에게서 비롯된 진리의 빛이 지옥적인 거짓들에 의하여 짙은 어둠(黑暗)으로 바뀌었다는 것을 뜻합니다(본서 541항 참조).

534. 1절. **다섯째 천사가 나팔을 불었다.**

이 말씀은 교회의 상태를 명확하게 드러내는 천계에서 나온 입류를 뜻하는데, 그것은 전적으로 바뀌었습니다. 이러한 뜻은, 이것에 관해서 위에서 언급하였지만(본서 502항 참조), 천계에서 온 입류와 그리고 교회의 상태의 변화를 가리키는 "나팔을 가지고 분다"는 말의 뜻에서 명확한데, 여기서는 전적으로 변화된 교회의 상태를 뜻합니다. 그 비유는, 천사들이 나팔을 분 마지막 세 번에 관해서, 앞에서 "땅에 사는 자들에게 화가 있다. 아직도 세 천사가 불어야 할 나팔소리가 남아 있다"고 언급하고 있기 때문입니다. 지금 아래에 이어진 것에 기술된 변화는 진리가 파괴되었다는 것이고, 그리고 열린 지옥의 장소에서 취한 것은 거짓인데, 거짓들은 거기에서 흘러 나왔다는 것입니다.

535. 내가 보니, 하늘에서 땅에 떨어진 별이 하나 있었다.
이 말씀은 위화된 진리의 지식들을 뜻하고, 그리고 따라서 이와 같이 거짓들로 바뀌었다는 것을 뜻합니다. 이러한 내용은, 선과 진리의 지식들을 가리키는 "별들"(stars)의 뜻에서(본서 72・402항 참조), 그리고 멸망하는 것을 가리키는 "미끄러져 떨어진다"(gliding), "하늘에서 떨어진다"는 말의 뜻에서 명백합니다. 진리의 지식들은 부인(否認)되고, 위화(僞化)될 때 멸망하는데, 여기서는 위화될 때입니다. 왜냐하면 이 책(=묵시록서)은 진리들을 부인하는 자들에 관해서 다루지 않고, 오히려 진리들을 위화하는 자들에 관해서 다루고 있기 때문입니다. 왜냐하면 진리들을 부인하는 자들은 "옛 하늘"(=이전 하늘・the former heaven)에 있는 자들 가운데 있지 않고, 최후심판의 때에 거기에서 지옥으로 쫓겨난 자들이기 때문입니다. 왜냐하면 이런 부류의 인물들은 사망 뒤에 즉시 거기에서 쫓겨나기 때문입니다. 그러나 우리의 묵시록 책에서는, 다양한 이유 때문에 진리들을 위화하는 자들이 다루어지고 있습니다. 이런 일은, 그 뒤에 멸망될 하늘이 그들을 위해 만들어졌기 때문입니다. 이들은, 자신들의 사랑들을 찬성, 지지하고, 그리고 자기 총명에서 비롯된 원칙들을 선호(選好) 하는 것에, 따라서 그들이 성경말씀의 진리들을 거짓들로 바꾸는 것에 적용하는 것을 제외하면, 성경을 시인한 자들이 성경말씀에서 비롯된 진리나 선의 지식들을 위화합니다. 따라서 그들에게 있는 선과 진리의 지식들은 소멸합니다. 이러한 사실은 "하늘에서 땅에 떨어진 별"이 진리의 지식들이 위화되었다는 것, 따라서 거짓들로 바뀌었다는 것(본서 517항 참조)을 뜻한다는 것에서 잘 알 수 있겠습니다.

[2] "아래로 떨어진다"(to fall down), 또는 "하늘에서 땅에 떨어진다"는 말은 멸망하는 것, 다시 말하면 하늘에서 쫓겨났다는 것, 그리고 지옥과 결합한 것을 제외하면 천계(=하늘)에 더 이상 어떤 자리도 차지할 수 없다는 것을 뜻합니다. 이러한 내용은, "그 별은 아비소스를 여는 열쇠를 받았고 그는 그것을 열었다"(=그가 끝없이 깊은 구덩이(=아비소스)의 열쇠를 받았다)고 언급된 말의 아래의 설명에서 명확합니다. 여기서 "아비소스의 구덩이"는 악에 속한 거짓들이었고, 그것들이 그것에서 비롯된 지옥을 뜻합니다. "하늘에서 땅에 떨어진다"는 것은 묵시록서의 위의 말씀에서도 동일한 뜻을 가지고 있습니다. 묵시록서의 말씀입니다.

> 하늘의 별들은, 무화과나무가 거센 바람에 흔들려서 설익은 열매가 떨어지듯이, 떨어졌습니다(묵시록 6:13).

같은 책의 말씀입니다.

> 그 용은 그 꼬리로 하늘의 별 삼분의 일을 휩쓸어서, 땅으로 내던졌습니다(묵시록 12:4).

다니엘서의 말씀입니다.

> 그것(=숫염소의 뿔)이 하늘 군대에 미칠 만큼 강해지더니, 그 군대와 별 가운데서 몇을 땅에 떨어뜨리고 짓밟았다(다니엘 8:10).

마태복음서의 말씀입니다.

> 그 환난의 날들이 지난 뒤에,
> 곧 해는 어두워지고,……
> 별들은 하늘에서 떨어졌다.
> (마태 24:29)

이것은 누가복음서의 주님의 말씀이 뜻하는 것과 꼭 같습니다. 누가복음서의 말씀입니다.

> 예수께서 그들에게 말씀하셨다. "사탄이 하늘에서 번갯불처럼 떨어지는 것을 내가 보았다"(누가 10:18).

여기서 "사탄"(satan)은 진리를 파괴하는 모든 거짓을 뜻합니다. 왜냐하면 그런 부류의 거짓들이 있고, 그리고 거기에서 비롯된 지옥을 "사탄"이라고 불리웠기 때문입니다. 이에 반하여 선들을 파괴하는 악들이 있고, 그리고 그것들이 거기에서 비롯된 지옥은 "악마"(the devil)라고 불리웁니다. 그러므로 "하늘에서 번갯불처럼 떨어지는 사탄"은, 성경말씀의 진리를 파괴하는 모든 거짓이 천계에서 쫓겨났다는 것을 뜻합니다. 따라서 묵시록서의 말씀입니다.

> 하늘에서는 더 이상 그들이 발 붙일 자리가 없었습니다. 그래서 그 큰 용, 곧 그 옛 뱀은 땅으로 내쫓겼습니다.…… 그 용의 부하

들도 그와 함께 땅으로 내쫓겼습니다(묵시록 12 : 8, 9).

이상에서 밝히 알 수 있는 것은 "미끄러져서 떨어졌다"(to glide down), "떨어졌다"(to fall), "하늘에서 땅으로 떨어졌다"는 말씀은 하늘에서는 더 이상 자리를 차지하지 못하지만, 다만 지옥에서 자리를 차지한다는 것, 따라서 멸망한다는 것을 뜻합니다. 여기서 "땅"(the earth)은 저주받은 것을 뜻합니다(본서 304[G]항 말미의 설명 참조).
[3] 천계(=하늘)는 성경말씀에 의하여 사람과 결합하기 때문에, 삶에 속한 악들, 즉 악한 삶들을 확증하기 위하여 성경말씀의 해석들(解釋 · interpretation)에 의하여 성경말씀의 진리들을 위화하는 자들은 자신들을 천계로부터 외면, 피하는 것이고, 그리고 자신들을 지옥으로 진로를 바꾸는 것입니다. 왜냐하면 천계(=하늘)는 성경말씀이 영적인 뜻 안에 있기 때문이고, 그리고 사람은 그것의 자연적인 뜻 안에 있기 때문입니다. 결과적으로 천계는 성경말씀에 의하여 이 세상과 결합하기 때문입니다. 이런 이유 때문에 성경말씀(聖言)은 "언약"(言約 · covenant)이라고 부르고, 그리고 언약은 곧 결합을 가리킵니다. 이것은 성경말씀을 악에 속한 삶들이나, 자기 총명에서 비롯된 거짓 원칙들(the false principles)에 적용하는 자들이 천계와 결합할 수 없는 이유이고, 그리고 천계와 결합되지 않는 자들이 지옥과 결합하는 이유이기도 합니다. 왜냐하면 사람은 반드시 천계나, 아니면 지옥에 있어야 하기 때문입니다. 사람이 이들 양쪽에 둔다는 것은 그에게 허락되지 않는 일입니다. 그러나 이런 일은 성경말씀을 가지지 못한 선한 이방 사람들이나, 그리고 주님을 믿고, 주님께서 선한 삶으로 인도하신다고 믿는 교회에 있는 소박한 사람에게 존재하는 것이지만, 삶에 속한 선에 불일치하지 않기 때문에 이런 부류의 거짓들에 성경말씀

을 적용하는 자들은, 그들 자신들의 거짓들이나 오류들 때문에, 그들은 선을 우러르고, 주님에 의하여 선에 적용한 이런 거짓들을 가지고 있고, 그리고 그들은 천계를 향해서 방향을 바꿉니다. 왜냐하면 천계에 있는 본질적인 것은 삶의 선, 즉 선한 삶이기 때문입니다. 그리고 그것은 주님사랑에 속한 선과 동일한 것이고, 이웃을 향한 인애의 선과 동일한 것이기 때문입니다. 왜냐하면 천계에 있는 모두는, 그 선에 일치하여 진리의 지각이나, 총명이나 지혜의 지각을 가지고 있기 때문입니다. 이러한 내용은, 우리의 본문인 "하늘에서 땅에 떨어진 별"이 뜻하는 것인 성경말씀에서 비롯된 진리를 위화한다는 것이 무엇을 뜻하는지를 명확하게 합니다.

536. 그 별은 아비소스를 여는 열쇠를 받았습니다(=그가 끝없이 깊은 구덩이의 열쇠를 받았다).
이 말씀은 지옥과의 내통(內通)이나 결합을 뜻합니다. 이러한 것은, 이것에 관해서 곧 언급하겠지만, 연다(opening)는 것을 가리키는 "열쇠"(key)의 뜻에서, 그리고 이것에 관해서는 아래 이어지는 단락에서 언급하겠지만, 악에 속한 거짓들이 있고, 그리고 그것에서 악에 속한 거짓들이 비롯된 지옥을 뜻하는 "아비소스의 구덩이"(=끝없이 깊은 구덩이 · 無底坑 · the pit of the abyss)의 뜻에서 명확합니다. 아비소스의 구덩이의 열쇠가 "하늘에서 땅에 떨어진 별에게 주어졌다"고 언급되었는데, 그 것은 "별"(star)이 악들에의 적용이나, 악에서 비롯된 거짓들에의 적용에 의하여 위화된 성경말씀에서 비롯된 진리의 지식들을 뜻하기 때문입니다. 그리고 사람에게 있는 거짓에 속한 악들이나, 악에 속한 거짓들은 동일한 악들이나 거짓들이 있는 지옥을 열기 때문입니다. 그러나 지옥을 연다(開放 · opening)는 말이 무엇을 뜻하는지는 아래의 단락에서 설명되겠습니다. 왜 냐하면 곧 이어서 "그 별이 아비소스를 열었다"고 언급되었기 때문입니다.

[2] "열쇠"가 여는 것(開放)을 뜻한다는 것은 영계에 있는 외현(外現)에서 비롯되었습니다. 그 세계에는 집들이나 방들이 있고, 그리고 그것을 통해서 들어가는 입구인 문들이 있습니다. 그리고 그것에 의하여 열리는 자물쇠들과 열쇠들이 있는데, 이런 것들의 각각은 사람에게 있는 그런 부류의 것들을 뜻합니다. 집 자체는 그의 성품이나 마음의 내면적인 것들에 대응(對應)하고, 그리고 방들도 역시 그러합니다. 그리고 문들(doors)은 마음이나 성품의 내면적인 것들 사이의 내통이나 교류에 대응하고, 그리고 "열쇠"(key)는 어느 영역에서 다른 영역에의 허입(許入)이나 개방에 대응합니다. 한마디로 천사들이나 영들이 살고 있는 집 안에 있는 각각의 개별적인 것은 그것들 안에 있는 개별적인 것들에 대응합니다. 영들의 대부분은 이 사실을 알지 못하는데, 그것은 대응들에 관해서 거의 아무것도 알지 못하기 때문입니다. 왜냐하면 그들 안에 있는 것이 이런 존재이기 때문에 그들은 그런 것들에 관해서 관심조차 없습니다. 이런 사실은 이 세상에 있는 사람에게서도 꼭 같습니다. 그들의 대부분은 그들의 정동들(=마음의 씀씀이)이나 생각들이 무엇인지 거의 알지 못합니다. 그 이유는 그들 안에 있는 것 때문에, 그들은 그것으로 말미암아 그것들에 관해서 전혀 관심조차 가지고 있지 않기 때문인데, 그럼에도 불구하고 그것들은 수도 없이 많이 있습니다. 이러한 사실은 수많은 학자들에 의하여 공표된 정신분석(精神分析 · mental analysis)의 결과들에게서 잘 알 수 있는데 그런 모든 것들은 마음의 활동들(operations of the mind)입니다. 이러한 사실은 "열쇠"가 여기서 언급된 이유를 명료하게 하고, 그리고 그것이 허입과 개방을 뜻한다는 것을 명확하게 합니다.

[3] 그와 같은 것은 성경말씀 어디에나 있지만, 마태복음서의

말씀입니다.

> (예수께서 베드로에게 말씀하셨다.) 내가 너에게 하늘나라의 열쇠들을 주겠다(마태 16 : 19).

이 말씀의 설명은 본서 206항에서 볼 수 있겠습니다. 이사야 22장 20, 22절에는 엘리아김에 관해서 동일한 것이 언급되었는데, 그것의 설명 역시 본서 206항에서 볼 수 있겠습니다. 묵시록서의 말씀입니다.

> 나는…… 사망과 지옥의 열쇠를 가지고 있다(묵시록 1 : 18).

이것에 관해서는 본서 86항을 참조하십시오. 또 묵시록서의 말씀입니다.

> 거룩하신 분, 참되신 분,
> 다윗의 열쇠를 가지고 계신 분,
> 여시면 닫을 사람이 없고,
> 닫으시면 열 사람이 없는
> 그분이 말씀하신다.
> (묵시록 3 : 7)

이 내용은 본서 205 · 206항을 참조하십시오. 또 같은 책의 말씀입니다.

> 나는 또 한 천사가 아비소스의 열쇠와 큰 사슬을 손에 들고 하늘로부터 내려오는 것을 보았습니다. 그는 그 용, 곧 악마요, 사탄인 그 옛 뱀을 붙잡아 결박하여…… 천 년 동안 가두어 두었다(묵시록 20 : 1-3).

9장 1-21절

이 장절은 아래에서 설명되겠습니다. 누가복음서의 말씀입니다.

> 너희 율법교사들에게 화가 있을 것이다. 너희는 지식의 열쇠(=하늘의 열쇠)를 가로채서, 너희 스스로도 들어가지 않고, 또 들어가려고 하는 사람들도 막았다(누가 11 : 52).

여기서 "율법교사들"(lawyers)이라고 불리운 자들은 경전들(經典・성경책들・the Scriptures)을 탐색(探索), 연구하고, 그것들의 내용을 반드시 어떻게 이해하여야 하는지를 가르치는 자들입니다. 그것이 거기에 교류나 내통, 결과적으로는 천계와의 결합이 있는 성경책, 즉 성경말씀이 뜻하는 것이기 때문에, 그리고 바로 앞의 단락에서 언급된 것이기 때문에, 그리고 진리들은 그 교류나 내통을 개방하는 것이고, 그리고 진리의 선들은 결합을 구성하는 것이지만, 이에 반하여 본질적으로 악에 속한 거짓들을 가리키는 위화된 진리들은 분리를 일으키는 것이기 때문에, 그러므로 그것들은 "하늘의 열쇠(=지식의 열쇠)를 가로챘다"고 언급되었습니다. 다시 말하면 그들은 그들이 가르치는 자들에게 천계(=하늘)와의 교류나 내통을 진리들에 의하여 개방할 수 있다고 언급되었습니다. 그러나 그들이 자신들의 사랑들의 적용에 의하여, 그리고 그것에서 비롯된 거짓스러운 원칙들에의 적응에 의하여 성경말씀(聖言)을 왜곡(歪曲), 곡해(曲解)하였기 때문에, 그러므로 "너희 스스로도 들어가지 않고, 또 들어가려고 하는 사람들도 막았다"고 언급 되었습니다 이상에서 볼 때 "그 구덩이를 여는 열쇠"는, 성경말씀의 진리들을 삶에 속한 악들에의 적용에 의하여 그리고 그것에서 터득한 거짓 원칙들에의 적용에 의하여, 그것들을 위화하는 자들에 의하여 바뀐 거짓들에 의한 지옥과의 내통이나 결합을 뜻한다는 것을 명확히 알 수 있겠습니다.

537[A]. 2절. **그**(=그 별)**가 아비소스를 열었다.**
이 말씀은 이런 부류의 거짓들이 있고, 그리고 그것들의 근원인 지옥과의 내통이나 결합을 뜻합니다. 이러한 사실은, 이것에 관해서 곧 언급하겠지만, 여기서는 교류, 내통하고, 결합하는 것을 가리키는 "연다"(open)는 말의 뜻에서 명확하고, 그리고 그런 부류들이 있고, 그리고 그것들의 근원인 지옥을 가리키는 "아비소스"(=아비소스의 구덩이)의 뜻에서 명확합니다. "구덩이" 또는 "우물"(well)이 문자적인 뜻으로 성언(聖言)을, 그리고 그것에서 비롯된 교리의 진리를 뜻하기 때문에, 그리고 나쁜 뜻으로는 위화된 성언을 뜻하고, 그리고 그것에서 비롯된 교리의 거짓을 뜻하기 때문에, 성경말씀에서 이런 것들은 "아비소스의 구덩이들" 또는 "우물들"이라고 불리웠습니다. 그리고 "아비소스" 또는 "바다의 깊음"(深淵・depth of the sea)은 지옥을 뜻하기 때문입니다. 이것은 성경말씀의 진리들을 삶에 속한 악들(=악한 삶)에 적용하는 것에 의하여 성경말씀의 진리들을 위화한 자들이 있는 곳인 지옥을 뜻하는데, 그 이유는 이런 부류의 지옥들은 바다와 같은 것 위에 있는 자들에게 나타나 보이기 때문이고, 그리고 그것들 안에 있는 자들은 그것들의 깊은 타락의 심연에 있는 것 같이 보이기 때문입니다. 나는 이런 바다들, 즉 지옥들을 본 적이 있습니다. 그리고 그들의 타락의 심연에 있는 자들도 본 적이 있습니다. 그러나 거기에서 나와 대화를 한 자들은 그들이 물 가운데 있지 않고 마른 땅에 있다고 분명하게 말하였습니다. 이러한 것은 이런 바다들의 물이, 그것들 안에 자들이 있는 거짓들에 대응하는 의현들(外現・겉꾸밈들)이다는 것을 잘 보여 주고 있습니다. 이런 바다들의 물은 그 위화들에 따라서 매우 조악(粗惡)하고, 매우 어둡습니다. 그리고 그 깊이들은 위화시킨 악들에 따라서 천차만

별입니다.

[2] "아비소스"가 성경말씀에서 뜻하는 것이 무엇인지 아래에서 언급하겠습니다. "아비소스의 구덩이를 연다"는 것은 그런 부류의 지옥들과의 교류나 내통을 뜻하고, 그리고 그것과의 결합을 뜻합니다. 그 이유는, 악한 영들이 들어오는 경우를 제외하면 그 지옥들은 열리지 않기 때문인데, 이런 일은 영들의 세계에서 그들의 때가 충만하게 되었을 때 일어납니다. 왜냐하면 한번 지옥에 던져졌을 때에는 지옥에서 나온다는 것이 어느 악령에게도 허락되지 않기 때문입니다. 만약에 그가 거기에서 탈출, 나온다고 해도, 그럼에도 불구하고 그는 그 즉시 그것에 다시 떨어지기 때문입니다. 그러나 모든 사람은 영들의 세계에 있는 영들과 결합하는데, 이런 영들은 그 사람 자신과 같은 부류의 영들입니다. 결과적으로 성경말씀을 삶에 속한 악들에 적용하는 것에 의하여, 그리고 그런 악들을 확증하는 거짓들에 성경말씀을 적용하는 것에 의하여 성경말씀을 위화하는 사람은 이런 유사한 영들과 결합하고, 그리고 그들에 의하여 동일한 거짓들 가운데 있는 지옥과 결합합니다. 사람은 죽은 뒤에 모두 하나의 영이 됩니다. 그리고 그 때 그는 한번은, 이 세상의 그의 삶에 따라서 지옥적인 사회들이나, 아니면 천계적인 사회들에게 배속(配屬)되고, 그리고 모든 영들은 그들이 지옥으로 쫓겨나거나, 아니면 천계에 오르기 전에, 제일 먼저 영들의 세계에 있게 되고, 그리고 그 때 그들은 이 세상에서 산 사람들과 함께 있게 되는데, 악령들은 악한 사람과 함께 있고, 선한 영들은 선한 사람과 함께 있습니다. 이런 영들을 통해서 사람은 천계나 또는 지옥과 내통하고, 결합합니다. 이러한 사실은 "아비소스의 구덩이를 연다"는 말이 지옥을 연다는 것을 뜻하지 않고, 오히려 내통이나 교류를 가지는 것을 뜻하고, 그리고 그 내통이나 교류에 의하여 지옥과의 결합을 뜻한다는 것을

아주 명료하게 합니다. 지옥에 속한 모두로부터 악에 속한 거짓들은 끝간데 없이 광활하게 퍼져 나가고, 그리고 이런 거짓들 안에는 영들의 세계에 영들이 존재하고, 그리고 동시에 사람들은 우리의 세계에 있는 동일한 거짓들 안에 있습니다. 영이나 사람은 그의 삶(=생명)의 사랑이 있는 곳 이외의 그 어떤 곳에 있지 않습니다. 왜냐하면 사람이 사랑한다는 것, 그리고 사람이 원하는 것, 그리고 생각하는 것, 숨 쉬는 것은 그의 삶에 속한 사랑을 위한 것이기 때문입니다. 영들의 세계(the world of spirits)가 무엇인지는 나의 저서《천계와 지옥》 421-431항을 참조하십시오.

[3] 구덩이(pit) 또는 "우물"(well)이 성경말씀이나 교리의 진리를 뜻하고, 나쁜 뜻으로는 위화된 성경말씀이나, 그것에서 비롯된 교리의 거짓을 뜻하는데, 그 이유는 "구덩이들"이 물을 담고 있고, 그리고 "물"이 진리들을 뜻하기 때문이고, 나쁜 뜻으로는 거짓들을 뜻하기 때문입니다(본서 71 · 483 · 518항 참조). "구덩이"나 "우물"이 두 뜻을 가지고 있다는 것은 성경말씀의 아래 장절들에게서 잘 볼 수 있습니다. 민수기서의 말씀입니다.

> 그들은 그 곳을 떠나서 브엘(=우물)에 이르렀다. 브엘은 주께서 모세에게 "백성을 모아라. 내가 그들에게 물을 주마" 하고 말씀하신, 그 샘이 있는 곳이다. 그 때에 이스라엘은 이런 노래를 불렀다.
> 샘물아
> 솟아나라.
> 모두들 샘물을 노래하여라.
> 지도자들이 파고,
> 백성의 어른들이
> 홀과 지팡이로 터뜨린 샘물이다.
> (민수기 21 : 16-18)

여기서도 "우물"(well)이 성경말씀에서 비롯된 교리의 진리를 뜻한다는 것은 그것에 관해서 이스라엘 사람들이 노래한 그 가사에서 잘 알 수 있습니다. 즉 "샘물아, 솟아나라. 모두들 샘물을 노래하여라"(=오 샘물아, 솟아나라. 너희는 그것을 노래하라)는 이 가사는 성경말씀에서 비롯된 교리는 반드시 진리를 가르치고, 그리고 그들은 반드시 그것을 영접, 수용하여야 한다는 것을 뜻합니다. "샘물아, 솟아나라"는 것은 진리의 불러일으킴(喚起)을 뜻하고, "모두들 샘물을 노래하여라"(=너희는 그것에 응답하여라)는 것은 수용과 교육을 뜻합니다. "지도자들은 그 샘을 파고, 백성의 어른들은 홀과 지팡이로 터뜨린 샘물이다"(=백성의 귀인들은 입법자의 지시에 의해 그들의 지팡이들로 그것을 탐구하였다)는 말씀은 주님에 의하여 조요(照耀)된 진리들 안이나, 진리들의 선들 안에 있는 자들을 뜻하고, 그리고 주님으로 말미암아 성경말씀에 의하여 교리를 연구, 찾아내고, 수집하는 자들을 뜻합니다. 여기서 "지도자들"은 진리들 안에 있는 자들을 뜻하고, "백성의 어른들"(=백성의 귀인들)은 진리의 선들 안에 있는 자들을 뜻하고 "판다"(to dig)는 것은 연구, 찾아내고 수집하는 것을 뜻하고, "입법자"(lawgiver)는 성경말씀의 측면에서 주님을 뜻하고, 그리고 성경말씀에서 비롯된 교리에 관하여 주님을 뜻하고, "홀과 지팡이들"은 권세나 마음의 능력을 뜻하는데, 여기서는 성경말씀에 의한 주님에게서 비롯된 권세나 능력을 뜻합니다. 그 이유는 "입법자의 지식"에 의한 것이라고 언급되었기 때문입니다. 일련의 이런 내용이나 뜻은 "우물"이 뜻하는 것이 무엇인지를 명료하게 합니다. 그것에 관해서 "이스라엘이 노래를 불렀다"는 것은 "브엘"(Beer)이 어원에서 우물(=샘)을 뜻하기 때문이고, 그리고 영적인 뜻으로는 "우물"이 성경말씀을, 그리고 성경말씀에서 비롯된 교리를 뜻하기 때문입니다. 성경말씀의 역사서에 자주 언급되는 "브엘세바"(Beersheba)도 같은 것을 뜻합니다.

[4] 요한복음서의 말씀도 동일한 것을 뜻합니다.

> 주님께서 야곱의 우물에서 사마리아 여인과 말씀하셨다. 예수께서 그 여자에게 "네가 하나님의 은사를 알고, 또 너에게 물을 달라는 사람이 누구인지를 알았더라면, 도리어 네가 그에게 청하였을 것이며, 그는 너에게 생수를 주었을 것이다"고 그 여자에게 대답하셨다.…… "내가 주는 물은 그 사람 속에서, 영생에 이르게 하는 샘물이 될 것이다"(요한 4:6-15).

주님께서는 그 우물에서 사마리아 여인과 말씀하셨는데, 그것은 "사마리아 여인"이 이방 사람들에게 설시하려는 교회를 뜻하기 때문이고, 그리고 다른 장절에 거명된 "사마리아 사람"은 주님으로부터, 그리고 주님에 관해서 교리를 영접할 이방 사람들을 뜻하기 때문입니다. 이 "우물"은 성경말씀에서 비롯된 교리를 뜻하고, 그리고 여기서 "물"은 교리에 속한 진리를 뜻하고, "우물가에 앉으신 주님"은 성언(聖言), 즉 신령진리를 뜻합니다. 구원이 성경말씀에서 비롯된 신령진리에 의하여 주님으로 말미암는다는 것은 "그분께서 주는 물은 영생에 이르게 하는 샘물이 될 것이다"는 말씀이 뜻합니다.

[5] "야곱의 우물"이 뜻하는 것에 유사한 것을 이 말씀이 뜻합니다. 창세기서의 말씀입니다.

> 아브라함의 종들과 이삭의 종들이 판 우물이 있었는데, 그 물에 관해서 그들은 아비멜렉의 종들과 싸웠다(창세기 21:25 ; 26:15, 18-22, 25, 32).

아브라함의 종들과 이삭의 종들이 판 우물들은 교리에 속한 진리들을 뜻하는데, 그것은, 성경말씀에서 "아브라함 · 이삭 · 야곱"은 주님을 뜻하기 때문이고, 그러나 그랄의 왕, 또는 블레셋의 왕 "아비멜렉"은 삶에 속한 선(=선한 삶)이 없이 오직 진리들 안에 구원을 두는 자들을 뜻하기 때문인데, 이런 자들은 마치 오늘날 오직 믿음 안에 구원이 있다고 외치는 자들과 같습니다. 그리고 모든 진리가 선에게서 비롯되고, 또한 믿음에 속한 모든 것이 인애에서 비롯되기 때문에, 그리고 진리에서 선을 분리하고, 선을 무시하기 때문에, 또는 믿음에서 인애를 분리하고, 인애를 무시하기 때문에 그들은 교리에 속한 본연의 진리를 전혀 가지지 못하고, 그러나 그들에게 있는 성경말씀의 모든 진리는 마치 한 사물의 지각이 전혀 없는 그저 단순한 낱말들의 뜻과 같습니다. 따라서 그것은 마치 속살(=알맹이 · 仁 · kernel)이 없는 조개와 같기 때문에, 그러므로 그들은 믿음에 속한 진리들에 관해서 다투고, 분쟁(紛爭)합니다. 이러한 사실은 우물에 대해서 아비멜렉의 종들이 아브라함의 종들이나 이삭의 종들과 싸우는 것이 표징하고, 뜻합니다. 성경말씀의 예언서들에 있는 것과 꼭 같이 성경말씀의 역사서들에도 내적인 영적인 뜻이 있습니다. 이러한 사실은 《천계비의》에서 잘 알 수 있는데, 그것에는 창세기서나 출애굽기서에 담겨 있는 역사적인 것들이 내적인 영적인 뜻으로 설명되었습니다. 그러므로 또한 아브라함이나 이삭의 우물에 관해서 언급된 것 역시 거기에서 잘 볼 수 있습니다. 성경말씀에서 우물들에 관해서 역사적인 진술들(historical statements)이 있어야 하는 이유는 무엇이겠습니까?

[6] 누가복음서의 말씀입니다.

그들에게 말씀하셨다. "너희는 아이(=나귀)나 소가 우물에 빠지면, 안식일에라도 당장 끌어내지 않겠느냐?"(누가 14:5)

이것은 이스라엘 민족이나 유대민족이 가지고 있는 법령입니다. 그것은 그것 안에 담겨 있는 영적인 뜻 때문입니다. 왜냐하면 이스라엘 자손에게 주어진 모든 법령들이나 공평들(=판결들), 그리고 명령들은 천계나 교회에 속한 영적인 것들을 뜻하기 때문이고, 따라서 이런 법령들(=규례들)은, 만약에 어느 누구가 거짓이나 악에 빠져 있다면, 그 사람은 반드시 안식일에 관해서 주님께서 가르치신 진리들에 의하여 끌어내려야 한다는 것을 뜻합니다. 여기서 "우물"은 거짓이나 거짓에 속한 악을 뜻하고, "나귀나 소"는 자연적인 사람의 진리와 선을 뜻합니다. "우물에 빠진다"는 것은 거짓이나 거짓에 속한 악에 빠지는 것을 뜻합니다. "안식일에 거기에서 끌어낸다"는 것은 가르침을 받는 것을 뜻하고, 그리고 따라서 이런 것에서 끌어내는 것을 뜻합니다. 왜냐하면 "안식일"(the sabbath day)은 여기서는 가르침이나 교리와의 관계에서 주님을 뜻하고, 그러므로 주님은 당신 자신을 "안식일의 주인"이라고 하셨기 때문입니다. "나귀"(ass)가 자연적인 사람의 진리를 뜻한다는 것은 《천계비의》 2781 · 5741항을 참조하시고, "소"가 자연적인 사람의 선을 뜻한다는 것은 같은 책 2180 · 2566 · 9134항을 참조하십시오.

537[B]. [7] 거의 동일한 영적인 뜻이 모세의 글에 포함되어 있습니다. 출애굽기서의 말씀입니다.

> 어떤 사람이 구덩이를 열어 놓거나, 구덩이를 파고 그것을 덮지 않아서, 소나 나귀가 거기에 빠졌을 경우에는, 그 구덩이의 임자는 짐승의 임자에게 그것을 돈으로 배상하여야 한다. 그러나 죽은 짐승은 구덩이 임자의 것이 된다(출애굽기 21 : 33, 34).

"어떤 사람이 구덩이를 열어 놓았을 때"라는 말씀은 어느 누구가 그가 가지고 있는 거짓을 선포하는 때를 뜻하고, 또한

"어떤 사람이 구덩이를 파고 그것을 덮지 않았을 때"는 그가 거짓을 날조(捏造)하는 때나, 거짓을 꾸미는 때를 뜻하고, "나귀나 소가 그 구덩이에 빠진다"는 것은 다른 자에게 속한 자연적인 사람 안에 있는 선과 진리의 악용이나 도착(倒錯)을 뜻하고, "구덩이 임자는 보상하여야 한다"는 것은 그 거짓이 비롯된 근원인 그 사람은 바로잡아야 한다는 것(改革)을 뜻하고, "그것의 임자에게 돈으로 배상하여야 한다"는 것은 그 사람에게 있는 진리에 의하여 그가 가지고 있는 자연적인 것 안에 있는 진리나 선을 악용, 곡해하는 것을 뜻하고, "죽은 짐승은 구덩이의 임자의 것이 된다"는 것은 악이나 거짓이 그 사람에 남아 있다는 것을 뜻합니다. 이러한 내용은 《천계비의》 9084-9089항에서 충분하게 설명된 것을 참조하십시오.
[9] 그러므로 마태복음서의 말씀입니다.

  "그들은 눈먼 사람이면서 눈먼 사람을 인도하는 길잡이들이다. 눈먼 사람이 눈먼 사람을 인도하면, 둘 다 구덩이에 빠질 것이다" (마태 15:14 ; 누가 6:39).

이 말씀은 주님께서 바리새파 사람들과 율법학자들에게 하신 말씀인데, 그들이 비록 그것 안에 신령진리가 있는 성경말씀을 가지고 있다고 해도, 그들은 진리에 관해서 아무것도 이해하지 못한 자들입니다. 그 이유는 거짓들을 가르치고, 있기 때문이고, 그리고 그 백성이 옳다고 믿는 그들의 거짓들을 가르치기 때문입니다. 그들은 "눈먼 사람을 인도하는 길잡이들"이라고 불리웠고, 그리고 성경말씀에서 진리를 이해하지 못하는 자들을 "눈먼 자들"(=소경들)이라고 불리웠습니다. 그리고 "구덩이"가 거짓을 뜻하기 때문에, "그들은 둘 다 구덩이에 빠질 것이다"라고 언급되었습니다.
[9] 시편서의 말씀입니다.

나를 이 수렁에서 끌어내어 주십시오.
나로 빠지지 않게 하소서.
나를 미워하는 자들에게서 지켜주시고,
이 깊은 물에서 나를 건져 주십시오.
큰 물건이 나를 덮어서
깊은 물 속에 빠지지 않게 해주시고,
큰 구덩이가 입을 벌려
나를 삼키지 못하게 해주십시오.
(시편 69 : 14, 15)

여기서도 "구덩이"(the pit)는 온갖 거짓들이 있고, 그것들이 그것에서 비롯된 지옥을 명확하게 뜻합니다. 왜냐하면 "구덩이가 내 위에서 그 입을 닫지 못하게 하소서"(=큰 구덩이가 입을 벌려 나를 삼키지 못하게 해주십시오) 라고 언급되었기 때문입니다. 다시 말하면 거짓들이 비롯된 지옥이나 또는 지옥에서 비롯된 거짓들이 나를 탈출(脫出), 도망하지 못하도록 전적으로 지옥이 나를 소유하지 못하게 하소서 라는 것이 언급되었기 때문입니다. 여기서 "나를 수렁(=구덩이)에서 건지시고, 나를 빠지지 않게 하소서" 라는 말씀은 내가 멸망하지 않도록 거짓의 악에서 건져내지는 것을 뜻합니다. 그리고 "나를 미워하는 자들에게서 지켜 주시고, 깊은 물에서 나를 건져 주십시오" 라는 말씀은, 지옥에서 비롯된 악들이나 거짓들로부터 구출되는 것을 뜻합니다. "미워하는 자들"은 그것에서 비롯된 악들을 뜻하고, "깊은 물"(=물의 깊음)은 그것에서 비롯된 거짓들을 뜻합니다. "큰 구덩이(=아비소스)가 나를 삼키지 못하게 해주십시오" 라는 말씀은 악에 속한 거짓들이 있는 지옥이나, 또는 지옥에서 비롯된 악의 거짓들이 있는 지옥이 이런 일을 하지 못하게 하는 것을 뜻합니다.

[10] 같은 책의 말씀입니다.

> 그의 입은 엉긴 젖(=버터)보다 더 부드러우나,
> 그의 마음은 다툼으로 가득 차 있구나.
> 그의 말은 기름보다 더 매끄러우나,
> 그의 본모습은 뽑아 든 비수로구나.……
> 하나님,
> 주께서는 반드시 그들을
> 멸망의 구덩이로
> 내려가게 하실 줄 믿습니다.
> (시편 55 : 21, 23)

이 말씀은, 그들이 그것에 의하여 타락의 길로 빠지게 하는 온갖 거짓들을 그들이 발설할 때 선한 정동들을 가장(假裝)하고, 흉내내는 자들에 관해서 언급하고 있습니다. "그의 입을 버터보다 더 부드럽게 한다"는 것은 정동들에 의한 선의 가장을 뜻하고, 여기서 "버터"(=엉긴 젖)은 외적인 정동의 선을 뜻합니다. "그들의 말을 기름보다 더 매끄럽다"는 말씀도 같은 뜻을 가지고 있습니다. 여기서 "기름"은 내적인 정동의 선을 뜻하고, "그것들은 뽑힌 칼이다"(=그의 본모습은 뽑아 든 비수로다)는 말씀은 선이나 진리를 파괴하는 거짓들이라는 것을 뜻하고, 여기서 뽑아 든 "비수"(=칼)은 파괴하는 거짓들을 뜻합니다. "그러나 오 하나님이여, 주께서 그들을 멸망의 구덩이로 데려가소서"라는 말씀은 그런 종류의 파괴적인 거짓들이 있는 지옥으로 쳐 넣는 것을 뜻합니다.

[11] 성경말씀에서 "구덩이들"(pits)은 "우물들"(wells)과 거의 동일한 뜻을 가지고 있기 때문에, 그것들에 관해서 약간의 장절들을 인용하고자 합니다. 예레미야서의 말씀입니다.

> 귀족들이 물을 구하려고 종들을 보내지만,
> 우물에 가도 물이 없어서
> 종들은 빈 그릇만 가지고 돌아온다.
> (예레미야 14 : 3)

여기서 "귀족들"은 다른 사람들을 인도하고, 가르치는 자들을 뜻합니다. 그리고 여기서 "물"은 진리를 뜻합니다. 이러한 내용은 "귀족들이 물을 구하려고 종들(=어린 것들)을 보낸다"는 말씀이 뜻하는 것을 명확하게 합니다. "그것 안에 물이 전혀 없는 구덩이"(=우물)는 그것 안에 진리들이 전혀 없는 교리적인 것들을 뜻하는데, 이런 내용 역시 "그들이 우물에 가도 물을 찾지 못한다"는 말씀이 뜻하는 것이 무엇인지 명료하게 합니다. "종들은 빈 그릇만 가지고 돌아온다"는 말씀은 그들이 전혀 지식(=과학지)을 가지지 못하였다는 것, 즉 진리의 이해가 전혀 없다는 것을 뜻합니다. 여기서 "그릇들"은 성경말씀에서는 진리를 수용하는 것들을 뜻하고, 따라서 지식이나 이해에 속한 것들을 뜻합니다.

[12] 스가랴서의 말씀입니다.

> 나에게는 특별히,
> 너와 나 사이에 피로 맺은 언약이 있으니,
> 사로잡힌 네 백성을
> 내가 물 없는 구덩이에서 건져 낼 것이다.
> (스가랴 9 : 11)

이 말씀은 주님의 강림 때까지 주님께서 낮은 땅(the lower earth)에 가두어 둔 믿음이 돈독(敦篤)한 자들의 구출(救出)에 관해서 언급하고 있습니다. 그리고 또한 무지(無知)에서 비롯된 거짓들 안에 있는 이방 사람들의 조요(照耀)에 관해서 언급하고 있습니다. "피로 맺은 언약"(=네 언약의 피)은 주님에게서 발출하는 신령진리를, 따라서 성언(聖言·the Word)을 뜻합니다. 그것이 언약(言約·covenant)이라고 불리웠는데, 그것은 그것이 결합의 수단들이기 때문입니다. "물이 없는 구덩이에 사로잡힌 자"는 무지(無知)에서 비롯된 거짓들 안에 있는 자들을 뜻하고, 여기서 "구덩이"(pit)는 진리에 속하지 않은 교리를 뜻하고, 그리고 주님께서 강림하실 때까지 갇혀 있던 무지에서 비롯된 거짓들 안에 있는 자들이 있었던, 낮은 땅(the lower earth)을 뜻합니다. "안에 물이 없는 곳"은 진리가 전혀 없는 것을 뜻합니다. 그들이 "갇혀 있는 자"(bound)라고 불리웠는데 그것은 그들이 주님께서 행하시는 것을 제외하면 거짓들에게서 구출될 수 없기 때문입니다.

[13] 예레미야서의 말씀입니다.

> 참으로 나의 백성이
> 두 가지 악을 저질렀다.
> 하나는,
> 그들이 생수의 근원인 나를 버린 것이고,
> 또 하나는
> 그들이 전혀 물이 고이지 않는,
> 물이 새는 웅덩이를 파서,
> 그들의 샘으로 삼은 것이다.
> (예레미야 2:13)

여기서 "물통들은 만든 것인데, 물을 저장하지 못할 깨진 물통이다"(=물이 고이지 않는 물이 새는 웅덩이를 판다)는 것은 그것들이 사람의 고유속성(proprium)에서 비롯되었기 때문에 거짓이나 오류를 가리키는 자기 총명에서 교리적인 것들을 날조(捏造)하는 것을 뜻합니다. 왜냐하면 사람의 고유속성은 악 이외에 아무것도 아니기 때문입니다. 그리고 그것이 악이기 때문에, 거짓은 그것에서 솟아나오기 때문입니다. 왜냐하면 악은 거짓을 제외하면 아무것도 산출할 수 없기 때문입니다. 이것에 관해서는 본서 483[B]항에 설명된 것을 참조하십시오.
[14] 같은 책의 말씀입니다.

"이집트 땅에서 우리를 이끌고 올라오신 분,
광야에서 우리를 인도하신 분,
그 황량하고 구덩이가 많은 땅에서,
죽음의 그림자가 짙은 그 메마른 땅에서,
어느 누구도 지나다니지 않고
어느 누구도 살지 않는 그 땅에서,
우리를 인도하신 주님은
어디에 계십니까?" 하고 묻지도 않는다.
(예레미야 2 : 6)

이 말씀은 출애굽기서가 설명된 《천계비의》에서 이미 설명, 입증되었습니다. "이스라엘의 자손들을 그 곳으로 인도한 광야"는, 선이나 진리의 전적인 무지 안에 있는 자들에게 세워질 그 교회의 처음 상태를 표징하고, 뜻합니다. 광야에서의 그들의 유리방황(遊離彷徨 · their wandering)이 그 상태를 표징, 표의하기 때문에, "주께서 광야에서 우리를 인도하셨다" 그리고 "황량하고 구덩이가 많은 땅에서, 죽음의 그림자가 짙은 그 메마른 땅에서 우리를 인도하셨다"는 말씀이 언급되었습니다. "사막의 땅, 메마른 땅"은, 성경말씀의 다른 곳에서와 같이, 여기서는 선의 몰지각의 상태(沒知覺 · state of nonperception of good)를 뜻하고, 그리고 "구덩이가 많은 땅과 죽음의 그림자가 짙은 그 메마른 땅"은 진리의 무지의 상태를, 따라서 거짓의 상태를 뜻합니다. "어느 누구도 지나다니지 않고, 어느 누구도

9장 1-21절

살지 않는 땅"은 거기에 진리의 이해가 전혀 없다는 것과, 또한 선의 지각이 전혀 없다는 것을 뜻합니다. 그리고 성경말씀에서 "사람"(=남자 · vir)은 진리의 이해를 뜻하고, "사람"(人間 · homo)은 선의 지각을 뜻하는데, 그리고 그 양쪽이 결여(缺如)되었다는 것은 진리와 선의 측면에서 전혀 교회가 없다는 것을 뜻합니다.

[15] 이사야서의 말씀입니다.

> 포로 되어 끌려간 자가 속히 놓이리니
> 그는 구덩이에서 죽지 아니할 것이고,
> 그의 양식이 부족하지 아니할 것이다.
> (이사야 51 : 14)

이 말씀은 주님에 관해서 언급하였습니다. 주님의 강림은 "포로되어 끌려간 자가 속히 놓일 것이다"(=풀려날 것이다)는 말씀이 뜻하고, 무지(無知)의 거짓들로부터의 구출은 "구덩이에서 죽지 않는다"는 말씀이 뜻하는데, 그러므로 여기서 "구덩이"(pit)는 앞에서 "결박된 자들이 있는 구덩이"가 뜻하는 것과 동일한 뜻을 지니고 있습니다. 다시 말하면 영적인 가르침(敎育)과 양식이 부족하지 않을 것이다는 것은 "그의 양식이 부족하지 아니할 것이다"는 말씀이 뜻합니다. 왜냐하면 "양식"(=빵 · bread)은 모든 영적인 먹거리를 뜻하고, 영적인 양식은, 총명이나 지혜의 근원인, 진리들이나 선들을 가르치는 교육을 뜻하기 때문입니다.

[16] 에스겔서의 말씀입니다.

> 내가 이제 이방 사람들 가운데서도
> 가장 잔인한 외국 사람들을 데려다가,
> 너를 치게 하겠다.

> 그들이 칼을 빼서
> 네 지혜로 성취한
> 아름다운 상품을 파괴하고,
> 네 영화를 더럽힐 것이다.
> 그들이 너를 구덩이에 내던지면,
> 너는 맞아 죽는 사람처럼
> 바다 한가운데서 죽을 것이다.
> (에스겔 28 : 7, 8)

이 말씀은 두로의 통치자에 관해서 언급한 것인데, 그 통치자는 진리나 선의 지식들을 파괴하는 자기 총명에서 온갖 거짓들을 부화(孵化)시킨 자들을 뜻합니다. 그들 자신의 거짓들에 의한 그들의 파괴나 파멸은 "내가 이제 이방 사람들 가운데서도 가장 잔인한 외국 사람들을 데려다가 너를 치겠다"는 말씀이 뜻하는데, 여기서 "이방 사람들"은 진리들을 파괴하는 거짓들을 뜻하고, "가장 잔인한 외국 사람들"(=이방 민족들)은 선들을 파괴하는 악들을 뜻합니다. 이런 것들이 자기 총명에서 비롯된 그들의 거짓들에 의하여 파괴될 것이라는 것은 "그들은 칼을 빼서 네 지혜로 성취한 아름다운 상품을 파괴하고, 네 영화를 더럽힐 것이다"는 말씀이 뜻합니다. 여기서 "칼들"은 진리들을 파괴하는 거짓들을 뜻하고, "그들이 너를 구덩이에 내던지면 너는 맞아 죽는 사람처럼 바다 한다운데서 죽을 것이다"(=그들은 너를 구덩이에 던질 것이니, 그러면 너는 바다 가운데서 죽임당한 자들의 그 죽음으로 죽을 것이다)는 말씀은 지옥에서 비롯된 거짓들에 의한 거짓들이나, 파괴나 영벌 가운데 있는 그들의 잠김(沈沒 · immersion)을 뜻합니다. 여기서 "구덩이"는 "우물"이 뜻하는 것과 같은, 지옥적인 거짓을 뜻하고, "살해된 자들"은 거짓들에 의하여 멸망된 자들을 뜻하고, "바다의 심장"(=바다 한가운데)은 "아비소스"와 동일한 뜻인, 이런 거짓들이 있고, 그것의 근원인 지옥을 뜻합니다.
[17] "구덩이"(pit)에 관한 말씀입니다.

> 그래서 그 고관들이 예레미야를 붙잡아서, 왕자 말기야의 집에 있는 물웅덩이에 집어 넣었다.…… 그 물웅덩이 속에는 물은 없고, 진흙만 있어서, 예레미야는 진흙 속에 빠져 있었다.…… 왕국에는 구스 사람으로 에벳멜렉이라고 하는 한 환관이 있었는데, 그 소식을 듣고,…… 에벳멜렉은 왕궁에서 바깥으로 나와 왕에게 가서 아뢰었다. "높으신 임금님, 저 사람들이 예언자 예레미야에게 한 일들은 모두 악한 것뿐입니다.…… 에벳멜렉이 해어지고 찢어진 옷조각들을 거기에서 꺼내다가, 밧줄에 매달아서, 물웅덩이 속에 있는 예레미야에게 내려 주었다.…… 예레미야는 그것들을 양쪽 겨드랑이 밑에 대고,…… 사람들이 밧줄을 끌어당겨서 그를 물웅덩이 속에서 끌어올렸다(예레미야 38:6-13).

이 말씀은 위화된 교리의 진리를 뜻합니다. 그 이유는 여기서 "예언자"는 교리의 진리를 뜻하고, "웅덩이에 집어 넣었다"는 것은 위화시키는 것을 뜻하고, "그를 그것들에 의하여 끌어올린 해어지고 찢어진 옷조각들"은 아직까지 지각하지 못하고 이해하지 못한 성경말씀의 문자적인 뜻의 그런 부류의 선들이나 진리들에 의한 교리의 진리의 옹호(擁護 · vindication)와 되돌림(返還 · restitution)을 뜻합니다. 그러므로 그것들은 부인되고 배척되었습니다. 이런 뜻이 해어진 것들(=오래된 것들)의 뜻입니다. 그렇지 않다면 신령한 성경말씀에서 예언자가 그런 것들에 의하여 끌어올려졌다고 언급된 이유가 무엇이겠습니까? 이런 몇몇 장절들에서 볼 때 성경말씀에서 "우물"이나 "구덩이"가 뜻하는 것이 무엇인지, 다시 말하면 성언(聖言 · the Word)이나 교리의 진리를 뜻한다는 것, 그리고 반대의 뜻으로는 위화된 성언이나, 그것에서 비롯된 교리의 거짓을 뜻한다는 것을 잘 알 수 있겠습니다. 어떤 장절에서 "우물"이나 "구덩이"는, 위에서 본 바와 같이(본서 483항 참조), 양쪽의 뜻으로 "샘"(fountain)의 뜻과 동일한 뜻을 가지고 있습니다.

538[A]. "아비소스"(the abyss)는, 거짓들이 있고, 그것에서 거짓들이 비롯된 지옥을 뜻하는데, 그 이유는, 악에 속한 거짓들이 있는 그런 지옥들은 통치권을 가지고 있는 바다처럼 나타나기 때문인데, 그것의 깊음에는, 악에 속한 거짓들 가운데 있는, 지옥의 패거리들이 있기 때문입니다. 이런 부류의 지옥은 바다들 같이 보이는데, 그것은 거짓들이 계속해서 그것들에게서 솟아나오기 때문이고, 그리고 거짓들은 물들 같이 보이기 때문입니다. 이러한 것이 성경말씀에서 "물들"(=바다 · waters)이 거짓들을 뜻하는 이유입니다. 더욱이 물들 자체로부터 거짓의 성질을 알게 되는데, 왜냐하면, 악들에 속한 것이 수만의 종류인 것과 같이, 수많은 종류의 거짓들이 있기 때문입니다. 중중의 악들에게서 비롯된 거짓들은 매우 짙고, 검은 물결들과 같은 지옥들 위에 나타나고, 그리고 자기사랑에 속한 악에서 비롯된 거짓들은 붉은 색 물결(ruddy waters)과 같고, 그것의 짙은 농도(濃度)나 색깔은 거짓의 종류를 명확하게 합니다. 여기서 주지하여야 할 것은, 영계에서 진리들은 물들(=바다) 같이 보이지만, 그러나 맑고 깨끗한 물들과 같다는 것입니다. 열려진 셋째 계도에 있는 자들은 에텔(ether)과 같이 깨끗한 대기(大氣) 가운데 있습니다. 그리고 삼층천, 즉 극내적 천계에 있는 자들은 그런 부류의 대기 가운데 있고, 둘째 계도가 열린 자들 가운데 있는 자들은 마치 공기의 대기 가운데 있습니다. 이층천, 즉 중간천계에 있는 자들은 이런 부류의 대기 가운데 있습니다. 그러나 첫째 천계가 열린 자들 가운데 있는 자들은 일종의 물이나, 짙지 않지만(rare), 깨끗한 대기 가운데 있습니다. 첫째 천계, 즉 궁극적인 천계에 있는 자들은 이런 부류의

대기 가운데 있습니다. 이러한 것은 보다 더 완벽한 것을 가리키는 내면적인 지각들이나 생각들은 그들이 그것 가운데 있는 동일한 대기의 청결(淸潔)의 순도에 대응하기 때문입니다. 왜냐하면 그들은 자신들을 모든 천사에게서, 그리고 더욱이 모든 천사적인 사회에서 나오기 때문이고, 그리고 그들은 대응하는 영기(靈氣)를 드러내기 때문인데, 그 영기는 천사들의 지각들이나 생각들과 같은 깨끗함(淸潔)에서 명확하게 드러나기 때문입니다. 이미 언급한 것과 같이, 이런 영기는 마치 대기와 같이 나타나는데, 극내적인 천계에서는 에텔적인 대기와 같이 나타나는데, 그것은 극내적인 천계에서는 에텔적인 대기와 같고, 중간천계에서는 공기적인 대기와 같고, 궁극적인 천계에서는 거의 물기가 없는 대기와 같습니다. 이러한 내용은 물기가 많은 종류의 대기는 자연적인 생각이나 지각에 대응하지만, 그러나 물기가 거의 없는 대기는 궁극적인 천계의 천사들이 있는, 영적 자연적인 생각이나 지각에 대응한다는 것을 명료하게 한다는 것입니다. 그러나 검거나 붉은 것에 가까운 물기가 많은 대기는 영적인 것은 아무것도 없는 자연적인 생각에 대응하고, 그리고 영적인 것이 아무것도 없는 자연적인 생각은 거짓들이 만연(蔓延)한 지옥에 있는 자들이 가지고 있습니다. 왜냐하면 모두는 거의 자연적이나 영적인 것 안에 있기 때문입니다. 사람이, 세 천계와 같은, 생명(=삶)의 세 계도들을 갖는다는 것, 그리고 그것들은 청결성이나 순수성(純粹性)에서 서로 다르다는 것은 《천계와 지옥》 33·34·208·209·211항을 참조하십시오. 이러한 내용은 이런 부류의 지옥들이 성경말씀에서 "바다들"이나 "아비소스들"이라 불리운 이유를 명료하게 합니다. 그들은 바다와 같이 보이기 때문에 "바다들"이라고 하였고, 그리고 "아비소스"는 그들의 깊이(深淵)에서 그렇게 불리웠습니다.

[2] "바다들" "깊은 곳들" "아비소스들"은 악에 속한 거짓들이 있고, 그리고 그것의 근원인 지옥들을 뜻한다는 것은 성경 말씀의 아래의 장절들에게서 잘 알 수 있겠습니다. 출애굽기서의 말씀입니다.

> 바로의 병거와 그 군대를 바다에 던지시니,
> 빼어난 장교들이 홍해에 잠겼다.
> 깊은 물이 그들을 덮치니,
> 깊은 바다로 돌처럼 잠겼다.……
> 주의 콧김으로 물이 쌓이고,
> 파도는 언덕처럼 일어서며,
> 깊은 물은 바다 한가운데서 엉깁니다.
> (출애굽 15:4, 5, 8)

이 구절도 바로에 관한 모세의 노래가사에서 비롯된 것인데, 그들을 뒤쫓던 바로의 군사가 홍해 바다에 수몰(水沒)된 것을 가리킵니다. "바로와 그의 군대"는 악에서 비롯된 거짓들 안에 있는 자들을 뜻하고, 그리고 "홍해"(The Sea Suph)는 그런 거짓들이 있는 지옥을 뜻합니다. 이런 것에서 명확하게 알 수 있는 사실은 "깊은 물(=아비소스)은 바다 한가운데서 엉긴다"는 말은 지옥이 그들을 덮어버리는 것을 뜻한다는 것입니다. 그밖의 나머지 것들이 영적인 뜻으로 뜻하는 것은 《천계비의》8272-8279 · 8286-8289항에 설명된 것을 참조하십시오.
[3] 이런 것들은 시편서에서도 동일한 뜻을 가지고 있습니다.

> 주께서 홍해를 꾸짖어
> 바다를 말리시고
> 그들로 깊은 바다를
> 광야처럼 지나가게 하셨다.……
> 물이 대적을 덮으므로,

9장 1-21절

그 가운데서
한 사람도 살아남지 못하였다.
(시편 106 : 9, 11)

이사야서의 말씀입니다.

바다와 깊고 넓은 물을 말리시고,
바다의 깊은 곳을 길로 만드셔서,
속량받은 사람들을 건너가게 하신
바로 그 팔이 아니십니까?……
"나는, 주 너의 하나님이다.
바다에 물결을 일으키고,
거친 파도를 일으키는 하나님이니,
나의 이름은 만군의 주다.
(이사야 51 : 10, 15)

같은 책의 말씀입니다.

모세를 시켜서,……
그들 앞에서 물을 갈라지게 하셔서,……
말이 광야에서 달리듯이,
그들을 깊은 바다로 걸어가게 하신 그분이,
이제는 어디에 계시는가?
(이사야 63 : 12, 13)

그들 앞에서 홍해 바다가 말라버리고, 그것이 말랐을 때 그 곳을 안전하게 통과한 "이스라엘 자손"은 지옥에서 계속적으로 일어나는 악에 속한 거짓들이 그들을 해치지 못하게 막은, 주님께서 그들을 보호하신, 선에서 비롯된 진리들 가운데 있는 모두를 뜻합니다. 이러한 내용은 "주께서 그 바다를 말리시고,

깊고 넓은 물(=아비소스의 큰 물)을 말리셨다"는 말씀의 뜻입니다. 그리고 "속량받은 자들로 바다의 깊은 곳들을 건너도록 길을 내신 이가 주님이시다" 그리고 "그분이 그들을 깊은 바다(=아비소스)를 걸어가게 하셨다"는 말씀이 뜻합니다. 왜냐하면 지옥에서 치솟는 거짓들은, 결과적으로 지옥들은 계속해서 사람을 에워싸고 있기 때문입니다. 여러분이 지옥에서 비롯된 거짓들이, 또는 지옥이 에워싸고 있다고 말해도 그것은 동일한 것입니다. 그러나 주님께서는, 당신에게서 비롯된 선에서 비롯된 진리들 안에 있는 자들에게 있는 그런 것들을 계속해서 흩으시고, 분산(分散)시키십니다. 따라서 "바다를 말리신다" "그들을 아비소스를 통과하여 인도하신다"는 말씀이 뜻하는 것입니다. 여기서 "속량받은 자들"은 주님에게서 비롯된 선으로 말미암아 진리들 안에 있는 자들을 뜻합니다.

[4] "아비소스(=깊은 물)를 말린다" "강들을 건조시킨다"는 것은 이사야서에서도 동일한 뜻을 갖습니다. 이사야서의 말씀입니다.

> 하나님께서는……
> 예루살렘을 보시고는
> '여기에 사람이 살 것이다' 하시며,
> 유다의 성읍들을 보시고는
> '이 성읍들이 재건될 것이다.
> 내가 그 허물어진 곳들을
> 다시 세우겠다' 하신다.
> 하나님께서는
> 깊은 물(=아비소스)을 보시고는
> '말라라. 내가 너의 강물을
> 모두 마르게 하겠다' 하신다.
> (이사야 44 : 26,27)

여기서 "예루살렘"은 주님의 교회를 뜻하고, "유다의 성읍들"은 교리에 속한 선들이나 진리들을 뜻합니다. 그 교회의 회복(回復 · the restoration of the church)이나 교리의 회복은 "사람이 살 것이다" 또는 "재건될 것이다"는 말씀이 뜻합니다. 지옥에서 비롯된 악들이나 거짓들의 흩어짐(分散)이나, 그것들로부터의 보호는 "아비소스를 말리고, 강물을 마르게 하겠다"는 말씀이 뜻합니다.
[5] 스가랴서의 말씀도 같은 뜻입니다.

> 그들(=이스라엘)이 고난의 바다를 지나올 때에
> 나 주가 바다 물결의 기세를 꺾을 것이니,
> 나일 강이 그 바닥까지 다 마를 것이다.
> 앗시리아의 교만이 꺾일 것이며,
> 이집트의 홀도 사라질 것이다.
> (스가랴 10:11)

비록 지옥에서 비롯된 거짓들이 그들을 에워싼다고 해도 주님에 의하여 선에서 비롯된 진리들 안에서 보호받는 자들이 잘 살 것이라는 것을 뜻한다는 것은 "이스라엘이 고난의 바다를 지나올 때에 나 주가 바다의 물결의 기세를 꺾을 것이니, 나일 강이 그 바닥까지 다 마를 것이다"는 말씀이 뜻합니다. 왜냐하면 여기서 "이스라엘"은 선에서 비롯된 진리를 안에 있는 자들을 뜻하기 때문이고, "바다"는 지옥을 뜻하고, 거기에서 비롯된 모든 거짓을 뜻하고, "바다의 물결"은 진리들에 거스르는 거짓들에게서 비롯된 추론을 뜻하기 때문입니다. "그 강(=나일 강)의 그 바닥까지 말린다"는 것은 악에 속한 모든 거짓들을 분산시키는 것, 심지어 깊은 것까지 분산시키는 것을 뜻합니다. 여기서 "나일 강"은 거짓 지식(=거짓 과학지)을 뜻합니다.

그러므로 "앗시리아의 교만이 꺾일 것이고, 이집트의 홀(=지팡이)도 사라질 것이다"는 말씀이 뒤이어지고 있습니다. 여기서 "앗시리아"는 진리들에 거스르는 거짓들에게서 비롯된 추론을 뜻하고, 그리고 "이집트"는 거짓들을 확증하는 것에 적용된 기억지(=과학지)를 뜻하고, "꺾일 앗시리아의 교만"은 추론이 비롯된 자기총명을 뜻하고, "사라질 이집트의 홀"(=지팡이)은, 확증을 위하여 적용된 기억지(=과학지)에 의하여 추론에 부가된 능력을 뜻합니다.

[6] 에스겔서의 말씀입니다.

> 그가 지옥에 내려가는 날에 내가 애곡하리니, 내가 그에게 깊음(=아비소스)을 덮을 것이다(에스겔 31 : 15).

이 말씀은 바로와 앗시리아에 관해서 언급하고 있는데, 여기서 "바로"는, "이집트"의 뜻과 꼭 같은, 다시 말하면 온갖 거짓들에의 적용에 의한 교회의 진리를 파괴하는 기억지(=과학지)를 뜻하고, 그리고 "앗시리아"는 거짓들에게서 비롯된 추론을 뜻합니다. 그런 부류의 거짓들이 있고, 그리고 거짓들에게서 비롯된 추론들이 있는 지옥에 던져진 자들은 "그가 지옥에 내려가고, 그가 깊음(=아비소스)을 덮을 것이다"는 말씀이 뜻합니다. 이 장절에서 명확한 것은 "아비소스"(=깊음 · 무저갱 · abyss)가 악에 속한 거짓들이 있고, 그것에서 그것들이 비롯된 지옥을 뜻한다는 것입니다.

[7] 미가서의 말씀입니다.

> 주께서 다시 우리에게 자비를 베푸시고,
> 우리의 모든 죄를 주의 발로 밟아서,
> 저 바다 밑 깊은 곳으로 던지신다.
> (미가 7 : 19)

"바다의 깊은 곳"은 "아비소스"가 뜻하는 동일한 뜻인 악들이나 거짓들이 있고, 그것들이 비롯된 근원인 지옥을 뜻하기 때문에, 여기서 "주께서 우리의 모든 죄를 저 바다 밑 깊은 곳으로 던지신다"고 언급되었습니다.
[8] 에스겔서의 말씀입니다.

> "내가 너를, 사람이 살지 않는 성읍처럼, 황폐한 성읍으로 만들고, 깊은 물결을 네 위로 끌어올려서 많은 물이 너를 덮어 버리게 하고, 너를, 구덩이로 내려가는 사람들과 함께 내려가 옛날에 죽은 사람들에게로 가게 하겠다. 그리고 내가 너를, 구덩이로 내려간 사람들과 함께 저 아래 깊은 땅 속, 태고적부터 황폐하여진 곳으로 들어가서 살게 하여, 네가 다시는 이전 상태로 회복되거나 사람들이 사는 땅에서 한 모퉁이를 차지하지 못하게 하겠다"(에스겔 26 : 19, 20).

이 장절은 두로에 관해서 언급하고 있는데, 여기서 두로는 진리와 선의 지식들의 측면에서 교회를 뜻하고, 또한 자연적인 사람의 진리들에 관해서 교회를 뜻합니다. 왜냐하면 자연적인 사람의 진리들은 진리와 선의 지식들과 같기 때문입니다. 이 장절은 이런 것들의 측면에서 교회의 폐허나 황폐를 다루고 있습니다. 두로를 "사람이 살지 않는 성읍처럼 황폐한 성읍으로 만든다"는 것은 진리들이 전혀 없는 그것의 교리를 뜻하고, 그리고 그 교리는 선이 전혀 없는 교리를 뜻합니다. 왜냐하면 선이 없는 교리의 진리들은 진리들이 아니기 때문입니다. 그 이유는 모든 진리들은 선에 속한 것이기 때문입니다. "깊은 물결(=아비소스)을 네(=두로) 위로 끌어올려서 많은 물이 너를 덮어 버리게 한다"는 매우 넉넉함 가운데 있는 지옥에서 비롯된 거짓들에 빠진 침수(沈水)를 뜻하는데, 여기서 "아비소스"(=깊은 물결)는 지옥을 뜻하고, "많은 물"은 아주 크고 많은 거짓들을 뜻합니다. "태고적부터 황폐하여진 구덩이로 내려간 사람들과 함께 놓아둔다"는 것은 홍수 이전의 태고교회로부터 지옥에 있는 자들에게 있도록 보낸다는 것을 뜻합니다. 이들이 "옛날에 죽은 사람들이라고" 언급하였는데, 그 이유는 그들이 고대(古代 · ancient time)에서부터 있었고, 그리고 지극히 비참한 거짓들 안에 있는 다른 자들에 비하여 더 위에 있었기 때문입니다. 이러한 일련의 내용은 "다시는 이전 상태로 회복되거나, 사람들이 사는 땅에서 한 모퉁이를 차지하지 못하게 한다"는 말씀이 뜻하는데, 여기서 "사람이 살지 않는 곳을 차지한다"는 것은, 여기서는 선 안에 있지 않기 때문에, 어떤 진리들에도 존재하지 않았다는 것을 뜻합니다. 왜냐하면 이런 부류의 작자들은 집(house)에서 사는 것이 아니고, 구덩이(pits)에서 살기 때문입니다.

538[B]. [9] 스가랴서에서도 동일한 내용을 뜻합니다.

주께서 그들(=두로)을 쫓아내시며 바다에서 떨치던 그의 힘을 깨뜨리시고, 성읍을 불에 태워 멸하실 것이다(스가랴 9:4).

여기서 "그의 힘(=권세 · 재물)을 바다에서 깨뜨린다"(=치신다)는 것은 거짓들을 지옥으로 내동댕이치는 것을 뜻합니다. 여기서 "바다"는 악에 속한 거짓들이 있는 지옥을 뜻하고, "힘"(=권세 · 재물 · wealth)은 거짓들 자체를 뜻합니다.

[10] 에스겔서의 말씀입니다.

너의 사공들이 너를 데리고
바다 깊은 데로 나갔을 때에,
동풍이 바다 한가운데서 너를 파선시켰다.
네가 멸망하는 날에
재물과, 상품과, 무역품과,

9장 1-21절

> 네 사공과, 네 선장과,
> 배의 틈을 막아 주는 사람과,
> 무역품을 거래하는 사람과,
> 배에 탄 모든 군인과,
> 배에 탄 사람들이 모두
> 바다 한가운데 빠진다.
> (에스겔 27 : 26, 27)

이 말씀은 두로에 관해서 다루고 있고, 그리고 두로의 배들에 관해서 언급하고 있는데, 그 배들은 선과 진리의 지식들을 뜻하고, 또한 그들이 사들이고, 교역(交易)한 자연적인 사람의 진리들을 뜻하지만, 그러나 여기서 그것들은 거짓들을 뜻합니다. "동풍이 그 화물선을 파선시킨 바다 한가운데나, 멸망하는 날에 그들이 빠진 바다 한가운데"는 "아비소스"(=무저갱·깊음)의 뜻과 동일한 뜻을, 다시 말하면 교리의 거짓들이 비롯된 근원인 지옥을 뜻합니다. 여기서 "동풍"(the east wind)은 천계에서 온 입류를 뜻하고, "그의 멸망하는 날"(=너의 파멸의 날)은 최후 심판(the Last Judgment)을 뜻합니다. 여기서 "재물"(riches)은 거짓들을 뜻하고, "교역이나 상품"은 거짓들의 획득이나 교류를 뜻하고, "선원들"은 섬기는 자들을 뜻하고, "선장들"은 인도하고, 가르치는 종교적인 지도자들을 뜻하고, "전사들"(=군인들)은 방어하는 자들을 뜻하고, "배에 탄 사람들"은 거짓 교리적인 것들을 뜻합니다.

[11] 요나서의 말씀입니다.

> 아뢰었다.
> "내가 고통스러울 때 주께 불러 아뢰었더니,
> 주께서 내게 응답하셨습니다.
> 내가 스올 한 가운데서
> 살려달라고 외쳤더니,

주께서 나의 호소를 들어주셨습니다.
주께서 나를
바다 한가운데, 깊음 속으로 던지셨으므로
큰 물결이 나를 에워싸고,
주의 파도와 큰 물결이 내 위에 넘쳤습니다.……
물이 나를 두르기를 영혼까지 하였으며,
깊음이 나를 에워싸고,
바다풀이 내 머리를 휘감았습니다.
나는 땅 속 멧부리까지 내려갔습니다.
땅이 빗장을 질러
나를 영영 가두어 놓으려 했습니다만,
주 나의 하나님,
주께서 그 구덩이 속에서
내 생명을 건져 주셨습니다."
(요나 2 : 2-6)

주님께서는 마태복음서에서(마태 12 : 39, 40 ; 16 : 4 ; 누가 11 : 29, 30) 가르치신 것은 요나의 고래 뱃속에서의 삼 일 낮과 삼 일 밤은 주님께서 땅의 한가운데에 그와 같이 계실 것이라는 것을 표징합니다. 그리고 요나의 이런 말씀들은 주님의 처참한 시험들을 기술하고 있습니다. 그것은 지옥에서 솟아난 악들이나 거짓들의 범람(氾濫)에 의한 것이기 때문에, 말하자면 압도적인 범람에 의하여 그 시험들이 존재하기 때문에, "내가 지옥의 뱃속에서 부르짖었다"(=내가 스올 한가운데서 외쳤다)는 말이 언급되었고, 그리고 지옥을 뜻하는, "주께서 나를 바다 한가운데, 깊음 속으로 던지셨다"(=주께서 바다 가운데 깊음 속으로 나를 던지셨다)고 언급하였습니다. "그를 에워싼 큰 물결"(=강과 물)이나, "내 위에 넘쳐나는 물결과 파도"는 지옥에서 비롯된 악들이나 거짓들을 뜻합니다. "나를 에워싼 깊음"(abyss)은 거짓들이 존재하고, 그것들의 근원인 지옥을 뜻하고, "내가 산들의 밑바닥까지 내려갔고, 땅이 나를 거기에 영영 가두어 놓았다"(=나는 땅 속 멧부리까지 내려갔고, 땅이 빗장을 질러 나를 영영 가두어 놓았다)는 말씀은 악들이 존재하고, 그것들의 근원인 지옥을 뜻합니다. 주님께서 이런 것들에 의하여, 말하자면 구속(拘束)되었다는 것은 "바다풀이 내 머리를 휘감았다" "그에게 있었던 땅의 빗장"이 뜻하는데, 여기서 "바다풀이 휘감았다"는 말은 이른바 거짓들에 의한 구속한 것을 뜻하고, "땅의 빗장들"(the bars of the earth)은 이른바 악들에 의하여 구속하는 것을 뜻합니다. 주님 당신의 능력으로 말미암아 이런 것들을 물리친 승리는 "주께서 그 구덩이 속에서 내 생명을 건져 주셨다"는 말씀이 뜻합니다. "주께서 내 생명을 건져주셨다"고 언급되었지만, 그러나 주님과의 관계에서 보면 이 말씀은 주님께서 당신 자신을 당신의 신성(His Divine)에 의하여 오르게 하신 것을 뜻합니다. 다시 말하면 당신 자신의 능력에 의하여 건지신 것을 뜻합니다.

[12] 시편서의 아래 장절들도 동일한 것을 뜻합니다.

주께서 일으키시는 저 큰 폭포 소리를 따라
깊은 바다(abyss)는 깊은 바다를 서로 부르고,
주께서 일으키시는 저 파도의 물결은
모두가 한 덩이 되어
이 몸을 휩쓸고 지나갑니다(=뒤덮었다).
(시편 42:7)

같은 책의 말씀입니다.

하나님, 나를 구원해 주십시오.
목까지 물이 찼습니다.
발 붙일 곳이 없는

깊고 깊은 수렁에 빠졌습니다.
물 속 깊은 곳으로 빠져 들어갔으니,
큰 물결이 나를 덮습니다.……
나를 이 수렁에서 끌어내어 주십시오.
나를 미워하는 자들에게서 지켜 주시고,
이 깊은 물에서 나를 건져 주십시오.
큰 물결이 나를 덮어서
깊은 물 속에 빠지지 않게 해주시고,
큰 구덩이가 입을 벌려
나를 삼키지 못하게 해주십시오.
(시편 69 : 1, 2, 14, 15)

역시 같은 책의 말씀입니다.

주께서 비록 많은 재난과 불행을
나에게 내리셨으나,
주께서는 나를 다시 살려 주시며,
땅 깊은 곳에서,
나를 다시 이끌어내어 주실 줄 믿습니다.
(시편 71 : 20)

역시 같은 책의 말씀입니다.

나는 무덤으로 내려가는 사람과
다름이 없으며,
기력을 다 잃은 사람과 같이 되었습니다.
이 몸은 또한
죽은 자들 가운데 버림을 받아서,
무덤에 누워 있는 죽은 자와 같고,
더 이상 기억하여 주지 않는 자와도 같고,
주의 손에서 끊어진 자와도 같습니다.

9장 1-21절

주께서는 나를 구덩이의 밑바닥,
어둡고 깊은 곳에 던져 버리셨습니다.
(시편 88 : 4-6)

시편서의 이 장절들은 주님께서 이 세상에 계실 때, 그것들에 의하여 주님께서 지옥을 정복하시고, 당신의 인성을 영화하신, 주님의 시험들을 기술하고 있습니다. 여기서 "물결"(waves)이나 "큰 물결"(billows)은 악들과 거짓들을 뜻하고, "아비소스"(abyss)와 "바다의 깊음"은 "구덩이"(the pit)와 같이 악들이나 거짓들이 있고, 그것들이 거기에서 비롯된 지옥을 뜻합니다. 왜냐하면 위에서 언급한 것과 같이, 시험들은 악들이나 거짓들에 의한 지옥 안에 가라앉음(沈沒)과 같기 때문입니다. 이러한 내용은 여러 곳에 나오는 다윗의 애가(哀歌)나, 예언서들의 애가들이 뜻합니다. 왜냐하면 성경말씀의 영적인 뜻에서는 주님께서 겪으신 온갖 시험들을 다루고 있기 때문인데, 주님께서는 그 시험들에 의하여 지옥을 정복하셨고, 천계와 지옥에 있는 모든 것들을 질서에 맞게 정리, 정돈하셨고, 그리고 그것에 의하여 주님께서는 당신 자신의 인성을 영화하셨기 때문입니다. 이런 일들은 누가복음서 24장 44절에서 특별히 뜻하는데, 거기에는 주님에 관해서 "모세의 율법과 예언자의 글과 다윗의 시편에 예언된 것들"이 뜻하고, 그리고 그 예언들은 주님에 의하여 모두 이루어졌습니다.

[13] "아비소스"(=스올 · 深淵 · 無底坑 · abyss)나 "바다"(sea)나 "바다의 깊음"은 아래 장절에서 지옥을 뜻합니다. 예레미야서의 말씀입니다.

드단의 주민아,
너희는 어서 도피하여라.
너희는 거기에서 떠나서,

> 깊은 은신처로 들어가서 숨어라.……
> 하솔의 주민아,
> 너희는 어서 도피하고 도주하여,
> 깊은 곳에 들어가 숨어 살아라.
> (예레미야 49:8, 30)

같은 책의 말씀입니다.

> 바빌론으로 바닷물이 밀려오고,
> 요란하게 밀려오는 파도 속에
> 바빌론이 잠기고 말았구나.
> (예레미야 51:42)

아모스서의 말씀입니다.

> 주 하나님이 나에게 다음과 같은 것을 보여 주셨다. 보니, 주 하나님이 불을 불러서 징벌하신다. 그 불이 깊이 흐르는 지하수를 말리고, 농경지를 살라 버린다(아모스 7:4).

시편서의 말씀입니다.

> 하나님,
> 물들이 주님을 뵈었습니다.
> 물들이 주님을 뵈었을 때에,
> 두려워서 떨었습니다.
> 바다 속 깊은 물(=abyss)도 무서워서 떨었습니다.
> (시편 77:16)

같은 책의 말씀입니다.

9장 1-21절

땅이 흔들리고 산이 무너져
바다 속으로 빠져 들어도,
우리는 두려워하지 않는다.
물이 소리를 내면서 거품을 내뿜고,
산들이 노하여 뒤흔들려도,
우리는 두려워하지 않는다.
(시편 46 : 2, 3)

창세기서의 말씀입니다.

바로 그 날에, 땅 속 싶은 곳(abyss)에서 큰 샘들이 모두 터지고, 하늘에서는 홍수 문들이 열렸다(창세기 7 : 11).

같은 책의 말씀입니다.

땅 속(abyss)의 깊은 샘들과 하늘의 홍수 문들이 닫히고, 하늘에서 내리는 비도 그쳤다(창세기 8 : 2).

욥기서의 말씀입니다.

지혜는 어디에서 얻으며,
슬기가 있는 곳은 어디인가?
지혜는
사람에게서 발견되는 것이 아니다.
사람은 누구도
지혜의 참 가치를 알지 못한다.
깊은 바다(abyss)도
"나는 지혜를 감추어 놓지 않았다"
하고 말한다.
넓은 바다도
"나는 지혜를 감추어 놓지 않았다"

하고 말한다.
(욥기 28 : 12-14)

같은 책의 말씀입니다.

> 바다 속 깊은 곳에 있는 물 근원에까지
> 들어가 보았느냐?
> 그 밑바닥 깊은 곳을
> 거닐어 본 일이 있느냐?
> 죽은 자가 들어가는 문을
> 들여다본 일이 있느냐?
> 그 죽음의 그늘이 드리운 문을
> 본 일이 있느냐?
> (욥기 38 : 16, 17)

복음서의 말씀입니다.

> 나를 믿는 이 작은 사람들 가운데서 하나라도 죄짓게 하는 사람은, 차라리 자기 목에 연자맷돌을 달고 바다 깊숙이 잠기는 편이 낫다
> (마태 18 : 6 ; 마가 9 : 42 ; 누가 17 : 2).

다른 곳의 말씀도 마찬가지입니다.

> 귀신들은 자기들을 지옥에 던지지 말아 달라고 예수께 간청하였다.…… 귀신들이 그 사람에게서 나와서, 돼지들 속으로 들어갔다. 그 돼지들은 호수 쪽으로 비탈을 내리달아서 빠져 죽었다(누가 8 : 31, 33 ; 마태 8 : 31, 32).

묵시록서의 말씀입니다.

9장 1-21절

아비소스로부터 올라오는 짐승이 그들과 싸워서 이기고, 그들을 죽일 것입니다(묵시록 11 : 7).
네가 본 그 짐승은, 전에는 있었지만 지금은 없으며, 장차 아비소스에서 올라와서, 나중에는 멸망하여 버릴 자다(묵시록 17 : 8).
나는 또 한 천사가 아비소스의 열쇠와 큰 사슬을 손에 들고, 하늘로부터 내려오는 것을 보았습니다. 그는 그 용, 곧 악마요 사탄인 그 옛 뱀을 붙잡아 결박하여, 아비소스에 던지고 닫은 다음…… (묵시록 20 : 1-3).

이 장절들에서도 역시 "아비소스"나 "바다의 깊음"은 악에 속한 거짓들이 있고, 그리고 그것에서 그것들이 비롯된 지옥을 뜻합니다. 이런 이유 때문에, 거기에 있는 악한 영들이나, 한편 이 세상에서 사람들처럼 살 때에도 악에 속한 거짓들 안에 있는 그들도, 아직 바다의 밑바닥에서 사는 것처럼 보이고, 그리고 그 밑바닥은 그들의 거짓이 비롯된 악의 비참함에 따라서 매우 더 깊습니다.

538[C]. [14] "아비소스"(abyss)가 거짓들이 있고, 거기에서 거짓이 비롯된 지옥을 뜻하기 때문에, 따라서 "아비소스"는 천계의 궁극적인 것들을 뜻하는데, 그것은 자연적인 사람의 진리들을 가리키는 진리의 지식들이 거기에 있고, 그리고 그것에서 비롯됩니다. 이러한 것은 천계의 궁극적인 것들이 물들 가운데 있는 것처럼 보이기 때문이고, 그러나 이러한 부류의 것들은 맑고 깨끗합니다. 왜냐하면, 앞에서 언급한 것과 같이, 가장 높은 천계의 대기는 에텔의 대기와 같기 때문이고, 그리고 중간 천계의 대기는 지상의 공기의 대기(an aerial atmosphere)와 같기 때문이고, 그리고 가장 낮은 천계의 대기는 물기의 대기(a watery atmosphere)와 같기 때문입니다. 그것 안에 있는 자들에게 있는 진리들은 자연적인 사람의 진리들과 같기 때문에, 물기의 대기와 같은 것이고, 자연적인 사람의 대기는 이른바

물기와 같기 때문입니다. 이러한 내용은 영계에서 강들, 호수들, 바다들의 외현들에 관하여 야기시키는 것이 무엇인지를 가리킵니다. 결과적으로 "바다들"(seas)은 일반적으로, 또는 전체적인 복잡체로 선험지들이나 지식들(=과학지들)을 뜻합니다(본서 275·342항 참조).

[15] "아비소스들"(abysses)이 역시 아래 장절들에서는 동일한 뜻을 갖습니다. 신명기서의 말씀입니다.

> 주 너희의 하나님이 너희를 데리고 가시는 땅은 좋은 땅이다. 골짜기와 산에서는 지하수가 흐르고, 샘물이 나고, 시냇물이 흐르는 땅이다(신명기 8:7).

이 내용은 설명된 본서 518[A]항을 참조하십시오. 같은 책의 말씀입니다.

> 전능하신 분께서
> 너에게 복을 베푸시기 때문이다.
> 위로 하늘에서 내리는 복과
> 아래로 깊은 샘에서 솟아오르는 복과,
> 젖가슴에서 흐르는 복과,
> 태에서 잉태하는 복을 베푸실 것이다.
> (창세기 49:25 ; 신명기 33:13)

이 장절 역시 본서 448[A]에 설명되었습니다. 시편서의 말씀입니다.

> 주님은 말씀으로 하늘을 지으시고,
> 입김으로 모든 별들을 만드셨다.
> 주님은 바닷물을 모아
> 독에 담으셨고(=무더기로 쌓아 놓으셨고),

그 깊은 바닷물을 모아
창고 속에 넣어 두셨다.
(시편 33 : 6, 7)

이 장절은 본서 275[B]에 설명되었습니다. 같은 책의 말씀입니다.

옷으로 몸을 감싸듯,
깊은 물로 땅을 덮으시더니,
물이 높이 솟아서 산들을 덮었습니다.
(시편 104 : 6)

본서 275[B]항을 참조하십시오. 같은 책의 말씀입니다.

땅에서도 주님을 찬양하여라.
바다의 괴물들과 바다의 심연아,
모두 주의 이름을 찬양하여라.
(시편 148 : 7)

이 장절들에서 "깊은 물줄기"(=심연)은, 영적 자연적인 천사들(spiritual-natural angels)이 있는 천계의 궁극적인 것들을 뜻합니다. 에스겔서의 말씀입니다.

너는 물을 넉넉히 먹고 큰 나무가 되었다.
깊은 물줄기에서 물을 빨며 크게 자랐다.
(에스겔 31 : 4)

본서 518[B]항을 참조하십시오.
[16] 더욱이 "깊은 물줄기"는 풍부하게는 신령진리를 뜻하고, 그리고 신령지혜의 비의(秘義)를 뜻합니다. 시편서의 말씀입니

다.

> (주께서는)
> 광야에서 바위를 쪼개셔서,
> 깊은 샘에서 솟아오르는 것 같이,
> 물을 흡족하게 마시게 하셨다.
> (시편 78 : 15)

같은 책의 말씀입니다.

> 주의 의로우심은 우람한 산줄기와 같고,
> 주의 공평하심은
> 깊고 깊은 심연과도 같습니다.
> 주님, 주님은 사람을 구하시듯이
> 짐승도 구하여 주십니다.
> (시편 36 : 6)

539[A]. 거기에서 큰 용광로의 연기와 같은 연기가 올라왔습니다.

이 말씀은 이 세상적이고, 관능적인 사랑들에 속한 악에서 나온 매우 지독한 거짓들을 뜻합니다. 이러한 뜻은, 이것에 관해서 곧 언급하겠지만, 악에 속한 거짓을 가리키는 "연기"(smoke)의 뜻에서, 그리고 성경말씀을 위화한 자들이 있는 지옥을 가리키는 "아비소스의 구덩이"의 뜻에서(본서 537항 참조), 그리고 이것에 관해서는 아래 단락에 언급되었는데, 이런 부류의 거짓들이 솟아나오는 이 세상적이고, 관능적인 사랑들에 속한 악들을 가리키는 "큰 용광로"(a great furnace)의 뜻에서 명확합니다. 여기서 "연기"는 악에 속한 거짓을 뜻하는데, 그 이유는 연기가 불에서 발출하기 때문이고, 그리고 "불"은 자기사랑이나 세상사랑들을, 그리고 그것에서 비롯된 모든 악들을 뜻하기 때문입니다. 결과적으로 "불"은 그런 사랑들(=애욕들)의 악들에서 비롯된 거짓들 안에 있는 지옥을 뜻합니다. 더욱이 그런 사랑들(=애욕들)을 선호하는 것에 그것의 적용에 의하여 성경말씀을 위화하는 자들이 있는 지옥은 큰 용광로의 불과 같은 불 가운데 있는 것으로 나타나 보이고, 그리고 그것에서 비롯된 짙은 연기는 불과 뒤섞여서 위로 올라오는 것으로 보였습니다. 나는 이런 지옥을 목격하였고, 그리고 그것은 그런 부류의 불의 외현을 표징하는 그런 것들 안에 있는 자들에게 있는 사랑들을 가리킨다는 것입니다. 그리고 그런 사랑들(=애욕들)에서 나오는 거짓들은 불길의 연기의 겉모습(外現)을 표징 합니다. 그러나 거기에 있는 자들에게 이런 겉모습은 전혀 없습니다. 왜냐하면 그들은 그런 사랑들(=애욕들) 안에 있고, 그리고 그것에서 비롯된 거짓들 안에 있기 때문이고, 그들의 생명(=삶)도 그런 것들 안에 존재하기 때문입니다. 그리고 그것은 바로 그들이 이런 것들에 의하여 수많은 방법들 가운데 고통을 받는 것이기 때문입니다. 그리고 우리의 자연계에 있는 그런 불이나 연기는 아닙니다. 이런 일련의 내용은 《천계와 지옥》 566-575항의 "지옥불과 이를 간다는 것이 무슨 뜻인가?"를 다룬 장에서 잘 볼 수 있는데, 그 장에서는 "지옥적인 불과 이를 간다"는 것이 다루어졌습니다.

[2] "연기"가 악에서 나온 매우 지독한 거짓을 뜻한다는 것은 아래의 장절들에게서 잘 알 수 있겠습니다. 창세기서의 말씀입니다.

> 아브라함이 소돔과 고모라와 넓은 들이 있는 땅을 내려다보니, 거기에서 솟아오르는 연기가 마치 옹기 가마에서 나는 연기와 같았다(창세기 19 : 28).

여기서 영적인 뜻으로 "소돔과 고모라"는 자기사랑들 가운데 있는 자들 모두를 뜻합니다. 그러므로 아브라함이 본 불타는 그들의 땅에서 솟는 연기는 자기사랑 가운데 있는 자들에게 속한 매우 지독한 거짓들을 뜻합니다. 왜냐하면 가장 최고로 자기 자신을 애지중지, 사랑하는 자들은 영적인 것들이나 천적인 것들에 대해서는 매우 짙은 흑암 속에 있기 때문입니다. 왜냐하면 그들은 전적으로 자연적인 존재이고, 감관적인 존재이기 때문이고, 그리고 그들은 전적으로 천계에서 분리되어, 떨어져 있기 때문입니다. 그 때 그들은 신령한 것들을 부인할 뿐만 아니라, 그들은 그런 것들을 파괴하는 것에 써먹는 거짓들을 생각해내고, 날조합니다. 소돔과 고모라에서 솟아나는 "연기"가 뜻하는 것이 바로 이런 거짓들입니다.
[3] 같은 책의 말씀입니다.

> 해가 지고, 어둠이 짙게 깔리니, 연기 나는 화덕과 타오르는 횃불이 갑자기 나타나서, 쪼개 놓은 희생제물 사이로 지나갔다(창세기 15: 17).

이 장절은 야곱에게서 비롯된 아브라함의 후손에 관해서 언급하고 있는데, 이러한 것은 그 장의 선행부분에서 잘 볼 수 있겠습니다. 거기에서 "해가 졌다"는 것은, 종말(終末)이 일어나는 때인, 마지막 때를 뜻하고, "거기에 짙은 흑암이 있었다"(=깔렸다)는 것은 악이 선의 자리를, 거짓이 진리의 자리를 차지하는 때를 뜻하고, "연기 나는 화덕이 나타났다"는 것은 악들에게서 비롯된 매우 지독한 거짓을 뜻하고, "타오르는 횃불"은 탐욕과 욕망 따위의 열기(熱氣)를 뜻하고, "그것이 쪼개 놓은 희생제물 사이로 지나갔다"는 것은 이런 것들이 주님에게서 그들을 갈라서, 분리시켰다는 것을 뜻합니다. 그러나 이 장절의 내용은 《천계비의》1858-1862항에 충분하게 설명된 것

9장 1-21절

을 참조하십시오.
[4] 출애굽기서의 말씀입니다.

> 모세는, 백성이 하나님을 만날 수 있게, 진으로부터 그들을 데리고 나와서 산기슭에 세웠다. 그 때에 시내 산에는, 주께서 불 가운데서 그 곳으로 내려오셨으므로, 온통 연기가 자욱하였는데, 마치 가마에서 나오는 것처럼 연기가 솟아오르고, 온 산이 크게 진동하였다(출애굽 19:17, 18).

그 뒤에 이어지는 말씀입니다.

> 온 백성이 천둥소리와 번개와 나팔 소리를 듣고 산의 연기를 보았다. 백성은 그것을 보고 두려워 떨며, 멀찍이 물러섰다. 그들은 모세에게 말하였다. "어른께서 우리에게 말씀하십시오. 우리가 듣겠습니다. 하나님이 직접 우리에게 말씀하시면, 우리는 죽습니다"(출애굽 20: 18, 19).

이 장절은 그 백성의 성품을 잘 드러내고 있습니다. 왜냐하면 여호와, 즉 주님은 그의 성품에 따라서 모두에게 나타나시기 때문입니다. 그리고 주님은 선에서 비롯된 진리들 안에 있는 자들에게는 화창한 봄날의 빛처럼 나타나시기 때문입니다. 그러나 악에서 비롯된 거짓들 안에 빠져 있는 자들에게는 마치 불에서 비롯된 연기처럼 나타납니다. 그 백성은 이 세상적인 사랑들(=애욕들)이나, 관능적인 사랑들(=애욕들) 안에 있고, 그리고 그것에서 비롯된 악에 속한 거짓들 안에 빠져 있기 때문에 주님께서 시내 산에서 그들에게 마치 삼켜버리는 듯한, 맹렬한 불(a devouring fire)처럼, 그리고 화덕에서 치솟는 연기처럼 나타나셨습니다. 야곱의 자손들이 이런 부류의 작자들이었다는 것은 《천계비의》의 수많은 곳에서 입증하였는데, 이런 것은 《새 예루살렘의 교리》248항에 수집된 것에서 잘 볼 수 있겠습니다. 그리고 각자의 성품에 따라서, 선 안에 있는 자들에게는 신뢰감 있는 불꽃이나, 심신(心身)을 일신(一新)시키는 불꽃(a recreating fire)처럼 주님께서 나타나시고, 악에 빠진 자들에게는 꺼져가는 불꽃(a consuming fire)처럼 나타나십니다(《천계비의》934 · 1861 · 6832 · 8814 · 8819 · 9434 · 10551항 참조). 여기에 인용된 장절의 그밖의 개별적인 것들이 뜻하는 것은 출애굽기서의 영해에 설명된 《천계비의》의 내용을 참조하십시오.

539[B]. [5] 시편서의 "영기와 불"은 동일한 뜻을 가지고 있습니다. 시편서의 말씀입니다.

> 주께서 크게 노하시니,
> 땅이 꿈틀거리고 흔들리며,
> 산의 뿌리가 떨면서 뒤틀렸다.
> 그의 코에서 연기가 솟아오르고,
> 그의 입에서
> 모든 것을 삼키는 불을 뿜어 내시니,
> 그에게서 숯덩이들이
> 불꽃을 튕기면서 달아올랐다
> 주께서 하늘을 가르고 내려오실 때에,
> 그 발 아래에는 짙은 구름이 깔려 있었다.
> (시편 18 : 7-9 ; 사무엘 하 22 : 8, 9)

이 장절에서 연기나 불꽃은 여호와(=주님)에서 올라온 연기나 삼키는 불꽃(a devouring fire)을 뜻하지 않습니다. 왜냐하면 주님 당신 안에는 분노나 역정(逆情) 따위는 전혀 없기 때문입니다. 그럼에도 불구하고 그와 같이 언급, 기술된 것은 주님께서는 거짓들이나 악들 가운데 있는 자들에게는 그와 같이 나타

9장 1-21절　　　　　　　　　　　　　　　　　73

나시기 때문입니다. 왜냐하면 그들은 주님을 자기 자신들의 거짓들이나 악들로 말미암아 그분이라고 생각하기 때문입니다.
[6] 이러한 내용은 같은 책의 아래 장절에서도 마찬가지입니다.

> 주님이 굽어보기만 하셔도 땅은 떨고,
> 주님이 산에 닿기만 하셔도
> 산이 연기를 뿜는다.
> (시편 104 : 32)

역시 같은 책의 말씀입니다.

> 주님, 하늘을 낮게 드리우시고(=기울이시고),
> 내려오시며,
> 산들을 만지시어
> 산마다 연기를 뿜어 내게 하십시오.
> (시편 144 : 5)

이사야서의 말씀입니다.

> 성문아, 슬피 울어라!
> 성읍아, 울부짖어라!
> 너 블레셋아, 녹아 없어져라!
> 북쪽에서부터
> 강한 군대가 진군하여 올 것이기(=북쪽에서 연기가 나오리니) 때문이다.
> (이사야 14 : 31)

여기서 "성문"(gate)은 교회에 안내하는 진리를 뜻하고 "성읍"(city)은 교리를 뜻하고, "블레셋"은 믿음을 뜻합니다. 그러므로 "성문아, 슬피 울어라! 성읍아, 울부짖어라! 너 블레셋아, 녹아 없어져라!"는 말씀은, 교리의 진리의 측면에서 교회의 황폐를 뜻하고, 그리고 믿음에 관한 그것에서 비롯된 황폐를 뜻합니다. 여기서 "북쪽"(the north)은 교리의 거짓들이나, 믿음의 거짓들이 있고, 그것들이 그것에서 비롯된 근원인 지옥을 뜻하고, 그리고 "연기"(smoke)는 그런 부류의 거짓들을 뜻합니다. 그러므로 "북쪽에서 온 연기(=강한 군대)는 지옥에서 비롯된 황폐하게 하는 거짓을 뜻합니다.

[7] 나훔서의 말씀입니다.

> 내가 너를 치겠다.……
> 네 병거를 불살라서
> 연기와 함께 사라지게 하겠다.
> 너의 새끼 사자들은
> 칼을 맞고 죽을 것이다.
> (나훔 2:13)

이 장절 역시 교회의 황폐에 관해서 다루고 있습니다. 그리고 여기서 "병거를 불사른다"(=병거들을 연기 속에 불사른다)는 것은 교리에 속한 모든 진리들을 거짓들로 곡해(曲解), 왜곡시키는 것을 뜻하는데, 여기서 "연기"는 거짓들을 뜻하고, "병거"(兵車)는 교리를 뜻합니다. "새끼 사자들이 칼을 맞고 죽는다"(=칼이 네 젊은 사자들을 삼킬 것이다)는 것은 거짓들이 그 교회의 중요 진리들을 파괴, 파멸할 것이다는 것을 뜻하는데, 여기서 "젊은 사자들"(=새끼 사자들)은 교회의 주요 진리들이나, 그 교회를 방어하는 진리들을 뜻하고, "칼"은 진리를 파괴하는 거짓을 뜻합니다.

[8] 요엘서의 말씀입니다.

9장 1-21절

> 그 날에 내가 하늘과 땅에
> 징조(=이적)를 나타내겠다.
> 피와 불과 연기 구름이 나타나고…….
> (요엘 2:30)

이 장절은 최후심판(the Last Judgment)에 관해서 언급하고 있는데, 여기서 피·불·연기 구름(=연기 기둥)은 위화된 성경말씀의 진리와 더럽혀진 그것의 선과 그리고 그것에서 빚어진 철저한 거짓들을 각각 뜻합니다. 여기서 "피"(blood)는 위화된 성경말씀의 진리를 뜻하고, "불"(fire)은 더럽혀진 그것의 선을 뜻하고, "연기 기둥"(=연기 구름·columns of smoke)는 그것에서 비롯된 철저하고 짙은 거짓들을 뜻합니다.
[9] 시편서의 말씀입니다.

> 악인들은 패망할 것이니,
> 주의 원수들이 그렇게 될 것이다.
> 기름진 풀밭이 시들어 불타듯이,
> 그들도 불에 타서 없어질 것이니,
> 연기처럼 사라질 것이다.
> (시편 37:20)

"악인들이나 주의 원수들이 연기 속으로 사라질 것이다"는 말씀은 그것들이 악의 거짓들에 의하여 파괴, 멸망될 것이라는 것을 뜻하고, 여기서 "악인들"은 거짓들 가운데 있는 자들을 부르는 것이고, "원수들"은 악들 안에 있는 자들을 그렇게 부르고, "연기"는 악에 속한 거짓을 뜻합니다.
[10] 같은 책의 말씀입니다.

> 연기가 날려 가듯이

> 하나님이 그들을 날리시고,
> 불 앞에서 초가 녹듯이
> 하나님 앞에서 악인들이 녹는다(=멸망한다).
> (시편 68 : 2)

악한 사람의 멸망, 파괴가 바람에 날아가는 연기에 비교, 비유되었고, "불 앞에서 초가 녹는다"는 것은 "연기"가 거짓들을, "불"이 악들을 각각 뜻하기 때문입니다.
[11] 이사야서의 말씀입니다.

> 눈을 들어 하늘을 쳐다 보아라.
> 그리고 땅을 내려다 보아라.
> 하늘은 연기처럼 사라지고,
> 땅은 옷처럼 해어지고,
> 거기에 사는 사람들도 하루살이 같이 죽을 것이다.
> (이사야 51 : 6)

여기서 "연기"는 거짓을 뜻하고, 그것에 의하여 옛 하늘에 있는 자들은 멸망될 것이고, "해어진 낡은 옷"은 악에 속한 거짓들에 의하여 파괴된 진리를 뜻합니다. 사라지는 연기나, 밀랍(蜜蠟)을 바른 낡은 옷(=해어진 낡은 옷)의 비유가 언급되었는데, 그것은 성경말씀에서 비유는 대응들을 가리키고, 마찬가지로 표의적인 것들을 가리키기 때문입니다.
[12] 호세아서의 말씀입니다.

> 그런데도 그들은 거듭 죄를 짓고 있다.
> 은을 녹여 거푸집에 부어서
> 우상들을 만든다.
> 재주껏 만든 은 신상들,
> 그것들은 모두

세공업자들이 만든 것인데도,
그들은,
이 신상 앞에 제물을 바치라고 하면서,
송아지 신상들에게 입을 맞춘다.
그러므로 그들은 아침 안개처럼 되고,
이른 새벽에 사라지는 이슬처럼 될 것이다.
타작 마당에서 바람에 날려 나가는
쭉정이처럼 되고,
굴뚝에서 나오는 연기처럼 될 것이다.
(호세아 13 : 2, 3)

이 장절들은 자기총명에서 비롯된 교리적인 것들을 기술하고 있는데, 그것 안에는 거짓의 악들이나, 악의 거짓들이 있습니다. 이런 부류의 교리적인 것들이 "은을 녹여 거푸집에 부어서 만든 우상들"이나, "신상들"이 뜻합니다. 여기서 그들의 "은"(銀)은 자기총명에서 비롯된 것을 뜻하고, "세공업자의 작품"은 그 총명을 뜻합니다. 그렇기 때문에, "그것들은 재주껏 만든 신상들, 그것들은 모두 세공업자들(=장인들)이 만든 것이다"는 말씀이 부연되었습니다. 이런 부류의 거짓들은 거짓들이기 때문에, 그것들이 사라질 것이라는 것은 "굴뚝에서 나오는 연기처럼 사라질 것이다"는 말씀이 뜻합니다. "아침 안개처럼, 이른 새벽에 내리는 이슬처럼, 타작 마당의 쭉정이처럼 날려가고 사라질 것이다"는 것이 언급되었는데, 그것은 그것의 시초의 교회는 아침 구름(=아침 안개)이나 "이른 새벽에 내리는 이슬"이나, "타작 마당의 쭉정이" 같기 때문인데, 그것들은 선에 속한 진리들이나, 진리에 속한 선들을 뜻하기 때문입니다. 그럼에도 불구하고 이들은 계속해서 사라지고, 그리고 악에 속한 거짓들이나 거짓에 속한 악들로 바뀌었습니다.

[13] "연기"는 묵시록의 다른 장절에서도 거짓을 뜻합니다.

그 책의 말씀입니다.

> 말들은 머리가 사자의 머리와 같으며, 입에서는 불과 연기와 유황을 내뿜고 있었습니다. 그 입에서 나오는 불과 연기와 유황, 이 세 가지 재앙으로 사람의 삼분의 일이 죽임을 당하였습니다(묵시록 9:17, 18).

또 같은 책의 말씀입니다.

> 그들에게 고통을 주는 불과 유황의 연기가 그 구덩이에서 영원히 올라올 것이다(묵시록 14:11).

역시 같은 책의 말씀입니다.

> 그 여자(=바빌론)에게서 나는 연기가 영원히 올라간다(묵시록 19:3).

[14] "불"이 양쪽의 뜻으로, 하나는 천적인 사랑을 뜻하고, 다른 하나는 지옥적인 사랑(=애욕)을 뜻하기 때문에, 그러므로 "연기"는 사랑에서 나오는 것을 뜻하는데, 즉 지옥적인 사랑(=애욕)에서는 거짓이 나오고, 천계적인 사랑에서는 진리가 나옵니다. 그러므로 "분향의 제물의 불에서 나오는 연기"가 뜻하는 것이 무엇인지는 본서 494항을 참조하시고, 그것은 아래의 장절에서도 마찬가지입니다. 이사야서의 말씀입니다.

> 주께서는,
> 시온 산의 모든 지역과
> 거기에 모인 회중 위에,
> 낮에는 연기와 구름을 만드시고,
> 밤에는 타오르는 불길로 빛을 만드셔서,
> 예루살렘을 닫집처럼 덮어서

보호하실 것이다.
(이사야 4 : 5)

이 장절은 본서 294[B]・504[B]항에 설명되었습니다. 같은 책의 말씀입니다.

우렁차게 부르는 이 노랫소리에 문지방의 터가 흔들리고, 성전에는 연기가 가득 찼다(이사야 6 : 4).

묵시록서의 말씀입니다.

성전이 하나님의 영광과 권능에서 나오는 연기로 가득 차게 되었다 (묵시록 15 : 8).

같은 책의 말씀입니다.

향의 연기가 성도들의 기도와 함께 천사의 손으로부터 하나님 앞으로 올라갔습니다(묵시록 8 : 4).

540[A]. "그 별이 아비소스를 여니, 거기에서 큰 용광로의 연기와 같은 연기가 올라왔다"고 언급되었기 때문에, 그리고 지금까지 길게 "연기"가 심한 거짓을 뜻한다는 것을 입증하였기 때문에, "용광로"(=화덕・furnace)가 이 세상적이고 관능적인 사랑들(=애욕들)에 속한 악들을 뜻한다는 것, 따라서 "큰 용광로의 연기와 같은 연기가 그런 사랑들"(=애욕들)에게서 비롯된 심한 거짓들을 뜻한다는 것을 입증하는 것 또한 중요하겠습니다. 이러한 뜻은 영계에서 "용광로"(=화덕・furnace)가 이런 사랑들(=애욕들)을 뜻한다는 외현(外現)에서 비롯된 것입니다. 왜냐하면 그런 사랑들(=애욕들)이 있는 지옥이 지배하고, 그리고

그 지옥에 관해서 연구, 검토될 때, 지옥은 마치 불길이 타오르는 용광로(=화덕)같이 보이기 때문이고, 그리고 연기가 그것들을 뒤덮은 것처럼 보이기 때문입니다. 이런 것들은 용광로에서 솟아오르고, 그리고 그것들은 큰 불 가운데 있는 것으로 보입니다. 이렇게 볼 때 성경말씀에서 "용광로들"(=화덕들)은 지옥이나, 이런 애욕들이나 탐욕들이 그 사람 안에서 지배하는 사람들의 무리나, 그 사람 자신이라고 하겠고, 같은 말이지만, 이런 것들이 지배하는 것에서 솟아나는 악들이 있는 곳이라고 하겠습니다.

[2] 아래 장절의 이런 부류의 내용이 "용광로들"이나 "화덕들"의 뜻입니다. 마태복음서의 말씀입니다.

> 인자가 천사들을 보낼 터인데, 그들은 죄짓게 하는 자들과 불법한 일을 하는 자들을 모조리 그 나라에서 모아다가, 불 아궁이 속에 던질 것이다. 그러면 그들은 거기에서 울며 이를 갈 것이다.…… 세상 끝 날에도 이렇게 할 것이다. 천사들이 와서, 의인들 사이에서 악한 자들을 가려내서, 그들을 불 아궁이 속에 던질 것이니, 그들은 거기에서 울며 이를 갈 것이다(마태 13:41, 42, 49, 50).

여기서 명확하게 "불 아궁이"(furnace of fire)는 지옥을 뜻하고, "세상 끝 날"(the consummation of the age)은, 최후의 심판이 일어나는 때인, 교회의 마지막 때를 가리킵니다. 그 때 악한 사람은, 반드시 선한 사람에게서 분리되어야 하고, 지옥에 던져져야 한다는 것은 "천사들이 죄짓게 하는 자들과 불법한 일을 하는 자들을 모조리 모을 것이다"는 것과 "천사들이 와서, 의인들 사이에서 악한 자들을 가려내서, 그들을 불 아궁이 속에 던질 것이다"는 말씀들이 뜻합니다. 여기서 지옥은 "불 아궁이"(the furnace of fire)라고 불리웠는데, 그것은 자기사랑이나 세상사랑으로 말미암아 불 가운데 있는 것 같이 보이기 때문입니다. "지옥적인 불"(infernal fire)이 이런 사랑들(=애욕들)에게서 비롯된 고통을 뜻한다는 것은 《천계와 지옥》 566-575항을 참조하십시오.
[3] 말라기서의 말씀입니다.

> 용광로의 불길같이,
> 모든 것을 살라 버릴 날이 온다.
> 모든 교만한 자와 악한 일을 하는 자가
> 지푸라기 같이 타 버릴 것이다.
> 그 날이 오면,
> 불이 그들을 살라서,
> 그 뿌리와 가지를 남김없이 태울 것이다.
> (말라기 4 : 1)

이 장절도 역시 교회의 마지막 때와 그 때의 최후심판에 관해서 언급하고 있습니다. 이들 양자는 "오는 그 날"이 뜻합니다. 여기서 "용광로"(=화덕·oven)는 교리에 의하여 거짓들 가운데 자신들을 확증한 자들이 있는 지옥을 뜻하고, 그리고 그들의 삶에 의하여 이 세상적이고, 관능적인 사랑들에게서 비롯된 악들 가운데 자신들을 확증한 자들이 있는 지옥을 뜻합니다. 그들 자신들의 사랑들(=애욕들) 때문에 이런 부류의 자들이 멸망할 것이라는 것은 "모든 교만한 자와 악한 일을 하는 자가 지푸라기(=그루터기·stubble)가 될 것이고, 아궁이가 그들을 불에 태울 것이다"는 말씀이 뜻합니다. 여기서 "모든 교만한 자"(=뻔뻔스럽게 죄를 짓는 자)는 거짓들로 자신들을 교리에 의하여 확증하는 자들을 뜻하고, "악한 일을 하는 자"는 삶에 의하여 자기 자신을 악으로 확증하는 자들을 뜻합니다.
[4] 호세아서의 말씀입니다.

왕을 갈아치울 자들이
악한 음모를 품고서도
겉으로는 왕을 기쁘게 하며,
온갖 기만으로 대신들을 속여 즐겁게 한다.
그들은 성욕이 달아오른 자들이다.
그들은 화덕처럼 달아 있다.
빵 굽는 이가 가루를 반죽해 놓고서,
반죽이 발효될 때를 제외하고는
늘 달구어 놓은 화덕과 같다.……
밤새 그들의 열정을 부풀리고 있다가
아침에 맹렬하게 불꽃을 피워올린다.
그들은 모두 빵 굽는 화덕처럼 뜨거워져서,
그들의 통치자들을 죽인다.
이렇게 왕들이 하나하나 죽어 가는데도
어느 누구도 나 주에게 호소하지 않는다.……
에브라임은
뒤집지 않고 구워서 한쪽만 익은
빵처럼 되었다
(호세아 7:3-8)

영적인 뜻으로 이 장절들은 야곱의 자손들에 관해서 기술하고 있는데, 그들은 자기사랑과 세상사랑으로 말미암아 모든 선을 악으로 바꾸어버렸다는 것, 그리고 그것으로 말미암아 모든 진리가 거짓으로 바뀌었다는 것을 뜻합니다. 그들이 그들의 악으로 왕을 기쁘게 한다는 것은 악에서 비롯된 모든 거짓을 뜻하는데, 왜냐하면 "왕"은 선에서 비롯된 진리를 뜻하고, 나쁜 뜻으로는 악에서 비롯된 거짓을 뜻하기 때문입니다. "그들은 그들의 거짓말로 고관들(=대신들)을 기쁘게 한다"는 것은 으뜸되는 거짓들을 뜻하기 때문입니다. 그들의 사랑들(=애욕들)로 말미암아 그들이 선들이나 진리들을 타락(墮落), 변질시켰다는 것은 "그들은 모두가 간음하는 자라. 빵 굽는 자에 의하여 달구어진 화덕 같다"(=그들은 성욕이 달아오른 자들이다. 그들은 화덕처럼 달아 있다)는 말씀이 뜻합니다. "간음한다"는 것은 선을 왜곡, 타락시키고, 그것으로 말미암아 진리를 그렇게 하는 것을 뜻합니다. 이러한 내용이 "빵 굽는 자에 의한 달구어진 화덕"에 비유 되었는데, 그것은 그들이, 마치 반죽 덩이처럼, 그들의 애욕들을 선호하는 거짓들을 모으고, 결합시키기 때문이고, 그리고 악들이나 거짓들을, 성경말씀의 문자적인 뜻에서 보면, 선들이나 거짓들에게서 분리되지 않고, 오히려 그들은 모두 밀착(密着), 달라붙어 있기 때문입니다. 그래서 "그는 반죽한 후에는 불을 일으키기를 그치니, 반죽이 발효될 때 까지만 한다"(=빵 굽는 이가 가루를 반죽해 놓고서, 반죽이 발효될 때를 제외하고는 늘 달구어 놓은 화덕과 같다)라는 말씀이 언급되었습니다. 여기서 "발효"(醱酵 · fermentation)는 분리를 뜻하는데, 여기서는 그들이 분리되지 않았는데, 그것은 "반죽이 발효될 때까지 빵 굽는 이는 화덕을 늘 달구어 놓는다"(=빵굽는 이는 반죽한 후에는 불을 일으키기를 그친다)라고 언급되었기 때문입니다. 동일한 뜻이 "에브라임은 뒤집지 않은 과자다"(=에브라임은 뒤집지 않고 구워서 한쪽만 익은 빵이다)는 말씀이 뜻합니다. 여기서 "에브라임"은 진리의 이해를 뜻합니다. 결과적으로 거기에는 거짓들이 선호하는 그런 사랑들(=자기사랑과 세상사랑)에 속한 악들을 제외하면 아무것도 없을 것이다는 것을 뜻한다는 것은 "빵 굽는 이는 밤새 그들의 열정을 부풀리고 있다가 아침에 맹렬하게 불꽃을 피워올려 빵 굽는 화덕처럼 달아오른다"는 말씀이 뜻합니다. 이런 내용이 "빵 굽는 이"(the baker)와 "화덕"에 비유되었는데, 그것은 그들이 빵 굽는 이가 반죽을 만들고, 화덕에서 빵(=과자)을 만드는 것과 같이, 거짓들로 교리들을 만들기 때문입니다. 그들은 이와 같이 그들이 성경말씀에서 취한 모든 선들이나 진리들을 파괴한다는 것은, "그들은 그들의 재판관들을 삼키고, 그들의 모든 왕들이 쓰러질 것이다"는 말씀이 뜻합니다. 여기서 "재판관들"(=통치자들)은 진리에 속한 선들을 뜻하고, "왕들"은 진리들 자체를 뜻합니다. 이런 것은, 그들이 자신으로 말미암아 현명하기를 원하고 주님으로 말미암아 현명하기를 원하지 않기 때문에, 자초(自招)한 결과라는 것은 "어느 누구도 나 주에게 호소하지 않는다"는 말씀이 뜻합니다. 이런 말씀들이 이런 부류의 내용을 가지고 있다는 것은 일반적인 직관적 통찰(common intuition)에서 여실히 잘 볼 수 있지만, 그러나 개별적인 것들은 이런 것들을 뜻하고, 기술하고 있습니다. 다시 말하면 "왕들" "고관들" "재판관들" "음란자들"이 바로 위에서 언급된 내용을 뜻한다는 것은 속뜻에서만 오직 잘 알 수 있겠습니다. 더욱이 진리들이나 거짓들을 모으고, 그래서 그것들을 밀착시키는 자들을 영계에서 마치 그들 가까이에 화덕이 있는, 반죽을 만드는 빵 굽는 자처럼 보입니다.

[5] 애가서의 말씀입니다.

> 우리의 피부는 무서운 가뭄으로 인하여 아궁이처럼 까맣게 탔습니다(=살갗이 아궁이처럼 까맣게 탔습니다)(애가 5 : 10).

이 장절은 진리의 상실(喪失)이나 거짓의 범람(氾濫)에 대한 애가(哀歌)입니다. "굶주림"(famine)은 진리의 상실이나 결핍을 뜻하고(본서 386(E)항 참조), 그리고 "무서운 가뭄"(=무서운 굶주림)은 철저한 선의 결핍이나, 거짓의 범람을 뜻합니다. 왜냐하면 진리들이 전혀 없는 곳에는 거짓들이 있기 때문입니다. "몹시 사납다"(tempests)는 것은 성경말씀에서는 범람과 비슷한 뜻을 가지고 있습니다. "우리의 살갗이 아궁이처럼 까맣게 탔다"는 말은 진리의 빛 밖에 있는 자연적인 사람을 뜻하고, 그것으로 인하여 거짓의 흑암 가운데 있는 것을 뜻합니다. 여기서도 역시 "아궁이"(=화덕)은, 진리에서 비롯된 것이 아니고, 온갖 거짓들에게서 비롯된 교리의 짜맞추기(the framing of doctrine)를 뜻하는데, 본서 386[E]항에는 이것이 충분하게 설명되었습니다.

540[B]. [6] 에스겔서의 말씀입니다.

> 이스라엘 족속이 내게는 쓸모도 없는 쇠찌꺼기이다. 그들은 모두가 은을 정련하고, 용광로 속에 남아 있는 구리와 주석과 쇠와 납의 찌꺼기이다.…… 너희가 모두 쇠찌꺼기가 되어 버렸기 때문에, 바로 그렇기 때문에, 내가 너희를 예루살렘의 한가운데 모으고, 사람이 은과 구리와 쇠와 납과 주석을 모두 용광로에 집어 넣고, 거기에 풀무질을 하듯이, 나도 내 분노와 노여움으로 너희를 모두 모아다가, 용광로에 집어넣고 녹여 버리겠다. 내가 너희를 모아 놓고 내 격노의 불을 너희에게 뿜어 대면, 너희가 그 속에서 녹을 것이다. 은이 용광로 속에서 녹듯이, 너희도 그 속에서 녹을 것이다. 그 때에야 비로소 너희는, 나 주가 너희에게 분노를 쏟아 부은 줄 알 것이다 (에스겔 22:18-22).

이 장절은 유대 사람이나 이스라엘 사람이 성경말씀의 문자적인 뜻에서 수집(蒐集)한 그릇된 교리적인 것들을 뜻하는데, 그들은 그것을 자기 자신들이나 자신들의 사랑들(=애욕들)에 적용하였습니다. 이런 것들이 "은의 찌꺼기"(the dross of silver)라고 불리웠는데, 그 이유는 "은"(銀·silver)이 성경말씀의 진리를 뜻하기 때문이고, "찌꺼기"는 전혀 진리를 뜻하지 않고, 추상적인 뜻으로는 진리에서 배척(排斥)되는 것을 뜻합니다. 성경말씀의 문자적인 뜻에 속한 것들은 여기서 "구리·주석·쇠·납의 찌꺼기"가 뜻합니다. 그 이유는 이런 것들이 자연적인 사람의 선들이나 진리들을 뜻하기 때문입니다. 그리고 성경말씀의 문자적인 뜻에 담겨 있는 성경말씀에 속한 것들은 자연적인 사람을 위한 것입니다. 이런 뜻에서 그들은, 이른바 전통(傳統)들이라고 하는 그들의 그릇된 교리적인 것들을 만들기 때문에, "그들을 모두 용광로에 집어 넣고, 녹여 버린다"는 말이 언급되었습니다. 그리고 그들은 자기사랑이나 세상사랑을 가리키는 그들의 사랑들에 이것들을 적용하기 때문에 "그는 모두 용광로에 집어 넣고 거기에 풀무질을 하듯이, 녹여 버리겠다"는 말이 언급되었습니다. 여기서 "불"(fire)은 그런 사랑들(=애욕들)을 뜻합니다. 그리고 그들의 교리적인 것들을 뜻하기 때문에, "내(=주께서)가 너희를 예루살렘의 한가운데 모으겠다"는 말씀이 언급되었는데, 여기서 "예루살렘"은 교리의 측면에서 교회를 뜻하고, 따라서 그 교회의 교리를 뜻합니다.
[7] 창세기서의 말씀입니다.

> 해가 지고, 어둠이 짙게 깔리니, 연기 나는 화덕과 타오르는 횃불이 갑자기 나타나서, 쪼개 놓은 희생제물 사이로 지나갔다(창세기 15 : 17).

유대 민족이나 이스라엘 민족의 더러운 애욕들에서 떼지어 만들어진 악에 속한 거짓들이나, 거짓에 속한 악들을 여기서는 "연기 나는 화덕"과 "쪼개 놓은 희생제물 사이로 지나간 타오르는 횃불"이 뜻하는데, 이러한 것은 위의 단락에서 잘 볼 수 있겠습니다. 왜냐하면 아브라함이 간절히 열망한 것은 그의 자손이 가나안 땅 전체를 다스려야 한다는 것이기 때문입니다. 그리고 주님께서 예견(豫見)하신 것은 그 교회가 그 민족 가운데 세워질 것이라는 것이기 때문에, 주님께서는 아브라함과 언약을 맺으셨습니다. 그럼에도 불구하고 그들에게 예언된 것이 무엇인지는 아래에서 볼 수 있겠습니다.
[8] 나훔서의 말씀입니다.

> 이제 에워싸일 터이니,
> 물이나 길어 두려무나.
> 너의 요새를 탄탄하게 해 두어야 할 것이니,
> 수렁 속으로 들어가서 진흙을 짓이기고,
> 벽돌을 찍어 내려무나.
> 느치가 풀을 먹어 치우듯이,
> 거기에서 불이 너를 삼킬 것이고,
> 칼이 너를 벨 것이다.
> (나훔 3:14, 15)

이 장절은 악에 속한 거짓들에 의한 진리의 파괴를 기술하고 있습니다. "에워싸일 것(=포위공격)에 대한 물"은 그들이 그것에 의하여 진리들을 파괴하려고 애쓰는 거짓들을 뜻합니다. "요새를 견고하게 한다"(=숲을 탄탄하게 한다)는 것은 진리들처럼 보이는 것들에 의하여 거짓들을 강하게 하는 것을 뜻하고, "진흙에 들어가 진흙(=역청)을 짓이긴다"는 것은 그것들이 서로 밀착, 결속(結束)된 것처럼 보이게 만드는 것을 뜻하는데, 여기서 "진흙"(=역청·pitch)은 결합시키는 악에서 비롯된 거짓을 뜻하고, "벽돌가마를 튼튼하게 보수한다"는 것은 위화된 진리들이나 꾸며낸 일(虛構)에서 만든 교리들을 보수(補修)하는 것을 뜻하고, "벽돌들"(bricks)은 날조(捏造)되고, 진리들과 결합되지 않은 거짓들을 뜻합니다. "불이 너를 삼킨다"는 것은 그들의 애욕들에 속한 악들에 의하여 그들이 파괴, 파멸될 것이라는 것을 뜻하고, "칼이 너를 벨 것이다"는 것은 그들이 거짓들에 의하여 파괴, 멸망당할 것이라는 것을 뜻합니다.
[9] 예레미야서의 말씀입니다.

"너는 너의 손으로 큰 돌들을 날라다가, 다바네스에 있는 바로의 궁 대문 앞 포장된 광장을 파고, 유다 사람들이 보는 앞에서 그 돌들을 묻어라.…… 그러면 그는 내가 묻어 놓은 이 돌들 위에 자기의 보좌를 차려 놓고, 그 위에 차일을 칠 것이다.
그와 와서 이집트 땅을 치면,
염병에 걸려 죽을 자는 염병에 걸려 죽고,
포로로 끌려갈 자는 포로로 끌려가고,
칼에 맞아 죽을 자는
칼에 맞아 죽을 것이다.
그리고 그는 이집트의 신전들에 불을 놓아서, 신상들들 태우거나 전리품으로 가져 갈 것이다. 그는 마치, 목동이 자기 옷에서 벌레를 잡아내듯이 이집트 땅을 말끔히 털고, 아무런 저항도 받지 않고, 그곳에서 평안히 떠나 갈 것이다(예레미야 43 : 9-12).

이 장절은 거짓스레 적용된 지식들(=과학지들)에서 비롯된 추론에 의한 진리의 남용이나 악용을 표징합니다. "벽돌 굽는 가마에 숨긴 큰 돌들"은 자기총명에서 비롯된 꾸며낸 것들에 의한 위화된 성경말씀의 진리들을 뜻합니다. 여기서 "돌들"은 성경말씀의 진리들을 뜻하고, "벽돌 굽는 가마"는 꾸며낸 것들로 빚은 교리를 뜻하고, "바로의 궁전"은 거기에 있는 지식들(=과학지들)에 대한 자연적인 사람을 뜻합니다. 그리고 "대문"(=입구)는, 그것을 통해서 자연적인 사람에게 들어가는 입구인, 감관적인 지식을 뜻합니다. 그것은 이것에 의하여 만들어진 허위(虛僞)들이나 반증(反證)들을 가리키고, "바빌론의 왕"은 진리의 모독(冒瀆)을 뜻하고, "그가 내가 묻어 놓은 돌들 위에 자기의 보좌를 차려 놓고, 그가 와서 이집트 땅을 치고, 그는 이집트의 신전들에 불을 놓을 것이다"는 말씀은 자연적인 사람의 지식들(=과학지들)을 통하여 교리의 모든 진리들이 왜곡되고, 모독될 것이다는 것을 뜻합니다. 그가, 지식들(=과학지들)에게서 비롯된 거짓들의 확증에 의하여 행해진 것을 가리키는 자연적인 사람 안에 있는 모든 것들에 대한 자연적인 사람 자신에게 예속될 것이라는 것은 "목동이 자기 옷에서 벌레를 잡아내듯이, 이집트 땅을 말끔히 털고, 그 곳에서 평안히 떠날 것이다"는 말씀이 뜻합니다. 따라서 자연적인 사람의 모든 것들이 이 땅의 사랑들(=애욕들)이나 관능적인 사랑들(=애욕들)에 속한 악들에 의하여 파괴될 것이다는 것은 "그(=나)는 이집트의 신전들에 불을 놓아서 신전들을 태울 것이다"는 말씀이 뜻합니다.
[10] "이집트"가 거기에 있는 지식의 측면에서 자연적인 사람을 뜻하기 때문에, 그리고 "쇠로 만든 화덕"(furnace of iron)이 비슷한 뜻을 가지고 있기 때문에, 따라서 성경말씀에서 이집트는 "쇠를 녹이는 용광로"라고 불리웠습니다. 예레미야서의 말씀입니다.

> 이 언약은, 쇠를 녹이는 용광로와 같은 이집트 땅에서 너희 조상을 데리고 나올 때에, 내가 그들에게 지키라고 명한 것이다(예레미야 11 : 4).

신명기서의 말씀입니다.

> 너희는, 주께서 용광로와 같은 이집트에서 건져내셔서, 오늘 이렇게 당신 소유로 삼으신 백성이다(신명기 4 : 20).

열왕기 상서의 말씀입니다.

> 그들은, 주께서 쇠용광로와 같은 이집트로부터 이끌어 내신 주의 백성이며, 주의 소유입니다(열왕기 상 8 : 51).

시편서의 말씀입니다.

> 내가 네 어깨에서 짐(=이집트의 짐)을 벗겨 주고,
> 네 손에서
> 무거운 광주리를 내려놓게 하였다.
> (시편 81:6)

지식(=과학지)의 측면에서 자연적인 사람은 "쇠를 녹이는 용광로"가 뜻하는데, 여기서 "용광로"(=화덕)는 자연적인 사람을 뜻하고 "쇠"(iron)는 지식을 뜻하지만, 여기서는 그릇된 지식을 뜻합니다. 그 이유는 "그들이 나올 때"라고 언급되었기 때문입니다. 왜냐하면 만약에 영적인 사람에 의한 인도가 없다면 자연적인 사람은 거짓들이나 악들 안에 있기 때문입니다. 그 이유는 그 사람은 천계에서 비롯된 빛을 전혀 가지지 못하기 때문입니다. 왜냐하면 천계에서 비롯된 빛은 영적인 사람을 통하여 자연적인 사람에게 입류하기 때문이고, 그리고 자연적인 사람에게 영적인 통찰력을 주고(enlighten), 가르치고, 인도하기 때문입니다. 이것은 영적인 사람의 후원(後援)이나, 보호 하에서 더 자연적인 사람이 생각하지 않고, 행동할 때에는 전적으로 정반대입니다. 그 때 그 사람은 노예의 상태에 있습니다. 왜냐하면 그 사람은, 지옥에서 비롯된 거짓들이나 악들로 말미암아 생각하고, 행동하기 때문입니다. 이런 상태는, 그들이 이집트에서 나올 때를 가리키는, "그들이 노예의 집에서 나올 때"라고 언급된 그 말이 뜻하는 것입니다. 왜냐하면 생각하고 행동하는 모든 자유는 영적인 사람에게서 나오기 때문입니다. 그 이유는 영적인 사람은 주님에게서 비롯된 천계로 말미암아 생각하고, 의도하기 때문이고, 그리고 주님에게의 인도가 자유이기 때문입니다 이상에서 볼 때 이집트가 "쇠로 만든 화덕"(a furnace of iron)이나 "노예의 집"이라고 불리운 이유를 잘 알

9장 1-21절

수 있겠습니다. 이 노예의 상태는 "내가 이집트의 무거운 짐에서 이스라엘의 어깨를 옮겼다"는 말씀이 뜻합니다. "쇠"(iron)가 자연적인 사람에게 속한 지식(=과학지)을 뜻한다는 것은 본서 176항을 참조하십시오.

[11] 성경말씀의 모든 것들은 반대적인 뜻을 가지고 있기 때문에, 역시 "화덕"(=솥·가마·oven)도 그러합니다. 이사야서의 말씀입니다.

> 시온에 불을 가지고 계시며
> 예루살렘에 화덕을 가지고 계신 주께서,
> 이렇게 말씀하셨다(=시온에서 불을 가졌고, 예루살렘에서 용광로를 가진 주가 말씀하신다)(이사야 31 : 9).

여기서 "불"(=난로·화덕·hearth)는 사랑의 선을 뜻하고 "화덕"(oven)은 그 선에서 비롯된 진리를 뜻하고, 따라서 교리의 진리를 뜻합니다. "시온과 예루살렘"은 동일한 뜻입니다. 여기서 "시온"은 사랑의 선의 측면에서 교회를 뜻하고, "예루살렘"은 교리의 진리의 측면에서 교회를 뜻합니다. 모세의 글에서 "화덕"은 동일한 뜻을 가지고 있습니다. 그것이 언급된 레위기서의 말씀입니다.

> 곡식제물은 반드시 화덕에서 준비하여야 하고, 또한 빵 굽는 판에서, 냄비에서 준비하여야 한다(레위기 2 : 4, 5, 7).

이 내용은 《천계비의》에 설명되었는데, "화덕"(furnace)은 묵시록의 위의 뜻과 동일한 것을 가지고 있습니다. 묵시록서의 말씀입니다.

> 발은 화덕에 달구어 낸 놋쇠와 같았다(묵시록 1 : 15).

본서 69항을 참조하십시오.
541. 그래서 해와 하늘(=공기)이 그 구덩이에서 나온 연기 때문에 어두워졌습니다.
이 장절은 주님에게서 비롯된 진리의 빛이 지옥적인 거짓들에 의하여 짙은 흑암이 되었다는 것을 뜻합니다. 이런 내용은, 이 것에 관해서는 곧 설명하겠지만, 짙은 흑암이 되어 버린 주님에게서 비롯된 진리의 빛을 가리키는 "어두워졌다는 해와 하늘"(=공기)의 뜻에서, 그리고 지옥에서 비롯된 심한 거짓들을 가리키는, 따라서 지옥적인 거짓들을 가리키는 "구덩이에서 나온 연기"의 뜻에서 명백합니다. "연기"가 심한 거짓들을 뜻한다는 것, 그리고 "아비소스의 구덩이"(the pit of the abyss)가 거짓들이 있고, 그것의 근원을 가리키는 지옥을 뜻한다는 것은 본서 536-539항을 참조하십시오. "어두워진 해와 하늘"(=공기)은 주님에게서 비롯된 진리의 빛이 짙은 흑암이 되었다는 것을 뜻합니다. 왜냐하면 천사적인 천계에 계신 주님께서는 태양(a sun)이시고, 주님에게서 발출하는 신령진리는 마치 태양이 생산하는 거기의 모든 빛이기 때문이고, 그리고 그 빛은 천사의 시각과 이해에 빛을 비추기 때문입니다. 그러므로 그 해가 어두워졌을 때에는, 주님에게서 비롯된 진리의 빛은 짙은 흑암이 되었고, 그와 같이 된 흑암은 지옥에서 비롯된 거짓들에 의한 것이기 때문입니다. 철저한 자연적인 사람들에 의한 모든 신령존재의 부인(否認)이나 신령한 것들의 부인은 천계의 빛을 짙은 흑암으로 만드는 악에 속한 거짓들에서 옵니다. 왜냐하면 이런 부류의 인물들은 짙은 흑암 가운데서 신령한 것들을 생각하고, 판단하기 때문이고, 그리고 그러므로 그들은 그것들을 마치 짙은 흑암으로 보기 때문이고, 결과적으로는 그것들을 부인하기 때문입니다. 더욱이 천계의 빛이 악에 속한 거짓들 안에 빠진 자들에게 유입할 때 그것은 실제적으로 영계에서 짙은 흑암이 되기 때문입니다. 이렇게 볼 때 얻은 결론은 악한 사람은 영적인 것들을 보지 못하고 이해하지 못할 뿐만 아니라, 다시 말하면 천계나 교회에 속한 것들을 보지 못하고, 이해하지 못할 뿐만 아니라, 마음 속에서 그들은 그것들을 부인한다는 것입니다. 주님께서 천사적인 천계에서는 해(=태양)으로 나타나시고, 그리고 주님에게서 발출하는 신령진리는 마치 해가 천계의 모든 빛을 생성하는 것과 같고, 따라서 천사들이 소유하는 모든 총명이나 지혜도 그와 같다는 것은 나의 저서 《천계와 지옥》 116-125항과 126-140항을 참조하십시오. "공기"(=하늘 · air)가 어둡게 되었다고 언급하였는데, 그것은 진리의 빛을 뜻하기 때문입니다. 왜냐하면 공기(=하늘)는 해로 말미암아 빛을 주기 때문입니다. "하늘"(=창공 · skies)은 시편서에서도 동일한 뜻을 가지고 있습니다. 시편서의 말씀입니다.

주님,
주의 한결같은 사랑(=자비)은 하늘에 닿아 있고,
주의 미쁘심(=주의 진리)은 구름에 닿아 있습니다.
(시편 36 : 5 ; 57 : 10 ; 108 : 4)

여기서 "주의 한결같은 사랑"(=자비 · mercy)는 신령사랑에 속한 신령선을 뜻하고, "주의 미쁘심"(=주의 진리)은 신령진리를 뜻합니다. 신령진리가 천계의 빛이기 때문에, 그리고 위에서 언급한 것과 같기 때문에, "주의 진리"(=주의 미쁘심)은 "하늘(=구름)에 닿아 있다"고 언급되었습니다. 따라서 복수로 기술된 "하늘들"(skies)은 가장 높은 천계에까지 이른 신령빛을 뜻하는데, 가장 높은 천계는 최고의 계도 가운데 있습니다. "하늘들"(=창공들 · skies)은 시편서 77 : 17나 78 : 23, 24에서도 동일한 뜻을 갖습니다.

542. 3-12절. 그리고 그 연기 속에서 메뚜기들이 나와서 땅에 퍼졌습니다. 그것들은, 땅에 있는 전갈이 가진 것과 같은 권세를 받아 가지고 있었습니다. 그것들은, 땅에 있는 풀이나 푸성귀나 나무는 하나도 해하지 말고, 이마에 하나님의 도장이 찍히지 않은 사람만을 해하라는 명령을 받았습니다. 그러나 그들에게는, 사람들을 죽이지는 말고, 다섯 달 동안 괴롭게만 하라는 허락이 내렸습니다. 그것들이 주는 고통은 마치 전갈이 사람을 쏠 때와 같은 고통이었습니다. 그 기간에는 그 사람들이 죽으려고 애써도 죽지 못하고, 죽기를 원해도 죽음이 그들을 피하여 달아날 것입니다. 그 메뚜기들의 모양은 전투 채비를 한 말들과 같고, 머리에는 금 면류관과 같은 것을 쓰고, 그 얼굴은 사람의 얼굴과 같았습니다. 그리고 그것들은 여자의 머리털 같은 머리털이 있고, 이빨은 사자의 이빨과 같고, 쇠로 된 가슴막이와 같은 가슴막이를 두르고, 그 날개 소리는 마치 전쟁터로 내닫는 많은 말이 끄는 병거 소리와 같았습니다. 그것들은 전갈과 같은 꼬리와 침을 가졌는데, 그 꼬리에는 다섯 달 동안 사람을 해할 수 있는 권세가 있었습니다. 그것들은 아비소스의 사자를 자기들의 왕으로 떠받들었는데, 그 이름은 히브리 말로는 아바돈이요, 그리스 말로는 아볼루온입니다. 첫째 재앙이 지나갔습니다. 그러나 아직도 두 가지 재앙이 더 닥쳐 올 것입니다.

[3절] :

"그 연기 속에서 메뚜기들이 나와서 땅에 퍼졌다"는 말씀은 지옥적인 거짓들로 말미암아 그들이 교회에 있는 관능적인 감관적 존재가 되었다는 것을 뜻합니다(본서 543항 참조). "그것들은, 땅에 있는 전갈이 가진 것과 같은 권세를 받아 가지고 있다"는 말씀은 설득하기 위한 그들의 능력(ability)과 그리고 그것의 결과와 힘(power)를 뜻합니다(본서 544항 참조).

[4절] :
"그것들은, 땅에 있는 풀이나 푸성귀나 나무는 하나도 해하지 말라는 명령을 받았다"는 말씀은, 그들이 성경말씀의 문자적인 뜻에서 비롯된 참되고, 살아 있는 지식(=과학지)을 해하지 못한다는 것을 뜻하고, 또한 그것 안에 있는 진리나 선의 지식도 해하지 못한다는 것을 뜻합니다(본서 545항 참조). "그러나 이마에 하나님의 도장이 찍히지 않은 사람만을 해하라는 명령을 받았다"는 말씀은 주님에게서 온 선에서 비롯된 진리들 안에 있는 자들 안에 있는 진리의 이해나 선의 지각에 대한 것을 제외한다는 것을 뜻합니다(본서 546항 참조).
[5절] :
"그러나 그들에게는 사람들을 죽이지 말라는 명령이 주어졌다"는 말씀은 그들에게서 진리를 이해하는 능력(=기능)이나, 선을 지각하는 능력(=기능)이 박탈(剝奪)될 수 없다는 것을 뜻합니다(본서 547항 참조). "그러나 그들에게는 다섯 달 동안 사람들을 괴롭게만 하라는 허락이 내려졌다"는 말씀은 그들이 그런 상태에 있는 동안, 진리를 본다는 것으로 말미암아 악에 속한 거짓들에 의한 이해가 어두워질 것이고, 빼앗길 것이라는 것을 뜻합니다(본서 548항 참조). "그것들이 주는 고통은 마치 전갈이 사람을 쏠 때와 같은 고통이었다"는 말씀은 진리를 보는 것에서 비롯된 어두워지는 것이나, 빼앗기는 것이 마음을 얼빠지게 하는 것인, 설득(說得・宗旨)에 의하여 일어나게 된다는 것을 뜻합니다(본서 549항 참조).
[6절] :
"그 기간에는 그 사람들이 죽으려고 애써도 죽지 못한다"(=사람들이 죽음을 구하려고 해도 찾지 못할 것이다)는 말씀은 그 때 그들이 진리를 이해하는 능력(=기능)을 파괴하기를 열망하지만 그러나 가능하지 않다는 것을 뜻하고(본서 550항 참조), "그들

이 죽기를 원해도 죽음이 그들을 피하여 달아날 것이다"는 말씀은 영적인 생명에 속한 것인, 선을 지각하는 능력(=기능)을 파괴하기를 열망하지만, 오히려 헛된 것이라는 것을 뜻합니다(본서 551항 참조).
[7절] :
"그 메뚜기들의 모양은 전투 채비를 한 말들과 같았다"는 말씀은 사람이 감관적인 존재가 되었을 때, 그는 진리의 이해로부터 추론하는 자와 같이 추론한다는 것을 뜻합니다(본서 552항 참조). "머리에는 금 면류관과 같은 것을 썼다"는 말씀은, 그들이 추론할 때 그들은 마치 현명하고, 승리한 사람처럼 자신들에게 생각된다는 것을 뜻합니다(본서 553항 참조). "그들의 얼굴은 사람의 얼굴과 같았다"는 말씀은 자신들에게는 그것이 마치 진리에 대한 영적인 정동 같이 생각된다는 것을 뜻합니다(본서 554항 참조).
[8절] :
"그것들은 여자의 머리털과 같은 머리털이 있다"는 말씀은 자기 자신들에게는 말하자면 자연적인 진리의 정동들 같이 생각된다는 것을 뜻합니다(본서 555항 참조). "그들의 이빨은 사자의 이빨과 같았다"는 말씀은 총명적인 삶의 궁극적인 것들인 감관적인 것들은 그들에게는 모든 것들을 지배하는 능력을 쥔 것처럼 생각된다는 것을 뜻합니다(본서 556항 참조).
[9절] :
"그들은 쇠로 된 가슴막이와 같은 가슴막이를 둘렀다"는 말씀은 합리적 영적인 사람에 속한 진리들이 승리, 우세하지 못하게 하는 것에 거스르는 싸움을 위하여 그들이 채비를 하는 설득(=종지・persuasions)들을 뜻합니다(본서 557항 참조). "그들의 날개 소리는 마치 전쟁터로 내닫는 많은 말이 끄는 병거 소리와 같았다"는 말씀은 그것은 마치 이해된 성경말씀에서 교리

의 진리에서 비롯된 것과 같은 추론들을 뜻하는데, 왜냐하면 그들은 그것을 위하여 반드시 격렬하게 싸워야 하기 때문입니다(본서 558항 참조).
[10절]:
"그것들은 전갈과 같은 꼬리를 가졌다"는 말씀은 설득적이고, 종지(宗旨)적인 감관적인 지식들(=과학지들)을 뜻하고 (본서 559항 참조), "그것들은 그들의 꼬리에 침들을 가졌다"는 말씀은 그것들에 의하여 속이는 교활(狡猾)을 뜻하고(본서 560항 참조), "그 꼬리에는 다섯 달 동안 사람들을 해할 수 있는 권세가 있었다"는 말씀은 그런 상태에 있는 동안 그들은 진리의 이해나 선의 지각에서 마비상태(痲痺狀態 · stupor)를 야기시키는 것을 뜻합니다(본서 561항 참조).
[11절]:
"그것들은 아비소스의 사자를 자기들의 왕으로 떠받들었다"는 말씀은 악에 속한 거짓들 안에 있는 자들이나, 그리고 전적으로 감관적인 자들이 있는 지옥에서 비롯된 유입(流入 · 接神 · influx)을 그들이 영접, 수용하였다는 것을 뜻합니다(본서 562항 참조). "그의 이름은 히브리 말로는 아바돈(=파멸)이오, 그리스 말로는 아볼루온(=파괴자)이다"는 말씀은, 모든 진리나 선의 파괴를 가리키는 그것의 성품을 뜻합니다(본서 563항 참조).
[12절]:
"첫째 재앙이 지나갔다. 그러나 아직도 두 가지 재앙이 더 닥쳐올 것이다"는 말씀은 교회의 황폐에 대한 하나의 비통(悲痛 · lamentation)을 뜻하고, 그것의 더 심한 황폐에 대한 비통이 뒤이어진다는 것을 뜻합니다(본서 564항 참조).

543[A]. **3절. 그 연기 속에서 메뚜기들이 나와서 땅에 퍼졌습니다**(=그 연기에서 메뚜기들이 땅 위로 나왔다).
이 말씀은 지옥적인 거짓들로 말미암아 그들이 교회에서 관능적 감관적인 존재(corporeal-sensual)가 되었다는 것을 뜻합니다. 이러한 내용은 지옥적인 거짓을 가리키는 "연기"(smoke)의 뜻에서 명확합니다(본서 539항 참조). 지옥적인 거짓은 여기서는 "연기"가 뜻하는 것인데, 그 이유는 이 연기가 "아비소스의 구덩이에서 나왔다"고 언급되었기 때문입니다. 그리고 "아비소스의 구덩이"는, 성경말씀의 진리들을 위화하는 악에 속한 거짓들이 있고, 그리고 그것에서 그들이 비롯된 근원인 지옥을 뜻하기 때문입니다. 이러한 내용은, 이것에 관해서 곧 언급하겠지만, 악에 속한 거짓 안에 존재하는 것인, 사랑의 궁극적인 감관을 가리키는 "메뚜기들"(locusts)의 뜻에서 명확하고, 그리고 교회에 있다는 것을 가리키는 "땅 위에 퍼졌다"는 말의 뜻에서 명확합니다. 왜냐하면 여기서 "땅"(the earth)은 교회를 뜻하기 때문이고, 더욱이 묵시록서에 내포된 것들은 교회나 그 교회의 상태에 관한 예언(豫言)이기 때문입니다.

[2] "메뚜기들"(locusts)이 악에 속한 거짓이 그것 안에 있는, 사람의 궁극적인 감관적인 것(man's ultimate sensual)을 뜻한다는 것은 우리의 본문장 12절까지 언급된 개별적인 것들이나, 전체적인 것들에서 잘 알 수 있겠습니다. 그것의 설명에서 보면 "메뚜기들"은 그 밖의 다른 뜻을 가지고 있지 않다는 것이 입증되었습니다. 그러나 여기서 먼저 언급하여야 할 것은 사람의 궁극적인 감관(man's ultimate sensual)이 뜻하는 것이 무엇이냐?는 것입니다. 그것은 시각 · 청각 · 후각 · 미각 · 촉각 따위의 감관을 뜻하지 않습니다. 왜냐하면 이런 것들은 인체(人體)의 고유한 것이지만, 그러나 생각이나 정동의 궁극적인 것은 다르기 때문입니다. 생각이나 정동의 궁극적인 것(the ultimate of thought and affection)은 어린 것에게서는 제일 먼저 열리는 것이고, 그리고 그것은, 바로 명명된 감관들에게서 하나를 이루는 것 이외의 다른 목적에 의하여 그들이 아무것

도 생각하지 않고, 그리고 감동되지도 않는 그런 것입니다. 왜냐하면 어린 것들은 감관들에 의하여 생각하는 것을 배우기 때문이고, 그리고 그 감관적인 것을 즐겁게 하는 것들과 일치하는 목적들에 의하여 감동되는 것을 배우기 때문입니다. 결과적으로 그들에게 있고 열린 것인 첫째 되는 내적인 것은 사람의 궁극적인 감관적인 것이라고 부르는 것이나, 또는 관능적 감관적인 것(the corporeal-sensual)이라고 부르는 것입니다. 그러나 그 뒤, 어린 것들이 나이가 들고, 소년으로 성장하기 때문에, 내면적인 감관적인 것(interior sensual)이 개방되면, 그것으로 말미암아 그 사람은 자연스럽게 생각하고, 그리고 또한 자연스럽게 감동됩니다. 그 뒤, 젊었을 때나, 초기의 장년기에는 더욱이 내면적 감관적인 것은 더 개방되고, 그 사람은 그것으로 말미암아 합리적으로 생각합니다. 그리고 만약에 그가 인애의 선이나 믿음의 선 안에 있다면, 그는 영적으로 생각하고, 그리고 역시 그 사람은 합리적으로, 그리고 영적으로 감동됩니다. 이 생각과 정동이 합리적인 사람이나 영적인 사람이라고 불리우는 것이고, 이에 반하여 전자는 자연적인 사람이라고 불리우고, 그리고 처음에는 감관적인 사람이라고 불리웁니다.

[3] 모든 사람에게 있는 그의 생각이나 정동에 속한 내면적인 것들은 계속해서 개방되는데, 그리고 이런 일은 주님에게서 비롯되는 천계의 계속적인 입류에 의해서 일어납니다. 이 입류에 의하여 신체에 가장 가까이에 밀착된 감관적인 것은 제일 먼저 형성되고, 그리고 이것으로 말미암아 사람은 감관적인 존재가 됩니다. 그 뒤에는 그 자연적인 것으로 말미암아 그 사람은 자연적인 존재가 됩니다. 그 뒤에는 합리적인 것이나, 그것에 있는 영적인 것이 있는데, 이것으로 말미암아 그는 합리적인 사람이나 영적인 사람이 됩니다. 그러나 이러한 일은 그 사람이 하나님에 관해서, 그리고 하나님에게서 비롯된 신령한 것들

에 관해서 생각하는 한에서 그는 그런 존재가 되고, 그리고 이런 일은, 그가 이런 것들에 의하여 감화 감동되는 한에서 형성되고, 완벽해집니다. 다시 말하면 그 사람이 그것들에 일치하여 원하고, 사는 것에 비례하여 그렇게 됩니다. 만약에 그가 이 일을 하지 않는다면 영적인 사람은 일반적인 방법으로는 개방되지만, 그러나 그것은 형성되지 않으며, 하물며 어떻게 완벽하게 되겠습니까. 그의 영적인 사람의 일반적인 개방에 의하여 사람은 생각하는 기능(=능력)을 가지게 되고, 그리고 생각으로 말미암아 합리적으로 말하는 기능(=능력)도 취합니다. 이러한 것은 모든 사람에게 있는 천계의 입류에 속한 일반적인 결과입니다. 이러한 사실은, 사람의 생각들이나 정동들이 영적인 것, 자연적인 것, 감관적인 것이라는 것을 명확하게 만들고, 그리고 영적인 생각들이나 정동들은 하나님이나, 신령한 것들에 관해서 하나님으로 말미암아 생각하는 자들에 있다는 것도 명확하게 합니다. 이에 반하여 하나님이나 신령한 것들에 관해서 하나님으로 말미암아 생각하지 않는 자들에게는 다만 자연적인 생각들이나 정동들이 있을 뿐이고, 그러나 오직 자기 자신으로 말미암아, 또는 이 세상으로 말미암아 자기 자신이나 세상에 관해서 생각하는 사람들에게는 역시 자연적인 생각들이나 행동들이 있을 뿐입니다. 그럼에도 불구하고 이러한 사실을 자신이나 세상으로 말미암아 생각한다는 것은 이런 것들로 말미암아 생각하는 것이 아니고, 오히려 지옥으로 말미암아 생각하는 것이라는 것을 주지(周知)시키고 있습니다. 왜냐하면 하나님으로 말미암아 생각하지 못하는 자는 누구나 지옥으로 말미암아 생각하기 때문입니다. 그리고 어느 누구도 동시에 양자로 말미암아 생각할 수 없기 때문입니다. 그러나 하나님을 부인하고, 그리고 그것으로 인하여 천계나 교회에 속한 신령한 것들을 부인하고, 그리고 이런 것들에 반대하여 스스로 확증하는 자들은 모두 그 확증들에 따라서, 더욱 심하거나, 또는 덜 심한 감관적인 사람들이 됩니다. 그들이 영적인 것들에 관해서 생각할 때 그들은 오직 거짓들만을 생각하고, 그리고 그들은 악들에 의하여 감동감화 됩니다. 그리고 만약에 그들이 어떤 진리들에 관해서, 즉 그것이 영적인 것이든, 도덕적인 것이나 시민법적인 것이든 그 어떤 진리들에 관해서 생각한다면 그와 같은 일은 기억 안에 있는 그런 것들에의 지식(=과학지)으로 말미암은 것입니다. 그리고 그들은 그들이 무엇을 증명할 수 있는 자갛 가까운 원인들 너머에 있는 것은 아무것도 보지 못합니다. 그리고 만약에 그들이 선들에 의하여 감동된다면 그것은 자신이나 세상을 목적한 쾌락에서 비롯된 것 뿐입니다. 따라서 그것은 자기사랑이나 세상사랑에 속한 온갖 탐욕에서 비롯된 쾌락일 뿐입니다. 감관적인 사람의 생각은 물질적 생각 (material thought)이라고 부르는 것이고, 그리고 감관적인 사람의 정동은, 탐욕을 가리키는, 관능적인 정동이라고 부르는 것입니다.

543[B]. [4] 더욱이 주지하여야 할 것은, 사람이 그의 부모들에게서 취한, 이른바 유전적인 악들(遺傳的惡 · hereditary evils)이라고 부르는, 모든 악들은 그것들의 자리들을 그의 자연적인 사람이나, 감관적인 사람 안에서 가지고, 영적인 사람 안에서 그들의 자리를 가지지 못합니다. 결과적으로 자연적인 사람, 특히 감관적인 사람은 영적인 사람의 정반대에 자리를 잡습니다. 왜냐하면 순진한 유아기에서 비롯된 영적인 사람은 닫혀지고, 그리고 이해나 의지에 의하여 영접, 수용된 신령진리들에 의하여 영적인 사람은 개방되기 때문입니다. 그것의 범위나, 성질에 비례하여 영적인 사람은 개방되고, 형성되고, 그리고 자연적인 사람이나 감관적인 사람의 악들은 제거되고, 그리고 선들은 제거된 그것들의 자리에 확착(活着)됩니다. 모든 악

들은 그들의 자리를 자연적인 사람이나 감관적인 사람 안에 잡기 때문에, 뒤이어지는 것은 거짓들 역시 그러합니다. 그 이유는 모든 거짓들이 악에 속한 것이기 때문입니다. 왜냐하면 사람이 욕망에 사로잡히고, 그리고 악들로 말미암아 무엇인가를 의도할 때, 그 사람은 거짓으로 말미암아 생각하고, 말하기 때문입니다. 왜냐하면 그것이 생각에서 자체를 형성할 경우, 의지에 속한 악은 그것의 성질이나 성품(=됨됨이)에 관해서 다른 자들에게, 또는 자기 자신에게 잘 드러나기 때문입니다. 우리는 이것을 가리켜 거짓이라고 부릅니다. 따라서 거짓은 악에 속한 틀(form)인데, 그것은 마치 진리가 선에 속한 틀(form)과 같습니다. 이상에서 볼 때 여기서 밝히 알 수 있는 것은 감관적인 사람이라고 불리우는 사람의 성품이 무엇인지 잘 알 수 있다는 것입니다. 그리고 또한 사람이 그가 태어난 악들이 행위 안에서 나올 때, 그리고 자신으로 말미암아 그것들이 더 많은 것들을 첨가할 때 그 사람은 감관적인 존재가 된다는 것입니다. 그 사람이 이런 일을 하는 한, 그리고 이런 악들 가운데서 자신을 확증하는 것에 비례하여 그의 영적인 사람은 단단히 닫혀지게 됩니다. 그리고 영적인 사람이 폐쇄(閉鎖)되면 자연적인 사람이나 감관적인 사람은 천계나 교회에 속한 신령한 것들을 모두 부인하고, 그리고 이 세상이나 자연에 속한 그런 것들만을 시인합니다. 그리고 사실 그 때 감관적인 사람은 눈으로 보고, 손으로 만지는 것을 제외하면, 아무것도 믿을 수 없는 눈먼 장님이 됩니다. 공부를 많이 한 사람들 가운데도 이런 부류의 인물들이 있고, 더구나 총명하고, 현명한 자들 가운데도 기억 안에 있는 지식들(=과학지들)로 말미암아 말하는 자신들의 능력에서 비롯된 생각을 하기도 합니다. 이런 일은 겉보기에 합리적인 사람도 그렇게 말을 하는데, 그 이유는 그들에게서 영적인 마음이 열려 있기 때문입니다. 그리고 이런 사실은, 앞에서 언급한 것과 같이, 일반적인 방법으로 모든 사람 안에 있습니다.
[5] 이 본문장에 지금 유입된 것 때문에, 메뚜기가 다루어졌습니다. 그리고 그것에 의하여 자연적인 사람의 궁극적인 것이나 외적인 것을 가리키는 감관적인 사람을 뜻합니다. 그리고 중요한 것은 감관적인 사람이 무엇인지, 그리고 그것의 성질을 충분하게 잘 알아야 한다는 것이고, 그리고 따라서 감관적인 사람이 누구이고, 어떤 존재인지 알아야 한다는 것입니다. 그러므로 나는 그것에 관해서 《천계비의》에서 설명, 입증된 사실을 말하고자 합니다. 내용은 이런 것입니다. 감관적인 것은 그의 관능적인 것에 밀착되어 있고, 천부적으로 내재해 있는 사람의 생명에 속한 궁극적인 것이라는 사실입니다(《천계비의》5077 · 5767 · 9212 · 9216 · 9331 · 9730항 참조). 그 사람은 육신의 감관들로 말미암아 모든 사물들을 판단하는 감관적인 사람(a sensual man)이라고 불리운다는 것, 그리고 자신의 눈으로 보고, 자신의 손으로 만진 것을 제외하면 아무것도 믿지 않으며, 이것은 어떤 것이라고 말하고 그렇지 않은 것은 전부 배척한다고 말하는 감관적인 사람이라는 것(같은 책 5094 · 7693항 참조) 등 입니다. 이런 부류의 사람은 궁극적인 것에서 생각하고, 그리고 영적인 빛으로 말미암아 내면적으로는 결코 생각하지 않는다는 것(같은 책 5089 · 5094 · 6564 · 7693항 참조), 천계의 빛으로 말미암아 보는 그 사람 마음의 내면적인 것들은 닫혀 있어서, 그러므로 그는 천계나 교회에 속한 진리에 속한 것은 아무것도 보지 못한다는 것(같은 책 6564 · 6844 · 6845항 참조), 따라서 한마디로, 그는 아주 조잡한 자연적인 빛(a gross natural light) 안에 있고, 따라서 그 사람은 천계의 빛으로는 아무것도 지각하지 못한다는 것(같은 책 6201 · 6310 · 6564 · 6844 · 6845 · 6598 · 6612 · 6614 · 6622 · 6624항 참

조), 그것으로 말미암아 그는 내면적으로는 천계나 교회에 속한 것들에 대해서는 대립한다는 것(같은 책 6201·6317·6844·6845·6948·6949항 참조), 교회에 속한 진리들에 대하여 거슬러 자기 스스로 확증한 유식한 자들은 감관적인 존재라는 것(같은 책 6316항 참조), 감관적인 사람들은 그들의 생각이 그것 안에 거의 있기 위하여 그들의 언어에 매우 가깝기 때문에, 그리고 그들이 모든 총명을 기억에서 비롯된 말하는 것에 두기 때문에, 예리하게 그리고 신속하게 추론한다는 것(같은 책 195·196·5700·10236항 참조), 그러나 그들은 감관에 속한 오류들로 말미암아 추론하고, 그리고 그것에 의하여 일반 대중은 노예의 상태에 사로잡혀 있다는 것(같은 책 5084·6948·6949·7593항 참조), 감관적인 사람들은 다른 자들에 비하여 매우 더 교활하고 악의적이다는 것(같은 책 7693·10236항 참조), 탐욕자들, 간음자들, 주색꾼들, 사기꾼들 따위는 특히 감관적이라는 것(같은 책 6310항 참조), 그들의 내면적인 것들은 더럽고 불결하다는 것(같은 책 6201항 참조), 그들은 자신들의 내면적인 것들을 통하여 지옥과 교류, 내통한다는 것(같은 책 6311항 참조), 지옥에 있는 자들은 모두가 감관적이라는 것, 그리고 이런 상태는 그들의 지옥의 깊이에 비례한다는 것(같은 책 4623·6311항 참조), 지옥적인 영들의 영기(靈氣)는 지옥의 후방에서부터 사람의 감관적인 것과 그것 자체를 결합시킨다는 것(같은 책 6312항 참조), 감관적인 것으로부터 추론하고, 그것으로 인하여 믿음에 속한 본연의 진리에 거스르는 자들은 고대사람들에 의하여 "지식의 나무의 뱀들"(serpents of tree of knowledge)이라 불리웠다는 것(같은 책 195·196·197·6398·6949·10313항 참조), 사람의 감관이나 감관적인 사람에 관해서는 더 상세하게 기술되었습니다(같은 책 10236항 참조). 사람 안에 있는 감관적인 원칙의 확장에서 보면(같은 책 9731항 참조) 감관적인 것들은 반드시 상석(上席)이 아니고 말석(末席)에 있어야 하고, 그리고 현명한 사람이나 총명스러운 자들과 함께 있을 경우, 그들은 말석(末席)에 있어야 하고, 내면적인 것들에 반드시 예속(隷屬)되어야 한다는 것, 그러나 우둔한 사람과 함께 있을 경우 그들은 상석에 있고, 우위적이라는 것, 이들은 본래적으로는 감관적이라고 불리우는 자들이라는 것(같은 책 5077 · 5125 · 5128 · 7645항 참조), 만약에 감관적인 것들이 말석에 있고, 그것들을 통하여 이해에 이르는 길이 열리고, 그리고 진리들은 일종의 뽑힘에 의하여 모든 구속에서 해방된다는 것(같은 책 5580항 참조), 사람에 속한 이런 부류의 감관적인 것들은 이 세상 다음 자리에 놓이고, 그리고 이 세상에서 비롯된 것들을 허용, 수용하고, 그리고 말하자면 그것들을 골라서 선택한다는 것(같은 책 9726항 참조), 이런 것들을 통하여 겉사람이나 자연적인 사람은 이 세상과 내통, 교류하고, 그리고 합리적인 것들을 통해서는 천계와 교류, 내통한다는 것 (같은 책 4009항 참조), 따라서 감관적인 것들은 마음에 속한 내면적인 것들을 섬기는 그런 부류의 것들이라는 것(같은 책 5077 · 5081항 참조), 총명적인 영역을 섬기는 감관적인 것들이 있고, 또 다른 하나는 의지적인 영역을 섬기는 감관적인 것들이 있다는 것(같은 책 5077항 참조), 만약에 생각이 감관적인 것으로부터 고양(高揚)되지 않는다면 사람은 거의 지혜를 소유하지 못한다는 것(같은 책 5089항 참조), 지혜로운 사람은 감관적인 것을 뛰어넘어 생각한다는 것(같은 책 5089 · 5094항 참조), 사람의 생각이 감관적인 것 이상으로 고양되었을 때 사람은 보다 밝은 빛에 들어가고, 그리고 종국에는 천계의 빛에 들어간다는 것(같은 책 6183 · 6313 · 6315 · 9407 · 9730 · 9922항 참조), 감관적인 것들 위로의 고양이나, 그것들로부터의 물러남 (撤收)은 고대 사람들에게는 잘 알려져 있다는 것(같은 책 6313

항 참조), 그의 영의 상태에 있는 사람은, 만약에 육신에게서 비롯된 감관적인 위에 고양되고, 주님에 의하여 그런 것들에게서 후퇴, 물러나고, 천계의 빛에 오른다면, 영계에 있는 것들을 볼 수 있다는 것(같은 책 4622항 참조), 그 이유는 생각하는 것이 육신이 아니고, 육신 안에 있는 사람의 영이기 때문이고, 그리고 사람이 육신 안에서 생각하는 것에 비례하여 그는 조잡하고, 불영명스럽게 생각한다는 것, 따라서 암흑의 상태에서 생각한다는 것, 그러나 그가 육신 가운데서 생각하지 않는 것에 비례하여, 그는 명료하게 생각하고, 빛 가운데서 생각한다는 것(같은 책 4622 · 6614 · 6622항 참조), 이해에 속한 궁극적인 것은 감관적인 지식이고, 그리고 의지에 속한 궁극적인 것은 감관적인 기쁨이라는 것, 그리고 그런 것에 관하여(같은 책 9996항 참조), 사람이 가지고 있는 감관적인 것들과 짐승들에게 있는 일반적인 것과 그것들에게 있는 일반적인 것이 아닌 것들 사이의 차이(같은 책 10236항 참조), 그들의 내면적인 것들이 앞에서 언급한 것과 같이 닫혀 있지 않았기 때문에, 악하지 않은 감관적인 인물들이 있다는 것, 그리고 이런 상태의 인물들은 저 세상에 있다는 것(같은 책 6311항 참조) 등등입니다.

543[C]. [6] "메뚜기"(locust)가, 지금 기술된 사람의 이런 감관 이외의 다른 아무것도 뜻하지 않는다는 것은 메뚜기가 언급, 거명된 성경말씀의 여러 다른 장절들에게서 잘 알 수 있겠습니다. 출애굽기서의 말씀입니다.

> 모세가 지팡이를 이집트 땅 위로 내미니, 주께서 그 날 온종일, 그리고 밤이 새도록, 그 땅에 동풍이 불게 하셨다. 그 동풍은 아침녘에 메뚜기 떼를 몰고 왔다. 메뚜기 떼가 이집트 온 땅 위로 몰려와서, 곳곳마다 내려 앉았다. 그렇게 많은 메뚜기 떼는 전에도 본 적이 없고, 앞으로도 결코 볼 수 없을 만한 것이었다. 그것들이 땅의 표면을 다 덮어서, 땅이 새까맣게 되었다. 그것들이, 우박의 피해를

입지 않고 남아 있는, 나무의 열매와 땅의 푸성귀를 모두 먹어 치워서, 이집트 온 땅에 있는 들의 나무와 푸른 푸성귀는 하나도 남지 않았다.…… 너의 궁궐과 너의 모든 신하의 집과 이집트의 모든 사람의 집이 메뚜기로 가득 찰 것이다(출애굽 10 : 13-15, 6).

성경말씀에 기록된 모든 다른 기적들과 같이, 이집트에서의 모든 기적들 역시 천계나 교회에 속한 영적인 것들을 내포(內包)하고 있고, 뜻합니다. 따라서 이집트 사람들의 재앙(災殃)은 곧 영적인 재앙들을 뜻합니다. 그리고 메뚜기의 이 재앙은 감관적인 것에서 비롯된 악이나 거짓에서의 단절(斷絶)을 위한 자연적인 사람 전체의 파괴를 뜻합니다. 여기서 이집트는 지식의 측면에서 자연적인 사람을 뜻하고, 그리고 그것 안에 있는 만족이나 쾌감의 측면에서 자연적인 사람을 뜻합니다. 그리고 "메뚜기"는 자연적인 사람을 쓸모없게 만드는 영적인 사람의 거짓이나 악을 뜻합니다. 다시 말하면, 그것에서 비롯된 추방, 몰아내는 것, 또는 교회의 모든 진리나 선을 파괴하는 것을 뜻합니다. 그러므로 "메뚜기 떼가 이집트 온 땅 위로 몰려왔다, 그리고 그 땅의 모든 국경에 내려 앉았다"라고 언급되었습니다. 여기서 "이집트 땅"은 교회의 사람들에게 있는 자연적인 것을 뜻합니다. 왜냐하면 감관적인 것은 자연적인 것의 궁극적인 것이나, 가장 외적인 것을 뜻하기 때문입니다. 결과적으로 그것의 국경이나 변방을 뜻합니다. "메뚜기"는 거기에 있는 거짓이나 악을 뜻합니다. 감관적인 사람의 거짓이나 악은 그것들이 관능적이고, 이 세상적이기 때문에, 가장 고통스럽고, 비참한 것이기 때문에, "그렇게 많은 메뚜기 떼는 전에도 본 적이 없고, 앞으로도 결코 볼 수 없을 만한 것이다"라고 언급되었다. 이런 이유 때문에 이집트 사람들은 대응의 지식(a knowledge of correspondence)을 가지고 있기 때문이고, 그리고 그것으로 말미암아 천계에 속한 영적인 것들의 지식을 가지고 있습니다.

그러나 그들을 이런 지식들을 마술(魔術·magic)로 바꾸었습니다. 거짓이나 악이 자연적인 사람에게 난입하였을 때 감관적인 사람의 거짓이나 악은 그것 안에 있는 모든 진리나 선을 파괴하는 것에 의하여 전적으로 그것을 쓸모없는 것으로 만들어 놓기 때문에 "메뚜기 떼가 이집트 온 땅 위로 몰려왔고, 그것들이 땅의 표면을 다 덮어서, 땅이 새까맣게 되었다, 그것들이 나무의 열매와 땅의 푸성귀를 모두 먹어 치워서, 이집트 온 땅에 있는 들의 나무와 푸른 푸성귀는 하나도 남지 않았다"고 언급되었습니다. 여기서 "이집트의 땅"은 교회에 속한 사람들에게 있는 자연적인 것을 뜻하고 "그 땅의 푸른 푸성귀"는 거기에 있는 진리를 뜻하고, "나무의 열매"는 거기에 있는 선을 뜻합니다. "바로의 궁전이나 그의 신하의 집이나 이집트의 모든 사람의 집"은 그것의 전체적인 범위 안에 있는 자연적인 마음을 뜻하기 때문입니다. 그리고 성경말씀에서 "집"(house)은 그의 마음이나 기질에 속한 사람의 내면적인 것들을 뜻하는데, 여기서는 그의 자연적인 마음에 속한 것들을 뜻합니다.

[7] 여기서 "메뚜기 떼가 이집트 온 땅 위로 몰려왔다"고 언급되었는데, 그 말은 감관적인 사람에게서 비롯된 거짓과 악이 자연적인 사람에게 난입하였다는 것을 뜻하고, 그리고 그럼에도 불구하고 자연적인 사람은 내면적이고, 감관적인 사람은 외면적이라는 것, 그리고 거기에는 외면적인 것에서 비롯된 내면적인 것에의 난입이나 유입은 전혀 없지만, 그러나 내면적인 것에서 비롯된 외면적인 것에의 난입이나 유입만 있습니다. 그러므로 여기서 반드시 알아야 할 것은 자연적인 것에의 감관적인 것의 난입이나 유입은, 그것이 감관적인 것과 같은 것이 될 때까지, 자연적인 사람의 완전한 막힘(the blocking up)을 뜻하고, 그것에 의하여 악과 거짓은 보다 더 넓게 확장되고, 그리고 자연적인 것이나 감관적인 것은 거의 관능적인 것이나

이 세상적인 것이 되어 버립니다. 그 밖의 다른 경우 사람은 유아기에도 자연적인 사람에게서 감관적인 사람을 분리시키는 것을 배우고, 진리를 말하고 선을 행하는 것에 의하여, 심지어 그러는 동안 감관적인 사람에게서 비롯된 그의 생각은 거짓스럽게 되고 그의 의지는 악하게 됩니다. 이런 일은 그것들이 전적으로 분리될 때까지 그는 계속해서 행하는데, 그것은 사람이 주님에 의하여 개혁되고, 중생될 때 행해집니다. 그러나 만약에 이런 것들이 분리되지 않는다면 사람은 미친 짓거리 이외에는 달리 생각할 수도 없고, 의도할 수도 없습니다. 따라서 사람은 미친 사람처럼 말하고, 행동할 것입니다.

[8] 여기서 "메뚜기"가 거짓이나 악에 관해서 감관적인 것을 뜻하기 때문에, 또는 같은 말이지만 감관적인 사람의 거짓과 악을 뜻하기 때문에, "메뚜기"나 "캐터필러"(caterpillar)는 시편서에서 동일한 뜻을 갖습니다. 시편서의 말씀입니다.

    파리를 쏟아 놓아서 물게 하시고,
    개구리를 풀어 놓아
    큰 피해를 입게 하셨다.
    농작물을 해충(=풀쐐기 · caterpillar)에게 내주시고,
    애써서 거둔 곡식을
    메뚜기에게 내주셨다.
    (시편 78 : 45, 46)

같은 책의 말씀입니다.

    그가 말씀하시니,
    이런 메뚜기 저런 메뚜기 할 것 없이
    수없이 몰려와서,
    온갖 풀을 갉아먹고

> 땅에서 나는 모든 열매를 먹어 치웠다.
> (시편 105 : 34, 35)

그러나 여기서 "메뚜기"는 감관적인 사람의 거짓을 뜻하고, "해충"(=풀쐐기 · caterpillar)은 그것의 악이나, 또는 감관적인 사람 안에 있는, 그리고 그것에서 비롯된 거짓이나 악을 뜻합니다. 여기서 후자는 "해충"(=풀쐐기)이 뜻하고, 전자는 "메뚜기"가 뜻하는데, 그것은 곧 "해충"(=풀쐐기)이 곧 메뚜기이기 때문인데, 이런 것은 시편서에서 이집트의 메뚜기들에 관해서 언급된 사실에서 명확하고, 그리고 그럼에도 불구하고 모세의 글에서는 메뚜기만 언급되었지, 해충(=풀쐐기)은 거명되지 않았습니다.

[9] "메뚜기"나 "풀쐐기"는 요엘서에서도 동일한 뜻을 가지고 있습니다. 요엘서의 말씀입니다.

> 풀무치가 남긴 것은
> 메뚜기가 갉아 먹고,
> 메뚜기가 남긴 것은
> 누리가 썰어 먹고,
> 누리가 남긴 것은
> 황충이 말끔히 먹어 버렸다.
> 술을 즐기는 자들아,
> 깨어나서 울어라.
> 포도주를 좋아하는 자들아,
> 모두 다 통곡하여라.
> 포도 농사가 망하였으니,
> 새 술을 만들 포도가 없다.
> (요엘 1 : 4, 5)

같은 책의 다른 장절입니다.

9장 1-21절   111

이제 타작 마당에는 곡식이 가득 쌓이고,
포도주와 올리브 기름을 짜는 틀마다
포도주와 기름이 넘칠 것이다.
메뚜기와 누리가 썰어 먹고
황충과 풀무치가 삼켜 버린
그 여러 해의 손해를,
내가 너희에게 보상해 주겠다.
그 엄청난 메뚜기 군대를
너희에게 보내어 공격하게 한 것은
바로 나다.
(요엘 2 : 24, 25)

확실하게 이런 유해한 작은 벌레들은 교회에 속한 사람에게 있는 진리들이나 선들을 파괴하고, 소멸시키는 거짓들이나 악들을 뜻하는데, 그것은 "포도주를 좋아하는 자들아, 너의 입에서 끊어진 새 포도주 때문에 통곡하여라" 라고 언급되었기 때문입니다. 여기서 "포도주"나 "새 포도주"(=새 술)은 교회에 속한 진리를 뜻하고, 그리고 마찬가지로 "타작 마당에는 곡식이 가득 쌓이고, 포도주와 올리브 기름을 짜는 틀마다 포도주와 기름이 넘칠 것이다"고 언급되었기 때문입니다. 여기서 "타작 마당"(floor)은 교회의 교리를 뜻하고, "곡식"이나 "기름"은 그것의 선들을 뜻하고, "새 포도주"(new wine)은 그것의 진리들을 뜻합니다.
[10] 역시 나훔서의 말씀입니다.

느치가 풀을 먹어 치우듯이,
거기에서 불이 너를 삼킬 것이고,
칼이 너를 벨 것이다.
느치처럼 크게 불어나 보려무나.

> 메뚜기처럼 불어나 보려무나.
> 네가 상인들을
> 하늘의 별보다 더 많게 하였으나,
> 느치가 땅을 황폐하게 하고 날아가듯이
> 그들이 날아가고 말 것이다.
> 너희 수비대가 메뚜기 떼처럼 많고,
> 너의 관리들이 느치처럼 많아도,
> 추울 때에는 울타리에 붙어 있다가
> 해가 떠오르면
> 날아가고 마는 메뚜기 떼처럼,
> 어디론가 멀리 날아가고 말 것이다.
> (나훔 3:15-17)

이 장절은 "피의 도성"(the city of bloods)에 관해서 언급하고 있는데, 그 도성은 위화된 진리에서, 따라서 거짓들로부터 날조(捏造)된 교리를 뜻합니다. 그 교리에 일치하는 믿음이나 삶 가운데 있는 자들의 멸망은 "불이 너를 삼킬 것이고, 칼이 너를 벨 것이다"는 말씀이 뜻하는데, 여기서 "삼키는 불"은 선을 파괴하는 악을 뜻하고, "칼"은 진리를 파괴하는 거짓을 뜻합니다. 그리고 악이나 거짓은 감관적인 사람에게서 비롯된 것을 뜻하기 때문에 "느치(the caterpillar)가 너를 삼킬 것이다(=먹어 치울 것이다), 느치처럼 수가 크게 불어나라, 메뚜기처럼 크게 불어나라, 네가 상인들을 하늘의 별보다 더 많게 하였다"는 말씀이 언급되었습니다. "느치나 메뚜기처럼 크게 불어나라, 네가 상인들을 하늘의 별보다 더 많게 하였다"는 말씀이 언급되었습니다. 느치나 메뚜기처럼 수가 크게 늘어난 증식(增殖·multiplication)이 언급되었는데, 그것은 성경말씀의 위화나 곡해(曲解) 따위가 감관적인 자들에 의하여 가장 큰 넉넉함 가운데 이루어졌기 때문이고, 따라서 감관적인 사람에 의하여 이루어졌기 때문입니다. 왜냐하면 여기서 감관적인 사람(the sensual man)은, 위에서 언급한 것과 같이, "느치나 메뚜기"가 뜻하기 때문입니다. 감관적인 사람은 다른 자들에 비하여 성경말씀을 더 크게 위화하는데, 그 이유는, 성경말씀의 문자적인 뜻을 가리키는, 성경말씀의 궁극적인 뜻은 자연적인 사람이나 감관적인 사람을 위한 것이고, 이에 반하여 내면적인 뜻은 영적인 사람을 위한 것이기 때문입니다. 결과적으로 사람이 영적인 사람이 아니고, 다만 자연적이고 감관적이고, 그리고 악 안에, 그리고 그것에서 비롯된 거짓들 안에 빠져 있다면, 그 사람은 성경말씀에 있는 진리들이나 선들은 보지 못하고, 오히려 그는 자기 자신의 거짓들이나 악들을 확증하기 위하여 성경말씀의 궁극적인 뜻을 적용합니다. 여기서 "상인들"(merchants)은, 위화하고, 내통, 교류하고, 구매를 제안하는 자들을 뜻합니다. "네 수비대(=경비병)는 메뚜기 떼처럼 많고, 네 관리들은 느치처럼 많다"는 것은 교리의 중요한 것들이나, 으뜸되는 것들, 다시 말하면 "피의 도성"의 그런 것들은 악에 속한 거짓들이라는 것, 그리고 이런 것들에게서 또다시 악에 속한 거짓들이 일어난다는 것을 뜻합니다. "추운 날에 울타리(=성벽)에 붙어 있다"는 것은 진리들처럼 보이지 않는 성경말씀의 진리들 안에 있다는 것을 뜻하는데, 그 이유는 그것들이 이미 위화되었기 때문이고, 그리고 악에서 비롯되었기 때문입니다. 여기서 "울타리들"(=성벽들 · walls)은, 그것들이 위화되었기 때문에, 드러나지 않는 진리들을 뜻하고, 그리고 "추운 날"은 악에 속한 사랑(=애욕)의 상태를 뜻합니다. "해가 떠오르면, 메뚜기 떼처럼 그들은 어디론가 멀리 날아가고, 그것들이 어디에 있는지 아무도 모른다"는 말씀은 그들이 모든 진리나 선을 모두 없애 버리고, 그래서 거기에 남아 있는 것은 아무것도 없다는 것을 뜻합니다. "메뚜기 떼처럼 증대한다"는 것은 예레미야 46장 20, 22,

23절과 사사기 6장 5절, 7장 12절에의 뜻과 유사합니다.
[11] 신명기서에서 "메뚜기"가 가장 외적인 것들 안에 있는 거짓, 즉 매우 짙은 거짓을 뜻합니다. 신명기서의 말씀입니다.

> 너희가 밭에 많은 씨앗을 뿌려도, 메뚜기가 먹어 버려서, 거둘 것이 적을 것이다(신명기 28 : 38).

이 말씀은, 만약에 그들이 여호와의 계명들을 간직하지 않고, 행하지 않는다면, 저주받은 자들 중 하나이다는 것을 가리킵니다. "밭의 씨앗"은 성경말씀의 진리를 뜻하고, 그리고 여기서 "메뚜기"는, 그것을 없애 버리고, 파괴하는 감관적인 사람에게서 비롯된 매우 심한 거짓을 뜻합니다. "메뚜기"는 아모스 7장 1, 2절, 이사야 33장 3, 4절, 그리고 시편 109편 22, 23절에서도 동일한 뜻을 갖습니다.

543[D]. [12] 사람의 감관이, 위에서 언급한 것과 같이, 사람의 생각이나 정동의 생명의 궁극적인 것이고, 가장 낮은 것이기 때문에, 그리고 그것은, 보다 높은 자리나, 보다 높은 신분의 자리에 있는 자들에 의하여 관찰되었을 경우, 그것은 보잘 것 없는 그런 것입니다. 이런 이유 때문에 그것은 메뚜기에 비유되었습니다. 이사야서의 말씀입니다.

> 땅 위의 저 푸른 하늘에 계신 분께서
> 세상을 만드셨다.
> 땅에 사는 사람들은
> 하나님 보시기에는 메뚜기와 같을 뿐이다.
> (이사야 40 : 22)

이 말씀은, 사람들은 가장 낮은 것들 안에 있는 총명이고, 주님께서는 가장 높은 것들 안에 계신다는 것을 뜻합니다.

[13] 마찬가지로 다른 자들에 비하여 뛰어난 그들의 우월감(優越感)의 종지(宗旨)에 있는 자들에 의하여 판단된 사람들은 모세의 글에서는 메뚜기들에 비교되었습니다. 민수기서의 말씀입니다.

> 거기에서 우리는 또 네피림 자손을 보았다. 아낙 자손은 네피림의 한 분파다. 우리는 스스로가 보기에도 메뚜기 같았지만, 그들의 눈에도 그렇게 보였을 것이다(민수기 13:33).

여기서 "네피림"이나 "아낙 자손"은 성경말씀에서 다른 자들에 비하여 그들의 탁월함이나 지혜의 가장 큰 종지에 있는 자들을 뜻합니다. 그리고 추상적인 뜻으로 그들은 매우 비참한 종지들(direful persuasions)을 뜻합니다(《천계비의》 311 · 567 · 581 · 1268 · 1270 · 1271 · 1673 · 3686 · 7686항 참조). 그들이나 자신들에 보인 지파들이 메뚜기들 같았다는 것은 영계에 있는 외현들과 일치합니다. 왜냐하면 거기에서 자신들의 우월감의 종지에 있는 자들이 다른 자들을 볼 때에 그들은 다른 자들을 무가치하고, 비천한 존재처럼 보기 때문이고, 그 때 이들은 자기 자신에도 그런 부류로 보이기 때문입니다.

[14] "메뚜기"가 사람의 생각의 생명의 궁극적인 것을 가리키는 감관적인 것을 뜻하기 때문에, 그리고 또한 이해가 닫혀진 것이 그것 안에 있는 궁극적인 것을 뜻하기 때문에, 그러므로 이런 궁극적인 것은 내면적인 것들이나 보다 높은 것들에 있는 기초나 터전과 같은데, 그것은 사람의 이해나 의지에 속하고, 성경말씀에서 영적인 것이나 천적인 것이라고 불리우는 내면적인 것들이나 보다 높은 것들과 같습니다. 그리고 계속되고, 보존하기 위해서 모든 것들은 반드시 기초나 터전을 소유하여야 하기 때문에, 성경말씀의 문자적인 뜻은 자연적이고,

감관적입니다. 그리고 이것은 좋은 뜻으로, 결과적으로 그것의 진리나 선은 여기서는 "메뚜기"가 뜻합니다. 이러한 내용이 세례자 요한이 메뚜기들을 먹은 이유이고, 이스라엘 자손들이 메뚜기들을 먹는 것이 허락된 이유입니다. 세례자 요한에 관해서는 이렇게 언급되었습니다. 복음서의 말씀입니다.

> 요한은 낙타 털 옷을 입고, 허리에 가죽 띠를 띠었다. 그의 음식은 메뚜기와 들꿀이었다(마태 3 : 4 ; 마가 1 : 6).

세례 요한이 그와 같은 옷을 입은 것은 엘리야가 성언을 표징한 것과 같기 때문입니다. 그리고 "낙타 털 옷의 그의 옷과 그 가죽의 허리띠와, 메뚜기와 들꿀(石淸)을 먹었다"는 것은 그는, 앞에서 언급한 것과 같이, 감관적인 자연적인 것을 가리키는, 성경말씀의 궁극적인 뜻은 표징합니다. 그것은 그것이 감관적인 자연적인 사람을 위한 것이기 때문입니다. 여기서 "옷"(=의상 · raiment)은 선을 감싸는 진리를 뜻하고, "낙타의 털"(camel's hair)은, 감관적인 것을 가리키는 자연적인 사람의 궁극적인 것은 뜻하고, "메뚜기나 들꿀"(locusts and wild honey)은 전유(專有)의 점에서는 그런 궁극적인 것이나 감관적인 것을 뜻하고, "메뚜기"는 진리에 대한 감관적인 것을, "들꿀"은 선에 대한 감관적인 것을, "먹는다"(eating)은 전유(專有)를 각각 뜻합니다. 여기서 주지하여야 할 것은 고대에서 그 때의 교회들은 모두가 표징적인 교회였고, 성직자들의 임무를 맡은 자는 모두 그들이 표징하는 것에 따라서 옷을 입었고, 음식을 먹었다는 것입니다.

[15] 이스라엘 자손들이 메뚜기를 먹는 것이 허용되었다는 것은 모세의 여러 글에서 명확합니다. 레위기서의 말씀입니다.

9장 1-21절

> 네 발로 걷는 날개 달린 벌레는, 모두 너희가 피해야 한다. 그러나 네 발로 걷는 날개 달린 곤충 가운데서도, 발과 다리가 있어서, 땅 위에서 뛸 수 있는 것은, 모두 너희가 먹어도 된다, 너희가 먹을 수 있는 것은 여러 가지 메뚜기와 방아깨비와 누리와 귀뚜라미 같은 것이다(레위기 11:20-22).

메뚜기들을 먹는 것은 발과 다리가 있어서 땅 위에서 뛸 수 있기 때문에 허용되었는데, 그것은 "다리"(legs)가 영적인 선에 결합된 자연적인 선을 뜻하기 때문이고, "발"(feet)은 그 선에서 비롯된 자연적인 진리를 뜻하기 때문입니다. 그리고 선에서 비롯된 모든 진리는 반드시 사람에게 전유되고, 결합되어야 하지만, 그러나 선에서 비롯되지 않은 진리는 전유되면 안 되기 때문입니다. 왜냐하면 이런 부류의 진리는 어떤 악과 결합하기 때문입니다. 그러므로 "발로 기고, 다리로 걷고, 그것의 발로 위로 높이 뛰는 다리를 가지 못한 나는 모든 곤충은 혐오스러운 것"이라고 언급되었습니다. "땅 위를 날듯이 뛴다"(to leap)고 언급되었는데, 그것은, 나는 것들과 관련해서 "난다"(leaping)는 것은 사는 것을 뜻하기 때문이고, 그리고 땅 위의 동물들과 관련해서는 "걷는 것"(walking)과 동일한 내용을 뜻하기 때문입니다. 그리고 살아 있는 영적인 것은 선에서 비롯된 진리들에게서 오는데, 그것은 우리의 본문 "발과 다리가 있어서, 땅 위에서 뛸 수 있는 것"(=그 발 위에 다리가 있어서 그것으로 땅 위에서 뛰는 것)이 뜻하지만, 그러나 영적인 죽음(spiritual dying)은 악에 결합된 거짓들에게서 오는데, 이것이 바로 그것 위에 다리가 없이 "네 발로 걷는다는 것"이 뜻하는데, 그러므로 이런 것들을 먹는 것은 "혐오스러운 것"이니 피하여야 한다고 언급되었습니다.

[16] "말"이 총명적인 것을 뜻하고, "메뚜기"는 총명적인 것의 궁극적인 것인, 감관적인 것을 뜻하기 때문에, 그리고 총명

적인 것은, 그것이 그것의 궁극적인 것 안에 있을 때, 살아 있기 때문에, 고대사람들은 메뚜기처럼 껑충껑충 뛰고, 나는 것으로 "말들"에 관해서 언급하였습니다. 욥기서의 말씀입니다.

> 말에게 강한 힘을 준 것이 너냐?
> 그 목에
> 흩날리는 갈기를 달아 준 것이 너냐?
> 네가 말을
> 메뚜기처럼 뛰게 만들었느냐?
> 사람을 두렵게 하는
> 그 위세 당당한 콧소리를
> 네가 만들어 주었느냐?
> (욥기 39 : 19, 20)

여기도 역시 이해는 말(馬)에 의하여 기술되었습니다. 다시 말하면 말과 같은 힘, 그 목에 흩날리는 갈기, 그리고 메뚜기처럼 뛰는 말에 의하여 기술되었습니다. 그리고 이해의 궁극적인 것은 감관적인 것이기 때문에, 그리고 "메뚜기"가 이것을 뜻하기 때문에, 그리고 이 궁극적인 것에 있는 이해의 생명(=진수)은 "그것이 마치 기는 것과 같이 뛰고"(jumping), "나는 것"(leaping)이 뜻하기 때문에, 그러므로 말(馬)이 "메뚜기처럼 난다"(to leap)는 것으로 언급되었습니다. "욥기서"와 같은 것이 있는 태고시대의 책들은 순수한 대응들에 의하여 기술되었습니다. 왜냐하면 그 때의 대응들에 속한 지식(=과학지)은 지식들 중의 지식이었기 때문입니다. 그리고 이런 저술가들은 가장 수가 많고, 의미 있는 대응들 가운데서 수집, 편찬할 수 있는 최고의 존경받는 반열에 있었기 때문입니다. 이런 부류의 것이 욥의 책입니다. 그러나 그것 안에는 대응들에게서 수집된 영적인 뜻은, 예언서들에서 영적인 뜻이 다루어진 것과 같은, 천계나 교회에 속한 거룩한 것들은 다루지 않고 있습니다. 결과적으로 욥기서는 성언의 책들(the books of the Word)에 끼지 못합니다. 그러나 그럼에도 불구하고 그 책의 장절들은 그것을 충분하게 채우고 있는 대응들 때문에 그것에서 많은 것들이 인용되었습니다.

544. 그것들은 땅에 있는 전갈이 가진 것과 같은 권세를 받아 가지고 있었습니다(=권세를 받았습니다).
이 말씀은 설득하는 그들의 능력과 그리고 그것의 결과와 권세를 뜻합니다. 이러한 내용은, 이것에 관해서 곧 언급하겠지만, 종지(=설득 · persuasiveness) 따위에 얼빠지게 하고(infatuating), 질식시키게 하는(suffocating) 것을 가리키는 "전갈"(scorpion)의 뜻에서, 그리고 여기서는 그의 종지(宗旨 · 설득)에서 비롯된 영적인 사람의 권세나, 그리고 얼빠지게 하고, 질식시키는 것을 가리키는 결과인, 권세나 결과를 가리키는 능력(=권세 · power)의 뜻에서 명백합니다. 바로 이런 종지(=설득 · persuasiveness)가 어떤 것이고, 그것의 성질이 무엇인지는 아직까지 이 세상에서는 거의 어느 누구도 알지 못하지만, 그 이유는 그것이 감관적인 사람에 속한 영의 종지(=설득)이기 때문인데, 그 사람은 영(靈 · a spirit)이 되었을 때 이것을 가지기 때문인데, 그 사람은 이 세상에 있는 사람과 같이 살아 있는 동안에는 그것을 가지지 못합니다. 그 이유는 이 세상에 있는 사람은, 그의 영이 생각하고, 그리고 내적으로 사랑하는 것을 좀처럼 말하지 않기 때문입니다. 왜냐하면 사람은 유아기 때부터 시민적인 것이나 도덕적인 것에 속한 그런 것들을 발설하는 것을 배웠기 때문이고, 그리고 비록 그가 내적으로 생각하고, 의도하는 그의 영적인 존재가 되었다고 해도, 영적인 삶에 속한 그런 것들을 발설하는 것에 이상하게도 치우쳐 있지 않기 때문입니다. 육신을 입고 있을 때 사람의 영이 육신적인 것인 것에 머물러 있는 한, 그것은 세상 앞에 이런 것들의 보이기나 겉꾸밈 (show)을 만드는데, 그 이유는 다른 방법에서 그것은 마음들을 사로잡을 수 없고, 그래서 그의 영은 그것이 겨냥하는 목적들로서 성취(成就)하기 때문인데, 그런 목적들은 주로 명예·재물이고, 그리고 그런 것들의 이름이나 명성 따위가 되겠습니다. 이러한 내용이나 사실이, "전갈"이 뜻하는 얼빠지게 하고, 질식시키는 종지(=설득)가 어떤 것이고, 그것의 성질 따위가 무엇인지 이 세상에서 잘 알려지지 않은 이유입니다. 그럼에도 불구하고 그것이 내재해 있는 영들에게서 그것은 다른 사람의 마음이나 기질(氣質)에 그 자체를 주입(注入)시키는 그런 것이고, 그리고 그의 합리적인 기능이나 총명적인 기능(=능력)을 마비(痲痺)시키고, 거의 소멸시키는 그런 것이고, 그리고 비록 가장 그릇된 것이라고 해도 말한 것이 진리이다는 것 이상으로 그 사람으로 하여금 달리 알지 못하게 그런 것으로 만들어 버립니다. 이런 부류의 종지나 설득 따위에 빠져 있는 자들은 어떤 이성(理性)에서 말하지 않고, 다만 이성이 없는 맹인적인 믿음(blind faith)에서 말합니다. 그 이유는 그들은 가장 낮은 감관적인 것에서 말을 하기 때문이고, 그리고 이런 것에는 이성이 결코 존재하지 않고, 다만 자기사랑의 불길에 감동된 육신이나 이 세상에서 유입된 그런 것들에서 비롯된 입술의 믿음(a persuasive faith)에서 말하기 때문입니다. 이 불길이 바로 다른 자들에게 숨을 내뿜고, 들어 마시고, 쏟아 붓는 불길입니다. 결과적으로 자기사랑에서 비롯된 거짓들로 물들었고, 그리고 자신들이 다른 사람들에 비하여 더 현명하다고 믿는 자들은 특히 다른 사람들에 비하여 더 현명하다고 믿는 자들은, 특히 이런 종지(宗旨)에 빠져 있습니다. 이런 종지가 이성을 잃고, 정신을 잃게 한다고 언급하였는데 그것은 그것이 이해에 인사불성(人事不省)의 마비(痲痺)를 야기(惹起)하기 때문이고, 그리고 그것이 다른 사람의 호흡하는 자유를 제거(除去)하기 때문에 질식(窒息)시키는 것이라고 합니다. 왜냐하면 사람은 누구나 그의 마음의 생각과의 조화 가운데서 숨을 쉬기 때문입니다. 그러나 이런 종지는 다른 사람의 마음을 무감각하게 지독하게 유해하고, 치명적인 것을 담고 있기 때문에 그러므로 그는 합리적으로는 아무것도 볼 수 없고, 그리고 영들은 그것을 사용하지 못하게 매우 엄하게 금지하고 있습니다. 그리고 그것을 사용하는 자들은 다른 자들에게서 분리, 격리시키고, 아니면 지옥에 내쫓기는 형벌을 받습니다. 왜냐하면 영계에서 모두는, 그것들이 사실이든 거짓이든, 그 어떤 종지적인 것은 황홀케 하는 것은 아니라고 해도, 합리적인 것들이나 총명적인 것들에 의하여 그의 마음의 소견(所見)들을 확증하는 것이 허락되었기 때문입니다. 더욱이 이런 종지에 관해서는 《천계비의》에서 볼 수 있는데, 예를 들면 그것에 의하여 내적으로 억압되어 있고, 구속(拘束)된 자들에 관해서는 같은 책 5095항을 참조하시고, 그리고 그것을 사용해서 다른 사람의 합리성을 닫아 버리고, 말하자면 그것들을 질식시키는 자들에 관해서는 같은 책 3895·5128항을 참조하십시오. 성경말씀에 언급된 네피립·아나킴이나 르바임 등등은 다른 자들에 비하여 더 치명적인 거짓의 종지에 빠져 있는 자들이라는 것은 같은 책 581·1268·1270·1271·1673·7686항을 참조하십시오. 주님께서 이 세상에 강림하시기 전 이들은 저 세상에서 그들의 치명적인 종지들을 통하여 모두를 공격, 괴롭혔고, 그리고 그들의 영적인 생명을 거의 소멸시켰다는 것은 같은 책 7686항을 참조하십시오. 주님께서 이 세상에 강림하셨을 때 그들은 주님에 의하여 지옥으로 내쫓겼고, 그럼에도 불구하고 그 지옥은 일종의 안개가 낀 것 같은 몽롱한 험한 바위(misty crag) 아래에서 보였고, 그리고 그것에 가까이 있는 자들은 기절(氣絶)상태에 빠졌습니다(같은 책 311 · 581 · 1268 · 1270 · 7686항 참조). 나에게 입류가 허락된 그 지옥에서 온 몇몇 악막들과의 내 자신의 경험은 같은 책 1268-1271항을 참조하십시오. 그 거짓의 종지가 얼마나 치명적인 것인지는 같은 책 794 · 806항을 참조하시고, 이 밖에도 여러 종류의 거짓의 종지들이 있다는 것은 같은 책 1673 · 1675항을 참조하십시오. 이런 치명적인 종지는 "전갈"(scorpion)이 뜻하는데, 그 이유는 전갈이 침으로 사람을 쏘았을 때, 만약에 치료가 없다면, 쏘인 사람은 기절(氣絶)하는 상태가 일어나고, 그것으로 인하여 죽음에 이르기 때문입니다.

[2] 이와 같은 살인적인 종지(murderous persuasions)들이 아래의 장절들에서 "전갈들"이 뜻합니다. 누가복음서의 말씀입니다.

> 예수께서 그들에게 말씀하셨다. "사탄이 하늘에서 번갯불처럼 떨어지는 것을 내가 보았다. 보아라, 내가 너희에게 뱀과 전갈을 밟고, 원수의 모든 세력을 누를 권세를 주었으니, 아무것도 너희를 해치지 못할 것이다"(누가 10 : 18, 19).

여기서 명확하게 "뱀과 전갈"은 동물 뱀이나 전갈을 뜻하지 않습니다. 왜냐하면 주님께서는 "그분이 하늘에서 번갯불처럼 떨어지는 사탄을 보았다"고 말씀하셨기 때문이고, 그리고 그분은 "원수의 모든 세력을 짓밟는 권세를 그들에게 주었다"고 말씀하셨기 때문입니다. 그러므로 여기서 "뱀들이나 전갈들"은 속뜻으로 사탄의 무리(the crew of Satan)를 뜻하는데, 그것들은 교활하고, 치명적인 거짓의 종지 안에 있는 자들입니다. 그리고 만약에 주님에 의하여 그들이 지켜지지 않았다면, 그것에 의하여 사람을 죽였다면 그것을 영적인 살인이라고 합니다. 이른바 "네피림"이라고 불리우는 대홍수(=노아 홍수) 이전의 사람들(the antediluvians)은 다른 사람들에 비하여 더 심한 이런 부류의 종지에 빠져 있었습니다. 만약에 주님께서 이 세상에 강림하셨을 때 주님께서 그들을 정복하시고, 그들을 지옥으로 내쫓고, 지옥을 닫지 않으셨다면 유한한 인류(mortal)는 어느 누구도 구원받을 수 없었습니다. 왜냐하면 그들은, 그들이 영계에서 만나는 자들 누구나 공격하고, 대부분 살인을 저지르기 때문입니다. 주님께서 영계에서 이런 자들에게서, 그리고 주께서 "하늘에서 떨어지는 사탄을 보았다"는 자가 뜻하는 이런 영들에게서 구출하신다는 것, 그리고 "뱀이나 전갈을 짓밟는 권세를" 주님에게서 온 선에게서 비롯된 진리들 안에 있는 자들에게 주신다는 것이 뜻합니다.

[3] 이런 지독한 종지(=설득)는 에스겔서에서도 "전갈들"이 뜻합니다. 그 책의 말씀입니다.

> 너 사람아, 비록 네가 가시와 찔레 속에서 살고, 전갈 떼 가운데서 살고 있더라도, 너는 그들을 두려워하지 말고 그들이 하는 말도 두려워하지 말아라.…… 얼굴이 뻔뻔하고 마음이 굳을 대로 굳어진 바로 그 자손에게, 내가 너를 보낸다(에스겔 2:6, 4).

여기서, "전갈 떼 가운데서 산다"는 것은 자기 자신을 설득한 자들 가운데 있다는 것을 뜻하고, 그리고 거짓들에 속한 종지로 다른 자들을 강력하게 설득하는 자들 가운데 있는 것을 뜻하고, 그리고 그 어떤 진리도 허용하지 않는 자들 가운데 있다는 것을 뜻합니다. 그러므로 "그들은 가시와 찔레 속에 있다"고 하였고, 그리고 "얼굴이 뻔뻔하고 마음이 완악한 자손"이라고 하였습니다. 더욱이 거짓의 매우 강한 종지 안에 있는 자들의 합리적인 마음에 속한 내면적인 것들은 꼭꼭 닫혀 있습니다. 결과적으로 그들은 가장 낮은 감관적인 것에서 생각하고, 말합니다. 그리고 이런 감관적인 것이 자기사랑의 불꽃에 불이 일게 되면, 그것은 돌 같이 굳어지고, 완고(頑固)해지고, 그리고 그것은 또한 그것이 전한 자들의 내면적인 것들을 굳게 만들고, 완악하게 만듭니다. 왜냐하면 영계에는 마음에 속한 교류나 내통이 있기 때문입니다. 다시 말하면 생각들(=사상들)이나 정동들에 속한 교류나 내통이 있기 때문입니다. 그리고 이런 부류의 종지에 있는 자들에게서는, 위에 언급된 것과 같은, 넘치는 치솟음이 비롯되고, 그리고 그것에서 앞서 언급한 결과들이 생성됩니다.

[4] 신명기서의 말씀입니다.

> 주(=여호와 하나님)께서는 넓고 황량한 광야, 곧 불뱀과 전갈이 우글거리는 광야, 물이 없는 사막에서 너희를 인도하여 주시고, 차돌 바위에서 샘물이 나게 하신 분이시다(신명기 8 : 15).

광야에서 사십 년 동안의 이스라엘 자손들의 여정(旅程)이나 방황(彷徨)은 믿음이 돈독(敦篤)한 자의 온갖 시험들을 표징하고, 뜻합니다. 그리고 이런 것들은 악령들에 의한 거짓들의 종지의 주입들이나 설득들에게서 생겨나기 때문에 그들에 대해서 "넓고 황량한 광야, 곧 불뱀과 전갈이 우글거리는 광야에서 너희를 인도한다"고 언급되었습니다. 더욱이 일반적으로 "뱀들"은 사람의 가장 낮은 감관적인 것을 뜻하고, 그리고 다양한 종류의 뱀들은, 온갖 악들이나 거짓들의 측면에서 그 감관적인 것의 다양한 종류의 상태들을 뜻합니다. 왜냐하면 감관적인 사람들은 다른 사람들에 비하여 매우 교활하고, 매우 악의적이기 때문입니다. 그리고 그들은 자기 자신을 신봉하고, 다른 자들에게 그들 자신이 성품·총명·판단에서 매우 뛰어나다는 것을 믿게 하기 때문입니다. 그러나 그들이 단언, 주장할 수 있는 것은, 그들은 이해나 판단에 관해서 아무것도 소유하지 못했으며, 오히려 그들이 악들을 꾸미고, 거짓들에 대하여 설득할 때 명료하게 된 것은, 믿음이나 생명의 본질들인 그런 것들에서는 매우 바보스럽고 어리석다는 사실입니다. 그리고 잘 알려진 것과 같이, 그들의 교활함은 지혜에서 온 것이 아니라는 것입니다. 왜냐하면 지혜는 선에서 비롯된 진리에 속한 것이지만, 이에 반하여 교활은 악에서 비롯된 거짓에 속한 것이기 때문이고, 그리고 악에서 비롯된 거짓은 선에서 비롯된 진리를 파괴하기 때문입니다. 그 이유는 그것들은 정반대이기 때문이고, 반대되는 것은 상대를 파괴하기 때문입니다.

545. 4절. 그것들은 땅에 있는 풀이나 푸성귀나 나무는 하나도 해하지 말라는 명령을 받았습니다.
이 장절은 그들이 성경말씀의 문자적인 뜻에서 비롯된 참된 지식(=과학지)이나 살아 있는 지식(=과학지)에 그 어떤 손상을 행하지 못한다는 것, 그리고 그것 안에 있는 그 어떤 앎(=선험지 · 先驗知 · cognitions)에 위해(危害)를 하지 못한다는 것을 뜻합니다. 이러한 내용은 어떤 것에 손상을 입히지 못하는 것을 가리키는 "해하지 말라"(not to hurt)의 뜻에서, 그리고 참된 지식(=과학지)을 가리키는 "풀"(grass)의 뜻에서, 그리고 살아 있는 지식(=과학지)을 가리키는 "푸성귀"(=푸른 것 · green thing)의 뜻에서 잘 알 수 있습니다(본서 507장 참조). 그리고 모든 참된 지식이나, 살아 있는 지식은 성경말씀에서 비롯되기 때문에, "땅에 있는 풀이나 푸성귀(=푸른 것)를 해하지 못한다"는 말씀은 성경말씀에서 비롯된 참된 지식이나 살아 있는 지식에 손상(損傷)을 행하지 못한다는 것을 뜻합니다. 이러한 뜻은 역시 성경말씀에서 비롯된 진리와 선의 앎(=선험지)을 가리키는 "나무들"(trees)의 뜻에서도 잘 알 수 있습니다(본서 109 · 420항 참조).

[2] 성경말씀에서 비롯된 지식(=과학지)은 교리가 드러나지 않

고 그것 안에 있는 성경말씀의 문자적인 뜻에 속한 모든 것들을 뜻합니다. 이에 반하여 진리나 선의 앎들(=선험지들)은 교리가 그것 안에 있고, 그리고 교리의 근원인 성경말씀의 문자적인 뜻에 속한 모든 것들을 뜻합니다. 해치는 것(損傷)은 참된 지식(=과학지)이나 살아 있는 지식(=과학지)에게 행하는 것이 아니고, 또한 성경말씀에서 비롯된 진리나 선의 앎들(=선험지들)에게 손상을 입히는 것을 뜻하지 않는다는 것은 감관적인 사람이 자신의 종지(=설득)에 의하여 이른바 참된 것을 부인하는 것에 의하여 성경말씀의 문자적인 뜻을 결코 악용하고, 곡해하지 못하는 것을 뜻합니다. 왜냐하면 만약에 어느 누가가 이런 짓을 행한다면, 그 사람에게 있는 모든 것을 잃기 때문입니다. 왜냐하면 그 때 거기에는 그의 개혁(改革 · 바로잡음 · reformation)의 소망(所望)이 전혀 없기 때문이고, 또한 그 사람은 교회에 속한 진리의 이해의 기능을 가지지 못하기 때문입니다. 왜냐하면 성경말씀(聖言 · the Word)이 문자의 온전한 뜻 가운데 있는 신령한 것이라는 것을 부인하는 사람은 천계와 그의 연결(連結 · connection)을 깨부수는 것인데, 그 이유는 사람은 성경말씀을 통하여 천계와의 결합을 가지기 때문입니다. 이것에 관해서는 《천계와 지옥》303-310항을 참조하십시오.

[3] 이러한 내용은, 교회가 그것의 종말(終末)에 이르렀을 때 교회의 사람의 상태가 어떤 것인지를, 다시 말하면 내적인 존재나 영적인 존재로부터 외적인 존재나 감관적인 존재가 되었다는 것을 기술하고 있습니다. 그럼에도 불구하고 그 사람이 전적으로 멸망하지 않게 하기 위하여 주님께서는 그 사람이 참되고, 살아 있는 것, 다시 말하면 비록 그가 성경말씀의 문자적인 뜻에 의하여 자신의 거짓들이나 악들을 확증한다고 해도, 신령한 것을 부인하는 것에 의하여 성경말씀의 문자적인 뜻 가운데 있는 그 어떤 것도 해치지 못하도록 섭리하시고, 돌

보십니다. 왜냐하면 그 사람이 성경말씀 안에 계시는 신령존재(神靈存在)를 부인하는 한, 비록 그가 성경말씀을 읽고, 그것에 경청(傾聽)하고, 그것에 의하여 어느 정도 천계와의 결합에 있다는 신령존재를 부인하는 것이기 때문입니다. 이러한 사실은, 교회에 속한 수많은 것이 여전히 남아 있다고 해도 이런 것들이 뜻하는 것을 명확하게 합니다. 그러나 뒤에 이어지는 것, 다시 말하면 "그들의 이마에 하나님의 도장이 찍히지 않은 사람만을 해하라는 명령을 받았다"는 말씀은 이런 궁극적인 감관은 주님에게서 온 선에게서 비롯된 진리들 안에 있지 않는 자들에게 있는 진리의 이해에 대해서는 해칠 것이라는 것을 뜻합니다.

546. 그들은 이마에 하나님의 도장이 찍히지 않은 사람만을 해하라는 명령을 받았습니다.

이 말씀은 오직 주님에게서 온 선에서 비롯된 진리들 안에 있지 않는 자들 안에 있는 진리의 이해나 선의 지각에만 해치는 것을 뜻합니다. 이러한 뜻은 진리의 정동을 가리키는, 그리고 그것에서 비롯된 총명이나 지혜를 가리키는 "사람"(man)의 뜻에서 명확합니다(본서 280항 참조). 여기서는 그것에 관해서 곧 언급하겠지만, 그것은 진리의 이해나 선의 지각을 뜻합니다. 그리고 또한 주님에게서 온 선에서 비롯된 진리들 안에 있는 것을 가리키는 "그들의 이마에 하나님의 도장이 찍혀 있다"는 말의 뜻에서 명확합니다(본서 427항 참조).

[2] "사람"(man)이 진리의 이해나 선의 지각을 뜻한다고 하였는데, 그것은 이런 것들에 의하여 사람은 사람이기 때문입니다. 그러므로 "사람"이 성경말씀에서 거명되었을 때에는 그것은 영적인 뜻으로 그것에 의하여 사람은 사람이라는 것을 뜻합니다. 왜냐하면 이것이 바로 그의 영적인 요소이기 때문입니다. 사람은 그의 전 생명(=삶)을 형성하는 두 가지 기능(=능력・

faculty)을 가지고 있는데, 다시 말하면 이해와 의지입니다. 그러므로 이런 것이 그의 이해와 의지의 성품인데, 이것이 바로 그 사람입니다. 만약에 그가 진리의 이해나 선의 의지를 가졌다면 그는 참된 사람입니다. 왜냐하면 진리와 선은 주님에게서 오기 때문이고, 그리고 사람이 사람이라는 것은 오직 주님에게서 비롯된 것이기 때문입니다. 이러한 내용이나 사실은 《천계와 지옥》 59-102항에서 잘 볼 수 있습니다. 그러나 그가 진리의 이해나 선의 의지를 가지고 있지 못하고, 오히려 진리의 자리에 거짓이, 선의 자리에 악이 있다면, 그가 여전히 사람이라고 불리지만, 그럼에도 불구하고 그는, 그가 가지고 있는 진리의 이해의 기능이나 선의 지각의 기능에서 비롯된 것을 제외하면, 사람이 아닙니다. 이것에 관해서는 이어지는 단락을 참조하십시오. 이상에서 밝히 알아야 할 것은 성경말씀에서 "사람들"(men)은 그런 것들을 형성하는 그것들이 사람을 뜻한다는 것이고, 여기서는 곧 진리의 이해나 선의 지각을 가리킵니다.

[3] 진리의 이해와 선의 지각이 여기서 "사람들"(men)이 뜻하는 것이라는 것은 메뚜기들이 "사람들을 해치지만" 그러나 땅 위의 풀이나, 푸성귀나 나무들을 해치지 못한다는 그 말씀의 설명에서 잘 알 수 있습니다. 그리고 여기서 "메뚜기"는 궁극적인 사람이라고 불리우는 사람의 생명의 궁극적인 것을 뜻합니다. 그리고 반면에 사람이 성경말씀을 읽고, 그것을 경청하는 경우, 거짓의 종지(=설득)에 있다면 그것은 성경말씀의 문자적인 뜻으로 성경말씀에 속한 그 어떤 것에 아픔이나 고통, 또는 그 어떤 해를 주지 않습니다. 왜냐하면 이런 뜻은 감관적 자연적인 사람(the sensual-natural man)을 위한 것이기 때문입니다. 그 사람은 비록 그것을 자신의 거짓들을 확증하는 데에 적용한다고 해도, 그것을 믿습니다. 그러나 그것은 진리의 이

해나 선의 지각에게 아픔이나 고통, 또는 위해를 가합니다. 왜냐하면 감관적인 사람은 그의 생각(=사상 · thought)을 성경말씀의 문자적인 뜻 이상으로 높이 올릴 수 없기 때문입니다. 그리고 만약에 그 사람이 그와 같이 행한다면 그는 거짓의 나락(奈落)으로 떨어지거나, 아니면 성경말씀에 관한 그의 종지적인 믿음(his persuasive faith)을 멸망시킬 것입니다. 이상에서 볼 때, 우리의 본문, 즉 메뚜기들이 "땅에 있는 풀이나 푸성귀나 나무를 하나도 해하지 말고, 이마에 하나님의 도장이 찍히지 않은 사람만을 해하라는 명령을 받았습니다"라는 말씀이 뜻하는 것이 무엇인지 잘 알 수 있겠습니다.

547. 5절. **그러나 그들에게는, 사람들을 죽이지 말라는 것이 주어졌습니다.**
이 말씀은 그들이 진리의 이해의 기능이나, 선의 지각의 기능을 빼앗기지 않는다는 것을 뜻합니다. 이러한 내용은 진리의 이해나 선의 지각을 가리키는 "사람들"의 뜻에서(본서 546항 참조), 그리고 본서 315항에서 언급한 것과 같이, 영적인 생명에 대해서 파괴하는 것을 가리키는 "그들을 죽인다"(killing them)는 말의 뜻에서, 그러나 여기서는 진리를 이해하는 기능이나, 선을 지각하는 기능을 박탈하는 것을 뜻합니다. 왜냐하면 이 기능은 영적인 것 자체이고, 그리고 모든 사람은 그것에 의하여 짐승들과 분별, 구분되기 때문입니다. 사람은 이 기능을 결코 파괴하지 못하는데, 그 이유는 만약에 사람이 그것을 파괴한다면 그 사람은 더 이상 사람이 아니고, 다만 짐승이기 때문입니다. 그런 일은, 마치 악에 속한 거짓들 안에 있는 감관적인 사람이 그것을 파괴할 때 나타나는데, 그 이유는 그 사람이 다른 것들로 말미암아 성경말씀을 읽고, 들을 때 진리를 이해하지 못하고, 선을 지각하지 못하기 때문입니다. 그러나 그럼에도 불구하고 그 사람이 이해하는 것이나 지각하는 기능

자체를 파괴하지 않고, 다만 그가 자신이 악에서 비롯된 자신을 확증하는 거짓들 안에 빠져 있는 한, 진리의 이해나 선의 지각을 파괴하는 것입니다. 왜냐하면 그 때 그 사람은 진리를 경청하는 것을 싫어하기 때문입니다. 그리고 이런 그것은 그것을 이해하는 무능력(無能力)과 같이 보입니다. 그러나 만약에 방해하는 거짓에 속한 종지가 제거된다면 그 때 그 사람은, 진리는 진리라고, 선은 선이라고 이해하고, 지각하는데 그와 같은 일은 마치 영적 합리적인 사람(a spiritual-rational man)이 하듯이 합니다.

[2] 이것이 사실이라는 것은 수많은 경험에 의하여 나로 하여금 알도록 허락된 것입니다. 왜냐하면 거기에는 진리들에 거스르는 거짓들 가운데, 그리고 선들에 거스르는 악들 가운데 자기 자신들을 확증하는 지옥의 수많은 무리가 있었는데, 그들은 그것으로 말미암아 진리에 속한 것은 들으려고 하지 않는 자들이 되었기 때문입니다. 하물며 그들이 어찌 그것을 이해하려고 하겠습니까! 그러므로 이들에 관해서 보면, 다른 자들은 그들이 진리를 이해할 수 없다는 소견을 마음에 품고 있었습니다. 그러나 거짓의 종지가 그들에게서 옮겨졌을 때에도, 동일한 영들이 진리의 이해나 선의 지각 안에 있는 자들이 가지고 있는 것과 같은 진리를 이해하는 꼭 같은 능력이나 기능에 들어 왔습니다. 그러나 그 즉시 그들은 그들의 예전의 상태로 되돌아가서 그들은 또다시 진리를 이해할 수 없는 그런 존재로 보였습니다. 사실 그들은 이해한다는 것에 매우 심하게 분노하였고, 더욱이 그들은 그 때 그것이 진리가 아니다라고 분명하게 공표하기까지 하였습니다. 왜냐하면 사람에게 있는 모든 것을 의지에 속한 것으로 만드는 것은 의지에 속한 정동이기 때문이고, 그리고 이 정동에서 이해의 진정한 생명은 취하기 때문입니다. 어느 누구가 정동이 없이 생각할 수 있는지 아닌지

9장 1-21절   131

를 상상해 봅시다. 결과적으로 정동이 이해의 생명(=진수 · 眞
髓)인지 그 여부를 생각해 봅시다. 그 때 우리는 정동을 말하
고 있고, 그리고 정동은 사랑에 속한 것을 뜻하고 있고, 다시
말하면 정동은 그것의 연속 가운데 있는 사랑을 말하고 있고,
뜻하고 있습니다. 이러한 사실은, 정말로 사람은 진리의 이해
나 선의 지각을 깨부술 수 있다는 것을 명확하게 하는데, 이와
같은 깨부수는 일은 악에 속한 거짓들에 의하여 행해집니다.
그럼에도 불구하고 사람은 그 이유 때문에 진리를 이해하는
기능(=능력)이나 선을 지각하는 기능(=능력)을 깨부수지 못합니
다. 만약에 사람이 그런 것들을 깨부수는 일을 한다면 그는 더
이상 사람이 아닙니다. 왜냐하면 인간 자체는 그 기능 안에 존
재하기 때문입니다. 이런 사실에서 밝히 얻는 결론은 사람은
사후(死後)에도 산다는 것, 그리고 그 때 그는 사람과 꼭 같이
나타나 보인다는 것입니다. 왜냐하면 신령존재(the Divine)는
그 기능과 결합하시기 때문입니다. 이런 이유 때문에 비록 그
의 두 생명들에 관해서, 즉 그의 이해의 생명과 그의 의지의
생명에 관해서 보면 사람은 신령존재에게서 외면, 떠나버릴 수
있지만, 그럼에도 불구하고 진리를 이해하는 그의 능력이나 선
을 지각하는 그의 능력에 의하여 사람은 신령존재와의 결합을
가질 수 있다는 것입니다. 결과적으로 사람은 영원히 살 수 있
습니다. 이상에서 볼 때, 우리의 본문말씀 "메뚜기들에게는 그
들이 사람들을 죽이지 못한다는 명령을 받았다"는 말씀은 여
전히 그들은 진리를 이해하는 기능(=능력)이나 선을 지각하는
기능(=능력)을 빼앗지 못한다는 것을 뜻한다는 것을 잘 알 수
있습니다.

**548. 그들에게는 다섯 달 동안 사람을 괴롭게만 하라는 허락
이 내렸습니다.**
이 말씀은, 그들이 이런 상태에 있는 한, 진리를 보는 일

(seeing truth)에서 비롯된 악에 속한 거짓들에 의하여 이해는 어두웁게 되고, 뒤로 물러날 것이라는 것을 뜻합니다. 이러한 내용은 이해가 어두웁게 되고, 그리고 이것에 관해서 곧 언급하겠지만, 진리는 보고 이해하는 것에서 뒤로 후퇴(後退)하는 것을 가리키는 "괴롭힌다"(=고통을 준다 · to torment)는 말의 뜻에서, 그리고 그들이 그 상태에 있는 동안을 가리키는 "다섯 달"의 뜻에서 잘 알 수 있겠습니다. 여기서 "괴롭힌다"(=고통을 준다 · to torment)는 것은 이해가 어두웁게 되고, 진리를 보고 아는 것에서 후퇴하는 것을 뜻하는데, 그 이유는 메뚜기들과 그것들의 능력에 관해서 전갈이 고통을 주는 것과 같은 권세를 가지고 있다고 언급되었기 때문인데, 여기서 "메뚜기들"은, 감관적인 것이라고 부르는 사람의 생명의 궁극적인 것을 뜻하고, 전갈이 고통을 주는 것과 같은 권세는 진리의 빛의 이해에서 제거할 수 있는, 그리고 그것이 지옥적인 흑암을 야기시키는, 종지(宗旨 · 설득력 · persuasiveness)를 뜻합니다. 그러므로 "그것들이 주는 고통은 마치 전갈이 사람을 쏠 때와 같은 고통이었다"는 말씀이 그것에 뒤이어지고 있습니다. 왜냐하면 여기서 "전갈"(scorpion)은 이런 부류의 종지나 설득력을 뜻하기 때문입니다(본서 544항 참조). "괴롭힌다"(=고통을 준다)는 말이 언급되었는데, 그것은 앞에서 "메뚜기들이 사람들을 해하지만, 그러나 그들을 죽이지 말라"는 것이 언급되었기 때문이고, 그리고 그것이 죽이지는 못하지만 고통을 준다고 언급되었기 때문입니다. 그리고 악에 속한 거짓들 안에 빠져 있는 감관적인 사람의 종지나 설득력은, 비록 그것이 이해하고 지각하는 기능에 속한 것을 빼앗지 못한다고 해도, 그것을 어둡게 하고, 진리를 보고 아는 것에서 뒤로 물러나게 하는 것에 의하여 이해를 해치기 때문입니다. 그리고 전갈에서 생겨나는 고통, 즉 "전갈이 사람을 쏠 때와 같은 고통"에 비교되었기 때문이고,

"고통을 준다"(=괴롭게 하다)고 언급되었기 때문입니다.
[2] "다섯 달"(five months)은 사람들이 그 상태에 있는 동안을 뜻하는데, 그것은 "달"(月 · month)이 상태를 뜻하기 때문이고, "다섯"(5)이 어느 정도를 뜻하기 때문이고, 따라서 "달들"이 상태를 뜻하는 동안을 뜻하기 때문인데, 그것은 성경말씀에서 모든 때들은, 예를 들면 "시대들"(ages) · "햇수들"(years) · "주일들"(weeks) · "날들"(days) · "시간들"(hours) 등등은 생명의 상태들(states of life)을 뜻하기 때문입니다. 이런 것들에 관해서는 《천계와 지옥》 162-169항을 참조하십시오. 따라서 여기서 "달들"도 마찬가지입니다. "다섯"(5)이 어느 정도나 약간을 뜻한다는 것은 그 숫자가 등장하는 성경말씀의 여러 장절들에게서 잘 볼 수 있겠습니다. 왜냐하면 숫자들, 예를 들면 열(10) · 백(100) · 천(1000)의 숫자들은 많다(much)는 것이나 전부(all)를 뜻하기 때문입니다. 그러므로 여기서 "다섯"(5)은 어느 정도나 약간(somewhat)을 뜻합니다. 왜냐하면 많다(much)는 것을 뜻하는 숫자들은 숫자 다섯(5)에서 생겨났는데, 그 숫자는 어느 정도나 약간을 뜻하고, 곱셈에 의하여 그들 숫자들이 구성되는 단수(單數)들에서 그것으로 구성되고, 얻어진 숫자들은 자신들의 뜻을 취하기 때문입니다(본서 429 · 430[A · B]항 참조). 여기서 "다섯"이 오랜 기간(long)을 뜻하는데, 그것은 "다섯 달들"(five months)이라고 언급되었기 때문인데, 여기서 "달들"(months)은 기간의 상태(state of duration)을 뜻하기 때문입니다. "다섯 달"이라는 말의 뜻은 먼 것 같이 보이지만, 사람이 이 세상에서 사는 동안, 그 사람은 자연적인 생각 안에 있고, 그리고 자연적인 생각은 그것의 개념들을 공간(空間 · spaces)이나 시간(時間 · times)에서 얻기 때문이고, 그리고 숫자들(numbers)이나, 치수나 분량(measures)에서 그것의 개념들을 얻기 때문입니다. 왜냐하면 이런 것들은 자연에 속한 본래

의 성질이기 때문입니다. 그 이유는 자연 안에 있는 삼라만상
(森羅萬象)은 그것들에 의하여 한정되고, 명확하게 결정되기 때
문입니다. 이에 반하여 영적인 생각(spiritual thought)은 공간·
시간·숫자·분량의 한정적인 개념 밖에 있기 때문입니다.
이런 이유 때문에 그것은 이 세상에 있는 사람에게 멀게 보이
고, 낯설게 보이지만, 여기서 "다섯 달"은 그 상태의 오랜 기
간, 다시 말하면 거짓의 종지(=설득)의 상태가 계속되는 동안을
뜻합니다. 왜냐하면 이해가 어두워지고, 그리고 진리를 보고
아는 것에서 뒤로 물러나는 한, 그러나 거짓의 종지나 설득이
사람을 멀리 옮겼을 때, 그가 그것을 보고, 알기를 열망한다면
그는 진리를 보고 아는 기능(=능력) 가운데 들어옵니다. 왜냐하
면 모든 사람은 이 기능(=능력)을 가지고 있기 때문입니다.
[3] 성경말씀에서 "다섯"(5)은 모든 그런 것들이나, 그와 비슷
한 것에와 같이 약간이나 얼마 따위를 뜻한다는 것은 아래의
성경말씀에서 잘 볼 수 있겠습니다. 마태복음서의 말씀입니다.

> (예수께서 말씀하셨다) "하늘 나라는 이런 일에 비길 수 있을 것이다.
> 처녀 열 사람이 등불을 마련하여, 신랑을 맞으러 나갔다. 그 가운데
> 다섯은 어리석고, 다섯은 슬기로웠다"(마태 25:1, 2).

주님께서는 하늘 나라를 열 처녀들에게 비유하셨는데, 그것은
"하늘 나라"(the kingdom of the heavens)는, "처녀"가 그러한
것과 같이, 교회를 뜻하기 때문이고, 그리고 "열 처녀들"은 교
회에 속한 사람 모두를 뜻하기 때문입니다. "다섯은 슬기롭고,
다섯은 어리석다"고 언급되었는데, 그 이유는 "다섯"(5)이 그
들의 일부(some)를 뜻하고, 또는 한쪽에 있는 모두를 뜻하기
때문입니다. "처녀"가 교회를 뜻한다는 것은, "시온의 처녀"
"예루살렘의 처녀"라는 말이 언급된 성경말씀의 수많은 장절

들에게서 잘 볼 수 있습니다. 여기서 "이스라엘의 처녀"(the virgin of Israel)는 교회를 뜻합니다.
[4] "열"(10)이나 "다섯"(5)은 장사를 하라고 그의 종들에 열 므나를 준 귀족에 관한 주님의 비유말씀에서의 뜻과 동일한 것을 가지고 있습니다. 누가복음서의 말씀입니다.

"나는 주인의 한 므나로 열 므나를 벌었습니다" 하였고, 다른 종은 "나는 주인의 한 므나로 다섯을 벌었습니다" 하였고,…… 그러므로 그들에게 많은 고을을 다스리는 권세를 주었습니다(누가 19:13-20).

여기서 주님에 의하여 숫자들 "열"(10)이나 "다섯"(5)이 언급 되었는데, 그것은 "열"(10)이 많은 것(much)을 뜻하고, "다섯"(5)이 얼마쯤(somewhat)을 뜻하기 때문입니다. 이에 반하여 "그들의 장사"(their trading)는 천계적인 총명을 벌어드리고 (gaining) 구입하는 것을 뜻하고, "고을들을 다스리는 권세"는 총명(intelligence)이나 지혜(wisdom)을 뜻합니다. 왜냐하면 성경 말씀에서 "고을"(=성읍·cities)은 교리를 뜻하고, "고을을 다스리는 권세를 갖는다"는 것은 총명스럽게 되고, 지혜롭게 되는 것을 뜻하기 때문이고, 그리고 "열 고을을 다스린다"는 것은 많은 것을 뜻하고, "다섯 고을을 다스린다"는 것은 약간의 것을 뜻하기 때문입니다.
[5] 부자와 나사로에 관한 주님의 비유말씀에서 "다섯"(5)은 그런 부류의 자들 약간(some)이나 전부(all)를 뜻합니다. 누가 복음서의 말씀입니다.

부자가 말하였다. "조상님, 소원입니다. 그를 내 아버지 집으로 보내 주십시오. 나는 형제가 다섯이나 있습니다. 제발 나사로가 가서 그들에게 경고하여, 그들만은 고통받는 이 곳에 오지 않게 해주십시오"(누가 16:27, 28).

부자가, 그는 "형제 다섯"(five brethren)이 있다고 말하였는데, 그것은 "다섯"(5)이 큰 잔치에 초대된 그들에 관한 주님의 비유말씀에서도 마찬가지입니다. 누가복음서의 말씀입니다.

> 다른 사람은 "내가 겨릿소 다섯 쌍을 샀는데, 그것들을 시험하러 가는 길이오. 부디 양해해 주기 바라오" 하고 말하였다(누가 14 : 19).

여기서 "황소들"(oxen)은 성경말씀에서 자연적인 정동들을 뜻하고, 여기서 "겨릿소 다섯"(five yoke of oxen)은 천계로부터 딴 길로 끌고가는 모든 그런 정동들이나 열망들 따위를 뜻합니다. 영적인 양육이나 가르침에 대한 천계나 교회는 그들이 초대받은 "큰 잔치"(the great supper)가 뜻합니다. 그것이 주님에 의하여 채용되었기 때문에 어느 누구가 이들 네 비유말씀에서 숫자 "다섯"(5) 비의(秘義)를 가지고 있다는 것을 알지 못하겠습니까?

[6] 이사야서의 말씀에서도 마찬가지입니다.

> 그 날이 오면,
> 이집트 땅의 다섯 성읍에서는
> 사람들이 가나안 말을 하며,
> 만군의 주만을 섬기기로
> 충성을 맹세할 것이다.
> 그 다섯 성읍 가운데서 한 성읍은
> "멸망의 성읍"(=태양의 성읍 · 헬리오폴리스)이라고 불릴 것이다.
> 그 날이 오면,
> 이집트 땅 한가운데
> 주를 섬기는 제단 하나가 세워지겠고,
> 이집트 국경지대에는
> 주께 바치는 돌기둥 하나가 세워질 것이다.

(이사야 19 : 18, 19)

여기서도 "그 날"은 주님의 강림을 뜻하고, "이집트 땅의 다섯 성읍에서는 사람들이 가나안 말을 한다"는 것은 그 때에 자연적인 존재 몇몇(some)은 영적인 것이 될 것이고, 그리고 인애의 선으로 말미암아 주님을 예배할 것이다는 것을 뜻합니다. 이것의 개별적인 것의 설명은 본서 223[C]항을 참조하십시오. 그러므로 여기서 "다섯 성읍들"은 그 때의 약간(some)을 뜻하기 위하여 언급되었고, 그리고 또한 교리의 약간의 진리들을 뜻합니다.
[7] 같은 책의 말씀입니다.

> 그들은
> 열매를 따고 난 올리브 나무처럼 될 것이다.
> 마치 올리브 나무를 흔들 때에,
> 가장 높은 가지에 있는 두세 개의 열매나,
> 무성한 나무의 가장 먼 가지에 남은
> 네다섯 개의 열매와 같이 될 것이다.
> (이사야 17 : 6)

누가복음서의 말씀입니다.

> (예수께서 말씀하셨다.) 이제부터 한 집안에서 다섯 식구가 서로 갈라져서, 셋이 둘에게 맞서고, 둘이 셋에게 맞설 것이다(누가 12 : 52).

이 장절들에서 "다섯"(5)이 약간(some)을 뜻한다는 것, 그리고 그런 부류 모두(all)를 뜻한다는 것은 본서 532항을 참조하십시오. 거기에는 이런 장절들이 상세하게 설명되었습니다. 이스라엘 자손에게는 주어진 계명(a law)이 있었습니다. 출애굽기서의 말씀입니다.

> 어떤 사람이 소나 양을 도둑질하여 그것을 잡거나 팔면, 그는 소 한 마리에는 소 다섯 마리로, 양 한 마리에는 양 네 마리로 갚아야 한다(출애굽 22 : 1).

여기서 "소"(=황소 · ox)는 영적인 뜻으로 자연적인 사람의 선을 뜻하고, "소 한 마리에 소 다섯 마리로 갚아야 한다"는 것은 누구나 그가 타락, 왜곡시키고, 소멸시킨 것에 대하여 충분한 바로잡음들(sufficient amends)을 반드시 행하여야 한다는 것을 뜻합니다. 여기서 "도둑질한다"(to steal)는 가지고 가거나 제거하는 것을 뜻하고, "잡느다"(=죽인다 · to kill)는 것은 소멸하는 것을 뜻하고, "판다"(to sell)는 것은 타락시키고, 왜곡시키는 것을 뜻합니다.
[8] "오분의 일"(the fifth part)은 넉넉하게 많은 것(much)을 뜻하는데, 그런 것에 관한 장절들은 레위기 5 : 16 ; 6 : 5 ; 22 : 14 ; 27 : 13, 15, 19, 27, 31 ; 민수기 5 : 6-8 등이 되겠습니다. 같은 내용의 창세기서의 말씀입니다.

> 임금님(=바로 임금)께서는,…… 풍년이 계속되는 일곱 해 동안에, 이집트 땅에서 거둔 것의 오분의 일을 해마다 받아들이도록 하심이 좋을 듯합니다(창세기 41 : 34 ; 47 : 24).

비슷한 내용의 사무엘 하서의 말씀입니다.

> 아사헬이 물러가기를 거절하니, 아브넬이 창 끝으로 아사헬의 배(=그의 다섯 번 째 갈비뼈 아래)를 찔렀다. 창이 그의 등을 뚫고 나왔다(사무엘 하 2 : 23).

이 구절에서 "다섯 번째"는 죽음에 대한 충분한 것을 뜻합니다. 왜냐하면 어떤 사물에 대한 약간이나 전부를 뜻하는 숫자 "다섯"(5)은, 그것의 성질을 언급할 때는 충분하게 많은 것을 뜻하기 때문이고, 시간을 언급할 때는 오랜 긴 기간을 뜻하기 때문입니다.

[9] 이 숫자가 어떤 것의 약간이나, 전부를 뜻하기 때문에, 그것은 또한 뒤에 이어지는 것이나 앞에서 언급된 숫자들에 의하여 나타내거나, 지시하는 큰 양을 나타내는 경우는 약간(a little)이나 조금 있는 것(a few)을 뜻합니다. 왜냐하면 그 때 어떤 부분의 전부는 상대적으로 조금 있는 것(a few)을 뜻하기 때문입니다. 따라서 이사야서의 말씀입니다.

> 적군 한 명을 보고서도
> 너희가 천 명씩이나 도망 가니,
> 적군 다섯 명이 나타나면,
> 너희는 모두 도망 갈 것이다.
> (이사야 30 : 17)

레위기서의 말씀입니다.

> 그들 백 명이 너희 다섯 명에게 쫓기고, 그들 만 명이 너희 백 명에게 쫓길 것이다(레위기 26 : 8).

복음서의 말씀입니다.

> 주님께서는 빵 다섯 개와 물고기 두 마리로 오천 명을 먹이셨다(마태 14 : 15-22 ; 마가 6 : 38-43 ; 누가 9 : 13-16 ; 요한 6 : 9-13).

그 때 그들이 "먹고 남은 부스러기를 모으니, 열두 광주리에 가득 찼다"는 것은 충분함을 뜻하고, 따라서 충분한 가르침 (full instruction)이나 충분한 축복(full blessing)을 뜻합니다.
[10] 역시 누가복음서에서 "다섯"은 거의 없는 것(few)을 뜻합니다. 누가복음서의 말씀입니다.

> 참새 다섯 마리가 두 냥에 팔리지 않느냐? 그러나 그 가운데 하나라도, 하나님께서는 잊어버리시지 않는다. 하나님께서는 너희의 머리카락까지도 다 세고 계신다. 두려워하지 말아라. 너희는 많은 참새보다 더 귀하다(누가 12 : 6, 7).

"다섯 마리 참새들"이 언급되었는데, 그것은 사람들과의 비교에서 약간(fewness)이나 지극히 적은 가치를 뜻하기 때문입니다. 왜냐하면 그 뒤에서 "너희는 많은 참새보다 더 귀하다"고 언급되었기 때문입니다. 만약 이 숫자(5)가 어떤 뜻을 가지고 있지 않다면 주님께서 그렇게 자주 언급하시지 않았을 것이다는 것은 누구나 잘 압니다. "다섯"(5)이 한 사물(=한 부분)의 전부를 뜻하기 때문에 이런 말씀이 명령되었습니다.

> 열 폭으로 성막을 만들어라....... 먼저, 다섯 폭을 옆으로 나란히 이어 한 벌을 만들고, 또 다른 다섯 폭도 옆으로 나란히 이어 한 벌을 만들어야 한다(출애굽기 26 : 1, 3).

여기서 "열"(10)은 완전한 복합체 안에 있는 전부(all)를 뜻하고, 그리고 "다섯"(5)은 전자의 전부나 후자의 전부를 뜻한다는 것은 《천계비의》9595 · 9604항을 참조하십시오.

549. 그것들이 주는 고통은 마치 전갈이 사람을 쏠 때와 같은 고통이었습니다.
이 말씀은 마음이 그것으로 얼빠지게 하는, 설득(=종지 · 宗旨 · persuasion)에 의하여 원인이 된, 진리를 깨닫고 살피는 것에서 어둡게 된 것이나 이끌어 낸 것을 뜻합니다. 이러한 뜻은 마음을 어둡게 하는 것이나, 진리를 깨닫고, 살피는 것에서 그것을 이끌어 낸 것을 가리키는 "고통"(torment)의 뜻에서(본서 548항 참조), 그리고 얼빠지게 하거나 질식(窒息)시키는 종지(=설득·宗旨·persuasiveness)를 가리키는 "전갈"(scorpion)의 뜻에서 (본서 544항 참조) 명확합니다. "그것들이 주는 고통은 마치 전갈이 사람을 쏠 때와 같은 고통이었다"는 말씀은, 따라서 그것에 의하여 마음이 얼빠지게 하는, 종지에 의한 진리를 살피고 깨닫는 것에서 어둡게 된 것이나, 이끌어 낸 것을 뜻합니다. 종지나 설득력은, 위에서 언급한 것과 같이(본서 544항 참조) 어떤 것의 성질이나 그것이 비롯된 원인 따위를 질식시키는 것이나, 마음이나 정신을 얼빠지게 하는 것을 뜻합니다. 이런 설득력이나 종지가 마음을 얼빠지게 하는 것이라고 하였는데, 그것은 그것이 이성의 씀씀이(the use of reason)을 제거하기 때문이고, 심지어 이런 종지나 설득력을 가지고 있는 자의 말을 제외하면, 그것은 이성이나 합리적인 마음(the rational mind)이 아무것도 볼 수 없는 지경까지 이성의 활용을 제거하기 때문입니다. 왜냐하면 그것은 즉시 동의하는 모든 것을 소집, 동원하기 때문이고, 그리고 동의하지 않는 것은 모두 불영명하다고 동원하기 때문입니다. 결과적으로 마음은 진리를 깨닫고 살피는 것에서 어둡게 되고, 물러나는 것에 의하여 이성을 잃게 되고, 얼빠지게 되기 때문입니다. 이 설득력이나 종지를 질식시킨다고 언급하였는데, 그것은 그것이 자유스럽게 생각하는 이해의 기능이나 능력을 빼앗기 때문이고, 그리고 모든 합리적인 사람이 하는 것과 같이, 모든 방면에 그것의 시각을 확장하는 이해의 기능이나 능력을 빼앗기 때문입니다. 그 때 이것은 바로 괴롭게 숨을 쉬는 경우를 가리킵니다. 왜냐하면 자의적인 호흡(voluntary breathing)에 속한 모든 것은 이해에서 취하기 때문이고, 결과적으로 그것은 그것 자체를 이해에 속한 생각(=사상)에 적용하기 때문입니다. 그것은 마치 마음에 속한 운동의 모든 것은 의지에서 비롯되는 것과 꼭 같고, 그리고 그것 자체를 의지에 속한 정동에 적용하는 것과 꼭 같습니다. 폐장에 속한 호흡은 이해나 이해의 생각에 대응한다는 것, 그리고 심장에 속한 운동은 의지나 의지의 정동에 대응한다는 것은 《천계비의》1119 · 3883-3896 · 9281항에서 잘 볼 수 있겠습니다. 강한 설득력이나 종지가 얼빠지게 하는 힘을 지니고 있을 뿐만 아니라, 질식시키는 힘을 지니고 있다는 것은 실제적인 경험에 의하여 내가 알도록 허락된 것입니다.

550. 6절. **그 기간에는 그 사람들이 죽으려고 애써도 죽지 못하고 ……**.
이 말씀은 그 때 그들이 진리를 이해하는 기능이나 능력을 파괴하기를 원하였지만, 그럼에도 불구하고 그것이 불가능하다는 것을 뜻합니다. 이러한 뜻이나 내용은 그 때를 가리키는, 다시 말하면 교회에 속한 사람이 내적인 것에서 외적인 것이 되었을 때, 또는 합리적인 사람이 감관적인 사람이 되었을 때를 가리키는, "그 기간에"(=그 날들에)라는 말의 뜻에서, 그리고 이것에 관해서 곧 설명하겠지만, 진리를 이해하는 능력이나 기능을 파괴하는 바람을 가리키는 "죽음을 찾는다"(=죽이려고 애쓴다)는 말의 뜻에서, 그리고 또한 파괴할 수 없다는 것을 가리키는, "죽지 못하였다"(=죽음을 찾지 못하였다)는 말의 뜻에서, 잘 알 수 있겠습니다. 여기서 "죽으려고 애쓴다"(=죽음을 찾는다)는 말이 진리를 이해하는 능력이나 기능을 파괴하는 것을 뜻한다는 것은 앞서의 설명내용에 확실합니다. 그 이유는 그 일이 그 결과에서 일어나기 때문입니다. 왜냐하면, "메뚜기들이 그들의 이마에 하나님의 도장이 찍히지 않은 사람만을 해하라는 명령을 받았다"고 언급되었기 때문이고, 그리고 그 뒤에는 "그들에게는 사람들을 죽이지는 말고, 다섯 달 동안 괴롭게만 하라는 허락이 내려졌다"고 언급되었기 때문인데, 여기서 후자는 그들이 주님에게서 비롯된 선에서 비롯된 진리들 안에 있지 않는 자들에게만 있는 진리의 이해나 선의 지각에 해코지하는 것을 뜻하지만, 그럼에도 불구하고 이들은 진리를 이해하고, 지각하는 능력이나 기능이 박탈되지 않았습니다(본서 546·547항 참조). 이렇게 볼 때 뒤이어지는 것은 그들이 찾고, 그들이 열망하는 "죽음"(the death)은 진리를 이해하고, 선을 지각하는 기능이나 능력의 박탈을 뜻합니다. 왜냐하면 이런 것들의 파괴는 진정한 사람의 생명의 파괴를 가리키기 때문입니다. 왜냐하면 그 때 사람은, 위에서 언급한 것과 같이, 더 이상 사람이 아니고, 다만 짐승이기 때문입니다. 그 때 명확하게 그것은 "죽음"이 뜻하는 이 생명의 손실(損失·the loss of this life)을 가리킵니다. 감관적인 사람들이기 때문에 그들이 처해 있는 악에 속한 거짓들의 종지로 말미암아 진정한 사람의 생명의 두 기능이나 능력을 파괴하기를 원하는 부류들은 진리의 이해나 선의 지각을 전혀 원하지 않습니다. 왜냐하면 그들은 그들의 악에 속한 거짓들에게서 쾌락을 찾기 때문이고, 그리고 따라서 그들은 거짓의 즐거움으로부터 생각하는 것에서, 그리고 악의 즐거움으로부터 의도하는 것에서, 쾌락을 찾기 때문입니다. 결과적으로 그런 부류는, 진리나 선들이 정반대가 되기 때문에, 진리나 선에서 자기 자신들을 외면, 돌보지 않습니다. 이런 일들은 자신이 자신을 설득한 거짓의 질이나 양에 따라서 몇몇을 슬프게 하고, 몇몇을 병들게 하고, 몇몇은 분노를 가지고 그것들을 배척하게 합니다. 한마디로 말하면, 이런 부류의 감관적인 사람은 그가 처해 있는 악에 속한 거짓의 이해에서 비롯된 이유들이나 동기를 승인, 포용하지 못하고, 따라서 비록 그가 사람이기 때문에 그와 같이 될 수 있다고 해도, 그는 이해하기를 원하지 않고, 합리적인 사람이 되는 것도 원하지 않습니다. 그러므로 이러한 내용은 "사람들이 죽음을 구하여도 찾지 못할 것이다"(=그 사람들이 죽으려고 애써도 죽지 못한다)는 말씀이 뜻하는 것입니다.

551. 죽기를 원해도 죽음이 그들을 피하여 달아날 것이다(=죽으려고 애를 써도 죽음이 그들을 피하리라).

이 말씀은, 영적인 생명에 속한 선을 지각하는 기능이나 능력을 파괴하기를 원하지만, 그러나 허사(虛事)이다는 것을 뜻합니다. 이러한 뜻이나 내용은, 여기서는, 이것에 관해서 곧 언급하겠지만, 선을 지각하는 기능이나 능력을 파괴 하는 것을 가리키는 "죽는다"(to die)는 낱말의 뜻에서, 그리고 그들이 파괴할 수 없다는 것, 따라서 그들은 그것을 하려고 했으나 허사이다는 것을 사리키는, "죽음이 그들을 피하여 달아날 것이다"는 말씀의 뜻에서 명확합니다. 여기서 "죽는다"(to die)는 선을 지각하는 기능이나 능력을 파괴하는 것을 뜻하고, 그러나 앞서에서 "죽는다"는 것은 진리를 이해하는 기능이나 능력을 파괴하는 것을 뜻할 뜻하는데, 그 이유는 모든 사람은 이해에 속한 생명(the life of the understanding)과 의지에 속한 생명(the life of the will)인, 두 생명들을 가지고 있기 때문이고, 그리고 전자, 이해에 속한 생명은 진리를 이해하는 기능이나 능력이고, 후자, 의지에 속한 생명은 선을 지각하는 기능이나 능력입니다. 따라서 "죽음"(death)은 전자나 또는 후자의 상실을 뜻합니다. 처음의 경우는 "죽음"이 진리를 이해하는 기능이나 능력의 상실을 뜻하고, 둘째의 경우에서는 선을 지각하는 기능이나 능력의 박탈을 뜻하는데, 그 이유는 처음 먼저에서는 이들 양자 생명들이 다루어지고, 그리고 성경말씀에서 이들 양자 생명들이 다루어지고, 그리고 성경말씀에서 진리가 다루어지는 곳에서는 선 역시 다루어지는데, 그 이유는 성경말씀의 모든 개별적인 것들 안에는 선과 진리의 혼인(the marriage of good and truth)이 있기 때문입니다(본서 238 · 288[B] · 484항 참조). 이러한 사실은, 여기서 "죽음"이 선을 지각하는 기능이나 능력의 박탈을 뜻한다는 것을 명확하게 합니다. 그 이유는 거의 비슷한 두 표현들이 사용되었기 때문인데, 한 이유는 "죽음을 구한다"(=죽으려고 애쓴다 · to seek death)는 말이 이해에 속한 것을 내포하기 때문이고, "죽기를 원한다"(to long for death)는 말은 의지에 속한 것을 내포하기 때문입니다. 그리고 사람 고유의 영적인 생명은 이들 두 기능이나 능력들로 구성하기 때문에, 그러므로 그들의 영적인 생명을 파괴의 바람은 이런 내용을 뜻합니다. 더욱이 진리를 이해하는 능력이나 기능과 같이 선을 지각하는 그것은 사람 모두에게 허락, 주어집니다. 왜냐하면 진리는 선을 사랑하고, 선은 진리를 사랑하기 때문입니다. 그러므로 이들 둘은 변함없이 결합하기를 원하고, 그리고 그것들은 마치 의지와 이해가 결합하는 것과 같이, 또는 정동(affection)과 생각(=사상 · thought)이 결합하는 것과 같이 결합합니다. 그것들이 결합하였을 때, 이해는 진리를 생각하는 정동으로 말미암아 진리를 생각하고, 그리고 그 때 이해는 역시 진리를 보고, 의지는 진리를 지각합니다. 의지에 속한 정동으로 말미암아 진리를 지각한다는 것은 선을 지각하는 것입니다. 왜냐하면 사람이 그것을 원하고, 또한 그것에 의하여 감동될 때, 다시 말하면 사람이 그것을 사랑할 때, 진리는 선으로 바뀌기 때문입니다. 이런 이유 때문에 사랑을 받는 것은 선이라고 불리웁니다.

552. 7절. 그 메뚜기들의 모양은 전투 채비를 한 말들과 같았습니다.
이 말씀은, 사람이 감관적이 되었을 때, 그 사람은 마치 진리의 이해로 말미암아 생각한다(=추론한다)는 것을 뜻합니다. 이러한 내용은 악에서 비롯된 거짓들을 통하여 감관적인 사람이 된 교회에 속한 사람들을 가리키는 "메뚜기들"(locusts)의 뜻에서(본서 543항 참조), 그리고 그들(=메뚜기들)이 말과 같다고 언급되었기 때문에 여기서는 마치 진리의 이해로 말미암아 생각하는 것과 같은, 추론들(reasonings)을 가리키는 "전투 채비를 한 말들"(=전쟁을 위하여 준비한 말들)의 뜻에서 명확합니다. 여기서 "말들"(horses)이 이해를 뜻한다는 것은 본서 355 · 364항을 참조하시고, 그리고 모든 이해는 진리에 속한 것입니다. 성경말씀에서 "전쟁"(battle)이, 진리에 대항하는 거짓의 다툼이나, 거짓의 도전에 대항하는 진리의 다툼을 뜻하기 때문에, 그러므로 우리의 본문 "전투 채비를 한 말들"(=전쟁을 위하여 준비한 말들)은 추론들을 뜻하고, 여기서는 마치 진리의 이해로 말미암아 추론하는 것을 뜻합니다. 왜냐하면 그것은 영적인 다툼들을 수행하는 추론들에 의한 것이기 때문입니다. 여기서부터 12절까지 이어지는 것은, 이해와 의지에 관한 그의 성품을 가리키는, 악에서 비롯된 거짓들 안에 있는 감관적인 사람을 다루고 있습니다. 그리고 그 사람은 "메뚜기들"에 의하여, 그리고 그들의 다종다양한 겉모습들에 의하여 기술되었습니다. 왜냐하면 영계에서 모든 사람의 정동들이나 그것에서 비롯된 생각들은 이 땅의 다종다양한 짐승들이나 새들이 표징하고, 그리고 이런 것들은 대응되는 그런 부류의 형체들 안에 드러나기 때문입니다. 그리고 짐승들이 영들의 정동들에 일치하여 그것에서 드러나는 짐승들은 우리의 세상에 있는 짐승들과 같이 드러나 보이지만, 그러나 어떤 때는 다른 짐승들로 이루어진 형체들에 가까워진, 이 이외에도 다양한 특별한 표(insignia)로 옷입히고, 꾸민 그들의 머리들이나 몸통을 가지고 계속적인 변화나 다양함에 일치하여 드러나 보입니다. 이런 모습의 짐승들이 나에 의하여 자주 보였습니다. 그리고 따라서 그들의 정동들이나 성향들의 성질들은 나에게는 아주 명확합니다. 정동들이나 거기에서 비롯된 생각들이 영계에서 짐승들이나 새들에 의하여 표징되기 때문에, 따라서 "짐승들이나 새들"은 성경말씀에서 유사한 뜻을 갖습니다.

[2] 위에서 입증된 것과 같이(본서 543항 참조), 악에서 비롯된 거짓들 안에 있는 감관적인 사람들은 "메뚜기들"에 의하여 표징되고, 그것으로 말미암아 뜻합니다. 그리고 그런 부류의 사람들의 성품이 무엇인지는 여기서는 메뚜기들의 다양한 모습들에 의하여, 그리고 그것들의 다양한 표(insignia)에 의하여 기술되었습니다. 예를 들면, 그들은 "전투 채비를 한 말과 같다" "머리에는 금 면류관과 같은 것을 썼다" "그 얼굴은 사람의 얼굴과 같다" "그것들은 여자의 머리털과 같은 머리털이 있다" "이빨은 사자의 이빨과 같다" "쇠로 된 가슴막이를 둘렀다" 그리고 그 밖의 다른 많은 것들이 있는데, 그것의 모든 것들은 악에서 비롯된 거짓들에 대응하는 영계에 존재하는 그런 부류의 표징들이고, 그리고 감관적인 사람의 설득력(=종지)에 대응하는 그런 부류의 표징들입니다. 그럼에도 불구하고 대응들에 속한 지식이 없다면 이런 것들이 뜻하는 것이 무엇인지 아는 사람은 아무도 없습니다. 그리고 또한 감관적인 사람의 성품이 무엇인지, 그 사람의 설득력(=종지)의 성질이 무엇인지도 아무도 모릅니다. 악에 속한 거짓들 안에 있는 감관적인 사람은 마치 진리의 이해로 말미암은 것처럼 추론합니다. 그 이유는 그 사람은 거짓이 진리인 것 같은, 악이 선인 것 같은 종지에 있기 때문입니다. 그리고 그 사람이 그런 종지에 머물러 있는 동안, 그 사람은 합리적인 것이나 총명적인 것을 전혀 볼 수 없습니다. 그러나 그가 자기의 것이라고 설득된 것은 무엇이나, 그 사람은 가장 높은 이성(理性)의 것으로, 또는 가장 뛰어난 이해에 속한 것으로 믿습니다. 왜냐하면 그 사람 안에 있

는 합리성이나 총명은 닫혀 있기 때문이고, 따라서 그 사람은 그가 생각하고, 말하는 것들에 관해서 설득력 있는 신념에 빠져 있기 때문입니다. 감관적인 사람이 예리하게, 그리고 쉽게 추론한다는 것은 그의 생각이 그것 안에 거의 있다는 그의 말에 아주 가까이 있기 때문이고, 그리고 그는 모든 총명을 기억에서 비롯된 단순한 말하는 것에 둔다는 것은 《천계비의》 195 · 196 · 5700 · 10236항에서 잘 볼 수 있겠습니다.

553. 머리에는 금 면류관과 같은 것을 쓰고……
이 말씀은 그들이 추론할 때 그들은 자신들이 마치 지혜롭고, 승자(勝者)같이 보인다는 것을 뜻합니다. 이러한 내용은 이것에 관해서 곧 언급하겠지만 지혜나 총명을 가리키는 "머리"(head)의 뜻에서, 그리고 승리의 상급을 가리키는 "금 면류관"(a crown of gold)의 뜻에서(본서 358항 참조), 잘 알 수 있습니다. "금과 같은 면류관"은 승리의 상급을 뜻하는데, 고대의 왕들은 그들의 적군들과 싸울 때 그들의 머리에 금의 면류관을 쓰고 있었기 때문이고, 그리고 그밖에도 그 때 임금들에게 속한 다양한 표지(標識 · insignia)가 있었기 때문입니다. 이것은 임금들이 신령진리와의 관계에서 주님을 표징하기 때문이고, 그리고 신령진리는 신령선으로 말미암아 싸우기 때문입니다. 그러므로 이것은 "금의 면류관"이 표징하고, 면류관이 그것 위에 있는 "머리"는 지혜나 총명 자체를 표징하기 때문입니다. 이러한 사실은 순교자들(殉敎者 · martyrs)이 면류관들을 차지하는 이유입니다. 왜냐하면 순교자들은 지옥에서 온 악에서 비롯된 거짓들에 대항해서 신령진리로 말미암아 싸우기 때문이고, 그리고 그들은 죽음에 대하여 두려워하지 않고, 죽음에 대항하여 싸우기 때문에, 그들은 승리자들이 되었기 때문입니다. 이렇게 볼 때 밝히 알 수 있는 것은 "머리에는 금 면류관과 같은 것을 썼다"는 우리의 본문 말씀은 감관적인 사람들을 가리키는 그들은 자신들에게는 그들이 처해 있는 거짓에 속한 종지로 말미암아 그들은 지혜롭고, 승리를 거둔 자들 같이 보인다는 것입니다.
[2] 메뚜기들이 그것들의 머리들, 그것들의 얼굴들, 가슴막이를 두른 그것들의 가슴들에 관해서 기술되었기 때문에, 그리고 또한 그것들의 꼬리들·머리털·이빨들에 관해서 기술되었기 때문에, 그것들의 머리들이 뜻하는 것을 안다는 것은 매우 중요하고, 그리고 그 뒤의 다른 것들이 뜻하는 것을 안다는 것 역시 중요합니다. 성경말씀에서 "머리"(head)는 지혜나 총명을 뜻하는데, 그 이유는 이런 지혜나 총명은 자신의 자리를 머리에서 가지기 때문입니다. 그러나 그들이 악에서 비롯된 거짓들 안에 있기 때문에, 지혜나 총명 안에 있지 않은 자들이 여기서 다루어졌습니다. 따라서 여기서 "머리"는 어리석음이나 광기(狂氣)를 뜻하는데, 그 이유는 거짓들이나 악들은 그것들 안에 있고, 그리고 그것들에서 나오기 때문입니다. 그러므로 감관적인 자들이 있는 곳이고, 거짓에 속한 종지(=설득력)가 있는 곳이 여기서 다루어졌습니다. 여기서 "머리"는 정확하게는 어리석음(folly)이나 광기(insanity)를 뜻합니다. 왜냐하면 그들은 진리들을 거짓들로 보고, 선들을 악들로 보기 때문입니다. 왜냐하면 그들은 언제나 그들이 오류들로부터 보는 것을 보기 때문입니다. 그러므로 이런 부류의 사람들에 관해서 우리의 본문은 "메뚜기들의 머리에는 금 면류관과 같은 것을 쓰고 있고, 그것들의 얼굴은 사람의 얼굴들과 같았다"고 언급되었고, 그리고 그 밖의 다른 것들이 뒤이어 언급되었는데, 그것들의 모두는 그들에게 있는 환상(幻像·fantasy)에서 비롯된 외현들입니다. 따라서 "말하자면"(as it were) 면류관들이 언급되었고, 그리고 금과 "같은"(like) 것이라고 언급되었는데, 이와 같은 표현은 이런 외현들이 사실적인 것이 아니고, 믿을 수 없는 그릇

된 것이라는 것을 보여 주고 있습니다. 왜냐하면 천계에 있는 모든 외현들은, 그것들이 대응들이기 때문에, 실제적인 것들이기 때문입니다. 왜냐하면 천사들이 그들의 눈의 시각을 통과할 때, 천사들의 정동들이나 그것에서 비롯된 그들의 생각들에 속한 내면적인 것들은 천계에 있는 명확한 그런 모양들로 옷입혀지기 때문입니다. 그리고 그것들은 외현들(外現·appearances)이라고 불리우는데, 그것은 그것들이 가시적이기 때문이고, 그리고 그것들은 창조에서부터 나오기 때문에, 그것들은 대응들이라고 언급되었고, 그것들은 실제적(real)이라고 언급되었습니다. 그러나 악에서 비롯된 거짓에 속한 종지에 빠져 있는 자들이 있는 곳인, 지옥에 속한 어떤 자들이 있는 외현들은 전혀 다릅니다. 이런 종지들로부터는 환상적인 광경들(fantastic visions)이 솟아나는데, 그런 광경들 안에는 내적으로 실제적인 것은 아무것도 없습니다. 그리고 이런 이유 때문에, 만약에 천계의 빛에서 비롯된 단 하나의 광선이라도 거기에 유입된다면 그런 환상적인 광경들은 모두 일시에 소멸합니다. 이런 것들이 "메뚜기들"과의 관계에서 여기에 기술된 외현들입니다. 영계에 있는 사실적인 것과 사실적이 아닌 것에의 외현들에 관해서는 《천계와 지옥》 170-176항을 참조하시고, 그것의 설명인 본서 369·395(A)항을 참조하십시오.

554. 그들의 얼굴은 사람의 얼굴과 같았습니다.
이 말씀은 그것들이 자신들에게는 진리에 속한 영적인 정동들 같이 보였다는 것을 뜻합니다. 이러한 내용은 마음의 내면적인 것들이나 정동들을 가리키는 "얼굴들"의 뜻에서(본서 412항 참조), 그리고 진리에 속한 영적인 정동을 가리키는, 따라서 총명이나 지혜를 가리키는 "사람"(man)의 뜻에서(본서 280항 참조), 잘 알 수 있습니다. 그리고 얼굴이 사람의 내면적인 것들의 꼴(有形·type)이기 때문에 "얼굴들"(faces)은 사람들 자신들과 동일한 뜻을 갖습니다. 다시 말하면, 진리에 속한 정동들을 뜻합니다. 그러나 여기서는 그것들이 자신들에게는 진리에 속한 정동들 같이 보인 것 뿐이고, 따라서 총명적인 것이나 지혜스러운 것처럼 보인 것 뿐입니다. 그 이유는 메뚜기들의 얼굴들이 "사람들의 얼굴과 같이 보였다"고 언급되었기 때문입니다.

[2] 악에서 비롯된 거짓들 안에 있는 감관적인 사람들, 그리고 "메뚜기들"이 뜻하는 감관적인 사람들이 처해 있는 강력한 설득력(=종지) 때문에, 메뚜기들은 이런 부류의 얼굴을 가지고 나타났습니다. 그리고 그 자체인 설득력(=종지·the persuasiveness)은 그런 외현을 드러내지만, 그러나 그것은 그들 자신들 앞에서나, 악에서 비롯된 거짓들 안에 빠져 있는 다른 자들 앞에서만 그렇게 드러날 뿐 천계의 천사들 앞에서는 전혀 그렇지 않습니다. 이런 이유 때문에 천사들은 천계의 빛 안에 있고, 그리고 그들이 보는 것은 천계의 빛에서 보는데, 천계의 빛은 신령진리이기 때문에, 그 빛은 설득력(=종지)에서 온 모든 환상적인 것을 흩어버리고, 소산(消散)시켜 버립니다. 감관적인 사람들은 비록 그들이 악에서 비롯된 거짓들 안에 빠져 있지만, 감관적인 사람들은, 다른 사람들에 비하여 그들이 선에서 비롯된 진리들 안에 있다고 자신들을 설득합니다. 왜냐하면 감관적인 사람들은 내적으로 천계에서 비롯된 것은 어떤 것도 볼 수 없고, 다만 외적으로 이 세상에서 비롯된 것들만을 볼 수 있기 때문입니다. 그리고 이 세상에서 비롯된 것만을 보는 자들은 상상적인 빛(a delusive light)으로만 보고, 그리고 그것으로 말미암아 그들은 총명이나 지혜가 무엇인지 알지 못하기 때문에, 그리고 그것들이 어디에서 오는지 모르기 때문에, 자신들은 다른 자들에 비하여 더 총명스럽고, 지혜롭다고 생각합니다. 이런 종지적인 믿음(persuasive faith)에서 진리에 속한 영적인 정동 안에 그들이 있다는 그들의 신념은 비롯됩니다. 그러므로

우리의 본문, "메뚜기들의 얼굴들은 사람의 얼굴들과 같다"는 말씀이 뜻하는 내용이 되겠습니다.

[3] 그러나 이러한 내용은 영계에서의 경험에 의하여 반드시 입증되어야 하겠습니다. 천계에 있는 자들은 모두 얼굴이나 몸의 여타의 부분의 측면에서 사람들입니다. 왜냐하면 그들은 진리에 속한 영적인 정동 안에 있고, 그리고 진리에 속한 영적인 정동은 모양(form)으로는 사람 자체이기 때문입니다. 그 이유는 그 정동은 주님에게서 비롯되기 때문이고, 주님만이 홀로 사람(=원인간·Man)이시기 때문이고, 그리고 그분으로 말미암아 보편적인 천계(the universal heaven)도 인간적인 형체(the human form)로 꾸며졌기 때문입니다. 결과적으로 천사들은 그들의 정동들의 모양들(=형체들)이고, 그리고 그 정동들은 그들의 얼굴에서 드러납니다. 그러나 이런 내용들이나 사실들은 《천계와 지옥》59-102항에 충분하게 설명되었습니다. 그러나 모든 외적인 것이나 감관적인 것이 있는, 지옥에 있는 자들은 그들이 악에서 비롯된 거짓들 안에 있기 때문에, 또 한편 그들은 자신들에게는 얼굴이 사람들처럼 보이기 때문에, 그러므로 그들은 다만 자신들의 것들 가운데 있는 것처럼 보입니다. 그러나 그들이 천계의 빛 가운데 드러날 때에는 그들은 아주 흉측한 얼굴의 괴물들과 같이 나타나고, 그리고 때로는 얼굴의 어떤 부위는 털이 많은 털북숭이처럼 나타나고, 때로는 이빨에서 몹시 무서운 소리를 내면서 나타나고, 때로는 살아 있는 것이나 인간적인 것은 아무것도 없는 죽은 시체나 무서운 형상으로 나타나기도 합니다. 왜냐하면 이런 것들이 영적인 죽음이 그것 안에 있는 저주·복수·잔인 따위의 모습들이고, 형체들이기 때문입니다. 그 이유는 그런 것들은 주님에게서 비롯된 생명에는 정반대이기 때문입니다. 그들 가운데 사람들과 같은 얼굴을 가지고 나타난 것들은 환상(fantasy)이고, 결과적으로는

종지요, 설득력입니다. 이런 외현들에 관해서는 《천계와 지옥》 553항을 참조하십시오.

555[A]. 8절. 그것들은, 여자의 머리털과 같은 머리털이 있었습니다.
이 말씀은 자신들에게는 진리에 속한 자연적인 정동들과 같이 보였다는 것을 뜻합니다. 이러한 내용은 자연적인 사람에게 속한 것들을 가리키는, 그리고 개별적으로는 참된 지식들을 가리키는 "머리털"(=머리카락 · hair)의 뜻에서(본서 66항 참조), 그리고 곧 설명하겠지만, 정동들을 가리키는 "여자"(woman)의 뜻에서 잘 알 수 있겠습니다. "머리"(head)가 영적인 사람의 모든 것들을 뜻하고, 그리고 머리카락이 머리를 싸고 있는 것과 같이, 자연적인 사람의 모든 것들은 영적인 사람의 모든 것들을 감싸고 있기 때문에, "머리털"(=머리카락)은 자연적인 사람의 모든 것들을 뜻합니다. 그리고 "머리"는 역시 영적인 것들에 대응하고, 그리고 머리카락은 자연적인 것들에 대응하고, 그것으로 말미암아 역시 그것은 그것들이 뜻하는 것을 가리킵니다. 이와 같은 대응에서 비롯된 것은, 그런 것들 안에 있는 자연적인 사람이 영적인 것과 어떻게 대응하는 것인지를 알게 하기 위하여 아름다운 머리카락을 지닌 천사들이 나타나 보였고, 그리고 질서 정연한 꾸밈 · 우아함 · 그들의 머리채들의 윤기에서 비롯된 대응에서 알 수 있겠습니다. 따라서 "여인들"이 정동들을 뜻하기 때문에, 우리의 본문 "그것들은 여자의 머리털과 같은 머리털이 있었다"는 말씀은 그것들이 그들에게는 진리에 속한 자연적인 정동들인 것처럼 보였다는 것을 뜻합니다. 이것은 그것이 뜻하는 것이라는 것은 계속되는 시리즈에서 역시 명확합니다. 왜냐하면 "사람의 얼굴과 같은 얼굴들"은 마치 그것들이 진리에 속한 영적인 것들과 같다는 외현을 뜻하기 때문입니다. 따라서 거기에서 뒤이어지는 것은 "여자의 머리털(=머리카락)과 같은 머리털"은 진리에 속한 자연적인 정동과 같이 보이는 것을 뜻합니다. 그리고 역시 그것들의 이빨들에 관해서 그것들의 이빨은 사자의 이빨과 같다고 즉시 언급되었는데, 이런 말씀은 지식이나 능력의 측면에서 자연적인 사람에 속한 궁극적인 것들을 뜻합니다. 예언서의 성경말씀에는 낱말 "여인"(woman) · "딸"(daughter) · "처녀"(virgin) 등등이 아주 자주 등장하는데, 그러나 지금까지는 그것들이 뜻하는 것이 무엇인지 알려지지 않았습니다. 그런 낱말들이 다루어진 곳에서는 교회가 다루어졌기 때문에, 여인 · 딸 · 처녀는 그런 부류의 사람들을 뜻하지 않는다는 것은 아주 명확합니다. 그러나 그런 것들이 뜻하는 것은 영적인 뜻으로 다루어진 주제들과의 관계에서 아주 명확합니다.

[2] "여인"(woman)이 진리에 속한 정동에의 측면에서 교회를 뜻한다는 것, 따라서 교회에 속한 진리의 정동을 뜻한다는 것은 성경말씀의 아래 장절들에서 잘 볼 수 있습니다. 예레미야서의 말씀입니다.

> 어찌하여 너희는 그렇게 큰 악을 행하여, 너희 자신을 해치고 있느냐? 너희는 유다 백성 가운데서 남자와 여자와 어린 아이와 젖먹이들까지 다 죽게 하여서, 너희 가운데 살아 남은 사람이 아무도 없게 할 작정이냐?(예레미야 44 : 7).

같은 책의 말씀입니다.

> 나는 너를 시켜서
> 남자와 여자를 산산이 부수고,
> 늙은이와 어린 아이도 산산이 부수고,
> 처녀와 총각도 산산이 부수었다.
> (예레미야 51 : 22)

9장 1-21절

에스겔서의 말씀입니다.

> 노인과 젊은이와 처녀와 어린 아이와 부녀들을 다 죽여 없애라(에스겔 9:6).

애가서의 말씀입니다.

> 시온에서는 여인들이 짓밟히고,
> 유다 성읍들에서는 처녀들이 짓밟힙니다.
> 지도자들은 매달려서 죽고,
> 장로들은 천대를 받습니다.
> (애가 5:11, 12)

이 장절들에서 "남자와 여자"(man and woman)・"늙은이와 어린 아이"(old man and babe)・"젊은이와 처녀"(youth and virgin) 등은 남자・여자・늙은이・어린 아이・젊은이・처녀를 뜻하지 않고, 오히려 교회에 속한 모든 것들을 뜻합니다. "남자와 여자"는 진리와 그것의 정동을 뜻하고, "늙은이와 어린 아이"는 지혜와 이노센스를 뜻하고, "젊은이와 처녀"는 진리의 이해와 선을 위한 정동을 뜻합니다. 그런 것들이 이런 뜻을 가리킨다는 것은, 인용된 성경말씀의 장들이 진리나 선의 측면에서 교회와 교회의 황폐를 다루고 있다는 것에서 명확합니다. 그러므로 이런 낱말들은 교회에 속한 그런 것들을 뜻합니다. 왜냐하면 성경말씀은, 그것이 신령하기 때문에, 내적으로는 영적이기 때문입니다. 그러나 만약에 남자와 여자, 늙은이와 어린 아이, 젊은이와 처녀가 그런 부류의 인물들을 뜻한다면, 성경말씀은 영적이 아니라, 자연적일 것입니다. 그러나 "남자와 여자"가 진리와 그것의 정동의 측면에서 교회를 뜻할 때,

성경말씀은 영적인 것이 됩니다. 그리고 "늙은이와 어린 아이"는 지혜와 이노센스의 측면에서 교회일 때 영적인 것이고, "젊은이와 처녀"가 총명과 그것의 정동의 측면에서 교회일 때 영적인 것입니다. 더욱이 사람(=남자·man)은, 교회가 그 사람 안에 있기 때문에, 사람이고, 그리고 교회가 있는 곳에 천계가 있습니다. 그러므로 "늙은이" "젊은이" "젖먹이" "남성"(male) "여자" "처녀"로서 사람이 언급되었을 때, 나이·성별(性別)·성향(inclination)·정동·총명에 대응하는 교회에 속한 그들에게 있는 것들을 뜻합니다.

[3] "여인"(woman)이 진리의 정동의 측면에서, 또는 교회에 속한 진리의 정동의 측면에서 교회를 뜻한다는 것은 아래의 장절에서 잘 알 수 있습니다. 이사야서의 말씀입니다.

> 그 날이 오면,
> 일곱 여자가 한 남자를 붙잡고 애원할 것이다.
> "우리가 먹을 것은 우리가 챙기고,
> 우리가 입을 옷도 우리가 마련할 터이니,
> 다만 우리가 당신을
> 우리의 남편이라고 부르게만 해주세요.
> 시집도 못갔다고 부끄러움을
> 당하지 않게 해주세요"
> (이사야 4:1)

이 구절은 더 이상 진리가 없는 때인, 교회의 마지막에 관해서 다루고 있는데, 그것은 이런 말씀이 앞에 나오기 때문입니다. 이사야서의 말씀입니다.

> 너를 따르던 남자들이 칼에 쓰러지며,
> 너를 따르던 용사들이

> 전쟁터에서 쓰러질 것이다.
> (이사야 3 : 25)

이 말씀은 거짓들에 의하여 멸망하게 될 진리의 이해를 뜻합니다. 그러므로 더 이상 싸움에서 저항이 없을 것이다는 것을 뜻합니다. 그것에 이런 말씀이 부가되었습니다.

> 그 날이 오면,
> 주께서 돋게 하신 싹이 아름다워지고,
> 영화롭게 될 것이다.
> (이사야 4 : 2)

이 장절은 교회에서 진리가 새롭게 솟아날 것이라는 것을 뜻합니다. 왜냐하면 이 말씀은 주님의 강림에 관해서 언급하고 있기 때문입니다. "일곱 여자가 한 남자를 붙잡을 것이다"는 말씀은 진리가 정동으로 말미암아 열망할 것이고, 애쓰고 노력하겠지만, 얻지 못할 것이다는 것을 뜻합니다. 여기서 "남자"(=사람)은 진리를 뜻하고, "여자들"(=여인들)은 정동들이나 진리에 대한 열망들을 뜻하고, "일곱"(7)은 거룩함을 뜻합니다. 진정한 진리의 교육이나, 따라서 영적인 양육(養育)을 얻지 못할 것이라는 것은 "우리가 우리의 빵을 먹고, 우리의 옷으로 입을 것이다"고 애원할 것이다는 말씀이 뜻합니다. 여기서 "빵"은 가르침(敎育)이나 양육을 뜻하고, "옷"은 선을 감싸는 진리를 뜻합니다. 그 진리는 적용될 것이고, 그리고 그 적용에 의하여 결합될 것이라는 것은 "다만 우리가 당신의 이름으로 불리게만 한다"(=우리가 당신을 우리의 남편이라고 부르게만 한다)는 말씀이 뜻하고, 그리고 모든 존경이 진리에 속한 영적인 정동에서 비롯되고, 그것에서 비롯된 결합에서 오기 때문이고, 그리고 그렇지 않으면 거기에 전혀 존경이 없기 때문에, "부끄

러움을 당하지 않게 해주십시오"(=우리의 수치를 제하게 하소서)
라는 말씀이 언급되었습니다.
[4] 예레미야서의 말씀입니다.

> 처녀 이스라엘아, 돌아오너라.
> 너희가 살던 이 성읍들로 돌아오너라.
> 너 방종한 딸아,
> 네가 언제까지 방황하겠느냐?
> 주께서 이 땅에 새 것을 창조하셨으니,
> 그것은 곧 여자가 남자를 보호하는 것(=안는 것)이다.
> (예레미야 31 : 21, 22)

이 말씀은 주님의 강림 전, 교회가 처해 있던 영적인 사로잡힘(束縛)을 다루고 있습니다. 거기에 진리가 전혀 없고, 다만 진리를 열망할 때 교회는 영적인 사로잡힘(=속박)에 있다고 언급되었습니다. 교회가 세워진 것은 이런 속박에 있는 이방 사람에게 있었습니다. "처녀 이스라엘아, 돌아오너라. 너희가 살던 이 성읍들로 돌아오너라"는 말씀은 그들이 교리에 속한 진리들에게 돌아올 것이라는 것을 뜻합니다. 여기서 "처녀 이스라엘"은 교회를 뜻하고, "성읍들"은 교리에 속한 진리들을 뜻합니다. 그리고 "주께서 이 땅에 새 것을 창조하셨으니, 그것은 곧 여자가 남자를 안는 것이다"(=보호하는 것이다)는 말씀은, 진리가 그것의 정동에 결합된 곳에 세워질 새로운 교회를 뜻합니다. "이 땅에 새 것을 창조한다"는 것은 새로운 것을 세운다는 것을 뜻하고, "남자"(man)는 진리를 뜻하고, "안는다"(to compass · 보호한다)는 것은 결합하는 것을 뜻합니다.
[5] 이사야서의 말씀입니다.

> 네가 거절당했을 때 주가, 버림받고 영 안에서 슬퍼하는 여인 같이,

젊은 아내 같이 너를 불렀다.…… 잠시 동안 내가 너를 버렸으나,
큰 자비로 내가 너를 모을 것이다(=버림을 받아서 마음이 아픈 너
를,
주께서 부르신다.
젊은 나이에 아내가 되었다가 버림받은 너를,
주께서 부르신다.……
"내가 잠시 너를 버렸으나,
큰 긍휼로 너를 다시 불러들이겠다.")
(이사야 54 : 6, 7)

여기서도 역시 "여자가 버려지고, 괴로움을 겪는다"는 것은 교회가 진리들 안에 있지 않지만, 그럼에도 불구하고 진리들에 대한 정동이나 열망 가운데 있다는 것을 뜻합니다. 여기서 "여자"는 교회를 뜻하는데, 그 교회는, 진리들 안에 있지 않을 때, "버려졌다"(forsaken)고 언급되었고, 그리고 정동이나 진리에 대한 열망에서 비롯된 슬픔이나 고통 가운데 있을 때에는 "영으로 괴로움을 겪는다"고 언급되었습니다. 여기서 "젊은 여자"(a woman of youth)는 정동에서 비롯된 진리 안에 있는 고대교회(古代敎會 · the ancient church)를 뜻하고, "거절된 여인"은 영적인 정동에서 비롯된 진리 안에 있지 않은 유대교회를 뜻하고, 주님에 의하여 세워질 교회나, 그리고 영적인 사로잡힘(=속박)에서 구출될 교회는 "내가 잠시 너를 버렸으나, 큰 긍휼로 너를 다시 불러들이겠다"(=잠시 동안 내가 너를 버렸으나 큰 자비로 내가 너를 모을 것이다)는 말씀이 뜻합니다.

555[B]. [6] 예레미야서의 말씀입니다.

여인들아, 너희는 주님의 말씀을 들어라.
너희는 귀를 기울여서,
그분의 입에서 나오는 말씀을 받아들여라.

> 딸들에게 애도하는 법을 가르치고,
> 너희도 장송곡 부르는 법을 서로 익혀라.
> 죽음이 우리의 창문을 넘어서 들어왔고,
> 우리의 왕궁에까지 들어왔으며,
> 거리에서는 어린 아이들이
> 사정없이 죽어 가고,
> 장터(=큰 길)에서는 젊은이들이 죽어 간다.
> (예레미야 9 : 20, 21)

이 말씀은, "여인들"이 진리의 정동이나 진리의 수용에서 비롯된 교회를 뜻하기 때문에, 그들이 반드시 순종하고, 깨달아야 할 여인에게 언급된 것입니다. "여인들이 애도하는 법을 가르쳐야 할 딸들"(=아들들)이나, "여인이 장송곡을 부르는 법을 가르쳐야 할 동무"는 교회에 속한 모두를 뜻합니다. 여기서 "아들들"(=딸들)은 교회에 속한 진리들 안에 있는 자들을 뜻하고, "동무"(=친구)는 교회에 속한 선 안에 있는 자들을 뜻하고, "애도나 장송곡"은 진리들이나 선들에 대해서 황폐하게 된 교회 때문이다는 것을 뜻하고, "창문을 넘어서 들어온 죽음이나, 왕궁에까지 들어온 죽음"은 이해에 들어온 지옥적인 거짓(infernal falsity)을 뜻하고, 그리고 그것으로 인하여 생각이나 정동에 속한 모든 것에 침입한 지옥적인 거짓을 뜻합니다. 여기서 "창문"은 이해를 뜻하고, "궁전"(=왕궁)은 생각이나 정동에 속한 모든 것들을 뜻합니다. "거리에서 어린 아이들이 죽는 것"이나 "장터(=큰 길)에서는 젊은이들이 죽어간다"는 것은 생겨나고 있는 진리(nascent truth)나 태어난 진리의 폐허를 뜻합니다. 여기서 "거리에 있는 어린 아이"는 생겨나고 있는 진리를 뜻하고, "큰 거리에 있는 젊은이"(=장터에 있는 젊은이)는 태어난 진리를 뜻합니다.

[7] 에스겔서의 말씀입니다.

9장 1-21절

두 여인이 있는데, 그들은 한 어머니의 딸들이다. 그들은 이집트에서부터 이미 음행을 하였다. 젊은 시절에 벌써 음행을 하였다. 거기서 이미 남자들이 그들의 유방을 짓눌렀고, 거기서 이미 남자들이 그 처녀의 젖가슴을 어루만졌다. 그들의 이름은, 언니는 오홀라요, 동생은 오홀리바다. 그들은 내 사람이 되어, 나와의 사이에서 아들딸을 낳았다.…… 오홀라는 사마리아이고, 오홀리바는 예루살렘이다 (에스겔 23:2-4).

여기서 교리의 측면에서 이스라엘의 중심지 "사마리아"는 성경말씀에서 영적인 교회를 뜻하고, 유대의 중심지인 "예루살렘"은 천적인 교회를 뜻하기 때문에, 그러므로 이들은 "여인들"이라고 불리웠습니다. 이들 두 교회가 마치 한 몸처럼 행동하였기 때문에, 그들은 "한 어머니의 딸들"이라고 불리웠습니다. 여기서 "어머니"는 역시 교회를 뜻하는데, "오홀라나 오홀리바"도 그러하였습니다. 다시 말하면 "하나님의 장막이나 주거"(the tent or habitation of God)을 뜻합니다. 왜냐하면 이 말씀은, 신령진리와 신령선이 있는 곳인, 천계를 뜻하기 때문입니다. 그리고 또한 역시 교회를 뜻하기 때문입니다. 왜냐하면 교회는 지상에 있는 주님의 천계이기 때문입니다. "젊은 시절에 이집트에서 음행을 하였다"는 말씀은 그 때 그들은 거짓들 안에 있었고, 결코 진리들 안에 있지 않았다는 것을 뜻합니다. 왜냐하면 이집트에서 그들은 성언(聖言)을 가지고 있지 않았기 때문입니다. 사실 그 뒤 성언은 모세나 예언자들을 통해서 그들에 주어졌습니다. 따라서 성언이 주어졌다는 것은 그들 가운데 교회가 제정되었다는 것을 가리킵니다. "이집트에서 음행을 저질렀다"는 것은 자연적인 사람의 지식들(=과학지들)에 의하여 진리를 위화(僞化)한다는 것을 뜻하고, 그리고 진리를 위화한다는 것은 거룩한 것들을 마술(魔術 · magic)로 바꾸었다는 것을 뜻합니다. 그것은 바로 이집트 사람들이 그렇게 하였기 때문입니다. "그들이 낳은 아들들이나 딸들"은 교회에 속한 거짓들이나 악들을 뜻합니다.
[8] 미가서의 말씀입니다.

> 전쟁터에서 고향으로 돌아가는 장정들처럼
> 안심하고 지나가는 사람들에게서,
> 너희는 그들의 옷을 벗겨 갔다.
> 너희는 내 백성의 아내들을
> 그 정든 집에서 쫓아냈고,
> 그들의 자녀들에게서 내가 준 복을
> 너희가 영영 빼앗아 버렸다.
> (미가 2 : 8, 9)

"전쟁터에서 고향으로 돌아가는 장정들처럼 안심하고 지나가는 사람들에게서 그들의 옷을 벗겨 갔다"는 것은 진리들 안에 있는, 그리고 거짓들에 대항하여 싸우는 모두의 진리들을 박탈하는 것을 뜻합니다. "안심하고 지나가는 자들"은 진리들 안에 있는 모두를 뜻하고, "전쟁터에서 돌아간다"는 것은 시험들 안에 있는 자들이나, 거짓들에 대항하여 싸우는 자들을 뜻합니다. "정든 집에서 내 백성의 아내들을 쫓아낸다"(=추방한다)는 것은 진리의 정동들을 파괴하는 것을 뜻하고, 따라서 천계에 속한 즐거움이나 더없는 행복을 파괴하는 것을 뜻하고, "내 백성의 아내들"은 진리의 정동이나 더없는 행복을 뜻합니다. 왜냐하면 이런 것들은 선과 진리의 정동들이기 때문입니다.
[9] 스가랴서의 말씀입니다.

> 내가 모든 이방 나라를 모아서,
> 예루살렘과 싸우게 하겠다.

> 이 도성이 함락되고, 가옥이 약탈당하고,
> 여자들이 겁탈당하고,
> 이 도성의 주민이
> 절반이나 사로잡혀 갈 것이다.
> (스가랴 14 : 2)

여기서 "모든 이방 나라들"은 악들이나, 온갖 종류의 거짓을 뜻하고, "예루살렘"은 교회를 뜻하고, "도성"은 교리를 뜻하고, "가옥"은 교회에 속한 모든 거룩한 것을 뜻하고, "여자들"은 진리의 정동들을 뜻하고, "여자들이 겁탈당한 일"은 진리가 곡해될 것을 뜻하고, 따라서 진리의 정동들이 멸망될 것을 뜻합니다.

[10] 같은 책의 말씀입니다.

> 그 날이 오면, 예루살렘에서 슬프게 울 것이니,…… 온 나라가 슬피 울 것이다. 가족마다 따로따로 슬피 울 것이다. 다윗 집안의 가족들도 따로 슬피 울 것이며, 그 집안 여인들도 따로 슬피 울 것이다. 나단 집안의 가족들도 따로 슬피 울 것이며, 그 집안의 여인들도 따로 슬피 울 것이다. 레위 집안의 가족들이 따로 슬피 울 것이며, 그 집안 여인들도 따로 슬피 울 것이다. 시므이 집안의 가족들이 따로 슬피 울 것이며, 그 집안 여인들도 따로 슬피 울 것이다. 그 밖에 남아 있는 모든 집안의 가족들도 따로 슬피 울 것이다(스가랴 12 : 11-14).

여기서 "다윗"과 그의 집안, 마찬가지로 "레위"와 그의 집안, "시므이"와 그의 집안 등이 뜻하는 것이 무엇인지는 위에서의 설명에서 입증되었습니다. 다시 말하면 "다윗"은 신령진리를 뜻하고, "나단"은 진리의 교리를, "레위"는 인애의 선을, "시므이"는 지각과 복종에 대한 진리와 선을 각각 뜻합니다. "가족들이 따로 슬피 울 것이고, 그들의 여인들도 따로 슬피 울 것이다"라고 언급되었는데, 그것은 "가족들"(families)이 교회의 진리들을 뜻하기 때문이고, "여인들"은 진리의 정동들을 뜻하기 때문이고, 이들이 "따로따로 슬피 운다"는 것은, 그 때 거기에 진리의 정동이 전혀 없기 때문에 진리가 슬퍼하는 것을 뜻하기 때문이고, 그리고 정동이 진리를 전혀 가지고 있지 못하기 때문에 정동이 슬퍼하는 것을 뜻합니다. 이것은, 그것들이 황폐하게 되고, 파괴되었을 때 교회에 속한 개별적인 것들이나 전체적인 것들에 대한 애도에 관해서 언급된 것입니다. 왜냐하면 교회에 속한 개별적인 것들이나 전체적인 것들은, 그 족속들을 뜻하는, "남아 있는 모든 집안의 가족"이 뜻하기 때문입니다. "열두 지파들"이 복합적으로 교회에 속한 모든 것들을 뜻한다는 것은 본서 430[A・B]・431항을 참조하십시오. 여기서 "예루살렘"은 교회와 그 교회의 교리를 뜻합니다.
[11] 마태복음서의 말씀입니다.

> 그 때에 두 사람이 밭에 있을 터이나, 하나는 데려가고, 하나는 버려 둘 것이다. 두 여자가 맷돌을 갈고 있을 터이나, 하나는 데려가고, 하나는 버려 둘 것이다(마태 24 : 40, 41).

전자 둘(2)은 남자들을 뜻하고, 후자 둘(2)은 여자들을 뜻합니다. 그리고 "남자들"은 진리들 안에 있는 자들을 뜻하고, "여자들"은 진리의 정동에서 비롯된 선 안에 있는 자들을 뜻합니다. 그러나 여기서 "남자들"은 거짓들 안에 있는 자들을 뜻하고, "여자들"은 거짓의 정동에서 비롯된 악들 안에 있는 자들을 뜻합니다. 왜냐하면 "하나는 데려갈 것이고, 다른 하나는 버려 둘 것"이기 때문입니다. 그리고 정동에서 비롯된 진리들 안에 있는 자들은 구원받을 것이라는 것을 뜻하고, 정동에서 비롯된 악들 안에 있는 자들은 저주를 받을 것이라는 것을 뜻합니다. "밭"(field)은 교회를 뜻하고, "간다"(to grind)는 것은 자신들을 위하여 성경말씀에서 교리에 속한 진리들을 취득하는 것을 뜻하고, 선에 이런 진리들을 적용하는 자들은 "데려갈 자들"이 뜻합니다. 그리고 그것들을 악에 적용하는 자들은 "버려 둘 자들"이 뜻합니다. 그러나 이러한 내용은 《천계비의》 4334·4335항에 설명된 것을 참조하십시오.
[12] 레위기서의 말씀입니다.

> 내가 먹을거리(=빵의 막대기)를 끊어 버리면, 열 여인이 너희가 먹을 빵을 한 화덕에서 구울 것이며, 그 여인들은 빵을 저울에 달아 너희에게 줄 것이다. 그러면 너희는, 먹기는 먹어도 여전히 배가 고플 것이다(레위기 26:26).

이 구절은 영적인 뜻으로 영적인 음식물을 가리키는 선에게서 비롯된 진리가 부족할 것이라는 것을 뜻합니다. 여기서 "빵"(bread)은 교회에 속한 사람이 그것에 의하여 살지게 하는 모든 영적인 먹거리를 뜻하고, "여인들"은 진리의 정동 안에 있는 교회에 속한 자들을 뜻합니다. "열 여인이 한 화덕에서 빵을 굽는다"는 것은, 아무것도 찾아지지 않지만, 선에 결합된 진리를 찾는다는 것을 뜻합니다. 왜냐하면 "빵을 굽는다"는 것은 생명의 선용을 섬기기 위해 준비하고, 결합하는 것을 뜻하시기 때문입니다. "빵을 저울에 달아서 줄 것이다"는 말씀은 그것이 부족하고, 모자르는 것을 뜻하고, "먹기는 먹어도, 여전히 배가 고플 것이다"는 말씀은 선에서 비롯된 진리는 영혼에게 영양분을 공급한다는 것에 대하여 매우 부족하고, 불충분하다는 것을 뜻합니다.
[13] 신명기서의 말씀입니다.

> 여자는 남자의 옷을 입지 말고, 남자는 여자의 옷을 입지 말아라. 주 너희의 하나님은 이렇게 하는 사람은 싫어하신다(신명기 22:5).

여기서 "남자와 남자의 옷"은 진리를 뜻하고, "여자와 여자의 옷"은 진리에 속한 정들을 뜻합니다. 사람 안에서 이것들은 마치 이해와 의지가 그러하듯이 명확하게 분별되고, 또한 이해에 속한 생각이나, 의지에 속한 정동이 그러하듯이 구분됩니다. 그리고 만약에 그것들이 분별, 구분되지 않는다면 남녀의 성들(性 · sexes)은 뒤죽박죽할 것이고, 그리고 거기에 혼인은 결코 없을 것입니다. 왜냐하면 혼인에서 남자는 생각에 속한 것인 진리를 가리키고, 여자는 정동을 가리키기 때문입니다.

555[C]. 남자와 여자는, 그들이 둘(2)이지만, 하나(1)가 되기 위하여 창조되었다는 것은 그 둘의 창조에 관해서 언급된 창세기서에서 명확합니다. 창세기서의 말씀입니다.

> 하나님이 당신의 형상대로 사람을 창조하셨으니, 곧 하나님의 형상대로 사람을 창조하셨다. 하나님이 그들을 남자와 여자로 창조하셨다(창세기 1 : 27 ; 5 : 2).

[14] 그 뒤의 말씀입니다.

> 그 때에 그 남자가 말하였다.
> "이제야 나타났구나, 이 사람!
> 뼈도 나의 뼈, 살도 나의 살,
> 남자에게서 나왔으니
> 여자라고 부를 것이다"
> 그러므로 남자는 아버지와 어머니를 떠나, 아내와 결합하여 한 몸을 이룰 것이다(창세기 2 : 23, 24 ; 마가 10 : 6-9).

여기서 남자(=사람 · man)는 일반적으로나 개별적으로나 교회를 뜻합니다. 개별적으로 교회는 교회에 속한 사람, 또는 교회가 그 사람 안에 있는 사람을 뜻합니다. "하나님이 당신의 형상으로 사람을 창조하셨다"는 말씀은 천계의 형상(in the image of heaven)을 뜻합니다. 왜냐하면 "하나님" 다시 말하면 복수로 에로힘(*Elohim*)은 천계를 완성한(make) 신령발출(神靈發出 · 聖靈 · the Divine proceeding)을 뜻하기 때문이고, 교회를 가리키는 사람은 가장 작은 형체로(in the least form) 천계이기 때문입니다. 왜냐하면 사람은 천계의 모든 것들에 대응하기 때문입니다 (《천계와 지옥》7-12 · 51-58항 참조). 여기서 "남성"(=사내 · 男性 · male)은, 위에서 언급한 것과 같이, 이해에 속한 진리를 뜻하고, "여성"(=아녀자 · 女性 · female)은 의지에 속한 선을 뜻합니다. 아내(wife)는, 아내가 가리키는 선이 사람을 가리키는 진리에서 비롯되었다는 것을 뜻하기 위하여 "남자의 뼈 중의 뼈, 남자의 살 중의 살"이라고 언급되었습니다. 여기서 "뼈"(bone)은 그것이 생기(=생명)를 받기 전의 진리를, 다시 말하면 선에 결합하기 전의 진리를 뜻합니다. 이런 부류의 진리는 사람에게 있는 기억에 속한 진리(記憶知 · the truth of the memory)를 가리킵니다. 그리고 모든 선이 진리들에게서 형성되기 때문에 "그녀(=여자)는 남자에게서 나왔기(=취하였기) 때문이다"라고 언급되었습니다. "남자는 아버지와 어머니를 떠나 자기 아내와 결합할 것이다"는 말씀은 진리는 반드시 선에 속하여야 한다는 것, 그리고 따라서 이 둘, 양자는 하나의 선(one good)이 되어야 한다는 것을 뜻합니다. 이러한 내용은 "그들이 한 몸(=한 살 · one flesh)을 이룰 것이다"는 말씀이 뜻합니다. 여기서 "살"(=몸 · flesh)은 선을 뜻하고, 그리고 또한 인간(人間 · a human being)을 뜻합니다. 그러나 여기서 언급된 것들은, 만약에 창세기서의 처음의 두 장들이 새로운 창조(the new creation)을 다루고 있다는 것, 다시 말하면 교회에 속한 사람들의 중생(重生)을 다루고 있다는 것, 즉 첫 장은 그들의 중생을 다루고 있고, 둘째 장은 그들의 총명이나 지혜를 다루고 있다는 것을 알지 못하면, 몇몇을 제외하면 사람의 이해에 들어올 수 없다는 것을 언급하고 있습니다. 그리고 또한 "남성과 여성"(male and female) 또는 "남자와 아내"(=남편과 아내·man and wife)는, 영적인 뜻으로, 사람이 중생되고, 교회가 되었을 때, 사람이 들어가는 혼인(marriage)인, 천계적인 혼인(the heavenly marriage)이라고 부르는, 진리와 선의 결합(the conjunction of truth and good)을 뜻합니다. 그리고 사람이 선 안에 있고, 그리고 그것에서 비롯된 진리들 안에 있을 때 사람은 중생되고, 교회가 되는데, 이러한 내용은 "남자가 자기 아버지와 어머니를 떠나서, 자기 아내와 결합하리니, 그들이 한 몸(=한 살·one flesh)이 될 것이다"는 말씀이 뜻합니다. 그러나 이런 것들의 더 명료한 개념은 《새로운 예루살렘의 교리》1) '제1장 선과 진리에 관하여' 11-19항 과 '제2장 의지와 이해에 관하여' 28-33, '제13장 중생에 관하여' 173-182항을 각각 참조하십시오. 그리고 진리들이 비롯된 선에 관해서는 그 책 24항을 참조하십시오.

[15] 그 이유는 "남자와 여자"(man and woman)가 진리와 선의 결합을 뜻하기 때문입니다. 민수기서의 말씀입니다.

> (모세가 그들의 원수 미디안의 여자 포로들을 보았을 때, 모세는 말하였다) 그러니 이제 아이들 가운데서 남자는 다 죽여라. 남자와 동침하여 사내를 안 일이 있는 여자도 다 죽여라. 여자들 가운데서 남자와 동침하지 않아 사내를 안 일이 없는 처녀, 너희들이 차지 할 몫으로 살려 두어라(민수기 31:17, 18).

---

1) 이 책은 《새로운 교회·새로운 말씀》이라는 제하로 2001년 (이 영근·최준호 공역) 〈예수인〉에서 발간하였다(역자주).

이런 것들이 명령된 것은, "사내에게 결합되지 않은 여자"는, 진리에 대한 정동에 관해서, 또는 진리와의 결합에 대한 정동에 관해서 교회를 뜻하기 때문이지만, 그러나 "미디안의 남자에 결합된 여자"는 섞음질 된 선을 뜻하기 때문입니다. 왜냐하면 미디안 사람은, 그것이 선에서 오지 않았기 때문에, 따라서 거짓을 가리키기 때문에, 진리가 아닌 진리를 표징하고, 그것으로 말미암은 그런 진리를 뜻하기 때문입니다. 이것이 남자를 안 여인들이 죽임을 당하여야 하는 이유이고, 그러나 남자를 알지 못한 여자는 죽지 않고 살아 남은 이유입니다. 여기서 "미디안의 여자들"은 거짓들에 의하여 더럽혀진 선을 뜻하고, 따라서 불결한 간통(姦通)을 가리키는, 섞음질된 선이나 모독된 선을 뜻합니다. 이러한 사실은 미디안 여자들과 이스라엘 자손의 매춘(賣春)에 관해서 언급된 것에서 명백합니다(민수기 25장).

[16] "여자"가 진리에 속한 영적인 정동을 뜻한다는 것을 모르는 사람은, 그리고 자연적인 사람이 자기 자신 안에서 가지고 있는 것은 모두가 악들이고, 거짓들이라는 것을 알지 못하는 사람은, 그리고 또한 영적인 사람 안에는 그런 것에 속한 것은 전혀 없다는 것을 알지 못하는 사람은 누구나 여자 포로에 관한 아래의 장절이 뜻하는 것을 알 수가 없습니다. 신명기서의 말씀입니다.

> 그 포로들 가운데서 마음에 드는 아리따운 여자가 있으면 그를 아내로 삼아도 된다. 그 여자를 아내로 삼을 사람은 그 여자를 자기 집으로 데리고 가서, 그 머리를 밀고 손톱을 깎고, 잡혀 올 때에 입었던 포로의 옷을 벗겨야 한다. 그리고 한 달 동안 집 안에 있으면서, 자기의 부모를 생각하면서 애곡하게 하여야 한다. 그런 다음에야 동침할 수 있다. 이렇게 하여 부부가 된다(신명기 21 : 11-13).

여기서 "여자"는 진리에 속한 영적인 정동에 대한 교회를 뜻하고, 또한 교회에 속한 사람이 가지고 있는 진리에 속한 영적인 정동을 뜻합니다. 그러나 "포로들 가운데 아리따운 여자"는 진리에 대한 동경이나 또는 진리에 대한 정동이 그 사람 안에 있는 이방 사람들에게 있는 종교적인 원칙들(the religious principles)을 뜻합니다. "그 여자를 자기 집으로 데리고 가서, 그 머리를 밀고, 손톱을 깎고, 잡혀 올 때에 입었던 포로의 옷을 벗게 하여야 한다"는 말씀은, 그녀는 반드시 교회의 내면적인 것들, 즉 교회의 영적인 것들에 인도되어야 하고, 그리고 그것들에 의하여 자연적인 사람이나 감관적인 사람에 속한 악들이나 거짓들을 버려야 한다는 것을 뜻합니다. "자기 집으로 데려온다"(=자기 집 한 가운데로)는 말은 영적인 것들을 가리키는 내면적인 것들을 뜻하고, "밀어야 할(=삭발하여야 할) 머리카락"은 자연적인 사람의 거짓들이나 악들을 뜻하고, "깎아 버려야 할 손톱"은 감관적인 사람의 거짓들이나 악들을 뜻하고, "포로 때 입었던 옷"은, 포로 때 취했던 진리를 사모하는 정동에서 비롯된 것 안에 있는 종교의 거짓을 뜻합니다. 그러므로 이런 모든 것들은, 위에서 언급한 것과 같이, 그것들이 자연적인 사람이나 감관적인 사람 안에 있기 때문에, 반드시 버려야 합니다. 그 여자가 "한 달 동안 자기의 부모를 생각하면서 애곡하여야 한다"(=울어야 한다)는 것은 어느 누구의 종교에 속한 악들이나 거짓들은 반드시 망각의 상태(oblivion)에 넘겨 주어야 한다는 것을 뜻합니다. "그런 다음에 너는 그녀에게로 들어가서 남편이 되고, 그녀는 네 아내가 될 수 있다"(=이렇게 하며 부부가 된다)는 말씀은, 따라서 "사람"(=남자)을 가리키는 진리는 "아내"를 가리키는 진리의 정동과 결합할 수 있다는 것을 뜻합니다. 이 계율이 주어진 이유는 만약에 영적인 뜻으로 "적군에서 포로로 취한 여인" "집 한 가운데, 또는 집의 중앙"

9장 1-21절

"머리카락" "손톱" "포로의 옷" 등등이 뜻하는 것이 무엇인지 알지 못한다면 어느 누구도 알 수 없습니다. 그리고 또한 진리와 선의 결합에 관해서 무엇인가를 알지 못한다면 역시 그 이유를 누구도 알 수 없습니다. 왜냐하면 혼인들에 관한 성경말씀의 모든 계율은 이 결합에 기초하고 있기 때문입니다. 진리의 정동에 대한 교회는 이런 말씀이 뜻합니다. 묵시록서의 말씀입니다.

> 하늘에 큰 표징이 나타났는데, 한 여자가 태양을 둘러 걸치고, 달을 그 발 밑에 밟고, 열두 별이 박힌 면류관을 머리에 쓰고 있었습니다. 이 여자는 임신중이어서, 해산의 진통과 괴로움으로 울고 있었습니다.…… 그 용은 막 해산하려고 그 여자 앞에서 서서, 그 여자가 아기를 낳기만 하면 삼켜 버리려고, 노리고 있었습니다. 마침내 그 여자는 아들을 낳았습니다.…… 별안간 그 아기는 하나님께로, 곧 그분의 보좌로 이끌려 올라갔고, 그 여자는 광야로 도망을 쳤습니다(묵시록 12 : 1-6).

여기서 "여자"는 그 교회를 뜻하고, 그녀가 낳은 "아들"(=사내아이 · man-child)은 진리의 교리를 뜻하는데, 이런 내용도 아래에 이어지는 설명에서 잘 알게 될 것입니다.

555[D]. [17] 여기서 "여자"(=여인)는 선에서 비롯된 진리의 정동의 측면에서 교회를 뜻하기 때문에, 또한 교회에 속한 사람의 선에서 비롯된 진리의 정동의 측면에서 교회를 뜻하기 때문에, 그러므로 반대의 뜻으로 "여자"는 악에서 비롯된 거짓에 속한 탐욕(=욕망)을 뜻합니다. 왜냐하면 성경말씀의 대부분의 것들은 반대되는 뜻을 가지고 있기 때문입니다. "여자"(=여인들)은 아래 장절들에서는 이런 것을 뜻합니다. 예레미야서의 말씀입니다.

너는 지금 그들이 유다의 성읍들과 예루살렘의 모든 거리에서 하는 일들을 보고 있지 않느냐? 자식들은 땔감을 줍고, 아버지들은 불을 피우고, 어머니들은 하늘 여신에게 줄 빵을 만들려고 가루로 반죽을 하고 있다. 또 그들은 나의 노를 격동시키려고, 다른 신들에게 술을 부어 바친다(예레미야 7 : 17, 18).

이 말씀에서 만약에 "유다의 성읍들" "예루살렘의 거리" 또는 "자식들" "아버지들" "어머니들"(=여인들)이 뜻하는 것이 무엇인지 알지 못하면, 이 예언이 뜻하는 것을 알지 못합니다. 그리고 또한 "땔감을 줍는다" "불을 지핀다"(=불을 태운다) "반죽을 한다" "빵" "하늘 여신"(the queen of the heavens) "술을 부어 바친다"(獻酒)는 것이 무엇을 뜻하는지 알지 못하면 역시 이 예언이 뜻하는 것을 알 수 없습니다. 그러나 이런 것들이 뜻하는 것을 알 때, 그리고 명령된 것들의 뜻을 이해할 때, 이 예언이 뜻하는 영적인 뜻에서 비롯된 결과는 이러합니다. "유다의 성읍들"은 교회에 속한 교리적인 것들을 뜻하고, "예루살렘의 거리들"은 이것들의 진리들을 뜻하지만, 여기서는 거짓들을 뜻하고, "자식들"은 교리에 속한 진리들 안에 있는 자들, 그러나 여기서는 거짓들 안에 있는 자들을 뜻하는데, 이런 자들은, 그들이 자기 자신을 위하여 악들로부터 거짓들을 터득할 때 "땔감을 줍는다"고 언급되었습니다. "아버지들"은 본래는 교회에 속한 선들 안에 있는 자들을 뜻하지만, 그러나 여기서는 악들 안에 있는 자들을 뜻하고, 그리고 그들이 악에 속한 사랑들(=애욕들)로 말미암아 악들을 선호하고, 자극을 받을 때 "불을 피운다"(=지핀다)고 언급되었습니다. "여자들"(=어머니들)은 본래는 선에서 비롯된 진리의 정동들을 뜻하지만, 그러나 여기서는 악에서 비롯된 거짓의 온갖 탐욕들을 뜻하고, 그리고 이들에 관해서, 거짓들로 말미암아, 또는 그것들에 일치하여 그들이 교리를 고안, 짜맞출 때 "가루로 반죽을 한다"고 언급되었습니다. "하늘 여신에 바칠 빵을 만든다"는 것은 온갖 종류의 지옥적인 악들을 숭배하는 것을 뜻하는데, 여기서 "빵을 만든다"(=빵을 굽는다)는 것은 악들에게서 비롯된 숭배하는 것을 뜻하고, "하늘 여신들"은 복합적으로 모든 악들을 뜻합니다. 왜냐하면 "하늘 여신"은 "하늘의 여신"(the host of the heaven)과 같은, 유사한 뜻을 가지고 있기 때문입니다. "다른 신들에게 술을 부어 바친다"는 것은 거짓으로부터 예배하는 것을 뜻하는데, 여기서 "다른 신들"(other gods)은 지옥적인 거짓들을 뜻하기 때문입니다. 왜냐하면 "하나님"(God)은 좋은 뜻으로는 신령진리의 발출을 뜻하지만, 그러나 "다른 신들"(other gods)은 악에서 비롯된 거짓들을 가리키는 지옥적인 거짓들을 뜻하기 때문입니다.

[18] 이사야서의 말씀입니다.

"아이들이 내 백성을 억누르며,
여인들이 백성을 다스린다.
내 백성아,
네 지도자들이 길을 잘못 들게 하며,
가야 할 길에서 벗어나게 하는구나."
(이사야 3 : 12)

여기서 "억누르는 자"(=압제자)·"아이들"·"여인들"은 폭행하거나 방해하는 것을 뜻하고, 또는 진리를 모르거나, 진리들을 왜곡하는 자들을 뜻합니다. "압제자"(=억누르는 자)는 진리들을 폭행, 모독하는(violate) 자들을 뜻하고, "아이들"(babes)은 진리들을 모르는 자들을 뜻하고, "여인들"은 진리를 곡해, 타락시키는 탐욕들을 뜻합니다. "길을 잘못 들게 하는 지도자들"(=탈선시키는 지도자들)은 가르치는 자들을 뜻하고, "가야 할 길에서 벗어나게 한다"는 것은 인도하는 진리를 알지 못한다는 것을 뜻합니다.
[19] 같은 책의 말씀입니다.

> 나뭇가지가 말라 꺾어지면,
> 여인들이 와서,
> 그것들을 땔감으로 주워다가
> 불을 피울 것이다.
> 이 백성이 이렇게 지각이 없기 때문이다.
> (이사야 27 : 11)

이 말씀은 폐허가 된 교회에 관해서 언급하고 있는데, "빈약해진 가을걷이"(=나뭇가지가 마른다 · the harvest withering)는 악한 애욕들(evil loves)에 의하여 파괴된 선에 속한 진리들을 뜻하고, "그것들로 불을 지피는 여인들"은 전적으로 소멸시키는 거짓에 속한 탐욕들을 뜻합니다.
[20] 같은 책의 말씀입니다.

> 안일하게 사는 여인들아,
> 일어나서 나의 목소리를 들어라.
> 걱정거리가 없이 사는 딸들아,
> 내가 하는 말에 귀를 기울여라.
> 걱정거리가 없이 사는 딸들아,
> 일 년이 채 되지 못하여
> 몸서리 칠 일이 생길 것이다.
> 포도농사가 망하여
> 거둘 것이 없을 것이다.
> (이사야 32 : 9, 10)

"안일하게 사는 여인들"은 교회의 폐허에 관해서 전적으로 관심이 없는 자들의 탐욕들을 뜻하고, "걱정거리가 없이 사는 딸들"(=염려 없는 아들들)은 자만(自慢)을 신뢰하는 자들의 거짓들을 뜻하고, "여인들과 딸들"(=여인들과 아들들)은, 남자나 여자를 불문하고, 그런 것들을 가리키는 교회에 있는 모두를 뜻합니다. "포도 수확이 없으며, 거두는 일이 오지 않을 것이다"(=포도농사가 망하여 거둘 것이 없을 것이다)는 것은 거기에 더 이상 교회에 속한 어떤 진리도 없을 것이다는 것을 뜻합니다. 왜냐하면 여기서 "포도수확"(vintage)은 포도주와 같은 뜻, 다시 말하면 교회에 속한 진리를 뜻하기 때문이고, 그리고 이것은 "거두는 일"(in-gathering)이 무엇을 뜻하는지 명확하게 합니다.
[21] 에스겔서의 말씀입니다.

> 어떤 사람이 의로워서 법과 의를 실천한다고 하자. 그가 산 위에서 우상에게 바친 제물을 먹지 않으며, 이스라엘 족속의 우상들에게 눈을 팔지 않으며, 이웃의 아내를 범하지 않으며, 월경을 하고 있는 아내를 가까이 하지 않으며…… (에스겔 18 : 5, 6).

"의로운 사람"(the just man)은, 지옥적인 사람들에게서 비롯되지 않은 그들의 예배를 뜻하는, "산 위에서 우상에게 바친 제물을 먹지 않은 자"로 기술되었습니다. 왜냐하면 이것이 "산 위에서 우상에게 제물을 바친다" 그리고 "그 제물을 먹는다"는 말의 뜻이기 때문입니다. "이스라엘 족속의 우상들에게 눈을 팔지 않는 자"(=눈을 늘어오라지 않는다)는 교리에 속한 거짓들에게 비롯되지 않은 예배를 드리는 자들을 뜻하는데, 왜냐하면 "우상들"(idols)은 교리에 속한 거짓들을 뜻하고, "이스라엘 족속"(=이스라엘의 집)은 거짓들이 그것에 있는 타락한 교회를 뜻하기 때문입니다. "자기 이웃의 아내를 더럽히지 않는 자"는 교회의 선이나 성경말씀의 선을 섞음질 하지 않는 자를 뜻하고, "월경하는 여인에게 가까이 가지 않는 자"는 거짓에 속한 탐욕들에 의하여 진리들을 더럽히지 않는 자를 뜻합니다.

[22] 애가서의 말씀입니다.

> 내 백성의 도성이 망할 때에,
> 자애로운 어머니들이
> 제 손으로 자식들을 삶아서 먹었다(=가련한 여인들의 손이 자기 자식들을 삶았으니, 내 백성의 딸이 멸망할 때에 그 자식들이 그들의 음식이 되었다)(애가 4:10).

이 구절은, 성경말씀에서 비롯된 교리의 진리나 선에 속한 거짓들에 의한 파괴를 뜻하고, 결과적으로 폐허가 된 교회에 있는 거짓들의 전유(專有·the appropriation)에 의한 파괴를 뜻합니다. "자애로운 어머니들"(=가련한 여인들)은 마치 그것이 진리 같은, 거짓의 정동들을 뜻하고, "그들의 자식들을 삶는다"는 것은 성경말씀에서 비롯된 교리의 진리들이나 선들의 거짓들에 의하여 파괴하는 것을 뜻하고, "그들의 음식이 되었다"는 것은 거짓들을 전유(專有)하는 것을 뜻하고, "내 백성의 딸의 멸망"은 교회의 황폐를 뜻합니다. "여인들"(women)은 묵시록서(14:3 ; 17:3)에서는 역시 고약한 탐욕들을 뜻합니다(뒤에 나오는 그 장절들의 상세한 설명을 참조하십시오).

556[A]. 그것들의 이빨은 사자의 이빨과 같고······.
이 말씀은 총명적인 삶(the intellectual life)의 궁극적인 것들을 가리키는 감관적인 것들은 그들에게는 모든 것들을 지배하는 능력을 가진 것 같이 보인다는 것을 뜻합니다. 이러한 뜻이나 내용은, 이것에 관해서는 곧 설명하게 될, 이해에 대한 자연적인 삶의 궁극적인 것들인 감관적인 것들을 가리키는 "이빨들"(teeth)의 뜻에서, 그리고 이것에 관해서는 위에서 언급한 (본서 278항 참조), 능력에 관한 교회에 속한 진리들을 가리키는, 그러나 여기서는 진리들을 파괴하는 거짓들을 가리키는, 그리고 따라서 능력에 관한 그런 것들을 가리키는, "사자들"(lions)의 뜻에서, 잘 알 수 있겠습니다. 여기서는 그것들이 거짓들을 뜻하는데, 그 이유는 "메뚜기들"이 악에 속한 거짓들에 빠져 있는 관능적 감관적인 자(the corporeal-sensual)를 뜻하기 때문입니다. 이런 무리들은 자신들에게는 이해를 가진 것처럼 보이고, 그리고 그것에 의하여 모든 것들을 지배하는 능력을 가진 것처럼 보이는데, 그 이유는 앞에서 언급, 다른 바 있는 설득(=종지)이 자연적인 삶(=생명)의 궁극적인 것을 가리키는 감관 안에 그것의 자리를 잡고 있기 때문입니다. 왜냐하면 이와 같은 감관이나 감관적인 사람은 다른 자들에 비하여 자신이 현명하다는 자기과신(自己過信・self-confidence)이나 신념 따위에 빠져 있기 때문입니다. 왜냐하면 그 사람은, 그 사람 자신이 내면적으로 생각하지 않기 때문에 자기 자신을 평가하고, 검증할 수 없기 때문입니다. 그가 이런 것에 관해서 자기 자신을 설득할 때 그 때 그런 자기 과신이나 신념 따위는 그가 말하는 모든 것들 안에 배어 있습니다. 그리고 그의 말이 이런 것으로부터 그 말의 품격을 취하기 때문에 그의 말은 다른 사람들의 마음들을 황홀케 하고, 사로잡고, 때로는 얼 빠지게 합니다. 왜냐하면 자기 과신이나 신념에 속한 품격(tone)은 이런 결과를 생성하기 때문입니다. 이런 일은, 사람이 자신의 영에서 말하는 영계에서 특히 명료하게 드러납니다. 왜냐하면 자기 과신의 정동이나, 한 사물이 그러하다고 믿는 신념의 정동은 그 사람 자신의 영(靈) 안에 있기 때문이고, 그리고 사람의 영(a man's spirit)은 그의 정동에서 말하기 때문입니다. 우리의 자연계에서는 이와는 전혀 다릅니다. 자연계에서 사람의 영은 육신에 의하여 대화를 합니다. 그리고 왜냐하면 자연계의 목적은 그의 영에 속한 정동이 아닌 그런 것들을 생산하는데, 이런 것은 거의 드러나지 않고, 그리고 그것의 성질도 알 수 없습니다. 이런 이유 때문에, 이 세상에는 다른 사람들에 비하여 자신이 매우 월등하다고 믿는, 감관적인 사람의 영 안에 존재하는 설득이나 종지를 얼빠지게 만들고, 질식시키는 그런 것들이 있다는 것을 알지 못합니다. 이상에서 볼 때 "그들의 이빨이 사자의 이빨과 같다"는 말씀은 감관적인 사람이 자기 자신은 이해를 가지고 있고, 그리고 그것에 의하여 자기가 모든 것들을 지배하는 것 같이 보이는 이유를 잘 알 수 있겠습니다. "이빨들"이 지식(=과학지)에 대한 자연적인 삶에 속한 궁극적인 것들을 가리키는, 감관적인 것들을 뜻한다는 것은 《천계와 지옥》575항과 《천계와 비의》5565-5568항에 기술된 "이빨들"의 대응에서 잘 알 수 있습니다.

[2] "이빨"이 이런 뜻을 갖는다는 것은 성경말씀의 아래 장절들에서 명확합니다. 시편서의 말씀입니다.

> 내가 사람을 잡아먹는
> 사자들 한가운데 누워 있어 보니,
> 그들의 이빨은 창끝과 같고,
> 화살촉과도 같고,
> 그들의 혀는 날카로운 칼과도 같았습니다.
> (시편 57:4)

여기서 "사자들"은 거짓들에 의하여 교회의 진리들을 파괴하는 자들을 뜻하고, "창끝과 같고, 화살촉과 같은 그들의 이빨"은 거짓들이나 악들을 확증하기에 적용된 지식들(=과학지들)을 뜻하고, 따라서 교회에 속한 진리들이나 선들을 파괴하기 위하여 적용된 지식들(=과학지들)을 뜻하고, "날카로운 칼과 같은 그들의 혀"는, "칼"(sword)이 진리를 파괴하는 거짓을 뜻하기 때문에, "날카로운 칼"이라고 불리운, 거짓들에게서 비롯된 교활한 추론들(crafty reasonings)을 뜻합니다.

[3] 같은 책의 말씀입니다.

> 하나님, 그들의 이빨을
> 그 입 안에서 부러뜨려 주십시오.
> 주님, 젊은 사자들의 턱뼈를
> 부수어 주십시오.
> (시편 58:6)

"그들의 입 안에 있는 이빨들"은, 그것들이 그것에서부터 거짓들을 생산하는 지식들(=과학지들)을 뜻하고, "젊은 사자들의 턱뼈"는 본질적으로 거짓들을 가리키는, 위화된 성경말씀의 진리들을 뜻하고, 그리고 그것은 특히 교회에 속한 진리들을 파괴하는데 효과적입니다.
[4] 요엘서의 말씀입니다.

> 셀 수 없이 많고 강한 메뚜기 군대(=민족)가
> 우리의 땅을 공격하였다.
> 그들의 이빨은 사자의 이빨과 같고,
> 날카롭기가 암사자의 송곳니와 같다.
> 그들이 우리의 포도나무를 망쳐 놓았고,
> 우리의 무화과나무도
> 그루터기만 남겨 놓았다.
> (요엘 1:6, 7)

"그 땅에 올라온 한 민족"(=메뚜기 군대)은 교회를 황폐시키는 악을 뜻하고, 여기서 "민족"(nation)은 악을 뜻하고, "땅"(land)은 교회를 뜻하기 때문이다. "강하고, 헤아릴 수 없이 많다"는 것은 강력하고, 다종다양하다는 것을 뜻합니다. "강하다"(vigorous)는 것은 악에 속한 능력을 뜻하고, "셀 수 없이 많다"는 것은 거짓에 속한 능력을 뜻합니다. "사자의 이빨과 같은 그들의 이빨"은 파괴하는 거짓들을 뜻하고, "암사자의 송곳니와 같이 날카로운 그들의 이빨"은 위화된 진리들을 뜻합니다. "그것이 포도나무를 황폐시켰고, 무화과나무 껍질을 벗겼다"(=그루터기만 남겨 놓았다)는 것은 영적인 진리들의 파괴나 자연적인 진리들의 파괴를 뜻합니다. 여기서 영적인 진리들은 성경말씀의 영적인 뜻에 속한 것들을 가리키고, 자연적인 진리들은 성경말씀의 문자적인 뜻에 속한 것들을 가리킵니다. (이 말씀의 뜻은 거기에 설명된 본서 403[B]항을 참조하십시오.) 이들 장절들의 "사자 이빨들"은, 여기 묵시록서의 "사자의 이빨과 같은 이빨"의 뜻과 동일한 것을 가리킵니다. "이빨들"은 본래 기억 안에 있는 그런 것들을 뜻하고, 그리고 그것에서 나온 것들을 뜻합니다. 왜냐하면 감관적인 사람의 기억 안에 있는 것들은 뼈들이나 이빨들에 대응하기 때문입니다.

[5] 다니엘서의 말씀입니다.

> (바다에서 짐승들이 올라왔는데) 다른 짐승 곧 둘째 짐승은 곰과 같았는데, 뒷발로 서 있었다. 그 짐승은 갈빗대 세 개를 물고 있었는데, 누군가가 그에게 이렇게 말하였다. "일어나서 고기를 많이 먹어라." …… 그 뒤에 …… 넷째 짐승이 나왔다. 그것은 사납고 무섭게 생겼으며, 힘이 아주 세었다. 이 짐승은 쇠로 된 큰 이빨을 가지고 있어서, 그것으로 먹이를 잡아 먹고, 으스러뜨리며, 먹고 남은 것은 발로 짓밟아 버렸다(다니엘 7:5, 7).

"바다에서 올라 온 짐승"은 거룩한 것들에 대하여 수단들로서 섬기는 지배애(支配愛·the love of dominion)를 뜻하고, 그리고 "네 짐승들"은 그것의 계속적인 증대를 뜻하고, "곰 같이 생긴 둘째 짐승"은, 그 지배가 성경말씀에 의하여 확증되었을 때의 둘째 상태를 뜻하는데, 이런 일을 하는 자들은 영계에서 마치 곰들 같은 모습으로 나타납니다. "그 입의 잇 사이에 물려 있는 갈비뼈 세 개"는 그들이 적용한 성경말씀의 모든 것들을 뜻하고, 그리고 그들은 그것을 단순히 문자에 따라서 이해합니다. 여기서 "갈빗대 세 개"는 성경말씀의 모든 것들을 뜻하고, "입 안에"라는 말은 그들이 가르치는데 적용하는 취지나 방법들을 뜻하고, "잇 사이에"라는 말은 그들이 단순히 문자에 따라서 이해한 취지나 방법들, 다시 말하면 감관적인 사람이 행한 것을 뜻합니다. "그들이(=누군가가) 그에게 '일어나서 많은 고기를 먹어라'라 말하였다"는 것은 그들이 수많은 것들을 적용하였고, 그리고 그것들에 의하여 성경말씀의 진정한 뜻을 파괴하였다는 것을 뜻합니다. "바다에서 올라온 넷째 짐승은 사납고, 무섭게 생겼으며, 힘이 아주 세었다"는 것은 넷째 상태나 마지막 상태를 뜻하는데, 그 때 하늘과 이 땅을 지배할 자신들을 위해 세운 수단들인 거룩한 것들에 의해 일어난 상태를 뜻합니다. 이런 상태는 도덕적이고, 강하기 때문에 "두렵고, 무서우며, 힘이 매우 세다"고 일러졌습니다. "그것은 철로 된 큰 이빨을 가졌다"는 말은 감관적인 사람에게서 비롯된 거짓들은 교회에 속한 진리들이나 선들에 대하여 굳고 단단하다(hard)는 것을 뜻하고, "그 짐승이 삼켜 버리고, 산산이 부순다"는 것은 그것이 왜곡, 타락되고 파괴된 것을 뜻합니다. "그 짐승은 먹고 남은 것은 발로 짓밟아 버렸다"는 것은 그들이 타락, 왜곡시키지 못한 것이나 파괴시키지 못한 것을 그들이 자연적인 애욕들이나 관능적인 애욕들에 속한 악들에 의하여 모독, 더럽히고, 없애 버리고, 섬멸(殲滅)시키는 것을 뜻합니다. 이들 나머지 짐승들에 관해서는 본서 316[C]항에 설명된 것을 참조하십시오.

[6] 신명기서의 말씀입니다.

나는 그들을 굶겨서 죽이고,
불같은 더위와 열병으로 죽이고,

> 짐승의 이빨에 찢겨서 먹히게 하고,
> 티끌 속을 기어 다니는 독사의 독을
> 그들에게 보내겠다.
> (신명기 32 : 24)

다른 것들 가운데 있는 이 악은, 만약에 그들이 계율들이나 계명들을 지키지 않았다면, 이스라엘 백성이나 유다 백성에게 맹공(猛攻)하고, 탄핵(彈劾)하였다는 것을 뜻합니다. 여기서 "짐승의 이빨"은 온갖 종류의 악에서 비롯된 거짓들을 뜻하고, "티끌 속을 기어 다니는(=땅 위를 기어다니는) 독사의 독"은 영적인 생명을 파괴하고 전적으로 소멸시키는 것들을 뜻합니다. 성경 말씀에서 "짐승들"(beasts)은 자연적인 사람에게 속한 그런 것들을 뜻하고, "땅 위를 기는 것들"(=티끌 속을 기어 다니는 것들)은 감관적인 사람에게 속한 것들을 뜻하고, 그리고 이런 양자의 것들은 영적인 사람에게서 분리되었을 때 악에서 비롯된 철저한 거짓들을 가리키는데, 그 이유는 그들이 거기에 밀착된 육체에 속한 철저한 그런 것들이기 때문이고, 그들이 그것에 가장 가까이 근접해 있는 세상에 속한 철저한 거짓들이기 때문입니다. 그리고 영적인 것들 안에 있는 모든 짙은 흑암은 육체나 세상에서부터 생겨납니다.

[7] 시편서의 말씀입니다.

> 주님, 일어나십시오.
> 나의 하나님, 이 몸을 구원해 주십시오.
> 아, 주께서
> 내 모든 원수들의 턱을 치시고,
> 악인들의 이빨을 부러뜨리셨습니다.
> (시편 3 : 7)

"원수들의 턱을 친다"는 것은 교회에 속한 선들이나 진리들에 반대되는 자들에게 있는 내면적인 거짓들을 파괴하는 것을 뜻하고, 이런 부류의 인물들이나, 그들의 악에 속한 거짓들은 성경말씀에서 "원수들"이 뜻하고, "악인들의 이빨을 부러뜨린다"는 것은 외면적인 거짓들을 파괴하는 것을 뜻하는데, 그런 거짓들은 감관들의 온갖 오류들에 기초하고 있는 그런 것들이나, 그것들에 의하여 확증된 것들을 가리킵니다.

556[B]. [8] "턱을 친다" "이빨을 부러뜨린다"는 시편서의 표현들이 내면적인 거짓들이나 외면적인 거짓들의 파멸(破滅)을 뜻하기 때문에, 마태복음서에서 "턱을 친다"(=뺨을 때린다)는 말이 뜻하는 것이 무엇인지 잘 알 수 있겠습니다. 마태복음서의 말씀입니다.

> '눈은 눈으로, 이는 이로 갚아라' 하고 이른 것을, 너희는 들었다. 그러나 나는 너희에게 말한다. 악한 사람에게 맞서지 말아라. 누가 네 오른쪽 뺨을 치거든, 왼쪽 뺨마저 돌려 대어라. 너를 걸어 고소하여 네 속옷을 가지려는 사람에게는, 겉옷까지도 내주어라. 누가 너더러 억지로 오 리를 가자고 하거든, 십 리를 같이 가 주어라. 네게 달라는 사람에게는 주고, 네게 꾸려고 하는 사람을 물리치지 말아라(마태 5 : 38-42).

이 장절의 말씀들이 문자적인 뜻에 따라서는 이해되지 않는다는 것은 누구에게나 명확합니다. 왜냐하면 오른쪽 뺨을 때리는 사람에게 왼쪽 뺨을 돌려 대고, 속옷을 가지려는 사람에게 겉옷을 주는 기독교인의 사랑에 의해 얽매인 자가 누구입니까? 한마디로 악에 저항하는 것을 자신에게 허락하지 않는 자가 누구입니까? 그러나 주님께서 말씀하긴 모든 것들은 본질적으로 신령 천적이기 때문에 이 말씀은, 주님께서 말씀하신 다른 것들과 꼭 같이, 천계적인 뜻(a heavenly sense)을 담고 있습니다. 이스라엘 자손들은, 그들이 "눈에는 눈, 이에는 이로 갚아야 한다"는 이 율법을 가지고 있었습니다(출애굽기 21 : 23, 24 ; 레위기 24 : 20 ; 신명기 19 : 20). 그들이 겉사람들(external men) 이었기 때문에, 따라서 그들은 단순히 천계적인 것들의 표징적인 것들 안에 있었기 때문에, 그것으로 인하여 인애 · 자비 · 인내 안에 있지 않았고, 또한 그 어떤 영적인 선 안에 있지 않았습니다. 결과적으로 그들은 보복의 율법(the law of retaliation) 아래에 있었습니다. 왜냐하면 천계적인 율법(the heavenly law) 이나 그것에서 비롯된 기독교의 계명은 주님께서 복음서들에서 가르치신 바로 그것이기 때문입니다.

> 그러므로 너희는 무엇이든지, 남에게 대접을 받고자 하는 대로, 너희도 남을 대접하여라. 이것이 율법과 예언서의 본뜻이다(마태 7 : 12 ; 누가 6 : 31).

그 이유는 이 율법은 천계에 있기 때문이고, 교회에는 천계로 말미암아 있기 때문에, 그러므로 모든 악은, 이른바 악에 속한 형벌이라고 하는 그것에 대응하는 형벌을 가지고 갑니다. 그 형벌은, 마치 그것과 결합한 것처럼 악 안에 있습니다. 그리고 이스라엘 자손들에게 규정, 명령된 보복의 형벌(the punishment of retaliation)은 이것에서 생겨났습니다. 그 이유는 그들이 속사람이 아니고, 겉사람이었기 때문입니다. 천계의 천사들과 같은 속사람(internal man)은 악에 대한 악의 보복을 원하지 않고, 오히려 천계적인 인애로부터 그들은 자유스럽게 용서합니다. 왜냐하면 그들은, 주님께서 악에서부터 선 안에 있는 모두를 보호하신다는 것, 그리고 주님께서는 그들에게 있는 선에 따라서 보호하신다는 것, 그리고 주님께서는 만약에 그들에게 행한 악 때문에, 증오 · 미움 · 복수 따위로 불태운다면, 그들을 보호하시지 않는다는 것 등등을 잘 알고 있기 때문입니다. 그리고 왜냐하면 증오·미움·복수 따위로 불태운다면, 그들을 보호하시지 않는다는 것 등등을 잘 알고 있기 때문입니다. 그리고 왜냐하면 증오·미움·복수 따위는 보호를 몰아내기 때문입니다.

[9] 그러므로 이런 것들은 여기서 주님께서 말씀하신 것에 포함되었지만 그러나 그것들의 뜻은 순서에 따라서 설명되겠습니다. "눈은 눈으로, 이는 이로" 라는 말씀은 어느 누구가 다른 사람에게서 진리의 이해나 진리의 뜻을 제거하는 것에 비례하여 그들이 그 사람에게서 그것들을 가져갈 것이라는 것을 뜻합니다. 여기서 "눈"(eye)은 진리의 이해를 뜻하고, 그리고 "이"(tooth)는 진리의 뜻(=의미)을 뜻합니다. 왜냐하면 "이"는 감관적인 사람이 가지고 있는 진리나, 또는 거짓을 뜻하기 때문입니다. 기독교인의 선 안에 있는 사람이 악한 사람이 할 수 있을 만큼 이런 것들을 가져가는 것을 허락한다는 것은 그 주제에 대하여 주님께서 대답하신 것에 의하여 기술되었습니다. "악한 사람에게 저항하지 말아라"(=악한 사람에게 맞서지 말아라)는 말씀은 거기에는 보복의 반격이 결코 없어야 한다는 것을 뜻합니다. 왜냐하면 천사들은 악한 사람과 싸우지 않기 때문이고, 더욱이 어떻게 그들이 악에 대하여 악을 되갚겠습니까! 그러나 그들은, 주님께서 그들을 보호, 지켜주시기 때문에, 그런 일이 행해지는 것을 허락하기 때문입니다. 그러므로 지옥에서 온 악은 그들을 결코 해칠 수 없습니다. "누가 네 오른쪽 뺨을 치거든, 왼쪽 뺨마저 돌려 대어라"는 말씀은 만약에 어느 누구가 내면적인 진리의 지각이나, 이해에 대하여 해치는 것을 원한다면, 그것은 노력의 한도까지 허락되어야 한다는 것을 뜻합니다. 그리고 여기서 "뺨"(the cheek)은 내면적인 진리의 지각이나 이해를 뜻하고, "오른쪽 뺨"은 그것에 대한 정동이나, 그

리고 결과적으로는 그것의 지각을 뜻하고, "왼쪽 뺨"은 그것의 이해를 뜻합니다. "뺨"(cheek)이 언급된 것을 뜻하기 때문에, 따라서 "때린다"(smiting)는 것은 해치는 행위를 뜻합니다. 왜냐하면, 입에 속한 모든 것들, 예를 들면 목구멍(throat)은 입 자체를 뜻하기 때문이고 입술들·뺨들(=뿔들)·이빨들은 진리의 지각이나 이해에 속한 그런 것들을 뜻하기 때문입니다. 그리고 그것들이 그것들에 대응하기 때문에, 그러므로, 순수한 대응들을 구성하는, 성경말씀의 문자의 뜻 안에 있는 이런 대상들이나 목적들에 의하여 이런 것들이 표현되었습니다. "만약에 너를 고소하여 네 속옷을 가지려는 사람에게는, 겉옷까지도 내주어라"는 말씀은 만약에 어느 누구가 너희에게 있는 내면적인 진리를 가져가기를 원한다면, 외면적인 진리를 가져가기를 그에게 허락하여야 한다는 것을 뜻합니다. 여기서 "속옷"은 내면적인 진리를 뜻하고, "겉옷"은 외면적인 진리를 뜻합니다. 이러한 내용은, 천사들이 악한 사람과 함께 있을 때, 천사들이 행하는 것인데, 왜냐하면 악은 천사들에게서 선이나 진리에 속한 것을 전혀 가져갈 수 없고, 다만 그들은 반목·미움·복수 따위로 불태우는 자들에게서 그것들을 가져가기 때문입니다. 왜냐하면 이런 악들은 주님에 의한 보호에 의하여 비켜가고 버려지고, 격퇴되기 때문입니다. "누가 너더러 억지로 오 리를 가자고 하거든, 십 리를 같이 가주어라"는 말씀은, 누가가 진리에서 거짓으로, 선에서 악으로 끌고 가기를 원하지만, 그가 그것을 할 수 없기 때문에 저항이 없이 그대로 남겨 둔다는 것을 뜻합니다. 여기서 "오 리"(a mile)는 "길"(way)이 뜻하는 것과 동일한 뜻을 가리킵니다. 다시 말하면 딴 길로 꾀어내는 것이나 인도, 안내하는 것을 뜻합니다. "네게 달라는 사람에게 주어라"는 말씀은 허락된다는 것을 뜻하고, "네게 꾸려고 하는 사람을 물리치지 말아라"는 말씀은 만약에 어느 누구가 가르침 받기를 원하면 그가 가르침을 받을 수 있다는 것을 뜻합니다. 왜냐하면 악은 그들이 타락되고, 제거되기를 원하지만, 그럼에도 불구하고 그들이 할 수 없기 때문입니다. 이러한 내용이 이 말씀의 영적인 뜻인데, 이 뜻에서는 성경말씀의 영적인 뜻에 따라서만 성경말씀을 깨닫는 천사들을 위한 것으로 지금 언급된 숨겨 있는 것들이 축적(蓄積)되어 있습니다. 그것들은, 악이 그들을 타락시키고, 잘못된 길로 끌고 가려고 할 때 선 안에 있는 이 세상의 사람들을 위한 것입니다. 주님께서 보호, 지키시는 자들에 대한 악의 반대나 방해가 이런 부류의 것이라는 것은 수많은 경험을 통하여 내가 알도록 허락된 것입니다. 왜냐하면 그들은 계속해서 나에게서 진리들이나 선들을 제거하기 위하여 모든 방법으로, 그리고 그들의 온갖 능력이나 힘을 가지고, 공격, 애를 썼지만, 실패하였기 때문입니다. 이상과 같이 언급된 것에서 볼 때, 어느 정도 알 수 있는 것은 "이"(=이빨 · a tooth)가, 사람에게 있는 총명적인 삶의 궁극적인 것을 가리키는, 감관 안에 있는 진리나 또는 거짓을 뜻한다는 것입니다. 그리고 이것이 "이빨"의 뜻이라는 것은 주님의 대답에서 명확한데, 주님의 대답에는 진리의 지각이나 이해가 다루어졌는데, 그것은 악한 사람이 선한 사람에게서 그것들을 제거하려고 무척 애를 쓰고, 공격한다는 것입니다.

556[C]. [10] 이것이 "이빨들"(teeth)의 뜻이라는 것은 아래의 장절들에게서 잘 알 수 있겠습니다. 예레미야서의 말씀입니다.

> 그 때가 오면, 사람들이 더 이상 "아버지가 신포도를 먹었기 때문에, 자식들의 이가 시게 되었다"는 말을 하지 않을 것이다. 오직 각자가 자기의 죄악 때문에 죽을 것이다. 신포도를 먹는 그 사람의 이만 실 것이다(예레미야 31 : 29, 30 ; 에스겔 18 : 2-4).

이 말씀은, 자식들이나 후손들이 부모나 조상들의 악 때문에 형벌을 짊어지지 않고, 모두는 자기 자신의 악 때문에 형벌을 받는다는 것을 뜻합니다. "신포도"(the sour grape)를 먹는다는 것은 악에 속한 거짓을 자기 자신에게 전유(專有)시키는 것을 뜻합니다. 왜냐하면 쓴 포도나 나쁜 포도를 가리키는 "신포도"는 악에 속한 거짓을 뜻하기 때문이고, 그리고 "먹는다"(to eat)는 것은 자신에게 전유하는 것을 뜻하고, 그리고 "이가 시다"(=역겹게 하다 · the teeth set on edge)는 것은 그것에서 비롯된 악에 속한 거짓 안에 있다는 것을 뜻합니다. 왜냐하면 여기서 "이빨들"은, 앞에서와 같이, 이른바 유전악들(遺傳惡 · hereditary evils)이라고 하는, 부모들의 악들이 거기에 있는, 특히 자녀들 안에 숨겨져 있는, 궁극적인 것들이나, 감관적인 사람 안에 있는 거짓들을 뜻하기 때문입니다. "이가 시다"(=이를 역겹게 한다)는 것은 악에서 비롯된 거짓의 전유(專有)를 뜻합니다. 왜냐하면 사람은 누구나 유전적인 악들 때문에 형벌을 받지 않고, 오히려 자기 자신의 것 때문에 형법을 받기 때문입니다. 그리고 사람은 유전적인 악을 자신 안에서 실제적인 악으로 만드는 것에 비례하여 형벌을 받기 때문입니다. 그러므로 "오직 각자가 자기의 죄악 때문에 죽을 것이다. 신포도를 먹는 그 사람의 이만 실 것이다"고 언급되었습니다.

[11] 욥기서의 말씀입니다.

> 친한 친구도 모두 나를 꺼리며,
> 내가 사랑하던 이들도 내게서 등을 돌린다.
> 나는 피골이 상접하여
> 뼈만 앙상하게 드러나고,
> 잇몸으로 겨우 연명하는 신세가 되었다.
> (욥기 19 : 19, 20)

문자적인 뜻에서 이 장절은 그 사람이 그와 같이 여위고(lank),

"깡 말랐다"(lean)는 것을 뜻하지만, 그러나 영적인 뜻으로 이것은 온갖 시험들이 그가 감관적인 것이 될 정도로 그의 마음의 내면적인 것들을 매우 심하게 억압한다는 것을 뜻하고, 그리고 가장 외적인 것들에서만 그러한 것이지, 그럼에도 불구하고 그는 진리들을 생각하지, 거짓들을 생각하지 않는다는 것을 뜻합니다. 이러한 뜻은 "잇몸으로 겨우 연명하는 신세가 되었다"(=나에게는 겨우 이의 꺼풀뿐이로다)는 말씀이 뜻합니다. 살갗이 없는 "이들"은 거짓들을 뜻하고, 그러나 살갗이 있다는 것은 거짓들이 아니다는 것을 뜻합니다. 그 이유는 그것들이 어느 정도 살갗으로 옷입혀져 있기 때문입니다.

[12] 아모스서의 말씀입니다.

> 내가
> 너희가 사는 모든 성읍에서
> 끼닛거리를 남기지 않고(=너희의 이를 깨끗한 채 놔 두었고),
> 너희가 사는 모든 곳에서
> 먹을거리가 떨어지게 하겠다.
> (아모스 4 : 6)

"모든 성읍에서 끼닛거리를 남기지 않는다"(=이를 깨끗한 채 놔 둔다·이가 텅 빈 채 둔다)는 것은 교리들 안에 있는 진리의 결핍(缺乏)이나 부족을 뜻하고, "사는 모든 속에 먹을거리가 떨어진다"는 것은 삶의 교리들에게서 비롯된 선의 결핍이나 부족을 뜻합니다.

[13] 스가랴서의 말씀입니다.

> 내가 그들의 입에 묻은 희생제물의 피를 닦아 주고, 그들이 씹는 역겨운 제물을 그 입에서 꺼내 주겠다(스가랴 9 : 7).

이 말씀은 진리와 선의 지식들을 뜻하는 두로와 시돈에 관해서 언급하고 있는데, 지금 여기서는 위화된 것들을 뜻합니다. "입에 묻은 피"는 진리들의 지식들에 속한 위화들을 뜻하고, "그들이 씹는 역겨운 제물"(=이빨들 사이에서 비롯된 역겨움)은 선의 지식들에 속한 섞음질들을 뜻합니다. 선에 속한 지식들은 역시 진리들입니다. 왜냐하면 선들을 안다는 것은 이해에서 비롯되고, 그리고 이해는 진리에 속한 것이기 때문입니다.

[14] 시편서의 말씀입니다.

"물이 우리를 덮어,
홍수가 우리를 휩쓸어 갔을 것이며,
넘치는 물결이
우리의 영혼을 삼키고 말았을 것이다."
우리를 원수의 이에 찢길
먹이가 되지 않게 하셨다.
(시편 124 : 4-6)

"우리를 덮을 물"은 유입하는 거짓들을 뜻하는데, 말하자면 사람이 시험들 안에 있을 때 사람을 제압하는 거짓들을 뜻합니다. 그러므로 "우리를 원수의 이에 찢긴 먹이가 되지 않게 하신 주님을 찬양하여라"라고 언급되었습니다. 다시 말하면 거짓들에 의하여 진리들을 파괴하는 지옥의 먹이가 되지 않게 하고, 따라서 파괴적인 거짓들에게 주지 않는다는 것을 뜻합니다.

[15] 욥기서의 말씀입니다.

악을 행하는 자들의 턱뼈를 으스러뜨리고,
그들에게 희생당하는 사람들을
빼내어 주었다.

(욥 29 : 17)

이것은 욥이 자신에 관해서 언급한 것입니다. "내가 악을 행하는 자(=사악한 자)의 턱뼈를 으스러뜨린다"는 것은 그가 거짓들에 거슬러 싸웠고, 그리고 거짓들을 정복하였다는 것을 뜻합니다. "턱뼈들"은 성경말씀의 문자의 뜻에서 비롯된 지식들(=과학지들)을 그것에 의하여 진리들을 파괴하는 거짓들을 확증하는 것에 적용하는 것을 뜻합니다. "그의 잇 사이에서 약탈물을 빼앗아 내었다"는 것은 그가 그들을 가르치는 것에 의하여 거짓들에게서 다른 자들을 구출하는 것을 뜻합니다.
[16] "잇빨들"이 가장 외적인 것들 안에 있는 거짓들을 뜻하기 때문에 "이를 간다"(gnashing of teeth)는 말은 아래의 장절들에서는 진리들에 거스르는 거짓들에게서 비롯된 격렬함이나 분노를 가지고 싸우는 것을 뜻합니다. 욥기서의 말씀입니다.

주께서 내게 분노하시고,
나를 미워하시며, 내게 이를 가시며,
내 원수가 되셔서,
살기 찬 눈초리로 나를 노려보신다.
(욥 16 : 9)

시편서의 말씀입니다.

그러나 정작, 내가 환난을 당할 때에,
오히려 그들은 모여서 기뻐 떠들고,
내 주위에 모여서는 순식간에 나를 치고,
사정없이 나를 찢었다.
그들은 망령되이 나를 조롱하고 비웃으며,
나를 보고 이를 갈았다.
(시편 35 : 15, 16)

같은 책의 말씀입니다.

> 악인이 의인을 모해하며,
> 그를 보고 이를 갈지라도…….
> (시편 37:12)

같은 책의 말씀입니다.

> 악인은 이것을 보고 화가 나서,
> 증오의 눈으로 나를 노려보다가
> 사라질 것이다(=이를 갈고 녹아지리다).
> 악인의 욕망은 재가 되어 사라질 것이다.
> (시편 112:10)

미가서의 말씀입니다.

> 내 백성을 오도하는 선지자들에 관하여 주가 이같이 말한다. 그들은 그들의 이로 깨물면서 "평화"라고 외치며, 자기들의 입에 넣어 주지 않는 자에 대해서는 그들이 그를 대적하여 전쟁을 준비한다(미가 3:5).

애가서의 말씀입니다.

> 네 모든 원수가 너를 향하여 그들의 입을 벌리며, 야유하고 이를 갈며 말하기를 "우리가 그녀(=예루살렘의 딸)을 삼켰다"(애가 2:16).

마가복음서의 말씀입니다.

> 무리 가운데 한 사람이 대답하였다. "선생님, 내 아들을 선생님께

데려왔습니다. 그 아이는 말을 못하게 하는 귀신이 들려 있습니다. 어디서나 귀신이 아이를 사로잡으면, 아이를 거꾸러뜨립니다. 그러면 아이는 거품을 흘리며, 이를 갈며, 몸이 뻣뻣해집니다. 그래서 선생님의 제자들에게 그 귀신을 내쫓아 달라고 했으나, 그들은 내쫓지 못했습니다. …… 예수께서 무리가 떼를 지어서 달려오는 것을 보시고, 악한 귀신을 꾸짖어 말씀하시기를 "벙어리, 귀머거리 귀신아, 내가 네게 명한다. 아이에게서 나가라. 그리고 다시는 그에게 들어가지 말아라"(마가 9 : 17, 18, 25).

성경말씀의 영적인 뜻을 알지 못하는 사람은, 사람들이 분노하고, 악에 관해서 열망하기 때문에, 그리고 그 때 사람들은 함께 모여서 이빨을 악다물기 때문에 그들이 "이를 간다"고 언급되었다고 단순하게 생각할 것이지만, 그러나 이가 뜻하는, 거짓들에 의하여 진리들을 파괴하려는 애씀이나, 진리를 파괴하는 행위 때문에 그들이 그렇게 언급된 것입니다. 성경말씀에서 이것이 언급된 것은 "이빨들"이 가장 외적인 것들 안에 있는 거짓들을 뜻하기 때문이고, 그리고 "이를 간다"(gnashing)는 것은 그것들에 대한 싸움 가운데 있는 맹렬함을 뜻하기 때문이고, 그리고 이런 노력(=애씀)이나 행동은 역시 대응에서 비롯된 것입니다.

[17] 더욱이 주님께서 내쫓으신 귀머거리 영이나 말 못하는 영이 그러합니다. 왜냐하면 모든 영들은 인류에게서 오기 때문입니다. 이 영은 진리들에 거스르는 거짓들을 위해 열심히 싸우는 그런 종류의 사람들에게서 왔습니다. 결과적으로 그런 자에 의하여 사로잡힌 이런 작자는 "입에서 거품을 흘리고, 이를 갈았습니다." 주님께서는 그를 가리켜 "벙어리, 귀머거리 귀신"이라고 하였는데, 그 이유는 그가 진리를 깨닫고, 이해하기를 원하지 않았기 때문입니다. 왜냐하면 이런 부류는 "귀머거리나 벙어리"가 뜻하기 때문입니다. 그리고 이런 영은 진리들

에 대하여 결의가 굳고, 완고(頑固)하고, 강퍅(剛愎)하기 때문에, 그리고 거짓들 가운데서 자신을 확증하였기 때문에, 제자들은 그 귀신을 내쫓을 수 없었습니다. 왜냐하면 그들이 아직까지 특정의 상태에 이르지 못하였기 때문에, 그들은 그 귀신이 목적해서 싸우는 거짓들을 쫓아버릴 수 없었기 때문입니다. 이것이 주님에 의하여 제자들이 비난받은 이유입니다. 이런 영이 그런 부류이고, 그리고 이 영에 의하여 사로잡힌 자가 그런 부류가 아니라는 것은 "그 귀신은 아이에게 발작을 일으키고" (=거꾸러뜨리고), 귀신들린 자는 "초췌해진다"(=몸이 뻣뻣해진다)는 말씀이 뜻합니다. 그리고 그 귀신에게 "그에게서 나와 다시는 들어가지 말아라"고 하신 주님의 명령이 뜻합니다.

[18] 모든 이런 것은 아래의 말씀이 뜻하는 것을 명료하게 합니다. 마태복음서의 말씀입니다.

> 이 나라의 아들들은 바깥 어두운 데로 쫓겨나서, 거기에서······ 이를 갈 것이다(마태 8:12 ; 13:42, 50 ; 22:13 ; 24:51 ; 25:30 ; 누가 13:28).

지옥에서 "이를 간다"는 것은 진리들에 거스르는 계속인 논쟁이나, 서로서로의 거짓들에 속한 싸움을 뜻합니다. 따라서 거짓들 안에 있는 자들의 그런 논쟁이나 싸움은 다른 자들에 대한 경멸(輕蔑)과 결합하고, 그리고 다른 사람에 대한 증오·조소·조롱·모독 따위와 결합합니다. 그리고 이런 것들은 서로서로 갈기갈기 찢으려고 시도(試圖)나 습격을 갑자기 일으킵니다. 왜냐하면 모두는 자기사랑에서 비롯된 자신의 거짓을 위해서, 그리고 학문의 사랑이나 명성의 사랑에서 비롯된 자신의 거짓을 위해서 싸우기 때문입니다. 이런 논쟁들이나 다툼들이 이를 가는 것처럼 그런 지옥에서 들렸습니다. 그리고 진리들이 천계의 저쪽에서 유입될 때에, 이를 가는 것으로 바뀌었습니다. 이 주제에 관한 더 상세한 내용은 《천계와 지옥》575항을 참조하십시오.

[19] 악한 사람에게서 이빨들은, 관능적이고, 감관적인 것이라고 부르는, 그들의 총명적 삶의 궁극적인 것들 안에서 그들이 가지고 있는 온갖 거짓들에게 대응하기 때문에, 그러므로 이런 부류의 영들은 얼굴에 불쾌감을 주는 모습으로 나타나고, 그리고 그들의 대부분은 창살 모양으로 이빨들이 듬성듬성 나있는 그런 모양을 이루고 있습니다. 그리고 야비한 웃음에서, 그리고 이빨들의 엉성한 간격 때문에 악한 사람의 이빨들은 진리들에 거스르는 거짓들을 위해 싸우는 사랑(=애욕)이나 열망에 대응합니다.

[20] 이빨들이 감관적이라고 하는 사람의 총명적인 삶의 궁극적인 것들에 대응하기 때문에, 그리고 영적인 것이라고 하는 내면적인 이해에 속한 진리들에게서 분리되었을 때, 이빨들은 악에 속한 거짓들 안에 있는 자들에게 대응하지만, 그러나 분리되지 않은 동일한 것은 감관적인 것 안에 있는 선에 속한 진리에 대응하기 때문에, 그러므로 성경말씀에서 "이빨들"은 역시 궁극적인 진리들을 뜻합니다. 예를 들면 욥기서 19장 19, 20절, 아모스서 4장 6절의 말씀의 경우가 되겠습니다.

[21] 주님께서 당신의 인성(His Human)을 영화 하셨기 때문에, 다시 말하면 그 인성을 신령하게 완성하였기 때문에, 그러므로 그분에 관해서 창세기에 이렇게 언급되었습니다. 창세기서의 말씀입니다.

그의 눈은 포도주 빛보다 진하고,
그의 이는 우유 빛보다 흴 것이다.
(창세기 49 : 12)

"포도주 빛보다 더 붉은 눈"은 그분의 총명적인 것이 신령선에서 비롯된 신령진리이다는 것을 뜻하고, "우유 빛보다 더 흰 이빨"은, 마찬가지로 그분의 감관적인 것은 신령선에서 비롯된 신령진리이다는 것을 뜻합니다. 왜냐하면 여기서 그가 실로에 오시기까지(창세기 49:10)의 "실로"는 주님을 뜻하기 때문입니다.

[22] "이빨들"이 감관적인 것이라고 부르는 총명적인 삶의 궁극적인 것들에 대응하기 때문에, 선한 영들이나 천사들은 사람들과 동일한 이빨들을 가지고 있지만, 그러나 그들에게서 이빨들은 궁극적인 감관들 안에 있는 진리들에게 대응합니다. 왜냐하면 그들에게서 감관적인 것은, 이른바 영적인 것이라고 하는 내면적인 이해의 진리들에게서 분리되지 않기 때문입니다.

557. 9절. 그들은 쇠로 된 가슴막이와 같은 가슴막이를 두르고 ······.
이 말씀은 우세하지 않고, 널리 보급되지 않은 합리적 영적인 사람의 진리에 거스르는 싸움을 위하여 그들이 그것들로 두르고 채비한 종지(宗旨)들이나, 설득 따위를 뜻합니다. 이러한 뜻이나 내용은 온갖 전쟁이나 싸움에서 악들이나 거짓들에 대한 방어들이나 수비들을 가리키는 "가슴막이"(=쇠미늘갑옷 · coats of mail)의 뜻에서 명확한데, 그러나 여기서는 선들이나 진리들에 거스르는 악들이나 거짓들에 속한 방어나 수비를 뜻합니다. 그 이유는 이 장절이 진리들에 정반대되는 악에 속한 거짓들 안에 있는 자들을 다루고 있기 때문입니다. 따라서 여기서 "가슴막이"(=쇠미늘갑옷)는 종자들이나 설득들 따위를 뜻하는데, 그것은 악에 속한 거짓들 안에 있는, 감관적인 사람들이나, 여기에 기술된 그런 인물들은 추론에서 비롯된 진리들에 대항하여 싸우지 않기 때문입니다. 왜냐하면 그들은 진리들을 보지 않고, 알지 못하고, 다만 거짓들만을 보고, 알기 때문입니다.

그러므로 그들은 거짓들이 진리들이라는 종지나 설득에 빠져 있습니다. 결론적으로 그들은 오직 거짓에 속한 종지나 설득으로 말미암아서 싸우고, 그리고 그들에게 있는 이런 부류의 종지(=설득)는, 영적 합리적인 사람(the spiritual-rational man)에 의하여 생겨난 진리들은 쓸모가 없는 그런 부류의 것들입니다. 왜냐하면 그것들은 가슴막이나 쇠미늘갑옷에서 비롯된 칼처럼, 격퇴되기 때문입니다. 그러므로 "쇠로 된 가슴막이와 같은 가슴막이"(=쇠미늘갑옷)는 전혀 쓸모없는 진리들에 대항하는 종지들이나 설득들 따위를 뜻합니다. 이런 부류의 작자들에게 있는 설득력이 그것에 대항하여 싸우는데 전혀 쓸모없는 영적, 합리적인 것을 얼빠지게 하고, 질식시키는 그런 것이라는 것은 앞서의 설명에서 잘 알 수 있겠습니다(본서 544 · 549 · 556[A]항 참조). 더욱이 가슴막이 또는 쇠미늘갑옷이 가슴(the breast)이나, 흉부(胸部 · thorax)라고 부르는 인체의 부위를 가리고, 그리고 이것은 진리에 속한 영적인 정동을 뜻합니다. 그리고 모든 정동은 말(speech)과 더불어 가슴에서 공표되는 소리에 담겨집니다. 그러나 여기서 "메뚜기들"이 뜻하는, 거짓들 안에 있는 감관적인 사람들은 자기사랑에 속한 정동 이외의 다른 것은 결코 가지고 있지 않습니다. 그것은 이런 부류의 정동은, 그들의 거짓들이 진리라는 자기과신이나 종지(=설득)로 가득 차 있기 때문입니다. 그리고 그 정동은 언어처럼 짐승에서 나오는 소리(sound) 안에 있기 때문에, 그러므로 메뚜기들은 "쇠로 된 가슴막이와 같은 가슴막이"를 두른 것으로 나타났습니다. 더욱이 "쇠"(iron)는 궁극적인 것들 안에 있는 진리를 뜻하고, 그리고 마찬가지로 거기에 있는 거짓을 뜻합니다. 그리고 동시에 딱딱한 것을 뜻합니다. 그들이 가지고 있는 설득(=종지)은, 마치 그것들이 가치도 없고, 쓸모도 없는 것과 같이, 진리들이 그것에 반대되어 통겨나오는 것과 같이, 거짓들을 매우 딱딱한 것으로 만드는 원인을 제공합니다. 자기 과신에서 비롯된 거짓들 안에 있는 감관적인 사람들의 종지(=설득)가 이런 부류이기 때문에, 그리고 영들에게 있는 강력한 힘은, 이런 일은 거의 금지된 것은 아니지만, 영들의 세계에서 그들이 그들과 대화하는 다른 영들의 합리적인 것을 질식시키고, 소멸시킵니다. 그리고 그것의 용도를 만드는 자들은 다른 영들 가운데 보내지는데, 거기에서 그들은, 보다 더 강한 종지들(=설득들)에 의한 다른 영들에 의하여, 심지어 기절하는 데까지 괴롭히고 지치게 합니다. 그리고 이런 일은 그들이 단념, 포기할 때까지 계속됩니다.

[2] 가슴막이나, 쇠미늘갑옷(coats of mail)이 전쟁에서 쓰이는 도구이기 때문에, 그리고 전쟁을 위해, 따라서 싸우기 위하여 자기 자신을 감싸고 두르는 것을 가리키는 것들을 입는 것이기 때문에, 그러므로 성경말씀에서 전쟁을 위해 그런 것을 두르고 동여매는 자들은 쇠미늘갑옷을 입었다고 언급되었습니다. 예레미야서의 말씀입니다.

    말에 안장을 얹고, 올라타거라!
    투구를 쓰고 대열을 정돈하여라.
    창을 날카롭게 갈고,
    갑옷(=쇠미늘갑옷 · the coats of mail)을 입어라.
    (예레미야 46 : 4)

이런 말씀들은 다른 자에 대항하여 싸우는 어느 군대의 전쟁(=싸움)을 뜻하지 않고, 오히려 잘못되게 적용된 지식들(=과학지들)에게서 비롯된 진리들이나 설득에 거슬러 싸우는 자연적인 사람에 대한 영적 합리적인 사람의 전쟁(=싸움)을 뜻합니다. 왜냐하면 언급된 장절들은 바빌론의 왕을 치는 이집트의 바로 왕의 군대에 관해서 언급하고 있기 때문입니다. 그리고 "이집트의 바로 왕"은 그런 부류의 자연적인 사람을 뜻하고, 유프라테스에 가까이 있는, "바빌론 왕"은 영적 합리적인 사람을 뜻하기 때문에 그러므로 "말에 안장을 얹고, 올라타거라. 투구를 쓰고 대열을 정돈하여라. 창을 날카롭게 갈고, 쇠미늘갑옷(=갑옷)을 입어라"는 말씀은, 온갖 거짓들 안에 있는 자연적인 사람에 대항하여 싸우는 영적 합리적인 사람의 전쟁에 관계되는 것들을 뜻합니다. 여기서 "말들"(horses)은 이해에 속한 것들을 뜻하고, "그들이 안장을 얹은 병거들"은 교리에 속한 것들을 뜻하고, "기병들"(horsemen)은 총명적인 것을 뜻하고, "투구들"은 이상에 속한 것들을 뜻하고, "창들"(spears)은 싸우는 진리들을 뜻하고, "쇠미늘갑옷"(coat of mail)은 싸우고 저항하는 힘(force)이나 세력(strength)을 뜻합니다. "쇠미늘갑옷"(=갑옷)이 이런 뜻을 갖는 것은 그것이 가슴을 두르기 때문이고, 그리고 싸우고 저항하는 모든 힘이나 세력은 가슴으로부터 팔을 통하여 나오기 때문입니다.

[3] 같은 책의 말씀입니다.

> 바빌로니아의 군대가
> 활을 당기지 못하게 하고,
> 갑옷(=쇠미늘갑옷)을 입지 못하게 하여라.
> 너희는 바빌로니아의 젊은이를
> 무자비하게 죽이고,
> 그 모든 군대를 진멸시켜라.
> (예레미야 51 : 3)

여기서도 역시 "쇠미늘갑옷"(=갑옷)은 싸우고, 저항하는 능력을 뜻합니다. 이사야서의 말씀입니다.

> 주께서 공의의 갑옷(=쇠미늘갑옷)으로 입으시고,

구원의 투구를 머리에 쓰셨다.
(이사야 59：17)

이 말씀은 주님에 관해서 언급하고 있고, 그리고 주님께서 정복하신 지옥의 정복에 관해서 다루고 있습니다. 여기서 "공의의 쇠미늘갑옷"은 지옥에서부터 신실한 자를 구원하려는 열정(zeal)을 뜻하고, 그리고 인류구원에 속한 신령사랑을 뜻합니다. 그와 같은 일은 주님께서 손수 싸우시고 정복하신 신령사랑에 속한 열정이나 그것에서 비롯된 능력에서 비롯된 것입니다. 그래서 의(義·righteousness)는 갑옷(=쇠미늘갑옷)이라고 불리웠고, 그리고 이에 반하여 "구원의 투구"(the helmet of salvation)은 신령선에서 비롯된 신령진리를 뜻하는데, 그것에 의한 것이 구원을 뜻합니다. 왜냐하면 "투구"(helmet)는 머리와 동일한 뜻을 가지고 있기 때문입니다. 주님과의 관계에서 "머리"(head)가, 신령진리를 뜻하고, 신령지혜를 뜻한다는 것은 아래에 이어지는 설명에서 잘 알 수 있겠습니다.

558. 그 날개 소리는 마치 전쟁터로 내닫는 많은 말이 끄는 병거 소리와 같았습니다.

이 장절은, 이해된 성경말씀에서 비롯된 교리에 속한 진리들로 말미암아 겉으로 보이는 추론들을 뜻합니다. 그리고 그것을 위하여 그들은 열렬하게 싸워야 했다는 것을 뜻합니다. 이러한 뜻은, 이것에 관해서 곧 설명하겠지만, 추론(推論)들을 가리키는 "날개들의 소리"(the voice of wings)의 뜻에서, 그리고 이것에 관해서도 곧 설명하겠지만, 성경말씀에서 비롯된 교리적인 것들이나, 교리에 속한 진리들을 가리키는 "병거들의 소리"(the voice of chariots)의 뜻에서, 그리고 또한 성경말씀의 이해를 뜻하는 "말들"(horses)의 뜻에서(본서 355·364·372[A]·373·381·382항 참조), 그리고 또한 전쟁에서 맹렬함을 가리키는 "전쟁터로 내닫는다"는 말의 뜻에서, 잘 알 수 있습니다. 왜냐하면 여기서 "전생"(=싸움·battle)은 영적인 전쟁(=싸움·다툼)을 뜻하고, 그리고 "전쟁터로 달려간다"(=내닫는다)는 것은 그것에 대한 열렬함을 뜻하기 때문입니다. 이렇게 볼 때 우리의 본문말씀 "그들의 날개 소리는 마치 전쟁터로 내닫는 많은 말이 끄는 병거 소리와 같았다"는 말씀은, 이해된, 그리고 그들이 그것을 위해 반드시 열렬하게 싸워야 하는, 성경말씀에서 비롯된 교리에 속한 진리들로 말미암아 겉으로 보이는 추론들을 뜻한다는 것을 잘 알 수 있겠습니다. 이런 뜻이 이해될 수 있기 위하여 반드시 언급되어야 할 것은, 거짓들에 거슬러 싸우는 진리들을 위한 전쟁을 가리키는 이른바 영적인 전쟁들은 성경말씀에서 지지되고, 언명되어야 하고, 그리고 그것에 의하여 조요된 마음이 충분하게 납득, 신뢰되어야 하는 일련의 논증들(arguments)이나 결론들에 의하여 확증되어야 하겠습니다. 그러므로 이런 것은 우리의 본문말씀 "그들의 날개 소리는 마치 전쟁터로 내닫는 많은 말들이 끄는 병거 소리와 같았다"는 말씀이 뜻하는 것이 무엇이냐는 것입니다. 거짓들로 말미암아, 또는 거짓의 편에서 비롯된 감관적인 사람의 추론들은, 영적인 사람의 추론에 대하여 겉모습으로 아주 닮은 것으로 보이지만, 그러나 속모습으로 그것들은 전적으로 상이합니다. 왜냐하면 그들은 일련의 논증들이나 결론들을 결코 가지고 있지 않기 때문이고, 다만 그것으로 마음이 충분하게 납득, 신뢰된 것이 아니고, 마음을 얼빠지게 만든 감관적인 지식들(=과학지·sensual knowledges)에서 비롯된 단순한 종지들이나 설득들 따위를 가지고 있기 때문입니다. 이런 지식들의 성질이 무엇인지는 아래에 이어지는 단락에서 설명되겠습니다. "날개들"(wings)이 영적인 진리들을 뜻한다는 것, 그러므로 "날개들의 소리"(the voice of wings)가 그것들에서 비롯된 토

의들을 뜻한다는 것, 결과적으로는 추론들을 뜻한다는 것, 그리고 최고의 뜻으로 신령진리를 가리키는 신령 영적인 것(the Divine spiritual)을 뜻한다는 것 등등은 본서 283항을 참조하시고, 그리고 "병거들"(=전차들 · chariots)이 교리적인 것들이나, 교리에 속한 진리들을 뜻한다는 것은 이미 본서 355항에서 입증하였는데, 거기에서는, 이해를 뜻하는, 그리고 성경말씀에 그 낱말이 다루어지는 곳에서는 성경말씀의 이해를 가리키는, "말"(馬 · horse)의 뜻이 다루어졌습니다.

559. 10절. **그것들은 전갈과 같은 꼬리를 가졌는데…….**
이 장절은 종지적인 것(=설득적인 것)을 가리키는 지식들(=과학지들)을 뜻합니다. 이러한 내용은, 이것에 관해서도 곧 설명하겠지만 감관적인 지식들(=과학지들 · sensual knowledges)을 뜻하는 "꼬리"(tails)의 뜻에서, 그리고 얼빠지게 하고, 질식시키는 설득력(=종지)을 가리키는 "전갈들"(scorpions)의 뜻에서(본서 544항 참조), 잘 알 수 있겠습니다. 그러므로 "전갈과 같은 꼬리들"은 종지적인 것(=설득적인 것)을 가리키는 감관적인 지식들을 뜻합니다. "꼬리들"이 감관적인 지식들을 뜻하는데, 그 이유는 지상의 동물들에게서 밖으로 불쑥 나온 꼬리들은, 이른 바 척수(脊髓 · spinal marrow)라고 부르는 척추줄(척수 · spinal cord)의 연속들을 가리키기 때문입니다. 그리고 이것은 두뇌의 연속인데, 그리고 "두뇌"(brain)는, "머리"(head)와 마찬가지로, 총명이나 지혜를 뜻하는데, 그것은 그것들의 시작에서 총명이나 지혜는 거기에서 그들의 자리를 가지기 때문입니다. 꼬리들이 두뇌의 궁극적인 것들이기 때문에, 꼬리들은 감관적인 지식들을 뜻합니다. 그것은 감관적인 지식들이 총명이나 지혜의 궁극적인 것이기 때문입니다.

[2] 감관적인 지식들(sensual knowledges)은 육신적인 오관(五官)들을 통하여 세상에서 들어온 그런 지식들을 가리키는데,

그러므로 그것으로 인하여 본질적으로 살펴보면 그 지식들은, 내면적인 것에 비하여 보다 더 물질적(more material)이고, 그리고 관능적이고, 세상적입니다. 자기사랑 안에 있는 자들이나 신령한 것들이나 영적인 것들에 거슬러서 스스로 확증한 자들 모두는, 그리고 그들이 자신을 방임(放任)의 상태에 두고, 그들의 영에서 생각할 때 그들은 감관적인 지식들로부터 신령한 것들이나 영적인 것들에 관해서 생각하고, 결과적으로 그들은, 믿어지지 않는 것으로 여겨, 신령한 것들이 영적인 것들을 부인, 배척하는데, 그 이유는 그들이 그들의 눈으로 그것들을 보지 못하기 때문이고, 그들의 손으로 그것들을 만지지 못하기 때문입니다. 그리고 그들은, 그들이 감관적인 것이나 물질적인 것으로 만들어 버린 그들의 지식들을 신령적인 것이나 영적인 것들의 파괴에 적용하기 때문입니다. 예를 들어 보겠습니다. 의학·해부학·식물학이나 그 밖의 인간적인 학문의 파생적인 것을 배운 이런 종류의 지식에 조예(造詣)깊은 사람들은, 그들이 동물계나 식물계에서 매우 경이로운 것을 보았을 때, 이런 모든 것들이 자연에서 비롯된 것이지, 결코 신령존재(神靈存在·the Divine)에게서 비롯된 것이 아니라고 그들의 마음 속에서 주장, 말합니다. 이것은, 그들이 그들의 눈으로 보지 않은 것이나, 그들의 손으로 만지지 않은 것은 결코 아무것도 믿지 않기 때문입니다. 왜냐하면 그들이 천계의 빛으로 이런 것들을 보기 위해서는 그들의 마음을 위로 올려야 하는데 그럴 수 없기 때문입니다. 그리고 그 빛은 그들에게는 짙은 흑암이기 때문입니다. 그러나 그들은, 사실 그들은 그런 짐승들에 비유 되는데, 이 땅의 짐승들이 하는 짓과 꼭 같이, 그들의 마음을 이 세상적인 것들에 방치(放置), 그대로 둡니다. 한마디로 이런 부류의 작자들에게 있는 지식들(=과학지들)은 감관적인 것이 되고 맙니다. 왜냐하면 이런 부류의 사람 자신을 가리키는 그런 것들은 모두가 그의 이해나 의지에 속한 것들이기 때문입니다. 만약에 그 사람의 영적인 것들이 모두 영적인 것이 되었다면, 그리고 만약에 그 사람의 모든 자연적인 것들이 자연적인 것이 되고, 영적인 것이 되지 않았다면, 그리고 그 사람의 모든 감관적인 것들이 감관적인 것이 되었다면, 그러나 이런 것은 그가 이 세상에서 유식한 사람이나, 박식한 사람처럼 보입니다. 그러나 모든 사람은 진리를 이해하는 기능이나 선을 지각하는 기능을 가지고 있기 때문에, 이런 부류의 사람들은, 비록 그들의 영에 관해서는 그들이 감관적이지만, 그 기능으로 말미암아 영적 합리적인 사람과 꼭 같이, 이런 것들에 관해서 말할 수 있습니다. 왜냐하면 이런 부류의 사람들이 다른 사람들 앞에서 말할 때, 그들은 영적인 존재로서 말하지 않고, 다만 육신적인 기억에서 말하기 때문입니다.

[3] 지금까지 길게 언급된 것은 감관적인 지식들이 무엇인지 알게 하기 위한 것입니다. 특히 이런 것들은 종지(宗旨)가 무엇인지, 또는 종지적인 것이 무엇인지를 가리키는 것인데, 그 이유는 그것들이 이해의 궁극적인 것들이기 때문입니다. 왜냐하면 이해가 닫혀진 궁극적인 것들은 그런 것들로 바뀌기 때문이고, 그리고 이런 것들은, 그것들이 이 세상에서 그들의 눈으로 보는 그런 것들에게서 끌어드린 외현들이기 때문에, 보통 사람들을 현혹(眩惑)시키고, 때로는 넋을 빼앗기 때문입니다. 그리고 생각이 이런 것들에 집착(執着)되어 있는 한, 그들이 그것들을 벗어버리기까지, 내면적으로 생각하고, 그것들을 우러르는 마음을 없애버린다는 것은 불가능하기 때문입니다. 왜냐하면 마음의 내면적인 것들은, 마치 가옥이 그것의 기초 위에 세워지듯이, 궁극적인 것에서 종결, 폐쇄되고, 그것들에 머물기 때문입니다. 결과적으로 이런 것은 특별히 종지적인 것(=설득적인 것)을 가리키는데, 그러나 이런 부류의 사람들의 마음은 감

관적인 것들 위로 올리워질 수 없고, 그리고 주님에게서 비롯된 천계의 빛 가운데 있는 자들의 마음만 그것들 위로 올리워질 수 있습니다. 왜냐하면 천계의 빛은 그것들을 분산, 흩어버리기 때문입니다. 이런 이유 때문에 영적인 사람들은 좀처럼 감관적인 것으로 말미암아 생각하지 않습니다. 왜냐하면 그들은 합리적인 것들이나 총명적인 것으로 말미암아 생각하기 때문입니다. 그러나 신령한 것들이나 영적인 것들에 거스르는 거짓들로 자신을 확증한 감관적인 사람들은 자기 스스로 감관적인 것들로 말미암아 생각하도록 방치, 내버려둡니다.

[4] "꼬리들"(tails)이 감관적인 지식들(=과학지들)을 뜻한다는 것은 아래의 장절들에서 잘 알 수 있겠습니다. 이사야서의 말씀입니다.

그러므로 주께서
이스라엘의 머리와 꼬리,
종려가지와 갈대를 하루에 자르실 것이다.
머리는 곧 장로와 고관들이고,
꼬리는 곧 거짓을 가르치는 예언자들이다.
(이사야 9 : 14, 15)

이 장절은 모든 총명과 지혜, 그리고 진리에 속한 지식들(=과학지)이 멸망할 것이라는 것을 뜻합니다. 그리고 여기서 "머리"(head)는 총명이나 지혜를 뜻하고, 그러므로 "머리는 곧 장로와 고관들이다"(=나이들고 존귀한 자)라고 언급되었습니다. 왜냐하면 "나이든 사람"(the old man)은 진리에 속한 이해를 뜻하고, "존귀한 자"(=고관)는 선에 속한 지혜를 뜻하기 때문입니다. 그러나 "꼬리"는 총명이나 지혜에 속한 궁극적인 것을 가리키는 감관적인 지식(=과학지)을 뜻합니다. 이것이 영적인 총명에 결합되지 않았을 때, 그것은 거짓스러운 지식이 되고, 또한 거짓들을 확증하기 위하여 적용된 지식이 되는데, 이것이 곧 감관적인 지식이고, 이 지식은 이해로부터는 아무것도 볼 수 없는 감관적인 사람의 지식과 꼭 같습니다. 이것이 바로 "거짓말을 가르치는 예언자"가 "꼬리"라고 불리운 이유입니다. 여기서 "예언자"(=선지자)는 진리의 교리를 뜻하고, 따라서 진리의 지식을 뜻하지만, 그러나 여기서는 거짓에 속한 교리나 거짓에 속한 지식을 뜻합니다. 왜냐하면 "거짓말"(a lie)은 거짓을 뜻하기 때문이고, "거짓말의 선생"(the teacher of a lie)은 거짓들을 확증하기 위하여 성경말씀의 문자적인 뜻에 비롯된 지식들의 적용에 의하여 거짓을 가르치는 자를 뜻하기 때문입니다.

[5] 같은 책의 말씀입니다.

> 그러므로 이집트에서는 되는 일이 없고,
> 우두머리나 말단에 있는 사람이나,
> 종려나무처럼 귀한 자나
> 갈대처럼 천한 자나 가릴 것 없이,
> 모두 쓸모가 없이 될 것이다.
> (이사야 19:15)

여기서 "이집트"는 영적인 것들이나 자연적인 것 양자의 지식(=과학지)을 뜻합니다. 그리고 "머리나 꼬리가 할 일이 없을 것이다"(=모두 쓸모가 없다·되는 일이 없다)는 것은 그것이 영적인 것들을 결코 가지고 있지 않다는 것을 뜻하고, 그리고 또한 그것에 의하여 영적인 것들을 확증하는 자연적인 것들도 가지고 있지 않다는 것을 뜻합니다. 여기서 "머리"는 총명의 방법들을 가리키는 영적인 것들에 속한 지식들(=선험지들)을 뜻하고, 그리고 "꼬리"는 총명을 위해 영적인 것들을 섬기는 것을 가리키는 자연적인 지식들(=과학지들)을 뜻하고, "가지와 갈대"(=종려나무나 갈대)는 비슷한 뜻을 가지고 있는데, "가지"(branch)는 영적인 진리를 뜻하고, "갈대"(rush · 골풀)는 궁극적인 진리를 가리키는 감관적인 지식을 뜻합니다. 왜냐하면 만약에 선재적인 것(prior)이나 후래적인 것(posterior), 또는 첫째 것과 마지막 것(first and last)은 사람 안에서 하나(one)을 이루지 못한다면, 그 사람은 "머리와 꼬리"를 가지지 못하기 때문입니다.
[6] 신명기서의 말씀입니다.

> 너희가 너희 하나님의 명령을 진심으로 지키면, 주께서는 너희를 머리가 되게 하고, 꼬리가 되지 않게 하시며, 너희를 오직 위에만 있게 하고, 아래에 있게 하지는 않을 것이다(신명기 28:13).

"머리가 되게 한다"는 것은 영적인 것이나 총명적인 것을 만드는 것을 뜻하고, 따라서 세상의 빛에서 천계의 빛으로 올리는 것을 뜻합니다. "꼬리가 되게 한다"는 것은 감관적이고, 바보스럽게 만드는 것, 따라서 천계(=하늘)를 우러르지 않고, 이 세상만을 우러르는 것을 뜻하고, 그러므로 뒤이어서 "너희를 오직 위에만 있게 하고, 아래에 있게 하지는 않으실 것이다"는 말씀이 언급되었습니다. 여기서 "위에 있게 한다"(to be above)는 것은 천계를 우러르기 위하여 주님에 의하여 위로 올리워지는 것을 뜻하고, "아래에 있게 한다"(to be beneath)는 것은 주님에 의하여 위로 올리워지는 것이 아니고, 자기 자신에 의하여 올리어지는 것을 뜻하고, 그리고 사람이 자기 자신에 의하여 세상만을 우러르는 것을 뜻합니다. 왜냐하면 사람의 생각이나 정동에 속한 사람의 내면적인 것들은, 사람이 삶에 속한 선 안에 있고, 그리고 그것으로 인하여 교리에 속한 진리들 안에 있을 때, 주님에 의하여 천계에 올리어지기 때문이고, 그러나 그가 악에 속한 삶 안에 있고, 그것으로 인하여 거짓들 안에 있을 때, 아래를 향해 내려다 보는 그의 낮은 것들을 뜻하고, 따라서 그의 육신이나, 이 세상에 있는 그런 것들을 우러르는 것을 뜻하고, 따라서 지옥을 우러르는 것을 뜻합니다. 따라서 사람은 자신의 진정한 인간적인 본성(his truly human nature)을 벗어버리고, 짐승적인 본성을 입는데, 그것은 짐승들이 아래를 보고, 그리고 이 세상에서 만나는 것이나 땅에 있는 것들을 우러르기 때문입니다. 주님에 의하여 천계의 빛에 올리어진다는 것은 주님에게로 사람의 내면적인 것들의 실제적인 올림(高揚 · an actual elevation)을 가리킵니다. 그리고 눈 아래에 있는 것들이나 눈 밖에 있는 것들에의 침하(沈下 · depression)나 추방(追放 · casting down)은 내면적인 것들의 실제적인 침하나 추방 따위를 가리키고, 그리고 이런 일이 일어났을 때 영에 속한 모든 생각은 궁극적 감관적인 것에 빠져듭니다.
[7] 신명기서의 말씀입니다.

> 너희 가운데 사는 외국 사람은 너희보다 점점 높아지고, 너희는 점점 낮아질 것이다. 너희는 외국 사람에게 꾸기는 하여도, 꾸어 주지는 못할 것이다. 그들은 머리가 되고, 너희는 꼬리가 될 것이다(신명기 28 : 43, 44).

이 장절도 동일한 뜻을 가지고 있습니다. "머리가 된다"는 것은 영적인 것이나, 총명스러운 것이 된다는 것을 뜻하고, "꼬리가 된다"는 것은 감관적인 것이나, 바보같이 되는 것을 뜻합니다. 그러므로 이것에 "너희는 외국사람에게 꾸기는 하여도, 꾸어 주지는 못할 것이다"는 말씀이 부가되었는데, 이 말씀은 그가 너희에게 진리를 가르칠 것이지만, 너희는 그에게 진리를 가르치지 못할 것이라는 것을 뜻합니다.
[8] 이사야서의 말씀입니다.

그를 만나서, 그에게 '정신을 바짝 차리고, 침착하게 행동하여라' 하고 일러라. 시리아의 르신과 르말리야의 아들이 크게 분노한다 하여도, 타다가 만 두 부지깽이에서 나오는 연기에 지나지 않으니, 두려워하거나 겁내지 말라고 일러라(이사야 7:4).

여기서 "르신과 시리아"(Rezin and Syria)는 타락한 합리적인 것을 뜻하고, 그리고 "에브라임"이라고 불리운 이스라엘의 왕 "르말리야의 아들"(the son of Remaliah)은 타락한 총명적인 것을 뜻합니다. 여기서 "이스라엘의 왕"이나 "에브라임"이 뜻하는 것은 성경말씀에 대한 총명적인 것을 가리키고, "르신과 시리아"가 뜻하는 것을 확증하는 지식들에 대한 합리적인 것을 뜻합니다. 왜냐하면 사람이 성경말씀의 이해를 가지기 위해서는 반드시 합리적인 것을 가져야 하는데, 그리고 이 둘(2)이 타락, 왜곡되었을 때 그들은 땅을 내려다 보는 것에 주목하고, 이 세상의 외견적인 것만을 우러르기 때문입니다. 이런 것은 악에 속한 거짓들 안에 있는 감관적인 사람들이 하는 짓거리입니다. 그러므로 그들은 "꼬리들"이라고 불리웠습니다. "부지깽이에서 나오는 연기"는 거짓에 속한 탐욕이나 정욕을 뜻하고, 결과적으로는 교회에 속한 진리들이나 선들에 거스르는 분노나 격노 따위를 뜻합니다.

[9] 출애굽기서의 말씀입니다.

주께서 모세에게 말씀하셨다. "너의 손을 내밀어서 그 꼬리를 잡아라." 모세가 손을 내밀어서 꼬리를 잡으니, 그것이 그의 손에서 도로 지팡이가 되었다(출애굽 4:4).

여기서도 역시 "꼬리"가 자연적인 것에 속한 궁극적인 것을 가리키는 감관적인 것을 뜻한다는 것은 《천계비의》6951-6955

항을 참조하십시오. "꼬리들"이 감관적인 지식을 가리키는 총 명이나 지혜의 궁극적인 것들을 뜻하기 때문에, 그리고 희생제 물들에 정성을 드리는 전 과정들이 신령 천적인 것들이나 신령 영적인 것들을 뜻하기 때문에, 이렇게 일러졌습니다. 레위기서의 말씀입니다.

> 제물을 가져 온 사람은 화목제물 가운데서 기름기, 곧 엉치뼈 가운데서 떼어 낸 꼬리 부위와 내장 전체를 덮고 있는 기름기와 …… 주께 살라 바치는 제물로 가져 와야 한다(레위기 3 : 9, 10 ; 8 : 25 ; 9 : 19 ; 출애굽 29 : 22).

여기서 번제물(the burnt-offerings)이나 희생제물(the sacrifices)이 교회의 내적인 것들이나, 예배를 구성하는 신령 천적인 것들이나, 신령 영적인 것들을 뜻한다는 것은 《천계비의》2180 · 2805 · 3830 · 3519 · 6905 · 8936항을 참조하십시오. 그리고 "꼬리들"이 감관적인 지식들(=과학지들)을 뜻하기 때문에, 그리고 이 지식들이 영적인 것을 가리키는 내면적인 것을 우러르지 않고, 오히려 외적인 것을 또는 아래의 것을 우러른다는 것은 그것들이 지식들에 의하여 확증한 거짓들을 뜻합니다. 그러므로 그것의 근원에서 비롯된 거짓들이 다루어진, 묵시록서에는 아래의 말씀이 이렇게 언급되었습니다. 묵시록서의 말씀입니다.

> 그 말들의 힘은 입과 꼬리에 있는데, 꼬리는 뱀과 같고, 또 꼬리에 머리가 달려 있어서, 그 머리로 사람을 해쳤습니다(묵시록 9 : 19).

그 뒤에 이어지는 말씀입니다.

> 그 용은 그 꼬리로 하늘의 별 삼분의 일을 휩쓸어서, 땅으로 내던졌

습니다(묵시록 12 : 3, 4).

이 장절은 아래에서 설명되겠습니다.
560. 그 꼬리에는 침이 있었습니다.
이 말씀은 그것들에 의하여 속이는 것에 숨겨 있는 술책(術策)이나 교활함 따위를 뜻합니다. 이러한 내용은 거짓들에 관하여 설득하는 술책이나 기민(機敏)을 가리키는 "침들"(stings)의 뜻에서 잘 알 수 있습니다. 그러므로 뒤이어지는 것은 그것들은 그것들 안에 사람들을 해할 수 있는 권세가 있다는 것입니다. 왜냐하면 교활하고, 기민하게 속이는 자는 특히 해가 되기 때문입니다. 침들이 "그들의 꼬리에 있다"고 하였는데, 그것은 그들이 성경말씀이나 이 세상에서 터득한 지식들인, 감관적으로 깨달은 지식들에 의하여 속이기 때문입니다. 이런 지식들은 인간적인 지식들을 형성하는 것들을 가리킵니다. 그들은 성경말씀에서 취한 지식들에 의하여 문자에 따라서 감관적으로 그것을 말하는 것에 의하여 속이지, 성경말씀의 내면적인 뜻에 따라서 속이는 것은 아닙니다. 그리고 그들은 확증을 위하여 그것들을 활용하는 것에 의하여 세상에서 터득한 지식들에 의하여 속입니다. 이러한 것이 사실이라는 것은 감관적인 사람들이 다른 자들에 비하여 매우 재간이 있고, 약삭빠르다는 것은 잘 알 수 있겠습니다. 따라서 실제적으로 남을 잘 속입니다. 왜냐하면 감관적인 사람들은 총명이나 영특함을 지니고 있기 때문에, 그러므로 감관적인 자들이나, 거짓들 안에 빠져 있는 자들은 악의(惡意)나 교활함 따위를 가지고 있습니다. 왜냐하면 마치 모든 총명이 자신의 자리를 선에서 가지듯이, 모든 악의는 그들의 자리를 악에서 가지기 때문입니다.
[2] 이 세상에서는 교활하고 약삭빠른 자들이 영특하고 총명스럽다고 믿고 있지만, 그러나 교활이나 악의는 영특이나 총명

이 아니고, 오히려 그것들의 본질을 살펴보면, 광기이고, 어리석음입니다. 왜냐하면 이런 자들은 자기 자신들을 영원한 행복에서 옮기기 때문이고, 그리고 영원한 불행 속으로 자신들을 쳐넣기 때문입니다. 이런 일은 영특함이나 총명의 몫이 아니고, 오히려 광기나 어리석음의 몫입니다. 더욱이 이런 부류에 있는 천계적인 지혜나 천사적인 지혜에 속한 모든 것들은 검은 흑암 가운데 있고, 그리고 그 지혜가 있는 곳인 흑암에는 어리석음이 있습니다. 감관적인 사람들이 교활하고 약삭빠르다는 것은 지옥에 있는 그런 자들에게서 잘 볼 수 있는데, 거기에는 전적으로 자연적이고 감관적인 자들만 있습니다. 이와 같은 사실은 이런 부류가 가지고 있는 교활이나 약삭빠름이 어떠한지를 알지 못하는 자에 의해서는 거의 믿을 수 없는 것입니다. 지옥의 영들의 악의나 사악한 술책 따위가 다루어진, 《천계와 지옥》 576-581항을 참조하십시오.

[3] "침들"이 교활이나 술책을 뜻한다는 것은 성경말씀의 확증 없이도 잘 알 수 있겠습니다. 왜냐하면 일상적인 대화 가운데서 언어의 교활이나 술책에 의하여 사람들을 속이는 것을 이른바 예리한 돌출(突出 · sharp points)이라고 부르기 때문이고, 그리고 그 대화 자체를 예리하다고 부르기 때문입니다. 그러나 "침들"은, 그것들이 감관들에 속한 지식들이나 오류들에게서 비롯되기 때문에 이런 것들이 일소될 수 없는 특정의 내면적인 거짓들을 뜻합니다. 이런 부류의 거짓들이 "침들" 또는 예리한 요지(sharp points)들이 뜻한다는 것은 영계에 있는 표징들(表徵 · representatives)에서 잘 볼 수 있는데, 영계에서 내면적인 거짓들은 예리한 것들에 의하여, 마치 칼끝이나, 화살촉이나 또는 다양한 형체의 그런 날카로운 것들에 의하여 여러 방법으로 드러냅니다. 그리고 이런 것은 그것들이 누구를 해치려고 할 때 더 그러합니다. 이런 이유 때문에 거기에서는

이런 것들이 보이게 드러나는 것을 금지하고 있습니다. 왜냐하면 영들이 그런 것들을 보았을 때 그들은 위태롭다는 생각이 들 때 몹시 격노하고, 성을 내기 때문입니다.
[4] 이런 지식들은 아모스서에서는 "예리한 도구들"이 뜻합니다. 그 책의 말씀입니다.

> "두고 보아라. 너희에게 때가 온다.
> 사람들이 너희를 갈고리로 꿰어 끌고 갈 날,
> 너희 남은 사람들까지도
> 낚시로 꿰어 잡아갈 때가 온다.
> (아모스 4 : 2)

여기서 "갈고리로 꿰어 끌고 간다"는 것은, 성경말씀이나 이 세상에서 비롯된 지식들에 의하여 진리들로부터 잘못되게 적용된 것에 꾀어 끌고 간다는 것을 뜻합니다. 그리고 "낚시로 꿰어 잡아 끌고 간다"는 것은, 감관적인 사람이 그것들로 말미암아 추론하는, 감관들에 속한 오류들에 의하여 진리들로부터 꾀어 끌고 간다는 것을 뜻합니다.
[5] 민수기서의 말씀입니다.

> 너희가 그 땅의 주민을 다 쫓아내지 아니하고, 너희와 함께 있도록 허락하였다가는, 그들이 너희 눈에 가시가 되고, 옆구리를 찌르는 바늘이 되어서, 너희가 살아 갈 그 땅에서 너희를 괴롭힐 것이다(민수기 33 : 55).

이 말씀에서 "쫓겨나야 할 그 땅의 주민들"은 종교나 교회에 속한 악들이나 거짓들을 뜻합니다. 왜냐하면 이런 것들이 추상적인 뜻으로 가나안 땅의 민족들이 뜻하는 것이기 때문입니다. 그러므로 "그들이 너희 눈에 가시가 될 것이다"는 말씀은, 교회에 속한 진리들에게 악의적인 거짓들에 의하여 행해지는 위해(危害·harm)를 뜻하고, "옆구리를 찌르는 바늘들"은 교회의 선들에게 악의적인 거짓들에 의하여 행해질 위해를 뜻합니다. 여기서 "눈"(eyes)은 성경말씀에서 진리의 이해를 뜻하고, "옆구리"(sides)는 인애에 속한 것들, 결과적으로는 선들을 뜻합니다.

561. 그 꼬리에는 다섯 달 동안 사람을 해할 수 있는 권세가 있었습니다.
이 말씀은 그 상태에서 한 동안 그들이 진리의 이해나, 선의 지각에 대하여 인사불성(人事不省)의 마비를 야기(惹起), 유발한다는 것을 뜻합니다. 이러한 내용은, 그것에 관해서 곧 설명하겠지만, 여기서는 마비상태(痲痺狀態)를 유발하는, 유해를 행하는 것을 가리키는 "해친다"(to hurt)는 말의 뜻에서, 그리고 진리의 이해나 선의 지각을 가지고 있는 자들을 가리키는 "사람들"의 뜻에서, 그리고 추상적인 뜻으로는 이런 것들로 말미암아 사람이 사람이기 때문에, 진리의 이해나 선의 지각을 가리키는 사람들의 뜻에서(본서 546항 참조), 그리고 그 상태에서의 한 동안을 가리키는 "다섯 달"의 뜻에서(본서 548항 참조), 잘 알 수 있습니다. 여기서 "해친다"(to hurt)는 말은 인사불성을 야기시키기 때문인데, 그 이유는, 위에서 언급한 것과 같이, "그것들의 꼬리들이 전갈들과 같기" 때문이고, 그리고 "전갈들"은 얼빠지게 만들고, 질식시키는 설득력을 뜻하기 때문입니다. 따라서 그것은 역시 인사불성을 야기시키기 때문입니다. 왜냐하면 이런 설득력은, 위에서 언급한 것과 같이, 합리적인 것이나 총명적인 것을 마비, 넋을 잃게 하는 영들에게 있는 그런 것들이기 때문이고, 따라서 그것은 인사불성을 야기시키기 때문입니다.

**562. 11절. 그것들은 아비소스의 사자를 자기들의 왕으로 떠

9장 1-21절

받들었습니다.
이 장절은 악에 속한 거짓들 안에 있고, 그리고 단순히 감관적인 것을 가리키는 자들이 있는, 지옥에서 비롯된 접신(=유입 · 接神 · influx)을 수용한 자들을 뜻합니다. 이러한 내용은, 선에서 비롯된 진리를 가리키는, 여기서는 반대의 뜻으로 악에서 비롯된 거짓을 가리키는 "왕"(王 · king)의 뜻에서(본서 31항 참조), 그리고 거기에 악에 속한 거짓이 있는 지옥을 가리키는 "아비소스의 사자"(the angel of the abyss)의 뜻에서 잘 알 수 있겠습니다. 왜냐하면 여기서 "사자"(=심부름꾼 · 使者 · angel)는 단수 사자(a single angel)를 뜻하지 않고, 오히려 그것들이 있는 지옥을 뜻하기 때문입니다. 신령말씀에서 "천사"(an angel)가 선 안에 있는 것과 동일한, 전 천사적인 사회를 뜻합니다(본서 90 · 302 · 307항 참조). 그러므로 역시 반대적인 뜻으로 "천사"(=사자 · 使者)는 동일한 악 안에 있는 지옥적인 사회들을 뜻합니다. 여기서는 악에 속한 거짓들 안에 있는, 그리고 단순한 감관적인 자들이 있는, 지옥들을 뜻합니다. 그 이유는 천사(=사자 · 심부름꾼)가 "아비소스의 사자"라고 불리웠기 때문인데, 여기서 "아비소스"(abyss)는 그런 부류들이 있는 지옥을 뜻합니다(본서 538항 참조). 그리고 여기서는 지옥적인 거짓들을 통하여 순전히 감관적인 것이 된 "사람들"을 가리키는 "메뚜기들"에 관해서 언급되기 때문입니다(본서 543항 참조). "아비소스의 사자를 자기들의 왕으로 떠받들었다"는 말씀은, 모든 악들이나 그것에서 비롯된 모든 거짓들이 지옥에서 오기 때문에, 지옥에서 비롯된 유입(=접신 · influx)의 수용을 뜻합니다. 그리고 악들 가운데 있고, 그것에서 비롯된 거짓들 안에 있는 자들 모두는 지옥에 의하여 다스려지고, 인도되기 때문에, 그러므로 지옥은 그들에게서는 그들을 다스리고, 지배하는 왕과 같았습니다. 그리고 그들은 그런 존재에게 복종하였습니다. 이런 이유 때문에, 그들이 이 세상에서 사는 동안, 접신(=유입)에 의하여 그런 일이 생겨졌습니다. 그리고 지옥에서 비롯된 유출(流出 · efflux) 곧 인도하는 것이었습니다. 그것으로 말미암아 "그들을 다스리는 왕으로 떠받들었다"는 것은 접신(=유입 · influx)의 수용을 뜻합니다.

563. 그 이름(=그의 이름)은 히브리 말로는 아바돈이요, 그리스 말로는 아볼루온입니다.

이 말씀은, 모든 진리와 선의 파괴를 가리키는, 그 유입(=접신)의 성질을 뜻합니다. 이러한 내용은 상태의 성질이나 사물(事物)의 성질을 뜻하는, "이름"의 뜻에서(본서 148항 참조), 그리고 파괴를 가리키는 히브리 말의 아바돈이나, 그리스 말의 동일한 뜻을 가리키는 아볼루온에서 잘 알 수 있습니다. 결과적으로 이런 뜻들이 다루어졌기 때문에, 진리와 선의 파괴를 뜻합니다. 그의 총명적인 삶의 궁극적인 것을 가리키는, 사람의 감관적인 것은 교회에 속한 진리와 선을 가리키는 모든 영적인 진리와 선의 파괴입니다. 그 이유는 그와 같은 감관적인 것은 이 세상에 가장 가까이 있기 때문이고, 그리고 육신에 가장 밀접하게 집착하고 있기 때문입니다. 그리고 또한 그것이 지니고 있는 정동들이나, 결과적인 생각들에서 알 수 있는데, 여기서 생각들은 본질에서 보면 천계에서 비롯된 영적인 정동들이나 그 결과인 생각들에 정반대가 됩니다. 왜냐하면 사람은 다른 모든 것에 비하여 감관으로 말미암아 자신이나 이 세상을 사랑하기 때문입니다. 그리고 이런 사랑들—자기사랑과 세상사랑—이 지배적인 것에 비례해서, 그것들에게서 비롯된 악들이나 거짓들도 지배적이기 때문입니다. 왜냐하면 악들이나 거짓들은, 그것들의 근원에서 비롯된 것과 같이, 이런 사랑들에게서 모여들고, 나오기 때문입니다. 이런 부류의 사랑들에는 삶에 속한 악들을 통해서, 그리고 그것에서 비롯된 거짓들을 통해서 전적으로 감관적인 것이 된 자들 모두가 있습니다. 이것은 어느 누구나 모두가 가지고 있는 이해하는 기능이나 능력에서 잘 알 수 있습니다. 왜냐하면 만약에 이 세상에 가장 가까이 있고, 육신에 밀착되어 있는 것이 통치한다면, 그것에서 뒤이어지는 것은, 이른바 "눈이나 육신에 속한" 쾌락들이라고 부르는, 그것들의 즐거움이나 모든 탐욕들과 더불어 세상 자체나 육신 자체는 지배적인 것이 되고, 그리고 그 사람은, 그가 영적인 정동들이나 그것에서 비롯된 생각들(=사상들)에 들어가기 위해서는, 반드시 전적으로 이런 감관적인 것들에게서 물러나야 하고, 그리고 그런 것들에게서 위로 올라가야(提高) 합니다. 이와 같은 물러남이나 올라감은 교회에 속한 진리들이나 선들을 가리키는 질서의 법칙에 의하여 사람 자신이 아니고, 주님께서 주님에게, 따라서 천계에 인도하신다는 것은 인정, 감수하는 것에 비례하여, 주님에 의하여 초래(招來), 성취(成就)됩니다. 이런 일은 사람이 영적인 상태에 있을 때마다 일어나는데, 그 때 그 사람은 이와 같은 궁극적인 감관에서 물러나고, 그것 위에 올리어져서, 간수됩니다. 그리고 이런 이유 때문에 사람들 안에 있는 이런 감관적인 것은 전적으로 타락, 부패되어야 합니다. 왜냐하면 본질적으로 악 이외에 아무것도 아닌, 그것 안에 있는 각자가 태어난 자아(=고유속성)에 들어가야 하기 때문입니다. 이상에서 볼 때 밝히 알 수 있는 것은 감관적인 것이 이른바 파괴, 다시 말하면 "아바돈"(Abaddon)이나 "아볼루온"(Apollyon)이라고 한 이유를 잘 알 수 있겠습니다.

[2] 여기서 반드시 알아야 할 것은 모든 사람에게는 삶(=생명)의 세 계도들(three degrees)이 있다는 것인데, 그것은 극내적인 계도・중간적인 계도・궁극적인 계도입니다. 그리고 그 사람이 보다 더 완벽하게 되었을 때, 다시 말하면 보다 현명하게 되었을 때, 그것은 그가 보다 더 내면적인 것이 되는 것인데,

그 사람은 이와 같이 천계의 빛으로, 더욱 더 내면적으로 들어가기 때문입니다. 그리고 또한 사람은, 이와 같이 이 세상의 빛에 더욱 가까이 있고, 천계의 빛에서 멀리 떨어져 있기 때문에, 보다 더 불완전한 존재, 다시 말하면 보다 더 덜 현명하게 됩니다. 이상에서 밝히 알 수 있는 것은, 천계의 빛으로 아무 것도 보지 못하고, 다만 세상의 빛으로만 오직 무엇인가를 보는 철저한 감관적인 사람의 됨됨이(性稟)가 무엇인지 알 수 있다는 것입니다. 다시 말하면 이 세상에 속한 모든 것들은 그 사람에게는 빛이나 광채 가운데 것이고, 그리고 천계에 속한 모든 것들은 흑암이나 짙은 암흑 가운데 있다는 것입니다. 이런 것들이 흑암이나 짙은 암흑 가운데 있을 때, 그리고 전자가 빛이나 광채 가운데 있을 때, 그것에서 뒤이어지는 것은, 생명에 속한 유일한 불(火), 또는 무엇인가를 선동하고 인도하는 유일한 사랑은 자기사랑이라는 것, 결과적으로는 모든 악들에 속한 사랑(=애욕)이라는 것입니다. 그리고 또한 생각에 속한 시각을 어루만지고, 가르치는 삶(=생명)의 유일한 빛은 악들을 선호하고, 사랑을 받는다는 것이 뒤이어지고, 그리고 이런 것들이 악에서 비롯된 거짓들이라는 사실이 뒤이어집니다. 이렇게 볼 때, 우리의 본문장에서 다루어질 감관적인 사람의 성품이 무엇인지 밝히 잘 알 수 있겠습니다.

564. 12절. **첫째 재앙이 지나갔습니다. 그러나 아직도 두 가지 재앙이 더 닥쳐올 것입니다.**
이 말씀은 교회의 황폐의 상태에 대한 하나의 애도(哀悼)를 뜻하고, 그리고 그것에 뒤이어지는 그것의 더 심한 황폐에 대한 애도를 뜻합니다. 이러한 내용은 그 교회를 황폐시킨 악들이나 그것에서 비롯된 거짓들에 대한 애도를 가리키는 "재앙"(woe)의 뜻에서 잘 알 수 있겠습니다(본서 531항 참조).

565. 13-19절. **여섯째 천사가 나팔을 불었습니다. 나는 하나**

님 앞에 있는 금제단의 네 뿔에서 울려 나오는 음성을 들었습니다. 그것은 나팔을 가진 여섯째 천사에게 "큰 강 유프라테스에 매여 있는 네 천사를 풀어놓아 주어라" 하는 음성이었습니다. 그래서 그 네 천사가 풀려났습니다. 그들은 사람의 삼분의 일을 죽이기로, 그 해, 그 달, 그 날, 그 때를 위하여 예비된 이들입니다. 내가 들은 바로는 그 천사들이 거느린 기마대의 수는 이억이나 된다는 것입니다. 나는 이러한 환상 가운데서 말들과 그 위에 탄 사람들을 보았는데, 사람들은 화홍색과 청색과 유황색 가슴막이를 둘렀고, 말들은 머리가 사자의 머리와 같으며, 입에서는 불과 연기와 유황을 내뿜고 있었습니다. 그 입에서 나오는 불과 연기와 유황, 이 세가지 재앙으로 사람의 삼분의 일이 죽임을 당하였습니다. 그 말들의 힘은 입과 꼬리에 있는데, 꼬리는 뱀과 같고, 또 꼬리에 머리가 달려 있어서, 그 머리로 사람을 해쳤습니다.

[13절]:
"여섯째 천사가 나팔을 불렀다"는 말씀은, 완전히 타락된 것을 가리키는, 교회의 마지막 때의 그 교회의 상태를 분명하게 드러내는 천계에서 나온 입류를 뜻합니다(본서 566항 참조). "나는 하나님 앞에 있는 금제단의 네 뿔에서 울려 나오는 음성을 들었다"는 말씀은 영적인 천계에서 나온 주님에게서 비롯된 계시를 뜻합니다(본서 567항 참조).

[14절]:
"그것은 나팔을 가진 여섯째 천사에게 하는 음성이었습니다"라는 말씀은 그 교회의 진정한 마지막 때인 그 교회의 타락한 상태에 관한 계시를 뜻합니다(본서 568항 참조). "큰 강 유프라테스에 매여 있는 네 천사를 풀어놓아 주어라"는 말씀은, 전에는 받지 않았으나, 감관적인 사람에게 속한 오류들에게서 비롯된 추론들을 뜻합니다(본서 569항 참조).

[15절] :
"그래서 네 천사가 풀려났습니다"는 말씀은 오류들에게서 비롯된 추론하는 면허(免許·許可·license)를 뜻합니다(본서 570항 참조). "그 해, 그 달, 그 날, 그 때를 위하여 예비된 이들입니다"(=예비해 둔 자들이다)는 말씀은 계속해서 그 상태에 있다는 것을 뜻합니다(본서 571항 참조). "그들이 사람의 삼분의 일을 죽인다"는 말씀은 진리의 모든 이해를 박탈하는 것, 그리고 따라서 영적인 생명의 박탈을 뜻합니다(본서 572항 참조).
[16절] :
"그 천사들이 거느린 기마대의 수는 이억이나 된다"는 말씀은, 그들이 그것에서, 그리고 선호(選好)해서 선에 속한 진리들에 거슬러서 추론한 악에 속한 거짓들이 부지기수(不知其數)라는 것을 뜻합니다(본서 573항 참조). "나는 그들의 수를 들었다"는 말씀은 지각된 그들의 성품을 뜻합니다(본서 574항 참조).
[17절] :
"나는 이러한 환상 가운데서 말들과 그 위에 탄 사람들을 보았다"는 말씀은 오류들에서 비롯된 추론들에 의한 성경말씀의 위화(=변조·fasification)을 뜻합니다(본서 575항 참조). "사람들은 화홍색과 청색과 유황색 가슴막이를 둘렀다"는 말씀은 자기사랑과 세상사랑에 속한 온갖 탐욕들과 그것에서 비롯된 거짓들에 속한 온갖 탐욕들에게서 비롯된 싸우는 추론들을 뜻합니다(본서 576항 참조). "말들은 머리가 사자의 머리와 같다"는 말씀은 진리에 속한 파괴적인 것에서 비롯된 지식(=과학지)이나 생각을 뜻합니다(본서 577항 참조). "입에서는 불과 연기와 유황을 내뿜고 있었다"는 말씀은, 악에 속한 사랑(=애욕)에서, 거짓에 속한 사랑(=미움)에서, 그리고 악에 속한 거짓들에 의한 진리들이나 선들을 파괴하는 탐욕에서 솟아 나오는 생각들, 결과적으로 추론들을 뜻합니다(본서 578항 참조).

[18절] :
"그 입에서 나오는 불과 연기와 유황, 이 세가지 재앙으로 사람의 삼분의 일이 죽임을 당하였다"는 말씀은 진리에 속한 모든 이해와 그것에서 비롯된 영적인 삶(=생명)이 그것들에 의하여 일제히 소멸되었다는 것을 뜻합니다(본서 579항 참조).
[19절] :
"그 말들의 힘은 입에 있다"는 말씀은, 그들에게 있는 최고의 힘이 감관적인 생각들과 그것에서 비롯된 추론들을 뜻합니다(본서 580항 참조). "꼬리는 뱀과 같고, 또 꼬리에는 머리가 달려 있다"는 말씀은, 오류들을 가리키는 감관적인 지식들(=과학지들)에서 그들은 교활하게 추론한다는 것을 뜻합니다(본서 581항 참조). "그 머리로 사람을 해쳤다"는 말씀은, 그들이 이와 같이 교회에 속한 진리들이나 선들을 왜곡, 타락시켰다는 것을 뜻합니다.

566. 13절. 여섯째 천사가 나팔을 불었습니다.
이 말씀은 전적으로 타락한 상태를 가리키는 마지막 때의 교회의 상태를 드러내는 천계에서 온 입류를 뜻합니다. 이러한 내용은, 교회의 상태가 무엇인지를 드러내는 보다 낮은 영역에서의 변화들에서 이루어진 천계에서 온 입류를 가리키는 "나팔을 분다"는 말의 뜻에서(본서 502항 참조), 여기서는 여섯째 천사가 나팔을 불었기 때문에, 교회의 마지막 상태가 무엇인지를 뜻합니다. 왜냐하면 교회의 계속적인 상태의 변화들이 나팔들을 분 일곱(7) 천사들에 의하여 기술되었고, 여기서는 그것의 종말에 가까이 이른 그 상태의 변화가 나팔을 분 여섯째 천사에 의해 기술되었기 때문입니다. 왜냐하면 최후심판이 임박한 때의 종말 자체는 일곱 번째 천사의 나팔 소리에 의하여 기술되었기 때문입니다. 교회의 마지막 때인 교회의 상태가 전적으로 타락되었기 때문에 이런 말씀들에 의하여 그와 같이 기술되었습니다.

567. 나는 하나님 앞에 있는 금제단의 네 뿔들에게서 울려 나오는 음성을 들었습니다.

이 말씀은 주님에게서 비롯된 영적인 천계에서 나온 계시(啓示)를 뜻합니다. 이러한 내용은, 뒤이어지는 음성에 의하여 계시된 것을 가리키기 때문에, 계시를 가리키는 "음성을 듣는다"의 말씀의 뜻에서, 그리고 이것에 관해서 곧 언급되겠지만, 신령 영적인 것을 가리키는 "하나님 앞에 있는 금제단"의 뜻에서, 그리고 그것의 궁극적인 것들 안에 있는 신령 영적인 것을 가리키는 금제단의 "네 뿔들"의 뜻에서 잘 알 수 있습니다. 왜냐하면 뿔들(horns)은, 번제물의 제단이나 금제단을 가리키는 분향제단, 양쪽의 궁극적인 것에 있기 때문입니다. 그리고 뿔들이 이들 제단들의 궁극적인 것들에 있기 때문에 그것들은 능력(power)에 관해서 신령존재를 뜻합니다. 왜냐하면 모든 능력은 궁극적인 것들에 있기 때문입니다. 이상에서 볼 때, "제단들의 뿔들"은 전능(全能·omnipotence)과의 관계에서 신령존재를 뜻합니다. 이런 내용에 관해서는 본서 316[D]항을 참조하십시오. "번제물의 제단"(the altar of burnt-offering)이 신령선을 가리키는 신령 천적인 것을 뜻한다는 것은 본서 391[A-F]·490·496항을 참조하십시오. 이에 반하여 "분향의 제단"(thr altar of incense), 또는 금제단(the golden altar)은, 주님에게서 발출하는 신령진리를 가리키는 신령 영적인 것을 표징하고, 그리고 그것으로 말미암아 신령 영적인 것을 뜻합니다. 이러한 사실은 아래에서 알게 될 그것에 관한 설명에서 명확합니다.

[2] 먼저 여기서 "제단의 네 뿔들에서" 비롯된 음성을 들은 이유를 설명 드리겠습니다. 위에 거명된 제단들의 궁극적인 부위에서 보호하고, 서 있는 "뿔들"은 능력(能力·power)에 관해

서 그것들에 속한 모든 것들을 뜻하는데, 이러한 내용은 이미 앞에서 설명된 것에서 잘 볼 수 있겠습니다(본서 346·417[A]항 참조). 그리고 《천계비의》에서 궁극적인 것들에 관해서 설명, 입증된 것에서 잘 알 수 있겠는데, 거기에서는 내면적인 것들이 계속해서 외적인 것들에 유입하고, 심지어 극외적인 것들이나 궁극적인 것에 유입하고, 그리고 그것들이 그것으로 존재하고, 보존, 생존한다는 것을 설명하였습니다(《천계비의》 634·6239·6465·9215·9216항 참조). 그리고 그것들은 계속해서 유입할 뿐만 아니라, 질서 가운데, 궁극적인 것 안에 동시적인 것을 형성합니다(같은 책 5897·6451·8603·10099항 참조). 따라서 힘이나 능력(strength and power)이 궁극적인 것들 안에 존재한다는 것도 설명하였습니다(같은 책 9905·10548항 참조). 응답들(responses)이나 계시들이 궁극적인 것들에서 이루어지기 때문에, "금제단의 네 뿔들에서 음성"을 들은 이유는 명확합니다. 다시 말하면 "금제단"이, 계시하는 신령진리를 가리키는, 신령 영적인 것을 뜻하기 때문이고, 그리고 "뿔들"은, 그것을 통해서 계시가 이루어진, 그것의 궁극적인 것을 뜻하기 때문입니다. 향료가 그것 위에서 바쳐지는 "금제단"(the golden altar)은, 주님에게서 발출하는 신령진리를 가리키는 신령 영적인 것을 뜻합니다. 그것은 그 제단에서 드려지는 "향"(=향 냄새·incense)이 영적인 선에서 비롯된 예배를 뜻하기 때문이고, 그리고 주님께서 그것의 경청(傾聽·hearing)과 열납(悅納)을 뜻하기 때문입니다(본서 324[B]·491·492·494항 참조).

[3] "분향단"(=향의 제단)이 신령 영적인 것을 뜻하고, 그것 위에 "올리는 향"(offering incense)이 영적인 선에서 비롯된 예배를 뜻한다는 것, 그리고 주님께서 받으시는 이런 예배의 기쁜 경청과 흠향(歆饗)을 뜻한다는 것 등등은 그 제단을 지을 때

이런 것들을 표징하고 뜻하는 그것의 개별적인 것들에서 잘 알 수 있겠습니다. 분향단을 만드는 일이 이렇게 기술되었습니다. 출애굽기서의 말씀입니다.

> 너는 분향단(=향을 피울 제단)을 만들되, 아카시아 나무(=싯팀나무)로 만들어라. 길이가 한 자요, 너비가 한 자인 네모난 모양으로 만들고, 높이는 두 자로 하고, 그 뿔과 단은 하나로 이어놓아라(=그 뿔은 같은 데서 나오게 하라). 그리고 너는, 그 단의 윗면과 네 옆면과 뿔을 순금으로 입히고, 그 가장자리에 금테를 둘러라. 또 금고리 두 개를 만들어 그 금테 아래 양쪽 옆에 붙여서, 그것을 들고 다닐 채를 끼울 수 있게 하여라. 너는 아카시아 나무로 채를 만들고, 거기에 금을 입혀라. 너는 분향단을 증거궤 앞, 곧 증거판을 덮고 있는 속죄판 앞, 휘장 정면에 놓아 두어라. 거기 그 속죄판에서 내가 너를 만날 것이다. 아론은 그 분향단 위에다가 향기로운 향을 피워야 하는데, 매일 아침 그가 등을 손질할 때마다 향을 피워야 하고, 저녁때에 등불을 켤 때에도 향을 피워야 한다. 이것이 너희가 대대로 계속하여 주 앞에서 피워야 하는 향이다. 그 위에다가 다른 이상한 향을 피워서도 안 되고, 번제불이나 곡식제물을 올려서도 안 되고, 그 위에다가 부어 드리는 제물을 부어서도 안 된다. 아론은 분향단 뿔에 한 해에 한번 씩 속죄예식을 하여야 하고, 한 해에 한 번씩 속죄의 피를 발라서 분향단을 속죄하여야 한다. 너희는 대대로 이와 같이 하여라. 이것은 주님께 가장 거룩한 것이다(출애굽 30 : 1-10).

분향단에 관한 이런 개별적인 것들이 속뜻으로, 이웃을 향한 인애의 선을 가리키는, 영적인 선에서 비롯된 예배를 뜻한다는 것, 그리고 이것이 주님께서 받으시는 유쾌한 득음(傾聽)과 받음(悅納)을 뜻한다는 것 등은 《천계비의》10176-10213항을 참조하십시오. 거기에는 이런 내용이 시리즈로 설명되었습니다.

568. 14절. **그것은 나팔을 가진 여섯째 천사에게 하는 음성이**

였습니다(=나팔을 가진 여섯째 천사에게 말하였다).
이 말씀은 그 교회의 진정한 마지막 때의 그 교회의 타락된 상태에 관한 것을 뜻합니다. 이러한 내용은 천계에서 계시되는 것들을 가리키는 "말한다"(saying)는 낱말의 뜻에서, 그리고 지금 아래에서 언급할 내용에서, 그리고 그 교회의 진정한 마지막 때의 그 교회의 타락한 상태들에 관한 것을 가리키는 "나팔을 가진 여섯째 천가"의 뜻에서 잘 알 수 있겠습니다. "나팔을 부는 여섯째 천사"가 이런 것들을 뜻한다는 것은 앞에서 이미 설명된 것(본서 566항 참조)에서 명백합니다.

569[A]. 큰 강 유프라테스에 매여 있는 네 천사를 풀어놓아 주어라.
이 말씀은, 받아드리기 전은 아니지만, 감관적인 사람에게 속한 오류들에게서 비롯된 추론들을 뜻한다는 것을 뜻합니다. 이러한 내용은, 이것에 관해서 곧 설명하겠지만, 감관적인 사람에게 속한 오류들에게서 비롯된 추론들을 가리키는 "유프라테스 강가에 있는 천사들"의 뜻에서, 그리고 이런 오류들에게서 비롯된 추론들이 그 교회에서 먼저 수용되지 않기 때문에, 이들 천사들이 그 강에 "매여 있다"고 언급되었고, 그리고 악과 거짓의 결합 때문에 그들이 넷(4)이라고 언급되었습니다. 왜냐하면 성경말씀에서 이 숫자는 선과 진리의 결합을 뜻하지만, 여기서는 반대의 뜻으로 악과 거짓의 결합을 뜻하기 때문입니다(본서 283[A]·384·532항 참조). 앞서의 것은, 악에 속한 거짓들 안에 있는 감관적인 사람을 다루고 있고, 그리고 감관적인 사람이 이것 안에 있는 설득들(=종지들)의 결과를 다루고 있습니다. 그러므로 뒤이어지는 것은 감관적인 것에서 비롯된 추론들을 다루고 있습니다. 그리고 감관적인 것은 이 세상에서 감관들 앞에 있는 것을 뜻하는 그런 것들로 말미암아 추론하기 때문에, 그것이 영적인 것들에 관해서 추론할 때, 다시 말하면 천계나 교회에 속한 것들에 관해서 추론할 때에는, 그것은 이른 바 감관들에 속한 오류들이라고 부르는, 오류들로부터 추론합니다. 그러므로 여기서는 감관적인 사람에게 속한 오류들에게서 비롯된 추론들을 언급하고 있습니다. 그러나 이런 오류들에 관해서, 그리고 그것들에서 비롯된 추론에 관해서는 아래에 이어지는 것에서 잘 설명되겠습니다.

[2] 여기서는 그 교회의 마지막 때의 교회의 상태를 다루고 있는데, 그 상태는 곧 그 교회에 속한 사람들이 감관적이 되었기 때문에 감관들에 속한 오류들로 말미암아 추론하는 때를 가리키고, 그리고 또한 그들은, 그들이 아무것도 이해하지 못하기 때문에 그들은 전혀 아무것도 믿지 않고, 그리고 천계나 교회에 관해서 이런 오류들로부터 추론하는 때를 가리킵니다. 교회에서 잘 알고 있는 사실은, 만약에 영적인 사람을 통하여 오는 입류를 가리키는 주님께서 입류하시고 빛은 비추는 조요(照耀)가 없다면, 자연적인 사람은 천계에 속한 것들을 지각하지 못한다는 것입니다. 그렇다면 더욱이 감관적인 사람이 이런 것들을 어떻게 지각하겠습니까! 왜냐하면 감관적인 것은, 이른 바 영적인 것들이라고 하는 천계에 속한 것들에 대해서 궁극적인 자연적인 것은 전적으로 짙은 흑암 가운데 있기 때문입니다. 영적인 사람에 유입하는 천계에 속한 입류에서 비롯되는 영적인 것들에 관한 본연의 추론들이나, 그리고 그것으로 말미암아 합리적인 것을 통해서 지식들(=과학지)이나, 그리고 자연적인 사람 안에 있는 선험지들에 유입하는 영적인 것들에 관한 본연의 추론들이 있는데 영적인 사람은 그런 것들에 의하여 자기 자신을 확증합니다. 영적인 것들에 관한 추론에 속한 이 길은 질서에 일치합니다. 그러나 자연적인 사람에게서 오는 영적인 것들에 관한 추론들이나, 더욱이 감관적인 사람에게서 오는 영적인 것들에 관한 추론들은 전적으로 질서에 어긋납니

다. 왜냐하면 자연적인 사람은 영적인 사람에 유입할 수 없기 때문이고, 그리고 또한 자연적인 사람은 자기 자신으로 말미암아서는 거기에 있는 어떤 것도 볼 수 없기 때문입니다. 더욱이 감관적인 사람은 어떠하겠습니까! 그 이유는 거기에는 신체적인 입류(physical influx)가 전혀 있을 수 없기 때문입니다. 그러나 영적인 사람은 자연적인 사람에게 입류할 수 있고, 그리고 그것에서부터 감관적인 사람에게 입류할 수 있는데, 그것은 거기에 영적인 입류(spiritual influx)가 존재하기 때문입니다. 이 주제에 관한 상세한 내용은 《새 예루살렘의 교리》51 · 277 · 278항을 참조하십시오.

[3] 이렇게 볼 때 지금 뒤이어지는 것들에 의하여 뜻하는 것이 무엇인지, 다시 말하면 교회의 마지막 때에 사람이 영적인 것들에 관해서, 또는 천계나 교회에 속한 것들에 관해서 관능적 감관적인 것이나, 그리고 따라서 감관들의 오류들로부터 말하고, 추론하는 것이 무엇인지 잘 알 수 있겠습니다. 그러므로 비록 그 때 사람은 신령한 것들에게 호의(好意)를 가지고 말한다고 해도 그 사람은 그것들에 대하여 호의적으로 생각하지 않습니다. 왜냐하면 사람은, 그의 영으로는 다른 길로 생각하면서도 육신으로는 그와 다른 길로 말할 수 있기 때문입니다. 그리고 한편 관능적 감관적인 것으로부터 생각하는 그 영(靈)은 신령적인 것들에 거스르는 것 이상으로 다른 길에서 생각할 수 없기 때문입니다. 뿐만 아니라 관능적 감관적인 것으로부터 생각하는 영(靈)은 그것들에 대하여 호의적으로 말할 수 있기 때문입니다. 특히 이런 이유 때문에 그 사람에게서 신령한 것들은 명예나 재물을 위한 수단들이 됩니다. 모든 사람은 두 기억들, 즉 자연적인 기억과 영적인 기억을 가지고 있고, 그리고 사람은, 그가 이 세상에서 사람들과 대화를 할 때는 자연적인 기억에서 생각할 수 있지만, 그러나 드문 일이기는 하

지만, 그가 다른 자들과 영(靈)으로 말할 때 그 사람은 영으로 말미암아, 생각하고 있는 자기 자신과 말하는 것입니다. 감관적인 사람들은, 자신들의 영들로 말미암아 자신들과 대화할 수 없고, 그리고 자연에 대하여 호의적인 것 이상의 다른 방법으로 생각할 수 없고, 결과적으로 관능적이고 세상적인 것들에 대하여 호의적으로 말하고, 생각할 수 있습니다. 왜냐하면 감관적인 사람은 감관적인 것으로 말미암아 생각하는 것이지 영적인 것으로 말미암아 생각하는 것이 아니기 때문입니다. 사실, 그 사람은 영적인 것들에 대해서 전적으로 무지(無知)합니다. 그 이유는 그 사람이 자신 안에 있는 영적인 사람을 폐쇄(閉鎖)하였기 때문입니다. 그리고 또한 그것의 빛으로 천계에 유입하는 것을 차단, 폐쇄하였기 때문입니다.

[4] 그렇지만, 이런 말씀을 설명하는 것에 나아가 보실까요. 즉 우리의 본문인, "나는 여섯째 천사에게 큰 강 유프라테스에 매여 있는 네 천사들을 풀어놓아 주어라 하는 금제단의 네 뿔에서 울려 나오는 음성을 들었다"는 설명에 함께 가보겠습니다. 여기서 "강 유프라테스"는 합리적인 것을 뜻하고, 그리고 또한 그것에서 비롯된 추론을 뜻합니다. 이것이 이 강의 뜻이라는 것은 그 강이 가나안 땅으로부터 앗시리아를 갈라 놓기 때문이고, 그리고 "앗시리아"나 "앗수르"가 합리적인 것을 뜻하기 때문이고, 그리고 "가나안 땅"은 영적인 것을 뜻하기 때문입니다. 거기에는 바다 이외에 세 강들이 있었는데, 그것은 가나안 땅의 경계(=국경)이었습니다. 다시 말하면 그 세 강은 이집트의 강(=나일 강) · 유프라테스 강 · 요단 강입니다. 여기서 "이집트의 강"은 자연적인 사람의 지식(=과학지)을 뜻하고, "유프라테스 강"은 지식(=과학지)이나 선험지(先驗知)에서 비롯된 사람 안에 있는 합리적인 것을 뜻하고, "요단 강"은 내적인 교회, 즉 영적인 교회에 들어가는 입구(入口 · entrance)를 뜻합

니다. 왜냐하면 그들에게 할당된 그들의 주거지인, 루으벤·갓·반쪽 므낫세 지파가 있었던, "요단 강 건너의 지역들"은 외적인 교회, 또는 자연적인 교회를 뜻합니다. 그리고 그 강들이 그 지역들과 가나안 땅 사이에 있었고, 그리고 그 강을 건너서 이쪽에서 저쪽으로 가는 통로가 있었기 때문에, 그 강은, 자연적인 것을 가리키는 외적인 교회(the external church)에서 영적인 것을 가리키는 내적인 교회(the internal church)에 들어가는 입구입니다. 이런 이유 때문에 거기에서 세례(洗禮·baptism)가 실시, 제정되었습니다. 왜냐하면 세례는 사람의 중생을 표징하기 때문이고, 따라서 그것에 의하여 자연적인 사람은 교회에 안내, 소개되고, 영적인 존재가 되기 때문입니다.

[5] 이것은 성경말씀에서 세(3) 강들이 뜻하는 것을 설명하고 있습니다. 가나안 땅 밖에 있는 모든 장소들은 자연적인 사람에 속한 그런 것들을 뜻하고, 이에 반하여 가나안 땅에 있는 것들은 영적인 사람에게 속한 것들을, 따라서 천계나 교회에 속한 것들을 뜻합니다. 그러므로 두 강들, 즉 "이집트의 강"(=나일 강)과 "앗시리아의 강"(=유프라테스 강)은 교회의 말단들(=결말들·terminations)이나, 또는 교회의 입문들(入門·introductions)을 뜻합니다. 더욱이 "이집트의 강"이 뜻하는 앎들이나 지식들은 곧 소개하고, 이입(移入)시키는 것을 가리킵니다. 왜냐하면 앎들이나 지식들이 없으면 어느 누구나 교회에 입문, 들어갈 수 없고, 또한 교회에 속한 것들을 지각할 수 없기 때문입니다. 왜냐하면 영적인 사람은 합리적인 것에 의하여 지식들(=과학지들) 안에 있는 그것의 영적인 것들을 보기 때문입니다. 이러한 것은 사람이 거울에서 자기 자신을 보는 것과 같고, 그리고 더욱이 성경말씀에서 안 것들이나, 이 세상에서 안 것들, 양자들을 가리키는, 선험지들이나 지식들에 의하여 그것의 영적인 것들을 확증하기 때문입니다.

[6] 그러나 "앗시리아의 강"(=유프라테스 강)은 합리적인 것을 뜻하는데, 그 이유는 합리적인 것에 의하여 사람은 교회에 소개, 안내되기 때문입니다. 합리적인 것은 선험지들이나 지식들에게서 비롯된 자연적인 사람의 생각을 뜻합니다. 왜냐하면 이런 지식들(=과학지들)로 물든 사람은 시리즈로 다루어진 것들을 능히 볼 수 있기 때문입니다. 다시 말하면 처음 것이나 중간적인 것들로부터 소위 결론이라고 부르는 마지막 것을 볼 수 있기 때문입니다. 그러므로 그 사람은 분석적으로 정리하고, 뒤집고, 조사하고, 분리하고, 결합하고, 종국에는 어떤 것들을 결론짓고, 심지어 더 진전한 목적에까지, 종국에는 최후의 목적까지를 볼 수 있는데, 그것이 바로 그가 애지중지하는 선용(善用 · 씀씀이 · use)입니다. 그 때 이것은 선용들에 따라서 모든 사람에게 주어지는 합리적인 것인데, 그것이 바로 그가 애지중지 하는 목적들입니다. 모두의 합리적인 것은 그의 사랑의 선용들과 일치하여 목적을 이루기 때문에, 그러므로 그것은 곧 천계의 빛에 속한 입류에서 비롯된 자연적인 사람의 내면적인 생각을 가리킵니다. 그리고 사람은 합리적인 생각을 통해서 영적인 생각에 소개, 입문하기 때문에, 그리고 하나의 교회가 되기 때문에, 그러므로 그 강(=유프라테스 강)은 안내하고, 입문하는 자연적인 것을 뜻합니다.

[7] 전자는 합리적인 것이 되는 것이고, 후자는 영적인 것이 되는 것입니다. 모든 영적인 사람은 역시 합리적입니다. 그러나 합리적인 사람은 언제나 영적인 것은 아닙니다. 그 이유는 합리적인 것은 자연적인 사람 안에, 다시 말하면 그것의 생각 안에 있기 때문입니다. 이에 반하여 영적인 것은 합리적인 것 위에 있고, 그리고 자연적인 것을 통과하여, 합리적인 것을 통해서 그리고 그것의 기억에 속한 선험지들이나 지식들에 넘어가기 때문입니다.

[8] 그러나 여기서 주지하여야 할 것은 합리적인 것은 어느 누구도 영적인 것에 안내, 소개하지 않지만, 그러나 그것이 그렇게 한다고 말하는 것은, 그런 것이 바로 외현(外現 · appearance)이기 때문입니다. 왜냐하면 영적인 것은, 중간매체(中間媒體 · a medium)인 합리적인 것을 통해서 자연적인 것에 유입하기 때문이고, 그리고 이런 식으로 그것은 안내, 소개하기 때문입니다. 왜냐하면 영적인 것은, 그것이 발출하는 신령진리를 가리키는 천계의 빛이기 때문에, 신령입류(神靈入流 · the Divine inflowing)이기 때문입니다. 그리고 이 빛은, 이른바 영적인 마음이라고 부르는 보다 높은 마음(the higher mind)을 통해서 자연적인 마음이라고 부르는, 보다 낮은 마음(the lower mind)에 입류하고, 그리고 이것을 그것 자체에 결합시키고, 그리고 이 결합을 통해서 영적인 것과 하나를 이루도록 자연적인 마음에 작용, 원인이 되게 합니다. 이렇게 안내나 소개를 이룹니다. 이러한 일은, 그의 합리적인 것을 통해서 영적인 것에 들어간다는 것은 사람에게는 신령질서에 전적으로 반대가 되기 때문에, 그러므로 영계에서는 천사가 이런 일을 막기 위하여 지키고 있습니다. 이러한 내용은, 우리의 본문인, "유프라테스에 매여 있는 네 천사를 풀어놓아 주어라"는 말씀이나, 그 뒤에는 "그 네 천사가 풀려났다"는 말씀의 뜻을 명확하게 합니다. "유프라테스 강에 매여 있는 천사들"은 천계나 교회에 속한 영적인 것들에 사람의 자연적인 들어감(man's natural entering)을 지키는 문지기를 뜻합니다. 왜냐하면 그것에서는 오류들이나 이단사설들(異端邪說) 이외에 아무것도 생기지 않기 때문이고, 종국에는 부인(否認)만 생겨나기 때문입니다.

[9] 더욱이 영계에는 지옥으로 안내하는 길들이 있고, 천계로 안내하는 길들이 있습니다. 그리고 또한 영적인 것들로부터 자연적인 것에 인도하는 길들이 있고, 따라서 감관적인 것들에

인도하는 길들도 있습니다. 그리고 이런 길들에는 어느 누구가 반대방향으로 가지 못하도록 지키는 문지기들이 있습니다. 앞에서 언급한 것과 같이, 사람이 이단사설이나 오류들에 빠질 것이기 때문입니다. 이들 문지기들이나 파수꾼들은 교회의 설시 시작부터 주님에 의하여 세워졌고, 그리고 역시 주님에 의하여 계속해서 유지되고 있는데, 그것은 교회에 속한 사람이 자기 자신의 이성이나 또는 자기 자신의 이해로 말미암아 성경말씀에 속한 신령한 것들이나, 그것에서 비롯된 교회에 속한 신령한 것들을 침략, 공격하는 것을 막기 위한 것입니다. 그러나 교회의 마지막 때에는 교회에 속한 사람들이 더 이상 영적이 아니고 자연적이고, 대부분의 사람들은 전적으로 감관적이 되고, 그리고 따라서 교회의 사람에게는 영적인 사람으로부터 자연적인 사람에게 유입하는 열린 길이 없고, 그리고 그 때 파수꾼들은 이송되고, 그 길들은 개방되는데, 그리고 그들은 개방된 길을 통해 반대 방향으로 전진하는데, 이런 일들은 모두가 오류에서 비롯된 추론들에 의하여 행해집니다. 따라서 교회의 사람은 입으로는 신령한 것들을 호감을 가지고 말하지만, 한편 마음에서는 그것들에 거슬러 생각합니다. 다시 말하면 그는 육신으로는 신령한 것들에 호의적이지만, 영으로는 그것들에 반대적입니다. 왜냐하면 신령한 것들에 관해서 자연적인 사람이나 감관적인 사람에게서 비롯된 추론들은 이런 결과를 취하기 때문입니다. 이렇게 볼 때 "유프라테스 강에 매여 있는 네 천사들"의 뜻이나, 그들의 "풀려남"의 뜻을 이제는 잘 알 수 있겠습니다.

569[B]. [10] "유프라테스 강"이 영적인 사람으로부터 자연적인 사람에게 들어가는 그 길을 가리키는 추론적인 것을 뜻한다는 것은 성경말씀의 아래의 장절들에게서 잘 알 수 있겠습니다. 창세기서의 말씀입니다.

바로 그 날, 주께서 아브람과 언약을 세우시고 말씀하셨다. "내가 이 땅을, 이집트 강에서 큰 강 유프라테스에 이르기까지를 너의 자손에게 준다"(창세기 15 : 18).

이 장절은 문자의 뜻으로는 가나안 땅의 확장을 기술하고 있지만, 속뜻으로는 교회의 처음 경계로부터 그것의 마지막 경계까지의 교회의 확대나 확장을 기술합니다. 여기서 교회의 처음 경계는 자연적인 사람에게 속한 아는 기능(the knowing faculty) 이고, 그리고 그 다음의 경계는 생각에 속한 합리적인 기능입니다. 처음 것, 다시 말하면 자연적인 사람에 속한 아는 기능은 "이집트의 강" 즉 나일 강이 뜻합니다. 한편 생각에 속한 합리적인 기능은 "앗시리아의 강" 즉 유프라테스 강이 뜻합니다. "가나안의 땅"이 뜻하는 영적인 교회는 그 자체를 이들 양자에게까지 확장, 뻗치고, 그러므로 역시 교회의 사람에게 있는 영적인 마음도 그러합니다. 이 양자, 즉 아는 기능과 합리적인 것은 자연적인 사람 안에 존재하는데, 전자는 아는 기능이나 선험지적인 기능의 경계이고, 후자는 직관적 기능(the intuitive faculty)나 생각하는 기능(the thinking faculty)의 경계입니다. 그리고 자연적인 사람에게 유입할 때 영적인 사람은 이 경계들 속으로 입류합니다. 이런 것에 의한 교회와 주님의 결합은 여호와께서 아브람과 맺은 "언약"(=계약·the covenant)이 뜻합니다. 이러한 뜻이 속뜻으로 앞에 인용된 말씀(창세기 15 : 18)의 뜻입니다. 한편 최고의 뜻으로는 그것들은 주님의 인성(the Lord's Human)과 신령본질(the Divine Essence)의 합일(合一·union)을 뜻합니다. 그리고 이 뜻에 따라서 그 장절은 《천계비의》 1863-1866항에 설명되었습니다.

[11] 스가랴서의 말씀입니다.

> 그의 다스림이 이 바다에서 저 바다까지,
> 유프라테스 강에서 땅 끝까지 이를 것이다.
> (스가랴 9:10 ; 시편 72:8)

이 장절은 주님과 그리고 천지(天地)를 다스리는 주님의 통치에 관해서 언급하고 있습니다. 그리고 "이 바다에서 저 바다까지의 다스림"은 자연적인 것에 속한 확장을 뜻하고, "유프라테스 강에서 땅 끝까지의 다스림"은 합리적인 것들이나 영적인 것들의 확장을 뜻합니다(본서 518[C]항 참조).

[12] 신명기서의 말씀입니다.

> 가나안 사람의 땅과 레바논과 저 멀리 있는 큰 강, 유프라테스 강까지 가거라. 내가 너희 앞에 보여 주는 이 땅은, 나 주가 너희에게 주겠다고, 너희 조상 아브라함과 이삭과 야곱에게 맹세한 땅이니, 너희는 그리로 가서 그 땅을 차지하여라(신명기 1:7, 8).

같은 책의 말씀입니다.

> 너희의 발바닥이 닿는 곳은 어디든지, 다 너희의 소유가 될 것이다. 남쪽의 광야에서부터 북쪽 레바논 산간지방까지, 동쪽의 큰 강인 유프라테스 강으로부터 서쪽의 지중해에 이르기까지 모두 너희의 영토가 될 것이다(신명기 11:24).

여호수아서의 말씀입니다.

> 광야에서부터 레바논까지, 큰 강인 유프라테스 강에서부터 헷 사람의 땅을 지나 서쪽의 지중해까지, 모두 너희의 영토가 될 것이다(여호수아 1:4).

이 장절들에는 전자의 경계에서부터 후자의 경계까지 그 교회의 확장이 기술되었습니다. 선험적인 기능이나 아는 기능을 가리키는 그 교회의 경계는 "레바논"과 "바다"(=지중해)가 뜻하고, 직관적인 기능이나 생각하는 기능을 가리키는 후자의 경계는 "강 유프라테스"가 뜻하고, 가나안 땅의 확장은 교회의 확장을 뜻합니다. 왜냐하면 성경말씀에서 "가나안의 땅"은 교회를 뜻하기 때문입니다. "강"이라는 말이 두 번 언급되었는데, 다시 말하면 "큰 강, 강 유프라테스"라고 언급되었는데, 그것은 "큰 강"(the great river)이 합리적인 것에의 영적인 것들의 입류를 뜻하기 때문이고, 그리고 "강 유프라테스"는 자연적인 것에의 합리적인 것들의 입류를 뜻하기 때문입니다. 따라서 이들 둘(2)은 합리적인 것을 통해서 자연적인 것들에 유입하는 영적인 것들의 입류를 뜻합니다.

[13] 미가서의 말씀입니다.

> 그 때에 네 백성이
> 사방으로부터 네게로 되돌아온다.
> 앗시리아로부터,
> 이집트의 여러 성읍으로부터,
> 심지어 이집트에서부터
> 유프라테스 강에 이르기까지,
> 이 바다에서 저 바다까지
> 이 산에서 저 산까지
> 네 백성이 네게로 되돌아올 것이다.
> (미가 7 : 12)

이 장절은 이방 사람들 가운데 있는 주님께서 세우시는 교회의 설시를 기술하고 있습니다. 여기서 "그 때에"(=이 날에)라는 말은 주님의 강림을 뜻하고, 한 경계에서 다른 경계에까지 그들 가운데 있을 교회의 확장은 "그들이 앗시리아로부터 이집트의 성읍들에까지, 그리고 이집트에서부터 유프라테스 강에 이르기까지 되돌아온다"는 말씀이 뜻하고, 전자의 경계에서부터 후자의 경계까지의 진리의 확장은 "이 바다에서 저 바다까지"라는 말씀이 뜻하고, 그리고 그것의 선의 확장은 "이 산에서 저 산까지"라는 말씀이 뜻합니다.
[14] 시편서의 말씀입니다.

> 주께서는 이집트에서
> 포도나무를 뽑아 오셔서,
> 뭇 나라를 몰아내시고,
> 그것을 심으셨습니다. ……
> 그 가지는 지중해에까지 뻗고,
> 새 순은 유프라테스 강에까지 뻗었습니다.
> (시편 80 : 8, 11)

"주(=하나님)께서 이집트에서 뽑아오신 포도나무"는 이스라엘 자손들을 뜻하고, 그리고 교회를 뜻합니다. 왜냐하면 "포도나무"(a vine)는 영적인 교회를 뜻하고, 그리고 이 교회는 "이스라엘의 자손들"이 뜻합니다. 그리고 그 교회가 "포도나무"라고 불리웠기 때문에 "주께서는 그것을 심으셨고, 그 가지는 지중해에까지 뻗고, 그 새 순은 유프라테스 강에까지 뻗었다"고 언급되었습니다. 이 말씀은 교회에 속한 영적인 것들의 확장을 기술하고 있습니다. 여기서 "바다"는 전자의 한계(=경계)를 뜻하고, 유프라테스를 뜻하는 "강"은 후자의 한계를 뜻합니다. 유프라테스에 관해 언급된 말씀입니다.

> 넷째 강은 유프라테스이다(창세기 2 : 14).

이 장절은 합리적인 것을 뜻하는데, 왜냐하면 "에덴 동산"(=낙원)은 지혜를 뜻하기 때문입니다. 그 밖의 세 강들의 뜻은 《천계비의》 107-121항에서 볼 수 있겠습니다.

569[C]. [15] "강 유프라테스"가 합리적인 것을 뜻하기 때문에, 그러므로 반대적인 뜻으로 그 강은 추론을 뜻합니다. 여기서 추론은 오류들이나 거짓들에게서 비롯하는 생각하는 것이나, 논쟁하는 것을 뜻하고, 이에 반하여 합리적인 것은 지식들(=과학지들)에서, 그리고 진리들에게서 비롯되는 생각하는 것이나 논쟁하는 것을 뜻합니다. 왜냐하면 합리적인 것은 언제나 지식들에 의하여 신장(伸張), 계발(啓發)되기 때문이고, 그리고 진리들에 의하여 형성되기 때문입니다. 그러므로 진리들에 의해 인도되는 자나, 진리들에 인도하는 자는 합리적인 사람(a rational man)이라고 불리우지만, 그러나 합리적이지 못한 사람도 추론하는 능력을 가지고 있습니다. 왜냐하면 다종다양한 추론들에 의하여 그 사람은 거짓들을 능히 확증할 수 있기 때문이고, 그리고 또한 소박한 사람으로 하여금 그것들을 믿도록 설득할 수 있기 때문입니다. 이와 같은 일은, 아래에 있는 감관적에 속한 온갖 오류들에 의하여 행해집니다.

[16] 이런 부류의 추론은 아래의 장절에서 "강 유프라테스"가 뜻합니다. 예레미야서의 말씀입니다.

그런데도 이제 네가
시홀 강 물을 마시려고
이집트로 달려가니,
그것이 무슨 일이며,
유프라테스 강 물을 마시려고
앗시리아로 달려가니,
이 또한 무슨 일이냐?
(예레미야 2 : 18)

이 말씀은, 영적인 것들은 반드시 자연적인 사람의 지식들(=과학지들)에 의하여 검토, 검색(檢索)되어서는 안 된다는 것을 뜻하고, 그리고 또한 그것에서 비롯된 추론들에 의하여 그렇게 되어서도 안 된다는 것을 뜻하지만, 그러나 주님에게서 비롯된 천계에서 나온 성경말씀에 의하여 검색되어야만 한다는 것을 뜻합니다. 왜냐하면 영적인 정동 안에 있는 자들, 또는 그것에서 비롯된 영적인 생각 안에 있는 자들은 자연적인 사람의 지식들(=과학지들)을 보기 때문이고, 그리고 그것들 아래에 있는 것인, 그것에서 비롯된 추론들을 보기 때문입니다. 그러나 그런 것들로부터는 어느 누구도 영적인 것들을 볼 수 없습니다. 위에 있는 것으로는 모든 쪽에 있는 아래의 것들이나, 계도가 낮은 것들을 누구나 볼 수 있지만, 그것의 역(逆)은 아닙니다. 자연적인 사람의 지식들에 의하여 영적인 것들을 검토, 검색한다는 것이 우리의 본문에서 "시홀 강 물을 마시려고 이집트로 달려가니 그것이 무슨 일이냐?"는 말씀이 뜻하는 것이고, 그것에서 비롯된 추론들에 의하여 영적인 것들을 검토, 검색하는 것이 "유프라테스 강 물을 마시려고 앗시리아로 달려가니, 이 또한 무슨 일이냐?"는 말씀이 뜻하는 것입니다. 여기서 "이집트나 그것의 강"은 자연적인 사람의 지식들을 뜻하고, "앗시리아와 그것의 강"은 그것들에게서 비롯된 추론들을 뜻합니다.

[17] 이사야서의 말씀입니다.

> 그 날에, 주께서 유프라테스 강 건너 저 편에서 빌려 온 면도칼, 곧 앗시리아 왕을 시켜서 너희의 머리털과 발털을 미실 것이요, 또한 수염도 밀어 버리실 것이다(이사야 7 : 20).

이 장절은 주님께서 강림하실 때인, 교회의 마지막 때의 교회 상태를 다루고 있습니다. 온갖 거짓들에게서 비롯된 추론들이 그 때 교회의 사람들에게서 모든 영적인 지혜나 총명을 박탈할 것이다는 것이 이런 낱말로 기술되었습니다. 그것에 의하여 추론들이 이런 일을 행하였다는 것은 "그 강을 건너온 앗시리아 왕", 다시 말하면 유프라테스가 뜻합니다. 영적인 지혜의 박탈과 그것에서 비롯된 영적인 총명의 박탈은 "빌려 온 면도칼에 의하여 밀어버릴 머리털과 발털과 밀어 버려질 수염"이 뜻합니다. 왜냐하면 "머리털"은 영적인 것들이 그것 위에서 작용하고, 그리고 그것에서 종결할 자연적인 것들을 뜻하기 때문입니다. 그러므로 성경말씀에서 "머리털"(=머리카락)은 지혜나 총명에 속한 궁극적인 것을 뜻합니다. 여기서 "머리의 털"은 지혜의 궁극적인 것을 뜻하고, "수염"은 총명의 궁극적인 것을 뜻하고, 그리고 "발털"(=발의 털)은 지식(=과학지)의 궁극적인 것을 뜻합니다. 이런 궁극적인 것들이 존재하지 않을 때 거기에는 선재하는 것들(prior things)이 전혀 없는데, 그것은 마치 기둥을 위한 주추가 없을 때의 집을 위한 기초가 없는 것과 같습니다. 오류들이나 거짓들에서 비롯된 추론들에 의하여 총명에 속한 것을 박탈하는 자들은 영계에서 털이 없는 대머리로 나타납니다(본서 66항 참조).

[18] 같은 책의 말씀입니다.

    나 주가
    저 세차게 넘쳐 흐르는 유프라테스 강 물,
    곧 앗시리아 왕과 그의 모든 위력을
    이 백성 위에 뒤덮이게 하겠다.
    그 때에 그 물이 온 샛강을 뒤덮고
    둑마다 넘쳐서,
    유다로 밀려들고, 소용돌이치면서 흘러,
    유다를 휩쓰고,
    유다의 목에까지 찰 것이다.

(이사야 8 : 7, 8)

이 말씀들은, 성경말씀의 개별적인 것이나, 모든 것들이 오류들의 거짓들에게서 비롯된 추론들에 의하여 교회에서 위화되었다는 것을 뜻합니다. 여기서 "세차고 많은 물, 곧 앗시리아 왕"은 철저한 오류들이나 거짓들에게서 비롯된 추론들을 뜻하고, "그가 그 모든 수로들에 차고, 모든 강둑에 넘칠 것이다"는 말씀은 그것들에 의하여 성경말씀의 개별적인 것들이나 모든 것이 위화될 것이다는 것을 뜻합니다. "통과할 것이고, 범람할 유다"(=밀려들고, 소용돌이치면서 흘러 휩쓸 유다)는 말씀(聖言)이 있는 교회를 뜻하고, 따라서 성언을 뜻합니다.

[19] 예레미야서의 말씀입니다.

> 이것은 …… 바빌로니아 왕 느부갓네살에게 격파된 이집트 왕 바로 느고의 군대를 두고 하신 말씀이다. ……
> 발이 빠른 사람도 달아나지 못하고,
> 용사도 도망하지 못한다.
> 그들은 저 북녘 유프라테스 강 가에서,
> 비틀거리다가 쓰러져 죽는다. ……
> 오늘은 만군의 주 하나님께서 북녘 땅 유프라테스 강 가로 오셔서, 희생제물을 잡으신다.
> (예레미야 46 : 2, 6, 10)

이 말씀은 지식들에게서 비롯된 거짓 추론들에 의한 교회의 파괴나 그 교회의 진리의 파괴를 뜻합니다. "유프라테스 강"은 거짓된 추론들을 뜻하고 "이집트와 그것의 군대"는 확증하는 지식들(=과학지들)을 뜻하고, "그들이 비틀거리다가 쓰러져 죽을 저 북녘"은 이런 거짓들의 근원을 뜻합니다(본서 518[E]항 참조).

[20] 같은 책의 말씀입니다.

> 주께서 나에게 이렇게 말씀하셨다. "너는 가서 베로 만든 띠를 사서 너의 허리에 띠고, 물에 적시는 일이 없도록 하여라." 그래서 나는 주의 말씀대로, 베 띠를 사서 허리에 띠었다. 주께서 다시 나에게 말씀하셨다. "네가 사서 허리에 띤 그 띠를 들고 일어나, 유프라테스 강 가로 가서, 그 곳의 바위 틈에 그 띠를 숨겨 두어라." 그래서 나는 주께서 명하신 대로, 가서 유프라테스 강 가에 그것을 숨겨 두었다. 또 여러 날이 지난 다음에, 주께서 나에게 말씀하셨다. "너는 일어나서 유프라테스 강 가로 가서, 내가 그 곳에 숨겨 두라고 너에게 명한 그 띠를, 그 곳에서 가져 오너라." 그래서 내가 유프라테스 강 가로 가서, 띠를 숨겨 둔 곳을 파고, 거기에서 그 띠를 꺼내 보니, 그 띠는 썩어서 전혀 쓸모가 없게 되었다.…… 띠가 사람의 허리에 동여지듯이, 내가 이스라엘 온 백성과 유다의 온 백성을 나에게 단단히 동여매어서, 그들이 내 백성이 되게 하고, 내 이름을 빛내게 하고, 나를 찬양하게 하고, 나에게 영광을 돌릴 수 있게 하였으나, 그들은 듣지 않았다(예레미야 13:1-7, 11).

이 말씀은 이스라엘 교회나 유대 교회의 성품이 무엇이고, 어떤 교회가 되었는지를 드러내 보여 주고 있습니다. "예언자의 허리에 띤 베로 만든 띠"는 성경말씀에 의한 주님과 교회의 결합을 뜻합니다. 왜냐하면 여기서 "예언자"는 성경말씀에서 비롯된 교리를 뜻하고, "예언자의 허리에 띤 띠"는 그 결합을 뜻하기 때문입니다. 삶에 속한 악들이나, 교리에 속한 거짓들에 의한 성경말씀의 위화(僞化)들은, 그리고 그것으로 인하여 이런 것들을 선호하는 추론들은 "유프라테스 강 가의 띠"가 뜻합니다. 왜냐하면 악들이나 거짓들을 선호하는 추론에 의하여 성경말씀이 왜곡되었을 때, 그 성경말씀에 의한 교회와 주님의 결합에는 더 이상 그 어떤 결합도 없기 때문입니다. 이러한 내용은 "전혀 쓸모가 없게 된 띠"가 뜻합니다. 이런 일이

유대 사람들에 의하여 행해졌다는 것은 구약이나 신약의 성경 말씀에서 아주 명확합니다. 신약의 성경말씀에서는, 주님에 관해서 그리고 교회에 속한 모든 본질적인 것들에 관해서 그들이 모든 것들을 왜곡, 타락시켰다는 성경말씀에 기록된 장절들에게서 명확하고, 그리고 또한 그들이 그들의 전통들이나 관습들에 의하여 이런 것들을 위화시켰다는 것에서 명확합니다.
[21] 같은 책의 말씀입니다.

> 그대가 이 책을 다 읽은 다음에는, 책에 돌을 하나 매달아서, 유프라테스 강 물에 던지십시오. 그런 다음에 '주께서 이 곳에 내리는 재앙 때문에 바빌로니아도 이렇게 가라앉아, 다시는 떠오르지 못하고 쇠퇴할 것이다' 하고 말하십시오(예레미야 51 : 63, 64).

그가 읽은 예언자의 "책"은 개별적으로는 그 책 안에 있는 성경말씀을 뜻합니다. "그가 그것을 유프라테스 강 물에 던진다"는 것은 시간의 경과 가운데 성경말씀이, 성경말씀을 섞음질하고 그런 작자들을 가리키는 "바빌론"이 뜻하는 자들에 의한 악들을 선호하는 추론들을 통해서 위화되었다는 것을 뜻합니다.
[22] 이사야서의 말씀입니다.

> 주께서
> 이집트 바다의 큰 물굽이를 말리시고,
> 뜨거운 바람을 일으키셔서,
> 유프라테스 강 물을 말리실 것이다.
> 주께서 그것을 쳐서
> 일곱 개울을 만드실 것이니,
> 누구나 신을 신고 건널 수 있을 것이다.
> 주께서, 남은 백성

곧 앗시리아에 남은 자들이 돌아오도록
큰길을 내실 것이니,
이스라엘이 이집트 땅에서 올라오던 날과
같게 하실 것이다.
(이사야 11 : 15, 16)

이 장절은, 주님에게서 비롯된 선에서 비롯된 진리들 가운데 있는 자들 앞에, 다시 말하면 교회에 속한 자들 앞에 있는, 모든 거짓들과 그것에서 비롯된 모든 추론들이 소멸될 것이라는 것을 뜻하고, 그리고 그들은 그것들의 가운데를 통해서, 말하자면 안전하게 통과할 것이라는 것을 뜻합니다. 이러한 사실은 영계에 있는 주님께서 보호하시는 자들에게서 그러합니다. 이 말씀은 "이스라엘 자손들 앞에서 홍해 바다를 말린다"는 것이 뜻하는 것과 동일한 뜻을 갖습니다. 주님의 보호 아래서 무사히 통과할 자들은 "앗시리아에서 돌아올 남은 자들"(=백성들)이 뜻하는데, "앗시리아에서 남은 자들"은 거짓들에서 비롯된 추론들에 의하여 소멸되지 않은 자들을 뜻합니다. 묵시록서의 아래의 장절도 동일한 뜻을 갖습니다. 묵시록서의 말씀입니다.

여섯째 천사가 그 대접을 큰 강 유프라테스에 쏟으니, 강물이 말라 버려서, 해 돋는 곳에서 오는 왕들의 길이 마련되었습니다(묵시록 16 : 12).

이 장절은 그 장절이 나오는 곳에서 충분하게 설명되겠습니다. [23] 이상에서 볼 때 우리가 밝히 알 수 있는 것은 "유프라테스 강"이 그것에 의하여 영적인 마음이 자연적인 것에 들어가는 합리적인 것을 뜻한다는 것이고, 그리고 반대적인 뜻으로는 그것이 오류들이나 거짓들에게서 비롯된 추론을 뜻한다는 것입니다. 그러나 여기서 주지하여야 할 것은, 생각들(=사상들)이 그러하듯이, 추론들이 같은 계도에 있다는 것입니다. 그 이유는 그것들이 생각들에게서 내려오기 때문입니다. 따라서 거기에는 이성들이나 진리들에게서 얻어진 이른바 결론들이라고 부르기 좋은 영적인 사람에게서 비롯된 추론들이 있다는 것입니다. 그리고 거기에는 자연적인 사람에게서 비롯된 추론들이 있고, 감관적인 사람에게서 비롯된 추론들이 있습니다. 영적인 사람에게서 비롯된 추론들은 합리적이고, 그리고 그러므로 그 추론들은 이성들이나 진리들에게서 비롯된 결론들이라고 부르기에 더 좋습니다. 그것들이 내면적인 것에서, 그리고 천계의 빛에서 비롯되기 때문에, 그러나 영적인 것들에 관한 자연적인 사람에게서 비롯된 추론들은 합리적이 아니기 때문에, 그럼에도 불구하고 합리적인 것은, 눈앞에 보이는 도덕적인 것들이나 시민법적인 것들 안에 있습니다. 그 이유는 그것들이 오직 자연적인 빛에서 비롯되기 때문입니다. 그러나 영적인 것들에 관한 감관적인 사람에게서 비롯된 추론들은 비이성적이기 때문에, 그리고 그것들이 오류들이나, 따라서 거짓된 것을 가리키는 개념들에게서 비롯되었기 때문입니다. 이런 것들이 지금 묵시록서에서 다루고 있는 추론들입니다.

570. 15절. **그래서 그 네 천사가 풀려났습니다.**
이 말씀은 오류들에서 추론하는 허가(許可 · license)를 뜻합니다. 이러한 뜻은, 전에 수용되지 않은, 감관적인 사람에게 속한 오류들에게서 비롯된 추론들을 가리키는 "유프라테스 강에 매여 있는 네 천사들"의 뜻에서(본서 569[A]항 참조), 그리고 그 아래에 이어지는 "그들이 풀려났다"는 것은 오류들로부터 지금 추론하는 허가에서 잘 알 수 있겠습니다. 이 허가가 지금 주어졌는데, 그것은 감관적인 사람은, 이 세상에서 그의 눈으로 보는 그런 것들에서 추론하기 때문이지만, 이에 반하여 그가 밝히는 것들 안(內部)에, 그리고 그것들 위(above)에 있는 것들을 볼 수 없는데, 그 이유는 그가 그것들을 보지 못하기 때문입니다. 이것이, 그것들이 그의 생각들 위에 있기 때문에, 그리고 그가 부인하고, 믿지 못하지만, 그러나 모든 것들을 자연의 탓으로 돌리는 천계나 교회에 속한 것들이라는 이유입니다. 따라서 감관적인 사람은 자기 스스로, 그리고 자신의 영 안에서 생각하지만, 그러나 이 세상에서는 전혀 다릅니다. 왜냐하면 이 세상에서는 심지어 성경말씀에서 비롯된 영적인 것들에 관해서, 또는 교회의 교리에서 비롯된 영적인 것들에 관해서도, 그의 기억으로 말미암아 말하기 때문입니다. 그리고 그가 말한 것은 무엇이나 영적인 사람이 그것을 말할 때와 같은 소리를 가지고 있기 때문입니다. 이런 것들이 교회의 마지막 때 교회의 사람들의 상태입니다. 비록 그들이 말하고 설교한 모든 말들이 외관상으로는 영적인 근원에서 비롯된 것처럼 정당한 것이라고 해도, 그럼에도 불구하고 그것들은 그들의 영이 거기에 있는 감관적인 궁극적인 것에서 유입합니다. 그것 자체에 남아 있을 때 이것은 그것들에 거슬러 추론하는데, 그 이유는 그것이 오류들로부터, 결과적으로는 거짓들로부터 추론하기 때문입니다.

571. 그들은 그 해, 그 달, 그 날, 그 때를 위하여 예비된 이들입니다.
이 말씀은 계속해서 그 상태에 있다는 것을 뜻합니다. 이러한 내용은, 계속해서 그 상태에 있는 것을 가리키는, 다시 말하면 진리의 모든 이해의 박탈이나, 아래에 이어지는 말씀이 뜻하는, 즉 "그들은 사람의 삼분의 일을 죽일 것이다"는 말씀이 뜻하는, 영적인 삶(=생명)의 박탈을 가리키는, "그 해, 그 달, 그 날, 그 때를 위하여 예비되었다"는 말씀의 뜻에서 잘 알 수 있겠습니다. 왜냐하면 여기서 "때"(=시간들) "그 날" "그 달" "그 해"라는 낱말은 성경말씀에서, 개별적으로나 일반적으로나, 삶

(=생명)의 상태를 뜻하고, 그러므로 이런 "위하여 준비되었다"는 말씀은 계속해서 그 상태 기간들에 있는 것을 뜻하기 때문입니다. 여기서 "때"(=시간)·"날"·"달"·"해"는 시간적인 의미의 시간·날·달·해를 뜻하지 않습니다. 그 이유는 영계에서 시대(=시간들·times)는 그와 같은 간격(間隔)들로 나뉘어지지 않기 때문입니다. 왜냐하면 천사적인 천계가 그것에서 취하는 그것의 빛이나 볕은, 마치 겉으로 보기에는 자연계의 태양에서와 같이, 비록 이런 것들이 자연계에서 시간이 하는 것과 같이 서로 이어져서 계속되는 것 같이 보인다고 해도, 그 태양에서 그 주위에 옮겨 주지 않기 때문에, 그러므로 그 태양은 해·달·날·때(=시간) 등을 일으키지 않기 때문입니다. 그와 같은 시간적인 것들—해·달·날·때—은 생명의 상태들에 의하여 구분, 분별됩니다. 이러한 내용은 《천계와 지옥》제 14장 천계의 태양(같은 책 116-125항 참조), 제 17장 천계에서의 천사들의 상태 변화(같은 책 154-161항 참조), 제 18장 천계의 시간(같은 책 162-169항 참조)에서 잘 볼 수 있겠습니다. 이렇게 볼 때 밝히 알 수 있는 것은, 천사들이 "때·날·달·해를 위해 준비되었다"는 것이 아래에서 다루어지는 계속해서 그 상태에 있는 것을 뜻한다는 것입니다. "시간"(hour)이 상태를 뜻한다는 것, 그러므로 "날·달·해"가 마찬가지로 상태를 뜻한다는 것, 그러므로 "날·달·해"가 마찬가지로 상태를 뜻한다는 것은 그런 것들이 언급, 거명된 성경말씀의 여러 장절들에서 명확하지만, 그러나 그 장절들을 인용한다는 것은 너무나 장황할 것이고, 지루할 것입니다. 그러나 《천계와 지옥》의 "천계의 시간"에 관해서 입증된 것을 참조하시고(같은 책 162-169항 참조), 그리고 《천계비의》에서 "시간들"(=때)이 성경말씀에서 그런 것들을 뜻하지 않고, 생명(=삶)의 상태를 뜻한다는 것은 같은 책 2788·2837·3254·3356·4814·

4901 · 4916 · 7218 · 8070 · 10133 · 10605항을 참조하십시오. "시간들"(=때들 · times)은, 영계에서 아침 · 낮 · 저녁 · 밤이라고 부르는 그 날의 때들(times)로 언급되지 않고 있기 때문에, 그리고 봄 · 여름 · 가을 · 겨울이라고 부르는 한 해의 때들이 언급되지 않고 있기 때문에 상태들(states)을 뜻합니다. 그리고 또한 우리의 이 세상에서와 같이 밝음(light)과 어둠(shade)의 변화들이나, 덥다(heat)나 춥다(cold)의 변화들이 없고, 그 대신에 사랑과 믿음에 관한 상태의 변화들(changes of state)이 있습니다. 비록 자연계에서와 꼭 같이 때들이 진행이나 진전 따위를 지닌다고 해도, 이런 것들에서 비롯되는 우리의 시간들로 나뉘는 간격들(intervals)에 속한 개념은 결코 없습니다(《천계비의》1274 · 1382 · 3356 · 4882 · 6110 · 7218항 참조). 주님을 가리키는, 천사적인 천계의 태양의 계속적인 그것의 오름(its rinsing)이 있기 때문에, 그리고 우리의 세계의 태양에서 같이 겉보기에서와 같은 회전(廻轉 · revolutions)이 결코 만들어지지 않기 때문에, 그러나 그 대신에 사랑의 선이나 믿음의 진리에 속한 그들의 수용에 따라서 천사들이나 영들에게는 단순한 상태의 변화들이 있기 때문에, 그러므로 때(times)는 상태의 변화들에 대응하고, 그것들을 뜻합니다(《천계비의 4901 · 7381항 참조). 그러므로 천사들이나 영들은, 사람이 할 수 없는, 시간의 개념(idea of time)에서 떠나서 생각합니다(같은 책 3404항 참조).

572. 그들은 사람의 삼분의 일을 죽이기로 예비된 이들입니다. 이 장절은 진리의 모든 이해나, 따라서 영적인 생명 자체의 박탈을 뜻합니다. 이러한 내용은 영적인 생명(=삶)의 박탈을 가리키는 "죽인다"(to kill)는 말의 뜻에서(본서 547항 참조), 그리고 진리의 이해를 가리키는 "사람들"(men)의 뜻에서(본서 546 · 547항 참조) 명확합니다. "삼분의 일"(the third part)은 진리들

과의 관계에서는 전부(all)를 뜻하고(본서 506항 참조), 따라서 여기서 "사람의 삼분의 일을 죽인다"는 것은 진리의 모든 이해의 박탈을 뜻합니다. 그것은 자체를 박탈하는 것을 뜻하는데, 그 이유는 삶에 속한 악들이나, 교리에 속한 거짓들을 통하여 감관적인 것이 된 자들은 오류들에서 비롯된 추론들에 의하여, 그리고 진리의 이해의 오류들에서 비롯된 추론들에 의하여 그것들을 박탈하지만, 그러나 감관적인 것들을 제외하면 다른 것들은 박탈하지 않습니다. 그들은 이와 같이 영적인 생명을 스스로 박탈하는데, 그것은 사람이 그의 이해를 통하여 영적인 생명을 소유하기 때문입니다. 왜냐하면 그 사람은, 그의 이해가 열려 있는 정도에 따라서 어느 정도 영적인 사람이 되기 때문이고, 그리고 진리들에 의하여 조요(照耀)되는 것 자체를 허용하기 때문입니다. 그러나 이해가 열린다는 것은 선에서 비롯된 진리들에 의한 것이지, 선이 없는 진리에 의한 것은 아닙니다. 왜냐하면 사람은, 그 사람이 사랑에 속한 선이나 인애 안에 사는 것에 비례하여 진리를 생각하기 때문입니다. 사실 진리는 선의 형체(the form of good)이고, 그리고 사람에게 있는 모든 선은 그의 의지에 속한 것이고, 모든 진리는 그의 이해에 속한 것입니다. 그러므로 의지에 속한 선은 이해에서 그것의 형체를 드러냅니다. 그리고 형체 자체는, 의지에서 비롯된 이해에서 비롯된 생각입니다.

573[A]. 16절. 그 천사들이 거느린 기마대의 수는 이억이나 된다는 것입니다.
이 장절은 그들이 선호해서 추론하고, 선에 속한 진리들에 거슬러서 작당, 음모를 꾸미는 것이 비롯된 악에 속한 거짓들이 수도 없이 많다는 것을 뜻합니다. 이러한 내용은, 이것에 관해서 곧 언급하겠지만, 악에 속한 거짓들을 뜻하는, "군대"의 뜻에서, 그리고 그것에서 비롯된 추론들을 가리키는 "기마대"(=기

병들 · horsemen)의 뜻에서 명확합니다. 왜냐하면 "말들"(horses)
은 진리의 이해를 뜻하고, 반대의 뜻으로는 왜곡된 이해나 파
괴된 이해를 뜻하기 때문입니다(본서 355 · 364 · 372[A] · 373 ·
381 · 382항 참조). 그러므로 이 뜻으로 "기병들"(=기마대 ·
horsemen)은 거짓들에게서 비롯된 추론들을 뜻하는데, 그것은
거짓들에게서 비롯된 추론들은 왜곡되고, 파괴된 이해에서 비
롯되기 때문입니다. 왜냐하면 진리들은 이해를 형성하지만, 그
러나 거짓은 이해를 파괴하기 때문입니다. 위에 언급된 것은
선에 속한 진리들에 거슬러 작당, 음모하는 헤아릴 수 없이 많
은 거짓들을 가리키는, "이억"의 뜻에서 명확합니다. "수만"(萬
· myriads)이 헤아릴 수 없이 많은 것을 뜻하고, 그리고 진리들
에 관해서 언급한다는 것은 본서 336항을 참조하십시오. 그리
고 여기서 "이억"(二億)이라고 언급하였는데, 그것은 이것이 결
합하고 음모하는 것이 헤아릴 수 없는 것들을 뜻하기 때문입
니다. 왜냐하면 숫자 "이"(2)는 결합을 뜻하고, 그리고 일치(一
致 · concord)나 음모나 모의(conspiracy)를 뜻하기 때문입니다
(본서 283 · 384항 참조). 그것은 선에 속한 진리들에 거스르는
것을 뜻하는데, 그 이유는 아래에 이어지는 것이 그런 부류의
기마병들의 군대들에 의한 진리들의 파괴를 다루고 있기 때문
입니다. 이상에서 볼 때 잘 알 수 있는 것은 "그 기마병의 군
대의 수가 이억이다"는 것은 악에 속한 거짓들이 그것에서 추
론하고, 선호하는 것이라는, 그리고 그것이 이 선에 속한 진리
들에 거슬러 음모하고 모의하는 것이 부지기수라는 것을 뜻합
니다.

[2] "군대들" 또는 많은 무리(host)가 성경말씀에는 자주 언급,
거명되고, 그리고 주님께서 "만군의 여호와" 또는 "제바오
스"(Zebaoth)라고 자주 불리셨는데, 여기서 "군대들"은 악에서
비롯된 거짓들에 거슬러서 싸우는 선에서 비롯된 진리들을 뜻

하고, 반대의 뜻으로는 선에서 비롯된 진리들에 거슬러서 싸우는 악에서 비롯된 거짓들을 뜻합니다. 이러한 내용이 성경말씀에서 "군대들"의 뜻인데, 그 이유는 역사서이든 예언서이든 성경말씀에서 "전쟁들"은, 속뜻으로 영적인 전쟁을 뜻하기 때문이고, 그리고 그것은 지옥이나 거기에 있는 지옥의 무리들에 대항하는 전쟁을 수행하기 때문입니다. 그리고 이런 부류의 전쟁들은, 거짓들이나 악들에 반대되는 진리들이나 선들과 관계를 가지고 있습니다. 이것이 "군대들"이 선에서 비롯된 모든 진리들을 뜻하는 이유이고, 반대의 뜻으로는 악에서 비롯된 거짓들을 뜻하는 이유입니다. "군대들"이 선에서 비롯된 모든 진리들을 뜻한다는 것은 "여호와의 군대"가 해·달·별들이나 천사들로 불리웠다는 것에서 명확한데, 그 이유는 그것들이 복합적으로 선에서 비롯된 모든 진리들을 뜻하기 때문입니다. 그리고 그들이 교회에 속한 진리들이나 선들을 뜻하기 때문에 이스라엘 자손들이 "군대들"이라고 불리운 것에서도 명확합니다. 그리고 모든 진리들이나 선들이 주님에게서 비롯되기 때문에, 그리고 또한 주님께서 홀로 천계에 있는 모두를 위해서 싸우시기 때문에, 그리고 지옥에서 비롯된 거짓들이나 악들에 거스르는 교회에 있는 모두를 위해 싸우시기 때문에, 그러므로 주님께서는 "여호와 제바오스"(Jehovah Zebaoth), 즉 "만군의 여호와"(Jehovah of Hosts)라고 불리셨습니다.

[3] 태양·달·별들이 "만군"(hosts)이라고 불리웠다는 것은 아래의 장절들에게서 명확합니다. 창세기서의 말씀입니다.

> 하나님은 하늘과 땅과 그 가운데 있는 모든 것(=만물·군상들·the host of them)을 다 이루셨다(창세기 2:1).

시편서의 말씀입니다.

주님은 말씀으로 하늘을 지으시고,
입김으로 모든 별(=그것들의 무리)을 만드셨다.
(시편 33 : 6)

같은 책의 말씀입니다.

주의 모든 천사들아,
주님을 찬양하여라.
주의 모든 군대(His hosts)야,
주님을 찬양하여라.
해와 달아, 주님을 찬양하여라.
빛나는 별들아, 모두 다 주님을 찬양하여라.
(시편 148 : 2, 3)

이사야서의 말씀입니다.

해와 달과 별들이 떨어져서 가루가 되고,
하늘은 마치 두루마리처럼 말릴 것이다.
포도나무의 잎이 말라 떨어지듯이,
무화과나무의 잎이 말라 떨어지듯이,
하늘에 있는 별들이 떨어질 것이다.
(이사야 34 : 4)

같은 책의 말씀입니다.

바로 내가 친히 이 땅을 만들었으며,
바로 내가 그 위에 인류를 창조하였다.
내가 손수 하늘을 폈으며,
그 모든 별에게 명령을 내렸다.

(이사야 45 : 12)

역시 같은 책의 말씀입니다.

> 너희는 고개를 들어서,
> 저 위를 바라보아라.
> 누가 이 모든 별을 창조하였느냐?
> 바로 그분께서 천체를
> 군대처럼 불러내신다.
> 그는 능력이 많으시고 힘이 세셔서,
> 하나하나, 이름을 불러 나오게 하시니.
> 하나도 빠지는 일이 없다.
> (이사야 40 : 26)

예레미야서의 말씀입니다.

> 셀 수 없이 많은 하늘의 별처럼, 측량할 수 없이 많은 바다의 모래처럼, 내가 나의 종 다윗의 자손과 나를 섬기는 레위 사람들을 불어 나게 하겠다(예레미야 33 : 22).

이 장절들에서 해·달·별들이 "군대"(host)로 불리웠는데, 그것은 "해"가 사랑의 선을 뜻하기 때문이고, "달"은 선에서 비롯된 진리를 뜻하기 때문이고, "별들"은 진리의 지식들이나 선의 지식들을 뜻하기 때문이고, 결과적으로는 그것들이 복합적으로 선들이나 진리들을 뜻하기 때문입니다. 그리고 이것들이 "군대"(a host · 무리)라고 불리웠는데, 그것은 그들이 악들이나 거짓들에 대하여 저항하였기 때문이고, 그리고 변함없이 적군들이나 원수들처럼 그것들을 정복하였기 때문입니다.
[4] 다니엘서의 말씀입니다.

9장 1-21절   253

그것이 하늘 군대에 미칠 만큼 강대해지더니, 그 군대와 별 가운데
서 몇을 땅에 떨어뜨리고 짓밟았다. 그것이 마치 하늘 군대를 주관
하시는 분만큼이나 강해진 듯하더니, 그분에게 매일 드리는 제사마
저 없애 버리고, 그분의 성전도 파괴하였다. 반역 때문에 성도들의
군대와 매일 드리는 제사가 그 뿔에게로 넘어갔다. 그 뿔은 하는 일
마다 형통하였고, 진리는 땅에 떨어졌다. 내가 들으니, 어떤 거룩한
천사가 말하는데, 또 다른 거룩한 천사가 먼저 말한 거룩한 천사에
게 물었다. "환상 속에서 본 이 일들이 언제까지나 계속될까? 언제
까지나 계속해서, 매일 드리는 제사가 폐지되고, 파멸을 불러올 반
역이 자행되고, 성소를 빼앗기고, 백성이 짓밟힐까?" 다른 천사가
나에게 말하였다. "밤낮 이천삼백 일이 지나야 성소가 깨끗하게 될
것이다"(다니엘 8:10-14).

여기서는 "숫염소"가 무엇을 뜻하는지, 그리고 "그것의 뿔들"
과 "그것이 하늘 군대에 미칠 만큼 창대해졌다"는 말씀이 뜻
하는 것이 무엇인지는 이미 본서 316[C]·336[B]·535항에
설명, 참조하십시오. "하늘의 군대 가운데서 땅에 떨어진 몇"
은 천계의 진리들과 선들을 뜻합니다. 왜냐하면 하늘(=천계)의
진리들이나 선들이 전혀 무가치한 것으로 평가, 생각되고, 배
척될 때를 가리키는 교회의 마지막 상태가 여기서 다루어 졌
기 때문이고, 이 상태가 "그것들 몇이 땅에 떨어뜨리고, 짓밟
았다"는 말씀이 뜻하기 때문입니다. 그러므로 "진리는 땅에 떨
어졌다"는 말씀이 부가되었습니다. "하늘 군대를 주관하는
분"(=군대의 통치자·the Prince of the Host)은, "여호와 하나님
제바오스"(Jehovah God Zebaoth) 또는 "군대의 여호와 하나님
제바오스"라고 불리우신, 주님을 뜻합니다. 사랑의 선이나 믿
음의 진리들에게서 비롯된 모든 예배가 소멸될 것이라는 것은
"매일 드리는 제사가 폐지되고, 그분의 성전도 파괴되었다"(=
그의 성소의 처소도 허물어졌다)는 말씀이 뜻합니다. 주님께서 이

세상에 강림하실 때를 가리키는 교회의 마지막에 이런 일이 일어날 것이다는 것은 "저녁과 아침까지"(=이천삼백 일까지)라는 말씀이 뜻하는데, 여기서 "저녁"(evening)은 옛 교회의 마지막 때를 뜻하고, "아침"(morning)은 새로운 교회의 처음 때를 뜻합니다.

[5] 천사들이 "군대들"(hosts)이라고 불리웠다는 것은 아래의 장절들에서 명확합니다. 요엘서의 말씀입니다.

> 주께서 큰 음성으로
> 당신의 군대를 지휘하신다.
> 병력은 헤아릴 수 없이 많고,
> 명령을 따르는 군대는 막강하다.
> (요엘 2 : 11)

스가랴서의 말씀입니다.

> 내가 내 집에 진을 둘러쳐서, 적군이 오지 못하게 하겠다. 내가 지켜 보고 있으니, 압제자가 내 백성을 침범하지 못할 것이다(스가랴 9 : 8).

시편서의 말씀입니다.

> 주의 군대들아,
> 그의 뜻을 실행하는 종들아,
> 주님을 찬양하여라.
> (시편 103 : 21)

열왕기 상서의 말씀입니다.

> 미가야가 말을 계속하였다. 그러므로 이제는 주의 말씀을 들으십시

오. 내가 보니, 주께서 보좌에 앉으시고, 그 좌우 옆에는, 하늘의 모든 군대가 둘러 서 있는데, 주께서 물으십니다. '누가 아합을 꾀어내어서, 그로 길르앗의 라못으로 올라가서 죽게 하겠느냐?' ……저마다 자기의 의견을 말하였다(열왕기 상 22 : 19, 20).

묵시록서의 말씀입니다.

하늘의 군대가 희고 깨끗한 고운 모시 옷을 입고, 흰 말을 타고, 그분을 따르고 있었습니다(묵시록 19 : 14).

같은 책의 말씀입니다.

나는 짐승과 세상의 왕들과 그 군대들이, 흰 말을 타신 분과 그 분의 군대에 대항해서 싸우려고 모여 있는 것을 보았습니다(묵시록 19 : 19).

천사들이 모두 함께 모였다, 또는 그들의 무리(=동료)가 "군대"(a host)라고 불리웠는데, 그것은 "천사들"이, "군대"와 꼭 같이, 신령진리들이나 신령선들을 뜻하기 때문입니다. 그리고 그것은 그들이 주님에게서 비롯된 이런 것들의 수용그릇들이기 때문입니다(본서 130 · 200 · 302항 참조).
[6] 동일한 이유 때문에, 그리고 그들이 교회에 속한 진리들이나, 선들을 뜻하기 때문에, 이스라엘 자손들은, 아래의 장절에서와 같이, "군대들"(hosts)이라고 불리웠습니다. 출애굽기서의 말씀입니다.

이스라엘 자손을 부대(=군대)별로 편성하여 이집트 땅에서 인도하여 내라는 주의 분부를 받은 이들이, 바로 이들 아론과 모세이다(출애굽 6 : 26).

같은 책의 말씀입니다.

> 바로가 너희의 말을 듣지 않을 때에, 나는 손을 들어 큰 재앙으로 이집트를 치고, 나의 군대요, 나의 백성인 이스라엘 자손을 이집트 땅에서 인도하여 내겠다(출애굽기 7:4 ; 12:17).

역시 같은 책의 말씀입니다.

> 마침내, 사백삼십 년이 끝나는 바로 그 날, 주의 모든 군대가 이집트 땅에서 나왔다(출애굽기 12:41).

민수기서의 말씀입니다.

> 이스라엘 사람 가운데서 스무 살이 넘어 군대에 입대할 수 있는 남자들을, 모두 각 부대별로 세어라(민수기 1:3).

같은 책의 말씀입니다.

> 이스라엘 자손이 진을 칠 때에는, 회막을 중심으로 하여 그 둘레에 진을 치되, …… 그들의 부대에 따라서 출발한다(민수기 2:3, 9, 16, 24).

역시 같은 책의 말씀입니다.

> 군대에 입대할 수 있는 이들로서, 회막 일을 맡을 수 있는 사람의 수를 조사하여라(민수기 4:3, 23 30, 39).

이스라엘 자손들이 "여호와의 군대"(the hosts of Jehovah)라고 불리웠는데, 그것은 그들이 교회를 표징하기 때문이고, 그리고 그것의 모든 진리들이나 선들을 뜻하기 때문입니다(《천계비의》5414 · 5801 · 5803 · 5806 · 5812 · 5817 · 5819 · 5826 · 5833 · 5879 · 5951 · 6637 · 6862 · 6868 · 7035 · 7062 · 7198 · 7201 · 7215 · 7223 · 7957 · 8234 · 8805 · 9340항 참조). 그들은 복수로 "군대들"(=만군 · hosts)이라고 불렀는데, 그것은 모세의 글에서 볼 수 있는 것과 같이, 그리고 그들의 부대에 따라서 그들 모두를 계수하라는 명령이 그에게 주어졌을 때, 그리고 그들의 지파들에 따라서 그 수를 계수할 때, 각 지파(=부족)가 "군대"(a host)라고 불리웠기 때문입니다(민수기 1:1, 3 그 이하 절). 마찬가지로 지파에 따라서 회막 둘레에 진을 칠 때에도 "그들의 군대"라는 말이 언급되었습니다(민수기 2:3, 9). 지파들이 "군대들"(hosts)이라고 불리웠는데, 그것은 모두 합쳐진 열두 지파들이 교회에 속한 진리들과 선들을 표징하기 때문이고, 각각의 지파는 교회에 속한 몇몇의 보편적인 본질적인 것을 표징하기 때문입니다(본서 431항 참조).

[7] 이상에서 볼 때 밝히 알 수 있는 것은 천계의 진리들이나 선들, 그리고 교회의 진리들이나 선들이 성경말씀에서 "군대들"(hosts)이 뜻한다는 것입니다. 그리고 그것은 성경말씀에서 여호와께서 "만군의 주"(=여호와 만군의 주 · Jehovah Zebaoth)나 "여호와 하나님 만군의 주"(Jehovah God Zebaoth), 즉 "군대들"(of hosts)이라고 불리운 이유를 명확하게 합니다. 예를 들면 이사야 1:9, 24 ; 2:12 ; 3:1, 15 ; 5:7, 9, 16, 24 ; 6:3, 5 ; 8:13, 18 ; 14:22, 23, 24, 27 ; 17:3 ; 25:6 ; 28:5, 22, 29 ; 29:6 ; 31:4, 5 ; 37:16 ; 예레미야 5:14 ; 38:17 ; 44:7 ; 아모스 5:16 ; 학개 1:9, 14 ; 2:4, 8, 23 ; 스가랴 1:3 ; 말라기 2:12 ; 그리고 그 밖의 여러 곳이 되겠습니다.

573[B]. 이렇게 볼 때, 명확한 것은 "군대들"이 전체적인 복합체적으로 천계나 교회의 진리들이나 선들을 뜻한다는 것입니다. 그리고 성경말씀의 대부분의 것들은 역시 반대적인 뜻을 가지고 있기 때문에, 역시 "군대들"(hosts)도 그러한데, 여기서 반대되는 뜻으로 "군대들"은 그것들의 복합적으로는 거짓들이나 악들을 뜻합니다. 예를 들면 아래의 장절들이 되겠습니다. 예레미야서의 말씀입니다.

> 이는 집집마다 사람들이 지붕 위에서 온갖 천체(=하늘의 모든 군상·군대)에게 향을 피워 올리고, 이방 신들에게 술을 부어 제물로 바쳤기 때문이다(예레미야 19:13).

스바냐서의 말씀입니다.

> 지붕에서 하늘의 뭇 별(=하늘의 군상·군대)을 섬기는 자들(스바냐 1:5).

신명기서의 말씀입니다.

> 눈을 들어서 하늘에 있는 해와 달과 별들, 하늘의 모든 천체(=하늘의 모든 군상·군대)를 보고 미혹되어서, 절을 하며 그것들을 섬겨서는 안 된다(신명기 4:19 ; 17:3).

또 예레미야서의 말씀입니다.

> (그들의 무덤에서 뼈를 꺼내다가), 그들이 좋아하고, 노예처럼 섬기고 뒤쫓아 다니고, 뜻을 물어 보면서 찾아 다니고 숭배하던, 해와 달과 하늘의 모든 천체(=군대) 앞에 뿌릴 것이다(예레미야 8:2).

여기서 "하늘의 군대"(=하늘의 군상·천체)는, 이것들이 복합적으로 모든 선들이나 진리들을 뜻하기 때문에 해·달·별들을 뜻하지만, 그러나 지금 여기서는 복합적으로 모든 악들이나 거짓들을 뜻합니다. 왜냐하면 나쁜 뜻으로 "해"는 자기사랑(自我愛)에서 유입하는 모든 악을 뜻하기 때문이고, "달"은 믿음의 거짓(the falsity of faith)을 뜻하기 때문이고, "별들"은 일반적으로 거짓들을 뜻하기 때문입니다. 해·달·별들이 천사적인 천계의 해나 달 대신에 예배될 때, 자연계의 "해·달·별들"이 매우 지독한 악들이나 거짓들을 뜻한다는 것은 나의 저서 《천계와 지옥》122·123항이나, 본서 401[G]·402·525항을 각각 참조하십시오. 그리고 선에서 비롯된 진리들이 악에서 비롯된 거짓들에 거슬러서 싸우기 때문에, 그리고 반대로 악에서 비롯된 거짓들이 선에서 비롯된 진리들에 거슬러서 싸우기 때문에, 그것들은 "군대들"(hosts)이라고 불리웠습니다. 왜냐하면 거기에는 계속적인 싸움(combat)이 있기 때문입니다. 그리고 악들이나 거짓들은 계속해서 지옥에서 발산(發散), 솟아오르기 때문이고, 그리고 그것들은 천계에 있고, 그리고 천계에서 비롯된 선들에게서 비롯된 진리들을 파괴하려고 애쓰기 때문이고, 그리고 이런 것들은 계속해서 저항하기 때문입니다. 왜냐하면 영계에 있는 곳은 어디에서나 천계와 지옥의 균형상태(an equilibrium)이 있기 때문입니다. 그리고 균형상태가 있는 곳에 있는 두 힘들(=세력들·two forces)은 계속해서 서로서로 거슬러서 작용하기 때문입니다. 그리고 하나가 이렇게 작용하면, 다른 하나는 저렇게 반작용을 하고, 그리고 계속적인 작용과 반작용은 바로 계속적인 싸움(continual combat)이기 때문입니다. 그러나 균형상태(=평형상태)는 주님에 의하여 이미 장만되었습니다. 이러한 사실은 나의 저서 《천계와 지옥》589-596·597-603항을 참조하십시오. 그리고 천계와 지옥

사이에 이와 같은 계속적인 싸움이 있기 때문에 그러므로 천계의 이런 모든 것들은 "군대들"이라고 불리웠기 때문에, 역시 지옥의 모든 것들도 그와 같이 불리웠습니다. 천계의 모든 것들은 선들이나 진리들과 관계를 가지고 있고, 지옥의 모든 것들은 악들이나 거짓들과 관계를 가지고 있습니다.

[9] 그 때 이런 것이 아래의 장절에서 "군대들"(hosts)이 악에 속한 거짓들을 뜻하는 이유입니다. 이사야서의 말씀입니다.

> 주께서 모든 민족에게 진노하시고,
> 그들의 모든 군대에게 분노하셔서
> 그들을 진멸시키시려고 하신다.
> 그들이 살해당하고록
> 버려 두시기로 작정하셨다.
> (이사야 34 : 2)

여기서 "민족들"은 악을 뜻하고, "군대"(host)는 악에서 비롯된 거짓들을 뜻합니다. 그것들의 전체적인 파괴나 멸망은 "주께서 그들을 진멸시키려고 하시고, 그들이 살해당하도록 버려 두시기로 작정하셨다"는 말씀이 뜻합니다.

[10] 같은 책의 말씀입니다.

> 저 소리를 들어 보아라.
> 무리가 떠드는 소리다.
> 저 소리를 들어 보아라.
> 나라들이 소리 치고
> 나라들이 모여서 떠드는 소리다.
> 만군의 주께서, 공격을 앞두고,
> 군대를 검열하실 것이다(=산들에서 나는 무리의 소리는 마치 큰 백성의 소리와 같으니, 민족들의 왕국들이 함께 모여서 떠드는 소리다. 만군의 주가 싸움의 군사를 소집하였다)(이사야 13 : 4).

"산들에서 나는 무리의 소리"는 악들에게서 비롯된 거짓들을 뜻하고, 여기서 "무리"(=군중)는 거짓들을 뜻하고 "산들"(the mountains)은 악들을 뜻하고, "큰 백성의 소리와 같다"는 것은 선에게서 비롯된 진리들과 같이 보이는 것을 뜻하고 "같다"(like as)는 말은 겉보기(appearance)를 뜻하고, "백성"(people)은 진리들 안에 있는 자들, 따라서 진리들을 뜻하고, "크다"(great)는 선에 관해서 서술합니다. "민족들의 왕국들이 함께 모여서 떠드는 소리"(=나라들이 소리치고, 나라들이 모여서 떠드는 소리)는 악들에게서 일어난, 그리고 그것에서 비롯된 거짓들에게서 일어난, 교회 안에 있는 불화나 불일치(=내분 · 잡음 · discord)를 뜻하고, 그리고 "떠드는 소리"(=폭동의 소리 · the voice of a tumult)는 불화나 내분을 뜻하고, "왕국들"은 진리들이나, 거짓들에 대한 교회들을 뜻하고, "함께 모인 민족들"은 교회에 속한 진리들이나 선들에 대하여 음모를 꾸미는 악들이나 그것에서 비롯된 거짓들에 관한 것을 뜻하고, "만군의 주께서 군대를 검열하신다"(=만군의 주가 싸움의 군사를 소집하신다)는 말씀은 주님께서 이 일을 하신다는 것을 뜻합니다. 왜냐하면 이런 일은 주님의 탓으로 돌리기 때문입니다. 이런 것은 다음의 5절 말씀, 즉 "온 땅을 멸하려고 주와 함께 그 진노의 무기로 주의 군대가 먼 나라에서, 하늘 끝 저 너머에서 온다"는 말씀에서 명확합니다. 이러한 내용은, 마치 악이 악의 형벌을 주님의 탓으로 돌리는 것과 꼭 같습니다. 그리고 교회의 멸망이나 파괴는 어디에서나 주님의 탓으로 돌리는데, 그것은 그런 것이 그것의 겉모습이기 때문이고, 그리고 성경말씀의 문자의 뜻은 역시 그런 겉모습(外現)들과 일치하기 때문입니다. 그러나 영적인 뜻으로 이것은 교회의 사람 자신이 이런 것을 행한다는 것을 뜻합니다.

[11] 예레미야서의 말씀입니다.

>너희는 바빌로니아의 젊은이를
>무자비하게 죽이고(=아끼지 말고),
>그 모든 군대를 진멸시켜라
>(예레미야 51 : 3)

이 장절은 바빌론에 관해서 언급하고 있습니다. 그리고 "바빌로니아의 젊은이를 아끼지 말아라"(=무자비하게 죽인다)는 말씀은 확증된 거짓들의 파괴나 멸망을 뜻하고, "그 모든 군대를 진멸시킨다"는 것은 그녀(=바빌로니아) 안에 있는 악들에게서 비롯된 거짓들의 전체적인 파괴나 멸망을, 따라서 바빌론의 멸망을 뜻합니다. 악에서 비롯된 진리들(=거짓들)은 이런 장절들이 뜻합니다. 예레미야서의 말씀입니다.

>너희를 도우려고 출동한 바로의 군대는 제 나라 이집트로 돌아갈 것이다(=갈대아의 군대와 바로의 군대)
>(예레미야 37 : 7, 10, 11).

출애굽기서의 말씀입니다.

>이렇게 물이 다시 돌아와서 병거와 기병을 뒤덮어 버렸다. 그래서 이스라엘 백성의 뒤를 따라 바다로 들어간 바로의 모든 군대는, 하나도 살아 남지 못하였다(출애굽 14 : 28 ; 15 : 4).

이 장절은 본서 355[G]항과 《천계비의》 8230 · 8275항에 설명되었습니다.

[12] 다니엘서의 말씀입니다.

>북쪽 왕은 돌아가서, 처음부터 더 많은 군대를 일으킬 것이며, 몇

해가 지난 다음에, 큰 군대와 장비를 이끌고 갈 것이다.…… 그는 남쪽 왕을 치려고, 용기를 내서 큰 군대를 일으킬 것이다. 남쪽 왕도 매우 크고 강한 군대를 일으켜서 맞서서 싸우지만, 대항하지 못할 것이다. 북쪽 왕이 음모를 꾸며서 남쪽 왕을 칠 것이기 때문이다 (다니엘 11 : 13, 25).

이 장은 북쪽 왕과 남쪽 왕 사이의 전쟁에 관해서 다루고 있습니다. "북쪽 왕"은 악에 속한 거짓들 안에 있는 자들 가운데 있는 교회 안에 있는 것들을 뜻하고, 그리고 "남쪽 왕"은 선에 속한 진리들 안에 있는 자들을 뜻합니다. 그리고 교회의 마지막 때의 충돌(collision)이나 전쟁 따위가 영적인 뜻으로 그들의 전쟁에 의하여 기술되었습니다. 그러므로 "북쪽 왕의 군대"는 모든 종류의 거짓들을 뜻하고, "남쪽 왕의 군대"는 모든 종류의 진리들을 뜻합니다.

[13] 누가복음서의 말씀입니다.

예루살렘이 군대에게 포위당하는 것을 보거든, 그 도시의 파멸이 가까이 온 줄 알아라(누가 21 : 20).

이 장에서는 주님께서 교회의 마지막 때를 뜻하는 시대의 종말(the consummation)에 관해서 말씀하시고 있습니다. 여기서 "예루살렘"은 교리에 관한 교회를 뜻하고, "군대에게 포위당한다"는 것은 교회가 거짓들에 의하여 취하여 진 소유를 뜻합니다. 그 때 그것의 파멸(=패망)이 왔다는 것이나, 곧 최후심판(the Last Judgment)이 온다는 것은 "그 때 그 패망(=파멸)이 왔다"는 말씀이 뜻합니다. 일반적으로 로마 사람들에 의한 예루살렘의 멸망에 관해서 언급된 것이라고 믿지만, 그러나 우리의 본문의 개별적인 것들에서 보면, 교회의 마지막 때의 교회의 멸망을 다루고 있다는 것은 아주 명확합니다. 이러한 내용은 역시 마태복음서 24장 첫절에서부터 마지막 절에서 다루어졌고, 그리고 그것의 모든 내용들은 《천계비의》에 설명되었습니다. 그러나 이러한 것은 이런 말씀들의 문자적인 뜻은 예루살렘의 멸망에 적용하는 것을 막고, 방해하는 것은 아닙니다. 그리고 그 멸망은 마지막 때의 그 교회의 멸망을 표징하고, 그것에서 비롯된 멸망을 뜻합니다. 이러한 사실이나 내용은 영적인 뜻에 고려된 그 장의 모든 개별적인 것들에 의하여 확증되었습니다.

[14] 시편서의 말씀입니다.

> 이제는 주께서 우리를 버리시고,
> 우리를 싫어하셔서,
> 우리 군대와 함께 출전하지 않으셨습니다.
> 주께서 우리를 적에게서 밀려나게 하시니,
> 우리를 미워하는 자들이
> 마음껏 우리를 약탈하였습니다.
> (시편 44 : 9, 10)

"주(=하나님)께서 우리 군대와 함께 출전하지 않으셨다"(=진군하지 않으셨다)는 말씀은 주님께서 그들을 방어, 막아주지 않았다는 것을 뜻하는데, 그것은 그들이 악에 속한 거짓들 안에 있었기 때문입니다. 왜냐하면 여기 "군대"는 악에 속한 거짓들을 뜻하기 때문입니다. 그러므로 "주께서 우리를 원수(=적군)에게서 돌아서게 하시니(=밀려나게 하시니), 우리를 미워하는 자들이 마음껏(=자기들 멋대로) 우리를 약탈 하였습니다"는 말씀이 언급되었습니다. 여기서 "원수"(=적군·adversary)는 지옥에서 비롯된 악을 뜻합니다.

[15] 요엘서의 말씀입니다.

메뚜기와 누리가 썰어 먹고
황충과 풀무치가 삼켜 버린
그 여러 해의 손해를,
내가 너희에게 보상해 주겠다.
그 엄청난 메뚜기 군대를
너희에게 보내어 공격하게 한 것은
바로 나다.
(요엘 2 : 25)

여기서 "군대"(army)가 온갖 종류의 거짓들이나 악들을 뜻한다는 것은 아주 명료합니다. 그 이유는 이들이 유해한 작은 동물들이기 때문입니다. 여기서 "메뚜기"(locust)·"누리"(=자벌레·canker worm)·"황충"(=풀쐐기·caterpillar)·"풀무치"(=모충·palmer worm) 등은 교회의 진리들이나 선들을 황폐시키고, 없애 버리는 거짓들이나 악들을 뜻합니다. 본서 543항에는 이런 것들이 설명되었는데, 여기서 "메뚜기와 황충"(locust and caterpillar)이 감관적인 사람의 거짓들과 악들을 뜻한다는 것을 설명하였습니다. 일련의 이런 내용은 성경말씀에서, 좋은 뜻이나 나쁜 뜻에서, "군대"(army)가 무엇을 뜻하는지 명확하게 합니다. "군대"는 역사서에서도 동일한 뜻을 가지고 있는데, 왜냐하면 이런 것들은 예언서와 꼭 같이 영적인 뜻을 지니고 있기 때문입니다. 그러나 역사서의 그것은 예언서에 비하여 덜 명료하게 하는데, 그 이유는 마음이 역사적인 뜻에 집중, 열심일 때, 그 마음은 역사 안에 있는 세상적인 것들 이상으로 쉽게 일어나지 않기 때문이고, 그리고 세상적인 것들 안에 쌓여 있는 영적인 것들을 쉽게 볼 수 없기 때문입니다.

574. 나는 그들의 숫자를 들었습니다(=내가 들은 그 숫자는 ……).
이 말씀은 그들의 성품이 지각되었다는 것을 뜻합니다. 이런 내용은 지각하는 것을 가리키는, "듣는다"(to hear)는 말의 뜻에서(본서 14·529항 참조), 그리고 다루는 사물의 성질(=됨됨이·quality)을 가리키는 "숫자"(number)의 뜻에서(본서 429항 참조), 그리고 여기서는, 바로 위에서 설명한 것과 같이, "기마병의 숫자"가 뜻하는 것은, 거짓들이 비롯된 근원인, 선에 속한 진리에 거슬러서 음모를 꾀하는, 그리고 감관적인 사람의 추론들을 선호하는 악에 속한 거짓들의 성질을 뜻합니다. 그러나 이런 것들의 성질은 우리의 본문장 다음 절인 "나는 이러한 환상 가운데서 말들과 그 위에 탄 사람들을 보았는데, 사람들은 화홍색과 청색과 유황색 가슴막이를 둘렀고, 말들은 머리가 사자의 머리와 같으며, 입에서는 불과 연기와 유황을 내뿜고 있었습니다"는 구절을 설명할 때, 더 자세하게 기술되겠습니다. 여기의 이런 낱말들은 여기서 "숫자"가 뜻하는 성질을 기술하고 있습니다. 숫자의 어떤 것은 여기서 "숫자"가 뜻하는 것으로 보이기도 하지만, 그러나 영계에는, 숫자가 전혀 없습니다. 왜냐하면 거기에서 공간(空間·spaces)이나 시간(時間·times)은 자연계에 있는 숫자들에 의하여 계수되지도 않고, 측정되지 않기 때문입니다. 그러므로 성경말씀의 모든 숫자들은 사물(事物·things)들을 뜻하고, 그리고 그 숫자 자체는 그 사물의 성질이나 성품(=됨됨이·quality)을 뜻합니다(본서 203·336·429·430항 ; 《천계와 지옥》263항 참조).

575. 17절. 나는 이러한 환상 가운데서 말들과 그 위에 탄 사람들을 보았습니다.
이 말씀은 오류들에게서 비롯된 추론들에 의한 성경말씀의 위화(僞化)들을 뜻합니다. 이러한 내용은 성경말씀의 이해를 가리키는 "말들"(horses)의 뜻에서(본서 355·364·372[A]·373·381·382항 참조), 그러나 여기서는 그것의 위화를 가리키는 "말들"의 뜻에서 명확합니다. 그것은, 이것에 관해서 곧 설명하겠지만, "그가 환상 가운데서 말들을 보았다"라고 언급되었기 때문입니다. 그리고 또한 이것에 관해서는 위에 인용된 장절들을 참조하시면 잘 알겠지만, 성언(聖言 · the Word)을 이해하는 자들을 가리키는 "말들 위에 탄 사람들"의 뜻에서 명백하지만, 그러나 여기서는 감관적인 사람이나, 온갖 오류들에게서 비롯된 그들의 추론들을 다루고 있기 때문에, 여기서 그것은 성경말씀의 뜻에 관한 온갖 오류들에게서 비롯된 추론들을 뜻합니다(본서 569항 참조). 그리고 앞에서와 같이 "영 안에서"(in the spirit)가 아니고, "환상 가운데서"(in vision) 그가 그것들을 보았다고 언급되었기 때문인데, 여기서 "환상 가운데" 보았다는 것은 온갖 오류들로 말미암은 모든 것을 뜻하기 때문입니다.

[2] 사람이나, 사람의 영이 본 환상이나, 그 환상으로부터 사람이나 사람의 영이 보는 환상은 두 겹(二重 · a twofold)의 종류에 속한 것입니다. 즉 거기에는 진정한 환상들(real visions)이 있고, 진정한 것이 아닌 환상들이 있습니다. 전자, 진정한 환상들은 영계에서 진정하게 보이는 그런 것들의 환상들이고, 그리고 그것들은 천사들의 생각들(=사상들)이나 정동들에 전적으로 대응하는 그런 것들의 환상들인데, 결과적으로 그것들은 진정한 대응들입니다. 이런 부류의 것들이 진리들을 예언하는 예언자들이 가지는 환상들입니다. 그리고 또한 이런 환상들이 사도 요한에게 보여진 환상들이고, 그리고 그런 환상들이 묵시록서에 두루두루 기술된 것들입니다. 그러나 진정한 것이 아닌 환상들이 진정한 환상들과 같은 겉모양으로 동일한 외현(=겉모습 · 外現 · appearance)을 가지지만, 그러나 그것은 속모습(the internal form)은 아닙니다. 이런 환상들은 온갖 공상들(=망상들 · phantasies)에 의하여 영들이 만들어 냅니다. 이런 부류의 환상들이 헛된 것들이나 거짓말들을 예언하는 그런 예언자들이

가지는 환상들입니다. 그런 것들이 진정한 것이 아니고, 온갖 오류들이기 때문에 이런 부류의 화상들은 따라서 온갖 오류들을 뜻합니다. 이런 환상 가운데서 사도 요한이 "말들이나 말들 위에 탄 사람들을" 보았기 때문에, 그들은 오류들에게서 비롯된 추론들을 뜻하고, 그리고 그것에서 비롯된 성경말씀의 왜곡들(歪曲)이나 위화(僞化)들을 뜻합니다.

[3] 성경말씀이 그들에 의하여 기록된 예언자들은 진정한 환상들(real visions)을 가지고 있었기 때문에, 이른바 예언자들이라고 불리운 다른 자들은 진정한 것이 아닌 환상들을 가지고 있었기 때문에, 그리고 그들의 예언들은 쓸데없는 것(vain)이고, 그리고 "거짓말들"(lies)이라고 불리웠기 때문에, 따라서 환상들이 진정으로 무엇인지 안다는 것은 매우 중요합니다. 영계에서 진정하게 나타나는 모든 것은 대응(對應 · correspondences)들입니다. 왜냐하면 그것들은 천사들의 마음에 속한 것들을 가리키는 천사들에 속한 내면적인 것들에 대응합니다. 다시 말하면 그들의 정동에 속한 것들이나, 그것에서 비롯된 그들의 생각들에 속한 것들에 대응합니다. 따라서 이런 것들은 그것들이 뜻하는 것들입니다. 왜냐하면, 천사들의 정동이나 결과적인 천사들의 생각을 가리키는 영적인 것들은 자연계의 세 왕국들—동 · 식 · 광물계—에 보이는 그런 부류의 형체들로 자체를 옷 입히고 있기 때문입니다. 그리고 이런 모든 형체들은 대응들이고, 그리고 예언자들에게 그렇게 보이는 그런 것들은 그것들에 대응하는 것들을 뜻합니다. 그러나 영계에는 대응들이 아닌 외현들이 있을 수 있습니다. 그리고 이런 것들은 영들에 의하여 생성되고, 특히 공상들(=망상들)에 의하여 악령들이 생성합니다. 왜냐하면 이런 부류의 영들은 그와 같은 망상들이나 공상들에 의하여 공공연히 궁전들(palaces)을 나타낼 수 있기 때문이고, 그리고 잘 단장한 집들(家屋)도 나타

낼 수 있고, 그리고 또한 화려하게 꾸민 의상들도 드러낼 수 있기 때문입니다. 그들은 또한 스스로 자신들의 얼굴들을 아름답게 꾸밀 수 있고, 그 밖의 다른 겉모양들도 마찬가지입니다. 그러나 그것의 수단들이었던 공상이나 망상이 소멸되는 순간 그 즉시 이런 모든 것들은 소멸되었습니다. 그 이유는 그것 안에 내적인 것이 전혀 없는 외적인 것들이었기 때문입니다. 이런 부류의 환상들이 망상이나 공상 따위에서 비롯되기 때문에, 그들은 온갖 오류들을 뜻하는데, 그 이유는 그들이, 감관들을 속이기 때문이고, 그리고 공공연하게 진정한 것들과 같이 사물들을 믿을 수 있는 것처럼 드러내기 때문입니다. 여기서는 이런 오류들을 뜻하기 때문에, 우리의 본문은 "나는 이러한 환상 가운데서 말들을 보았습니다"라고 언급된 것입니다. 여기서는 오류들에게서 비롯된 추론들이 다루어지고 있기 때문에 오류들이 무엇인지 설명하겠습니다.

[4] 자연적인 일이나, 시민법적인, 또는 도덕적인 일에는 그리고 심지어 영적인 일에는 수많은 오류들이 존재합니다. 그러나 영적인 것들 안에 있는 오류들도 여기서 뜻하는 오류들이기 때문에 나는 지금 여기서 영적인 것들 안에 있는 것이 무엇이고, 그것의 성질이 무엇인지를 몇몇 예들을 들어서 입증하고자 합니다. 감관적인 사람은 오류들 안에 있습니다. 그 이유는 그의 생각에 속한 모든 개념들은 이 세상에서 비롯된 것이고, 그리고 육체적인 감관들을 통해서 들어온 것이기 때문입니다. 그러므로 그 사람은 이런 것들로 말미암아 영적인 것들에 관해서 생각하고, 그리고 결론들을 얻기 때문입니다. 더욱이 감관적인 사람은 영적인 것이 무엇인지 알지 못하고, 그리고 그 사람은 자연 위에는 아무것도 없다고 믿습니다. 또한 만약에 그런 것이 있다고 해도 그것은 자연적인 것이고, 물질적인 것이라고 믿습니다. 그 사람은 자연계 안에 있는 것과 같은 사물들

이 영계에 존재한다는 것을 결코 믿을 수 없습니다. 다시 말하면 영계에는 낙원들・관목(灌木)들・화단들・잔디밭들・궁전들・가옥들이 눈에 보인다는 것들도 전혀 이해할 수 없습니다. 감관적인 사람들은, 비롯 예언자들이 영의 상태에 있을 때 예언자들에 의하여 보여진 것들과 같은 것들이라고 알고 있지만, 이런 것들은 망상들이라고 주장, 역설합니다. 그들은 또한 이런 것들이 영계에 존재하는 것들이라는 것을 믿지 않습니다. 왜냐하면 그들은 눈으로 볼 수 없는 것이나, 또는 육신의 어떤 감관에 의하여 지각될 수 없는 것은 존재하지 않는 것(a nonentity)이라고 상상하기 때문입니다.

[5] 오류들로부터 무엇을 판단하는 자들은 사후(死後) 사람이 완전한 인간의 형체를 가지고 있다는 것을 전혀 파악할 수 없고, 그리고 천사들도 그와 같은 형체를 가지고 있다는 것을 파악할 수 없습니다. 그러므로 그들은 사후 사람들이 인간적인 형체들이라는 것을 부인합니다. 그리고 그들은, 그들이 눈・귀・입 따위가 없는, 결과적으로는 시각・청각이 없고, 말도 못하는 대기 중에서 가볍게 날고, 그리고 부활을 기다리는 그저 숨을 쉬는 것, 다시 말하면 보고, 듣고, 말하는 그런 것이라고 말합니다. 그들이 말하고 믿는 이런 것은, 그들이 육체적인 감관들의 오류들에게서 생각하기 때문입니다. 그런 감관들의 오류에서 추론하고, 어떤 결론을 도출하는 자들은 모든 것들을 자연의 탓으로 돌리고, 그리고 거의 그 어떤 것을 신령존재의 탓으로 돌리지 않습니다. 만약 그들이 세상 창조를 신령존재의 탓으로 돌린다면 그들은, 그럼에도 불구하고 모든 것들이 자연에게 전가, 양도(讓渡)하고, 그리고 나타나 보이는 모든 결과들은 오직 자연에게서 비롯된 것이고, 영계에서 비롯된 것은 아무것도 없다고 상상, 생각합니다. 예를 들면 누에・나비・벌 따위에 속한 경이로운 것들(the wonderful things)을 보게 되면,

그리고 알들에게서 시작되는 모든 동물의 생성에서 일어나는 놀라운 것들이나, 이와 같은 그 밖의 헤아릴 수 없이 많은 것들을 보게 되면, 그들은 이런 것들의 유일무이한 고안가나 발명가가 자연이라고 상상하고, 그리고 영계에 관해서, 그리고 자연계에 유입하는 영계의 입류에 관해서 전혀 생각할 수 없는 존재이고, 그리고 그 근원에서 비롯된 것을 가리키는 이런 놀라운 것들의 존재나 보존에 관해서는 전혀 생각할 수 없는 그런 자들입니다. 그럼에도 불구하고 진리는 신령존재가 계속해서 영계를 통하여 자연계에 입류한다는 것이고, 그런 모든 것들을 생성한다는 것입니다. 그리고 진리는, 자연은 영계에서 발출하고, 입류하는 이런 것들을 감싸는, 즉 옷을 입히는 일에 종사하기 위하여 창조되었다는 것입니다. 그러나 교회의 감관적인 사람에 속한 영적인 것들에 대한 모든 오류들을 일일이 열거, 입증한다는 것은 너무나도 장황스러울 것입니다. 이런 것들 중의 몇몇은 《새 예루살렘의 교리》에 언급된 것을 볼 수 있을 것입니다(같은 책 53항 참조).

576. 사람들은 화홍색과 청색과 유황색 가슴막이를 둘렀습니다(=그들은 불과 제신스와 유황으로 된 흉패를 지녔다).

이 말씀은, 자기사랑이나 세상사랑에 속한 탐욕들에게서 비롯된, 그리고 그 탐욕에서 비롯된 거짓들에게 비롯된 싸움하는 추론들을 뜻합니다. 이러한 내용은 전쟁에 대한 갑옷과 투구(armor)를 가리키는 가슴받이들(breastplates)의 뜻에서, 그리고 개별적으로는 전쟁들로부터의 방어들(defences)을 가리키는 가슴받이들의 뜻에서(본서 557항 참조), 그리고 또한 자기사랑의 탐욕이나 모든 악의 근원인 자기사랑의 탐욕을 가리키는 "불"이나 "불길 같은"(fiery)이라는 말의 뜻에서(본서 504[C-E]항 참조), 그리고 또한 세상사랑의 탐욕, 따라서 모든 거짓의 탐욕을 가리키는 히아신스, 또는 청색(hyacinth 또는 hyacinthine)의 뜻에서, 그리고 악에 속한 거짓들에 의한 교회의 선들이나 진리들을 파괴하는 욕망(=정욕 · lust)을 가리키는 유황(=유황색 · brimstone)이나 유황과 같은(=유황색과 같은 · brimstone-like) 것의 뜻에서(본서 578항 참조), 잘 알 수 있습니다. 여기서는 이들 두 사랑들–자기사랑과 세상사랑–에게서 비롯된 불타는 거짓을 뜻합니다. 이렇게 볼 때 밝히 알 수 있는 것은 "화홍색과 청색과 유황색 가슴막이"(=불과 제신스와 유황으로 된 흉패 · breastplates fiery, hyacinthine, and brimstone-like)가 자기사랑이나 세상사랑에 속한 탐욕들이나, 그리고 이들 사랑들에게서 비롯된 거짓들에게서 비롯된 싸우는 추론들을 뜻한다는 것을 잘 알 수 있겠습니다.

[2] "청색"(=제신스 · hyacinthine)에 대하여 생각할 때 그것은 영적인 뜻으로 진리에 속한 천계적인 사랑(the heavenly love of truth)을 뜻하고, 그러나 반대적인 뜻으로는 거짓에 속한 지옥적인 사랑(=애욕)이나 또는 세상사랑을 뜻합니다. 이러한 내용이나 사실은 천계의 색깔의 그것에서 잘 알 수 있는데, 그 색깔은 천계적인 근원에서 비롯된 진리를 뜻하고, 따라서 반대적인 뜻으로는 지옥적인 근원에서 비롯된 거짓을 뜻합니다. 영계에서 특별하게 정선한 색깔들(the choicest colors)이 나타나는데, 그리고 이것들은 그들의 근원을 선이나 진리에 둡니다. 왜냐하면 거기의 색깔들은 천계의 빛의 변형(變形 · modifications)들이기 때문이고, 따라서 천계의 천사들에게 있는 총명이나 지혜의 변형들이기 때문입니다. 이러한 내용이, 성막의 휘장들이나 아론의 겉옷을 하야신스(=보라색 · 청색 · hyacinth) · 자주색(purple) · 진홍색(scarlet doubled-dyed)으로 섞어서 짠 이유입니다. 왜냐하면 성막(the tabernacle)은 주님의 나라(=주님의 천계)를 표징하고, 아론의 겉옷은 천계나 교회의 신령진리를 표징하기 때문이고, 그리고 이런 것들로 지은 성막

이나, 이런 것들로 직조(織造)된 아론의 겉옷은, 신령선이나 신령진리에 속한, 천적인 것들이나 영적인 것들을 표징하기 때문입니다.
[5] 따라서 이런 말씀들이 있습니다. 출애굽기서의 말씀입니다.

> 법궤 앞에 있는 휘장은, 청색 실과 자주색 실과 홍색 실과 가늘게 꼰 모시 실로 짜고…… (출애굽 26 : 31).
> 청색 실과 자주색 실과 홍색 실과 가늘게 꼰 모시 실로 수를 놓아, 장막 어귀를 가리는 막을 짜라(출애굽 26 : 36).
> 동쪽 울타리의 정문에 칠 막은, 청색 실과 자주색 실과 홍색 실과 가늘게 꼰 모시 실로 수를 놓아 짠 것으로…… (출애굽기 27 : 16).
> 그들은, 금실과 청색 실과 자주색 실과 홍색 실과 가늘게 꼰 모시 실로 정교하게 감을 짜서 에봇을 만들어야 한다(출애굽 28 : 6).
> 금 실과 청색 실과 자주색 실과 홍색 실과 가늘게 꼰 모시 실로 정교하게 짜서 판결 가슴받이를 만들어야 한다(출애굽기 28 : 15).

민수기서의 말씀입니다.

> 진을 이동할 때에는, 아론과 그의 아들들이 안으로 들어가서 칸막이 휘장을 걷어내려, 그것으로 증거궤를 덮고, 그 위에다 돌고래 가죽 덮개를 덮고, 또 그 위에다가는 순청색 보자기를 덮은 다음에 채를 꿴다. 다음에는 늘 차려 놓은 상 위에다가 청색 보자기를 펴고, 그 위에다가 대접들과 종지들과 부어 드리는 제물을 담는 병과 잔들을 놓고, 늘 차려 놓는 빵도 그 위에다 놓는다.…… 그런 다음에는 청색 보자기를 가져다가, 불 켜는 등잔대와 등잔과 부집게와 불똥접시와, 그것들과 함께 쓰는 모든 기름그릇을 싸고,…… 다음에는 금제단 위에 청색 보자기를 깔고, 그 위에 돌고래 가죽을 덮은 다음에 채를 꿴다. 성소 예식에 쓰는 그 밖의 모든 기구는 청색 보자기로 싸고, 돌고래 가죽 덮개를 덮어 들것에 얹는다(민수기 4 : 5-12).

이러한 것은, "청색 보자기"가 뜻하는 신령사랑에서 발출하는 신령진리가, 가리워진 것들이 표징하는, 천계나 교회의 거룩한 것들을 감싸고, 보호하기 때문입니다.
[4] "청색"(hyacinthine)이 진리에 속한 천적인 사랑을 뜻하기 때문에, 이런 명령이 주어졌습니다. 민수기의 말씀입니다.

"너는 이스라엘 자손에게 말하여라. 그들에게 일러라." '너희는 대대 손손 옷자락 끝에 술을 만들어야 하고, 그 옷자락 술에는 청색 끈을 달아야 한다. 너희는 이 술을 볼 수 있게 달도록 하여라. 그래야만 너희는 주의 모든 명령을 기억하고, 그것들을 실천할 것이다. 그래야만 너희는, 마음 내키는 대로 따라가거나 너희 눈에 좋은 대로 따라가지 아니할 것이고, 스스로 색욕에 빠지는 일이 없을 것이다'(민수기 15:38, 39).

여기서 "청색 끈"(the cord of hyacinthine)은 주님(=여호와)의 명령들의 기억을 명확하게 뜻하고, 그리고 여호와의 계명들(=명령들)은 천계나 교회의 본질적인 진리들을 가리키고, 그리고 그것들은 진리에 속한 천적인 사람 안에 있는 자들에 의하여서만 기억됩니다.
[5] "청색"(hyacinthine)이 진리에 속한 사랑을 뜻한다는 것은 에스겔서의 아래 장절에서 잘 알 수 있겠습니다. 에스겔서의 말씀입니다.

이집트에서 가져 온 수 놓은 모시로
네 돛을 만들고,
그것으로 네 기를 삼았다.
엘리사 섬에서 가져 온
푸른 색과 자주색 베는,
너의 차일이 되었다.……

그들은 화려한 의복과, 청색 겉옷과, 수 놓은 옷감과, 다채로운 양탄자와, 단단히 꼰 밧줄을 가지고 와서, 네 물품들과 바꾸어 갔다(에스겔 27 : 7, 24).

이 장절은 진리의 지식들의 측면에서 교회를 뜻하는 "두로"에 관해서 언급하고 있습니다. 그래서 역시 두로는 교회에 속한 진리의 지식들을 뜻하고, 그리고 이 장에 언급된 "두로의 상품이나 교역"(=무역)은 그런 지식들에 의한 총명의 취득(=습득)을 기술하고 있습니다. "이집트에서 수 놓은 것"은 교회에 속한 그런 것들의 지식(=과학지)을 뜻합니다. 그리고 이것은 보다 낮은 곳을 차지하기 때문에, 따라서 변두리나 밖에 있기 때문에 그것은 "펼쳐진 것"(=펼침 · a spreading forth · 돛)이 언급되었고, "기(旗 · an ensign)를 삼았다"고 하였습니다. "엘리사 섬에서 가져 온 푸른 색과 자주색 베"는 진리와 선에 속한 영적인 정동을 뜻합니다. 그러므로 "덮는 것"(=차일 · 遮日 · a covering)이라고 언급되었는데, 여기서 "덮는 것"(=차일 · 가리개)는 진리를 뜻하기 때문입니다. "푸른 옷감과 수 놓은 제품"(=꾸러미)은 영적인 것이나 자연적인 것인 그들을 뜻하고, 이것들은 성경말씀에서 비롯된 지식들과 더불어 그런 것들을 뜻하는데, 그것들은 "값비싼 옷"(=화려한 의복 · the treasures of precious garments)이 뜻합니다.

[6] 여기서 "푸른 색"(hyacinthine)이 진리에 속한 천계적인 사랑(the heavenly love of truth)을 뜻하기 때문에, 따라서 반대의 뜻으로 그것은 거짓에 속한 지옥적인 사랑(=애욕)을 뜻합니다. 그 뜻으로 "푸른 색"이 성경말씀에 언급되었는데, 에스겔서의 말씀입니다.

두 여인이 있는데, 그들은 한 어머니의 딸들이다. 그들은 이집트에서부터 이미 음행을 하였다. 젊은 시절에 벌써 음행을 하였다.……

그들의 이름은, 언니는 오홀라요, 동생은 오홀리바다.…… 오홀라는 사마리아이고, 오홀리바는 예루살렘이다. 그런데 오홀라는 나에게 속한 여인이었으면서도, 이웃에 있는 앗시리아의 연인들에게 홀려서 음행하였다. 그들은 모두 푸른색 옷2)을 입은 총독들과 지휘관들이요, 모두 말을 잘 타는 매력 있는 젊은이들과 기사들이었다(에스겔 23 : 2-6).

여기서 "사마리아"와 "예루살렘"은 교회를 뜻하는데, "사마리아"는 영적인 교회를 뜻하고, "예루살렘"은 천적인 교회를 뜻하는데, 그 교회들이 "오홀라"와 "오홀리바"라고 불리웠는데 그것은 이들 이름들이 "천막"(a tent)을 뜻하기 때문인데, 여기서 "천막"은 예배의 측면에서 교회를 뜻합니다. 성경말씀에서 "여인"(=여자 · woman)은 역시 교회를 뜻합니다. "그들이 이미 이집트에서 음행을 하였다"는 말씀은 자연적인 사람의 지식들(=과학지들)에 의한 교회의 진리들의 위화를 뜻합니다. 그리고 "그녀는 이미 앗시리아의 연인들에 홀려서 음행하였다"는 말씀은 이런 지식들(=과학지들)에서 비롯된 추론들에 의한 그 교회의 진리들의 위화를 뜻합니다. "앗수르나 앗시리아"는 추론들을 뜻합니다. 그들이 "푸른색 옷을 입었다"고 언급되었는데, 그것은 그것들이 성경말씀의 문자적인 뜻에서 잘못 적용되었기 때문에 그런 것들의 외적인 모양은 진리들처럼 보이는 오류들이나 거짓들의 추론에 의한 것입니다. 그리고 이와 같은 동일한 외현(外現 · appearance) 때문에, 그들은 "모두 푸른색 옷을 입은 총독들과 지휘관들이요, 모두 말을 잘 타는 매력 있는 젊은이들과 기사들이었다"고 하였습니다. 왜냐하면 자기 총명에서 추론하는 자들은 자기 자신이나 다른 사람들에게 총명스럽고, 지혜스러운 인격으로 동일하게 드러나 보이기 때문

---

2) 성경말씀은 자주색이라고 하였지만, 저자의 인용 성경말씀에 따라서 푸른색이라고 하였다(역자 주).

입니다. 그리고 그들이 말하는 모든 것들은 총명에 속한 진리들 같고, 지혜에 속한 선들 같은데, 그럼에도 불구하고, 그 때 그것들은 그들이 애지중지하는 거짓들인데, 그 이유는 그것들이 그들 자신의 고유속성(=자아·自我·proprium)에서 비롯된 것이기 때문입니다. 여기서 "총독들과 지휘관들"(=군대 대장들과 관원들)은 주요한 진리들을 뜻하고, "그들은 말을 잘 타는 젊은이들과 기사들"은 총명스러운 것을 뜻합니다.
[7] 예레미야서의 말씀입니다.

> 그 우상에게 얇게 펴서 입힌 그 은은
> 다시스(=스페인)에서 들여온 것이며,
> 그 금도 우바스에서 들여온 것입니다.
> 우상들은 조각가가 새긴 것,
> 은장이가 만든 공예품입니다.
> 그것에다가
> 청색 옷과 자주색 옷을 걸쳐 놓은 것이니,
> 모두가
> 솜씨 좋은 사람들이 만들어 놓은 것입니다.
> (예레미야 10 : 9)

이 장절은 이스라엘 가문의 우상들을 다루고 있는데, 그것들은 거짓들인 교리적인 것들을 뜻합니다. 그것들이 자기총명(=자기자만·self-intelligence)에서 비롯되었기 때문에, 따라서 그것들은 "조각가가 새긴 것, 은장이가 만든 공예품, 솜씨 좋은 사람이 만든 것"(=기술자와 주물장이의 손으로 만든 작품과 장인들의 작품)이라고 하였습니다. 이것은 이런 교리적인 것들이 그들에게는 진리들이나 선들처럼 보이기 때문입니다. "다시스(=스페인)에서 들여온 은이나 우바스에서 들여온 금"은 겉모양으로는 진리나 선 같이 보이는 것을 뜻합니다. 그 이유는 그것들이 성경말씀의 문자적인 뜻에서 비롯되었기 때문입니다. 이상에서 볼 때 "푸른색"(hyacinthine)은 거짓의 사랑을 뜻하는데, 그것은 자아(proprium) 또는 자기총명(=자기자만)에서 비롯되었기 때문이다는 것을 잘 알 수 있겠습니다. "푸른색"이 역시 세상사랑을 뜻하는데, 그것은 세상사랑(世間愛)이 거짓의 사랑(the love of falsity)에 대응하기 때문이고, 그리고 "불"이 뜻하는 자기사랑(自我愛) 또한 악의 사랑(the love of evil)에 대응하기 때문입니다. 왜냐하면 모든 악은 자기사랑에서 나오기 때문이고, 모든 거짓은, 자기사랑 안에서 그것의 근원을 취하는 세상사랑에서 나오기 때문입니다. 왜냐하면 세상사랑이 뜻하는 영적인 악은 그것의 본질인 거짓 안에 있기 때문이고, 그리고 영적인 선은 그것의 본질인 진리 안에 있기 때문입니다(《천계와 지옥》 15항 참조).

577[A]. 말들은 머리가 사자의 머리와 같았다(=말들의 머리는 사자의 머리와 같았다).
이 말씀은 지식(=과학지)을 뜻하고, 그리고 진리의 파괴에서 비롯된 생각(思想)을 뜻합니다. 이러한 내용이나 뜻은, 지식(=과학지)이나 그것에서 비롯된 생각(思想)을 가리키는 "말들의 머리들"(the heads of horses)의 뜻에서, 그리고 결과적으로는 진리의 파괴를 가리키는 "사자들의 머리들"(the heads of lions)의 뜻에서 명확합니다. 여기서 "사자들의 머리들"이 진리의 파괴(the destruction of truth)를 뜻한다고 하였는데, 그것은 "사자"(a lion)가 최고의 뜻으로는 능력의 측면에서 신령진리를 뜻하기 때문이고, 반대적인 뜻으로 진리를 파괴하는 거짓을, 결과적으로는 진리의 파괴를 뜻하기 때문입니다. 그리고 "사자의 머리"는, 그것이 그것을 통해서 파괴하는 마음에 속한 힘(=능력 · power)을 뜻하는데, 그것은 곧 거짓들에게서 비롯된 추론들을 가리킵니다. "사자"가 능력의 측면에서 신령진리를 뜻하고, 반대의 뜻으로는 진리를 파괴하는 거짓을 뜻한다는 것은 본서 278항을 참조하십시오. "말들의 머리들"이 지식(=과학지)이나 그것에서 비롯된 생각을 뜻하는데, 그 이유는 "머리"(=head)가 총명을 뜻하고, 그리고 "말"이 이해를 뜻하기 때문입니다. 감관적인 사람과 여기서는 거짓들에게서 비롯된 그의 추론을 다루고 있기 때문에, 그리고 거짓들로 말미암아 추론하는 감관적인 사람은 전혀 총명을 가지고 있지 못하고, 다만 오직 지식(=과학지)나 그것에서 비롯된 생각(=사상)을 가지고 있기 때문에 그러므로 여기서는 이런 것들이 "말들의 머리들"이 뜻하는 것들입니다. 거짓들 안에 있는 자들이 전혀 총명을 가지지 못했다는 것, 그리고 그 총명 대신에 오직 지식만 가지고 있다는 것은 《새 예루살렘의 교리》33항을 참조하십시오.

[2] "머리"(head)가 총명을 뜻하는데, 그것은 사람의 이해나 의지는 그것들의 자리를 그의 머리의 내면적인 것들 안에서 차지하기 때문입니다. 결과적으로, 얼굴을 가리키는 머리의 앞부분(=이마 · the front part of head)에는 시각 · 청각 · 후각 · 미각들이 있고, 그리고 그것들은 내면적인 것에서 이해나 의지에 입류하고, 그리고 그것들을 생동감 있게 하고, 그리고 그것들로 하여금 그것들의 감동들을 즐기게 하기 때문입니다. 이러한 내용이 머리가 성경말씀에서 총명을 뜻하는 이유입니다. 그러나 천계에서 비롯된 입류를 수용한 자들은 총명스럽기 때문에, 왜냐하면 모든 총명이나 지혜는 주님으로부터 천계를 통해서 유입하기 때문에, 그것에서 뒤이어지는 것은 악에 속한 거짓들 안에 있는 자들은 전혀 총명을 가지지 못한다는 것입니다. 왜냐하면 그런 자들 안에 있는 높은 마음이나 영적인 마음은 닫혀 있고, 그리고 오직 자연적인 마음이라고 불리우는 낮은 마음(the lower mind)만 열려 있기 때문입니다. 그리고 높은

마음이 닫혀 있을 때 낮은 마음은 진리나 선에 속한 것은 아무것도 영접, 수용하지 못하기 때문입니다. 결과적으로 천계로부터 총명은 전혀 받지 못하고, 다만 이 세상에서 비롯된 것들을 영접, 수용하기 때문입니다. 그러므로 총명의 자리에 있는 그런 것들은 그저 단순한 지식(=과학지)이고, 그것에서 비롯된 생각이고, 그리고 이것에서부터 추론이 나오고, 그리고 그 추론에 의한 진리나 선에 거스르는 거짓이나 악의 확증만 있습니다.

[3] "머리"가 성경말씀에서 총명이나 지혜를 뜻한다는 것, 그리고 반대의 뜻으로는 지식(=과학지)이나, 그것에서 비롯된 어리석은 생각을 뜻한다는 것은 성경말씀의 아래 장절들에게서 잘 알 수 있겠습니다. 에스겔서의 말씀입니다.

> 나는 코에는 코걸이를 걸어 주고 두 귀에는 귀고리를 달아 주고, 머리에는 화려한 면류관을 씌워 주었다(에스겔 16:12).

이 장절은 교회를 뜻하는 예루살렘에 관해서 언급하고 있는데, 여기서는 그 시작(=시초)에 있는 것을 가리킵니다. "코에 있는 코걸이"는 선에서 비롯된 진리의 지각을 뜻하고, "두 귀에 있는 귀걸이"는 경청(傾聽)이나 복종(服從)을 뜻하고, "머리에 있는 면류관"은 지혜를 뜻합니다. 왜냐하면 신령진리에서 비롯된 총명은 사랑에 속한 선으로부터 지혜가 되고, 그리고 이러한 지혜가 바로 "금 면류관"이 뜻합니다.

[4] 묵시록서의 말씀입니다.

> 하늘에 큰 표징이 나타났는데, 한 여자가 태양을 둘러 걸치고, 달을 그 발 밑에 밟고, 열두 별이 박힌 면류관을 머리에 쓰고 있었습니다 (묵시록 12:1).

9장 1-21절

열두 별이 박힌 면류관이 그 위에 있는 "머리"는 총명을 뜻하는데, 이러한 것은 지금부터 아래에 이어지는 설명에 잘 드러나고 있습니다. 복음서의 말씀입니다.

> 가시로 면류관을 엮어 머리에 씌우고, 오른손에 갈대를 들게 하였다.…… 갈대를 빼앗아서 머리를 쳤다(마태 27 : 29, 30 ; 마가 15 : 17, 19 ; 요한 19 : 2).

이 말씀은 그들이 오만무례(傲慢無禮 · contumely)를 가지고 신령진리 자체나 신령지혜를 다루었다는 것을 뜻합니다. 왜냐하면 그들은, 신령진리를 가리키고, 그것 안에 신령지혜가 있는 성언(聖言)을 위화하였기 때문이고, 그리고 그들의 전통(傳統)에 의하여 그것을 섞음질하였고, 그리고 그것을 자신들에 적용하는 것에 의하여 섞음질하였기 때문입니다. 따라서 그들은 온 세상에서 어느 누구보다도 그들로부터 찬양을 받는 임금을 열망하였기 때문입니다. 그리고 주님의 나라는 이 세상적인 것이 아니고 천계적인 것이기 때문에, 그들은 성경말씀에서 그분에 관해서 언급된 모든 것을 곡해, 악용하였고, 그리고 그분에 관해서 예언된 것을 조롱하고, 거짓으로 만들었습니다. 이러한 것이 "가시로 면류관을 엮어 머리에 씌우고, 갈대로 머리를 쳤다"는 말씀이 표징하는 것입니다.

[5] 꿈에 보여진 느부갓네살의 신상이 이렇게 기술하였습니다. 다니엘서의 말씀입니다.

> 그 신상의 머리는 순금이고, 가슴과 팔은 은이고, 배와 넓적다리는 놋쇠이고, 그 무릎 아래는 쇠이고, 발은 일부는 쇠이고 일부는 진흙이었습니다(다니엘 2 : 32, 33).

이 신상이 그 교회의 계속적인 상태들을 표징합니다. "순금의 머리"는 천적인 지혜가 거기에 있는 태고교회를 표징, 뜻하고, 그리고 따라서 그 뒤에 이어진 교회들 위에 있는 총명 안에 있는 태고교회를 표징, 뜻합니다. 이 지혜와 그것의 총명은 "순금의 머리"가 뜻합니다. 그 신상의 다른 부분들이 계속되는 교회들의 상태들을 뜻한다는 것은 본서 176 · 411[B]항을 참조하십시오. 시편서의 말씀입니다.

> 우리를 그물에 걸리게 하시고,
> 우리의 등에 무거운 짐을 지우시고,
> 사람들을 시켜서
> 우리의 머리를 짓밟게 하셨다(=주께서 우리를 그물로 이끄시어 우리의 허리에 고통을 두셨다. 주께서 사람들로 우리 머리 위로 타고 지나가게 하셨다)(시편 66 : 11, 12).

"사람들로 우리 머리 위로 타고 지나가게 하셨다"(=우리의 머리를 짓밟게 하셨다)는 말씀은 거기에 총명이 전혀 없다는 것을 뜻합니다. 이 구절이 충분하게 설명된 본서 355[G]항을 참조하십시오.
[6] 창세기서의 말씀입니다.

> 이 모든 복이 요셉에게로 돌아가며,
> 형제들 가운데서 으뜸이 된 사람에게
> 돌아갈 것이다(=복들이 그의 형제들에게서 분리된 요셉의 머리 있으리니 그의 정수리 위에 있을 것이다)(창세기 49 : 26 ; 신명기 33 : 13-16).

"요셉의 머리 위에 돌아갈 모든 복들"은 바로 앞에서 언급된 모든 것들을 뜻하고, 그리고 그것은 그의 마음의 내면적인 것들 안에서 일어날 천계에 속한 복들을 뜻하는데 그것은 곧 이해와 의지의 생명들을 가리킵니다. 왜냐하면 이런 것들은 마음에 속한 내면적인 것들이기 때문입니다. 그것들이 "형제들 가운데서 으뜸이 된 사람에게 돌아갈 것이다"(=형제들 가운데 나실 사람(the Nazarite)의 정수리 위에 있을 것이다)는 말씀은 그것들이 그의 자연적인 마음의 외면적인 것들 안에 일어날 것이라는 것을 뜻하기 때문입니다. 왜냐하면 여기서 "나사렛 사람 직분"은, 그것이 머리카락들이나, 머리의 털이 뜻하기 때문에, 자연적인 마음의 외면적인 것들을 뜻하기 때문입니다. 이 장절은 본서 448[B]에 상세하게 설명되었고, 그리고 《천계비의》 6437·6438항에 설명되었습니다. 신명기서의 말씀입니다.

> 너희는 각 지파에서 지혜가 있고 분별력이 있고 경험이 많은 사람들을 뽑아라. 그러면 내가 그들을 너희의 지도자로 세우겠다(신명기 1:13).

이 장절은 "너희의 지도자들"(=머리들)이 언급되었는데, 그 이유는 그들이 다른 자들보다 뛰어난 지혜나 총명 때문인데, 따라서 그것에 관해서 "지혜가 있고 분별력이 있는 사람들을 뽑아라"는 말씀이 언급된 것입니다.
[7] 이사야서의 말씀입니다.

> 주께서는 너희에게 잠드는 영을 보내셔서,
> 너희를 깊은 잠에 빠지게 하셨다.
> 너희의 예언자로
> 너희의 눈 구실을 못하게 하셨으니,
> 너희의 눈을 멀게 하신 것이요,
> 너희의 선견자로
> 앞을 내다보지 못하게 하셨으니,
> 너희의 얼굴을 가려서
> 눈을 못 보게 하신 것이다.
> (이사야 29:10)

여기서 "예언자들"은 진리들을 가르치는 자들이고, 총명한 사람을 뜻합니다. 그리고 추상적인 뜻으로는 진리의 교리나 총명의 교리를 뜻합니다. 그러므로 우리의 본문은 "주께서 예언자들과 치리자들(=선견자·the seers)은 머리들"(head)이라고 불리우셨는데, 그것은 "눈"(eyes)이 교리에 대하여 진리의 이해를 뜻하기 때문이고, "치리자"(=선견자·seers)는 "머리들"(=치리자들)과 꼭 같이 총명을 뜻하기 때문입니다.

[8] 같은 책의 말씀입니다.

> 그러므로 주께서
> 이스라엘의 머리와 꼬리,
> 종려가지와 갈대를 하루에 자르실 것이다.
> 머리는 곧 장로와 고관들이고,
> 꼬리는 곧 거짓을 가르치는 예언자들이다.
> (이사야 9 : 14, 15)

또 같은 책의 말씀입니다.

> 그러므로 이집트에서는 되는 일이 없고,
> 우두머리나 말단에 있는 사람이나
> 종려나무처럼 귀한 자나
> 갈대처럼 천한 자나 가릴 것 없이,
> 모두 쓸모가 없이 될 것이다.
> (이사야 19 : 15)

"주께서 이스라엘의 머리와 꼬리를 자르신다"는 말씀이나 "이집트에서는 우두머리나 말단에 있는 사람이 모두 쓸모가 없을 것이다"는 말씀은 그런 것들이 멸망하게 될 모든 총명이나 진리의 지식(=과학지)을 뜻합니다. 이 장절들은 본서 559항에서 설명되었고, 그리고 그 내용은 적절한 곳에서 충분하게 설명될 것입니다. 역시 같은 책의 말씀입니다.

> 그 날에, 주께서 유프라테스 강 건너 저편에서 빌려 온 면도칼, 곧 앗시리아 왕을 시켜서 너희의 머리털과 발털을 미실 것이요, 또한 수염도 밀어 버리실 것이다(이사야 7 : 20).

이 구절이 교회에 속한 사람들에게서 모든 지혜와 영적인 총명을 박탈할 거짓들에게서 비롯된 추론들을 뜻한다는 것은 본서 569[C]항을 참조하십시오. 어디에서나 개별적인 것이 설명되었는데, 여기서 "유프라테스 강 건너"라고 언급되었는데, 그것은 "유프라테스 강"이 거짓들에게서 비롯된 추론들을 뜻하기 때문에, 그러므로 여기서는 거짓들에게서 비롯된 추론들에 의하여 파괴될 교회의 진리들에의 공격을 뜻합니다.
[9] 에스겔서의 말씀입니다.

> 너 사람아, 너는 날카로운 칼을 한 자루 가져 와서, 그 칼을 삭도로 삼아 네 머리카락과 수염을 깎고, 그것을 저울로 달아 나누어 놓아라. 그리고 그 성읍의 포위 기간이 끝난 다음에, 그 털의 삼분의 일을 성읍 한가운데서 불로 태우고, 또 삼분의 일은 성읍 둘레를 돌면서 칼로 내려치고, 또 삼분의 일은 바람에 날려 흩어지게 하여라(에스겔 5 : 1, 2).

여기서도 역시 "삭도로 삼아 머리카락을 깎는다"는 것은 진리의 모든 총명을 박탈하는 것을 뜻합니다. 그런 이유 때문에 "삭도로 네 머리를 밀어서 깎게 될 머리카락"이 뜻하는 총명에 속한 궁극적인 것이 전혀 없을 때가 총명이 소멸한다는 것입니다. 왜냐하면 궁극적인 것들이 제거되었을 때, 그것은 기둥에서 주추까지 제거되었을 때, 또는 집에서부터 기초가 제거되었을 때이기 때문입니다. 이것이 표징적 교회를 가리키는 유대교회에서 머리카락을 밀고, 빡빡머리(baldness)를 만들고, 마찬가지로 수염을 깎는 것이 불법적이라는 이유입니다. 그러므로 총명이 없는 자들은 영계에서 대머리로 나타납니다.

577[B]. 이상에서 볼 때 성경말씀에서 "대머리"나 "머리가 벗겨졌다"는 말의 뜻은 아래 장절들에게서 잘 볼 수 있겠습니다. 이사야서의 말씀입니다.

> 모두 머리를 밀고,
> 수염을 깎는다.
> (이사야 15 : 2)

다른 장절에서는 전혀 총명이 없는 것을 뜻합니다. 에스겔서의 말씀입니다.

> 모든 얼굴에는 부끄러움이 가득할 것이요,
> 모든 머리는 대머리가 될 것이다.
> (에스겔 7 : 18)

이 말씀 역시 같은 뜻을 지녔습니다. 그러므로 아론과 그의 아들들은 그들의 머리들을 미는 것이나 수염을 미는 것이 금지되었습니다. 이것에 관한 레위기서의 말씀입니다.

> 아론과 그의 아들들은 "머리를 풀거나 옷을 찢어 애도를 해서는 아니 되오. 그렇게 하다가는 그대들마저 죽을 것이오. 주의 진노가 모든 회중에게까지 미치지 않도록 하시오(레위기 10 : 6).

같은 책의 말씀입니다.

9장 1-21절

제사장은 머리털을 깎아 대머리같이 하거나, 구레나루를 밀거나, 제 몸에 칼자국을 내서는 안 된다(레위기 21 : 5).

여기서 "수염"(beard)은 합리적인 사람의 궁극적인 것을 뜻하고, 그리고 "구레나루를 민다"(=수염을 깎는다)는 것은 그것의 궁극적인 것을 제거하는 것에 의하여 합리적인 것을 박탈하면 안 된다는 것을 뜻합니다. 왜냐하면 앞에서 언급한 것과 같이, 궁극적인 것이 제거 되었을 때 내면적인 것들 역시 소멸하기 때문입니다. 신명기서의 말씀이 뜻하는 것입니다.

그 포로들 가운데서 마음에 드는 아리따운 여자가 있으면, 그를 아내로 삼아도 된다. 그 여자를 아내로 삼을 사람은 그 여자를 자기 집으로 데리고 가서, 그 머리를 밀고 손톱을 깎는다(신명기 21 : 11, 12).

이 구절의 설명은 본서 555[C]항을 참조하십시오.
[11] 수치가 머리 위의 손들이 뜻하기 때문에, 예레미야서는 이런 말씀이 언급되었습니다.

그러므로 너는,
앗시리아에서 수치를 당했던 것처럼,
이집트에게서도 수치를 당할 것이다.
너는 거기에서도
두 손으로 얼굴을 가리고 나올 것이다(=네가 정녕 네 손을 네 머리에 얹고 그에게서 나아갈 것이다)(예레미야 2 : 36, 37).

같은 책의 말씀입니다.

그들의 귀족들이 그들의 어린 것들을 물로 보내었으나, 그들이 우물에 가서 물을 찾지 못하여 그릇들이 빈 채로 돌아오니 부끄럽고 창

피하여 그들의 머리를 가렸도다. 땅에 비가 없어 지면이 갈라지므로 밭가는 사람들이 부끄러워 자기들의 머리를 가렸도다(예레미야 14 : 3, 4).

이것은 부끄러움의 표징이기 때문입니다. 사무엘 하서의 말씀입니다.

> (다말이 암논 형제들에게 강간을 당한 뒤에) 이제 다말은 머리에 재를 끼얹고, 입고 있는 색동 소매 긴 옷도 찢고, 손으로 얼굴을 감싼 채로, 목을 놓아 울면서 떠나갔다(사무엘 하 13 : 19).

"머리에 손을 얹는다"(=손으로 얼굴을 감싼다)는 것은 남아 있는 총명이 전혀 없다는 것을 뜻합니다. 따라서 미친 것처럼, 그리고 바보스럽게 행동하는 죄에 대한 슬픔은 머리에 먼지를 뿌리는 일이나, 그리고 땅에 머리를 찍는 일이 표징 합니다. 그리고 이런 짓은 저주를 뜻합니다. 에스겔서의 말씀입니다.

> 머리에 티끌을 끼얹으며,
> 재 속에서 뒹군다.
> (에스겔 27 : 30)

애가서의 말씀입니다.

> 도성 시온의 장로들은
> 땅에 주저앉아 할 말을 잃고,
> 머리 위에 흙먼지를 뒤집어쓰고,
> 허리에 굵은 베를 둘렀다.
> 예루살렘의 처녀들은
> 땅에 머리를 떨군다.
> (애가 2 : 10)

[12] 반대의 뜻으로 "머리"는 지배애(支配愛 · the love of ruling)에 빠져 있는 자들이 가지고 있는 교활함(craftiness)을 뜻합니다. 이것은 창세기서의 "머리"가 뜻합니다.

여자의 자손은
너의 머리를 상하게 하고,
너는
여자의 자손의 발꿈치를 상하게 할 것이다.
(창세기 3:15)

시편서의 말씀입니다.

주께서 임금님의 오른쪽에 계시니,
그분께서 노하시는 심판의 날에,
그분께서 왕들을 다 쳐서 흩으실 것입니다.
그분께서 뭇 나라를 심판하실 때에,
그 통치자들을 치셔서,
그 주검을 이 땅 이곳 저곳에
가득하게 하실 것입니다.
임금님께서는
길가에 있는 시냇물을 마시고,
머리를 높이 드실 것입니다.
(시편 110:5-7)

이 장절은 본서 518[D]항에 설명되었습니다. 같은 책의 말씀입니다.

진실로 하나님이
원수들의 머리를 치시니,

> 죄를 짓고 다니는 자들의
> 정수리를 치신다.
> (시편 68 : 21)

그들이 그것에 의하여, 그리고 다른 자들에 대하여 악을 꾸미는 교활함이 자기 자신에게 되돌아온다는 것은 이런 말씀이 뜻합니다. 에스겔서의 말씀입니다.

> 나는 그들의 행실에 따라서, 그들의 머리 위에 그대로 갚아 줄 뿐이다(에스겔 9 : 10 ; 11 : 21 ; 16 : 43 ; 17 : 19 ; 22 : 31 ; 요엘 3 : 4, 7).

묵시록서에서 뜻하는 것입니다.

> 그 머리에는 왕관을 일곱 개 쓰고 있었습니다(묵시록 12 : 3 ; 13 : 1, 3 ; 17 : 3, 7, 9).

더 상세하게 볼 수 있겠습니다. 더욱이 사람에게서 가장 높은 것이고, 중요한 "머리"는 역시 그 밖의 다른 많은 뜻을 가지고 있습니다. 예를 들면 산꼭대기 · 사물의 최고 · 중요한 것 · 길 · 도로 · 달(月)의 시작이나 그와 비슷한 것 등이 되겠습니다.

578. 입에서는 불과 연기와 유황을 내뿜고 있었습니다.
이 장절은, 악에 속한 사랑(=애욕)이나 거짓에 속한 사랑(=애욕)이나 그리고 악에 속한 거짓들에 의하여 진리들이나 선들을 파괴하려는 갈망(渴望) 따위들에게서 솟아나오는 생각들이나, 결과적으로는 추론들을 뜻합니다. 이러한 내용은 생각이나 결과적인 추론을 가리키는 "입"(mouth)의 뜻에서(이것에 관해서는 본문장 19절 설명 참조), 그리고 자기사랑이나 그것에서 비롯된 악에 속한 사랑(=애욕)을 가리키는 "불"(fire)의 뜻에서(본서 504[C-E] · 539항 참조), 그리고 악에 속한 사랑(=애욕)에서 솟아나오는 짙은 거짓을 가리키는 "연기"(smoke)의 뜻에서(본서 494 · 539항 참조), 그리고 악에 속한 거짓들에 의하여 교회의 진리들이나 선들을 파괴하려는 욕망을 가리키는 "유황"(brimstone)의 뜻에서 명확합니다.
[2] 이것이 "유황"의 뜻이라는 것은 그 낱말이 등장하는 성경 말씀의 장절들에게서 잘 볼 수 있겠습니다. 창세기서의 말씀입니다.

> 주께서 하늘, 곧 주께서 계신 곳으로부터, 소돔과 고모라에 유황과 불을, 소나기처럼 퍼 부으셨다(창세기 19 : 24).

누가복음서의 말씀입니다.

> 롯이 소돔에서 떠나던 날에, 하늘에서 불과 유황이 쏟아져 내려서, 그들을 모두 멸망시켰습니다. 인자가 나타나는 날에도 그러할 것이다(누가 17 : 29, 30).

소돔이나 고모라에 있는 자들은 자기사랑에서 비롯된 악의 거짓들 안에 있는 자들을 뜻합니다. 그리고 그 사랑에서 비롯된 악에 속한 거짓들은 그것들을 모두 파괴하기 때문에, 유황과 불이 쏟아져 내렸다고 하였습니다. 여기서 "유황"은 악에 속한 거짓들에 의하여 교회를 파괴하려는 열망 때문이고, 그리고 "불"은 자기사랑으로 말미암아 불타는 욕망 때문입니다. 따라서 "인자(=사람의 아들 · the Son of man)가 나타나는 날에도 그러할 것이다"는 것은 그 때에도 역시 자기사랑에서 비롯된 악의 거짓들이 교회를 파괴할 것이다는 것을 뜻합니다. 이런 부류의 쏟아져 내리는 비는, 자기사랑에서 비롯된 거짓들 안에 있는 악한 사람이 지옥으로 내던져질 때, 영계에서 그렇게 나타나 보입니다.

[3] 신명기서의 말씀입니다.

> 너희의 뒤를 이어 태어나는 자손과 먼 나라에서 온 외국 사람들이, 주께서 이 땅에 내리신 재앙과 질병을 보고, 또 온 땅이 유황불에 타며, 소금이 되어 아무것도 뿌리지 못하고 나지도 않으며, 아무 풀도 자라지 않아, 주께서 맹렬한 분노로 멸망시킨 소돔과 고모라와 아드마와 스보임과 같이 된 것을 보면서, 물을 것이다(신명기 29:22, 23).

이 장절들은 만약에 이스라엘 자손들이 계명들이나 계율들을 지키지 않는다면, 그리고 그들이 여러 우상들이나 잡신들을 숭배, 예배한다면, 그들에게 임해질 저주들이나 불행들을 가리킵니다. 그리고 교회가 악에 속한 거짓들이나 거짓에 속한 악들에 의하여 파괴되었고 황폐하게 되었기 때문에 "온 땅이 유황불에 타며, 소금이 되고, 큰 재난이 생길 것"이라고 언급되었습니다. 여기서 "땅"(land)은 교회를 뜻하고, 그리고 "거기에 씨를 뿌리지 못하고, 나지도 않으며, 아무 풀도 자라지 않는다"는 말씀은 더 이상 선에서 비롯된 진리가 영접, 수용되지 않고, 열매를 맺지 못한다는 것을 뜻합니다.

[4] 이사야서의 말씀입니다.

> 이미 오래 전에 '불타는 곳'(=도벳)을 준비하셨다.
> 바로 앗시리아 왕(=몰렉)을 태워 죽일 곳을
> 마련하셨다.
> 그 불구덩이가 깊고 넓으며,
> 불과 땔감이 넉넉하다.
> 이제 주께서 내쉬는 숨이
> 마치 유황의 강물처럼
> 그것을 사르고 말 것이다.
> (이사야 30:33)

여기서 "도벳"은 교회의 모든 진리들이나 선들을 파괴하는 무섭고 잔악한 사랑에 빠져 있는 지옥이 지배한다는 것, 특히 이노센스의 선들을 파괴하기를 열망하는 잔악한 욕망이나 정욕에 빠져 있는 지옥이 다스린다는 것을 뜻합니다. 이와 같은 무서운 지옥이 악에 속한 거짓들에게서 비롯된다는 것은 "앗시리아 왕(=몰렉)이 깊고 넓은 곳으로 내려갈 것이다"는 말씀이 뜻합니다. "그것이 준비된 왕"은 지옥적인 거짓 자체를 뜻하고, "불과 땔감의 더미"는 그 사랑에 속한 온갖 종류의 악들을 뜻합니다. 그리고 지옥이 파괴하기를 열망하는 탐욕이나 정욕들로 불타기 때문에, "주께서 내쉬는 숨이 마치 유황의 강물처럼 그것을 사르고 말 것이다"는 말씀이 언급되었습니다. 왜냐하면 그들이 교회의 그 어떤 진리들을, 그리고 교회의 선들을, 수용하는 그 즉시 거기에는 그들이 그것들을 파괴하고, 소멸시키려는 격양된 격분으로 불타기 때문입니다.

[5] 이사야서의 말씀입니다.

이 때가 바로, 주께서 복수하시는 날이니,
시온을 구하여 주시고
대적을 파멸시키는 해,
보상하여 주시는 해이다,
에돔의 강들이 역청으로 변하고,
흙이 유황으로 변하고,
온 땅이 역청처럼 타오를 것이다.
그 불이 밤낮으로 꺼지지 않고 타서,
그 연기가 끊임없이 치솟으며,
에돔은 영원토록 황폐하여,
영원히
그리로 지나가는 사람이 없을 것이다

(이사야 34 : 8-10)

여기서 "주께서 복수하는 날"이나, "시온의 논쟁에 대한 보상의 해"는 주님의 강림을 뜻하고, 그 때 주님께서 성취하실 최후심판을 뜻합니다. "에돔의 강들이 역청으로 변하고 흙(=먼지)이 유황으로 변한다"는 것은, 악에 속한 거짓들 안에, 그리고 거짓에 속한 악들 안에 있는 자들이 쫓겨날 지옥을 뜻합니다. 지옥적인 사랑의 악이나 그것의 형벌은 "그 역청의 불길이 밤낮으로 꺼지지 않고 탄다"는 말씀이 뜻하고, 그 악에서 비롯된 무섭고 비참한 거짓은 "그 연기가 끊임없이 치솟는다"(=영원히 올라간다)는 말씀이 뜻합니다.

[6] 에스겔서의 말씀입니다.

내가 전염병과 피 비린내 나는 일로 그를 심판하겠다. 또 내가, 억수 같은 소나기와 돌덩이 같은 우박과 불과 유황을, 곡과 그의 전군과 그와 함께 한 많은 연합군 위에 퍼붓겠다(에스겔 38 : 22).

여기서 "곡"(Gog)은 모든 예배를 거룩하고, 종교적인 외적인 것에 두는 자들을 뜻하고, 그리고 내적인 것에 두지 않는 자들을 뜻하지만, 그럼에도 불구하고 외적인 예배의 성질은 그것의 내적인 것과 동일합니다. 그래서 "주께서 억수 같은 소나기와 돌덩이 같은 우박과 불과 유황을 퍼붓겠다"고 언급되었는데, 그것은 교회의 모든 진리들이나 선들을 파괴하는 거짓들이나 악들을 뜻합니다. "불과 유황"은 거짓에 속한 악들이나, 악에 속한 거짓들을 뜻하는데, 이들 양자는 지옥적입니다.

[7] 시편서의 말씀입니다.

주께서
불과 유황을

악인들 위에 비오듯이 쏟으시며,
태우는 바람(=무시무시한 폭풍우)을
그들의 잔의 몫으로 안겨 주신다.
(시편 11 : 6)

이 말씀은 그런 것들을 가지고 교회의 모든 진리들을 파괴할 것을 가리키는, 악한 사람(惡人)이 그들 자신의 거짓에 속한 악들이나, 악에 속한 거짓들에 의하여 파괴, 멸망할 것이라는 것을 뜻합니다. 여기서 "덫(snares) · 불 · 유황"은 거짓에 속한 악들이나 악에 속한 거짓들을 뜻합니다. "그들의 잔의 몫이 될 무시무시한 폭풍우"는 모든 진리의 파괴를 뜻합니다. 그러나 명확한 것은 주께서 악한 사람에게 불이나 유황을 퍼붓지 않으신다는 것입니다. 왜냐하면 "주께서 그들 위에 덫을 내리신다"고 언급되었기 때문입니다. 그러므로 "불과 유황"은 교회의 진리들이나 선들을 전적으로 파괴하는 그런 것들을 뜻하기 때문입니다.

[8] 욥기서의 말씀도 마찬가지입니다.

그의 것(=악인의 것)이라고는 무엇 하나
집에 남아 있지 않으며,
그가 살던 곳에는 유황이 뿌려질 것이다.
(욥기 18 : 15)

여기서는 "유황"은 사람에게 있는 교회의 모든 것을 파괴하는 그런 부류의 악에 속한 거짓을 뜻합니다. 이런 것은 자기사랑에 속한 악에서 비롯된 거짓을 가리킵니다. 그리고 이런 것이 소돔과 고모라에 살던 자들이 있었던 것들입니다. 그것에 관해서 이렇게 언급되었습니다. 창세기서의 말씀입니다.

주께서는 그 두 성과, 성 안에 사는 모든 사람과, 넓은 들과, 땅에 심은 채소를 다 엎어 멸하셨다(창세기 19 : 25).

여기서, "넓은 들에서 자라는 것"은 교회의 진리들이 솟아오르는 것을 뜻합니다. "불과 유황"이 묵시록서의 아래 장절에서도 동일한 뜻을 뜻합니다. 묵시록서의 말씀입니다.

그 짐승과 그 짐승 우상에게 절하고, 이마나 손에 표를 받는 사람은 누구든지, 하나님의 진노의 포도주를 마실 것이다.…… 또 그런 자는 거룩한 천사들과 어린 양 앞에서 불과 유황으로 고통을 받을 것이다(묵시록 14 : 9, 10).
그 짐승은 그 거짓 예언자와 함께 유황이 타오르는 불바다로 던져졌습니다(묵시록 19 : 20).
그들을 미혹하던 악마도 불과 유황의 바다로 던져졌는데, 그 곳은 그 짐승과 거짓 예언자가 있는 곳입니다(묵시록 20 : 10).
비겁한 자와 신실하지 못한 자와 가증한 자와 살인자와 음행하는 자와 마술쟁이와 우상숭배자와 모든 거짓말쟁이들이 차지할 몫은 불과 유황이 타오르는 바다뿐이다(묵시록 21 : 8).

579. 18절. 그 입에서 나오는 불과 연기와 유황, 이 세 가지 재앙으로 사람의 삼분의 일이 죽임을 당하였습니다.
이 장절은, 진리의 이해나, 그것에서 비롯된 영적인 삶(=생명)이 그것들에 의하여 소멸되었다는 것을 뜻합니다. 이러한 뜻은 모든 총명을 가리키는, 또는 진리의 이해를 가리키는 "사람들의 삼분의 일"의 뜻에서 명확합니다. 그리고 영적인 삶(=생명)이 이것에서 비롯되기 때문에 그것은 이런 뜻을 담고 있습니다. 그리고 진리의 이해가 소멸할 때 사람은 영적으로 죽는 것이기 때문에, 소멸하는 것을 가리키는 "죽는다"(=죽임을 당한다)는 말의 뜻에서(본서 315[A · B]항 참조), 그리고 "삼분의 일"은 진리들과의 관계에서는 전부(all)를 뜻합니다(본서 506항 참조). 그리고 "사람"은 진리의 이해나 선의 지각을 뜻합니다(본서 280·546항 참조). 그리고 악에 속한 사랑(=애욕)에서, 거짓의 사랑(=애욕)에서, 그리고 악에 속한 거짓들에 의한 진리들이나 선들을 파괴하려는 탐욕이나 정욕에서 비롯된 생각들이나, 그 것에서 비롯된 추론들을 가리키는 "그들의 입에서 나오는 불과 연기와 유황"의 뜻에서 명확합니다(본서 578항 참조). 이 말씀은 환상 가운데 보여진 말들에 관해서 언급된 것입니다. 다시 말하면 "불과 연기와 유황이 나온 그들의 입에서 나온 말들"에 관한 것입니다. 그리고 환상 가운데 본 "말들"은 오류들에게서 비롯된 추론들에 의한 성경말씀의 위화를 뜻하기 때문에, 명확한 사실은, "불·연기·유황"이 위화의 원인이 된 것들을, 다시 말하면 악이나 거짓에 속한 사랑들을 가리키는, 그리고 교회의 진리들이나 선들을 파괴하기를 열망하는 탐욕이나 정욕을 뜻한다는 것들입니다. 이러한 일은 성경말씀의 뜻이나 이해에 관한 오류들에게서 비롯된 생각들(思想)이나 추론들에 의한 것입니다. 왜냐하면 사람이 철저한 오류들로 말미암아 생각할 때, 그 사람은, 성경말씀의 내면적인 문자적인 뜻에서가 아니고, 성경말씀의 문자적인 뜻으로 처음의 시각을 뜻하는 그런 것들로 말미암아 오직 생각하기 때문입니다. 결과적으로 그 사람은, 그가 성경말씀에서 끄집어 낸 모든 교리에 관해서 가장 조잡하고, 거친 개념들을 형성, 만듭니다. 예를 들면 하나님은 성내신다, 그분은 벌을 주신다, 사람들을 지옥으로 던지신다, 그리고 사람들을 시험하신다, 그리고 하나님은 후회하신다, 그 밖의 이와 같은 수많은 것들이 있습니다. 더욱이 그 사람은 그가 성경말씀에서 읽는 모든 것들에 관해서 관능적으로, 물질적으로 생각하지, 전혀 영적으로 생각하지 못합니다. 이런 이유 때문에 그의 시각은 지극히 감관적이고, 그리고 그것이 감관적일 때 그것은 자기사랑이나 세상사랑으로만 오직 존재하고, 그리고 그것이 이런 것들로 말미암아 존재할 때 그것은 악들이나 거짓들에게서 비롯됩니다. 그러므로 이런 부류의 사람이 방임(放任)되고, 자신의 영으로 말미암아 생각할 때, 그 사람은 이런 사랑들에 속한 정동으로부터 생각하고, 그 사람은 그것을 성경말씀에 있는 것들에 결합시킵니다. 그리고 성경말씀의 신령한 것들은 이런 사랑들과 결합되었을 때 그런것 안에 있는 모든 것들은 섞음질되고 위화됩니다. 왜냐하면 성경말씀의 신령한 것들은 천적인 사랑 이외의 어떤 것에 결합할 수 없기 때문이고, 그리고 영적인 정동과 결합하기 때문입니다. 그리고 만약에 그것들이 다른 사랑이나 다른 정동에 결합되었다면 영적인 마음이라고 불리우는 보다 높은 마음(the higher mind)은 닫혀지고, 그리고 자연적인 마음이라고 불리우는 낮은 마음(the lower mind)은 열리기 때문입니다. 사실 성경말씀의 진리들은 자기사랑의 정동에 결합된 자들의 자연적인 마음을 역시 닫게 하고, 다만 이런 마음의 궁극적인 것만 열리게 하는데, 이것은 감관적인 것이라고 불리우고, 그리고 이런 감관적인 것은 육신의 가장 밀접하게 밀착하고, 그리고 이 세상 가장 가까이에 서 있습니다. 따라서 사람의 영은 현세적인 것이 되고, 그리고 그 때 그것은, 영적인 존재인 천사들이 향유(享有)하는 것을 전혀 가질 수 없습니다.

580. 19절. 그 말들의 힘은 입에 있기 때문이다.
이 말씀은 그들에게 있는 가장 쎈 힘은 감관적인 생각들이나 그것에서 비롯된 추론들이 가지고 있다는 것을 뜻합니다. 이러한 것은 힘이나 능력을 가지고 있는 것을 가리키는, 여기서는 가장 쎈 힘이나 능력을 가지고 있는 것을 가리키는 "그들의 힘"이라는 말의 뜻에서, 그리고 감관적인 생각(思想)이나 그것에서 비롯된 추론들을 가리키는 "입"(mouth)의 뜻에서 명확합니다. 왜냐하면 "입"이나 그 입에 속한 것들은 이해나 생각에 속한 것들이나, 그것에서 비롯된 말(言語)을 뜻하기 때문입니다. 왜냐하면 이런 것들은 입에 대응하기 때문입니다. 왜냐하면 낱말 "입"(mouth)에 포함된 모든 기관(器官)들은, 예를 들면 후두(後頭)・성문(聲門)・목구멍・혀・구강(口腔)・입술 등등은 발언이나 발성, 그리고 언어나 말에 대한 이해에 종사하는 기관들이기 때문입니다. 그리고 이것은 "입"이 생각이나 그것에서 비롯된 추론들을 뜻하는 이유입니다. 그러나 사람의 생각이 내면적이고, 외면적이기 때문에 다시 말하면 그것은 영적, 자연적, 감관적이기 때문에, 그러므로 "입"은 사람에 속한 그런 생각을 다룰 때, 여기서는 감관적인 생각을 뜻합니다. 그것은 다루어지고 있는 악에 속한 거짓들에 의하여 감관적인 것을 만드는 것이 사람이기 때문입니다. 그리고 감관적인 생각은 모든 것 중에서 가장 낮은 생각(the lowest thought)이고, 그리고 그것은 물질적이고 관능적(=현세적)입니다. 이런 부류의 생각에는 삶의 측면에서 악들 안에 있는 자들 모두가 있고, 그리고 결과적으로는 교리의 측면에서 거짓들이 있지만, 그러나 그들이 사실이라고 믿을 수 있는 학문적인 것이나, 성취한 것은, 그리고 그들이 멋진 질서 가운데 그들의 거짓들을 적합하게 모은 능력이나, 그것들을 멋지게 꾸민 것이나 달변(達辯)의 대화로 꾸민 것은, 더 할 수 없는 능력이라고 믿는 것입니다.
[2] "입"(mouth)이 대응으로 말미암아, 따라서 영적인 뜻으로, 생각을 뜻한다는 것, 그러나 자연적인 뜻에서는 발설이나 발음을 뜻한다는 것은 아래의 장절들에게서 명확합니다. 시편서의 말씀입니다.

　　의인의 입술은 지혜를 말하고,
　　그의 혀는 공의를 말한다.

(시편 37 : 30)

여기서 "입"은 정동에서 비롯된 생각을 뜻합니다. 왜냐하면 그것으로부터 사람은 지혜를 명상하기 때문입니다. 입이나 그것의 말에서 지혜를 묵상하는 것이 아니기 때문입니다. 누가복음서의 말씀입니다.

> 예수께서 말씀하셨다. 나는 너희의 모든 적대자들이 맞서거나 반박할 수 없는 구변과 지혜를 너희에게 주겠다(누가 21 : 15).

여기서도 "입"(=구변)은 명확하게 이해에서 비롯된 언어를 뜻하고, 따라서 사람이 말한 것에서 비롯된 생각을 뜻합니다. 마태복음서의 말씀입니다.

> "너희는 듣고 깨달아라. 입으로 들어가는 것이 사람을 더럽히는 것이 아니라, 입에서 나오는 것, 그것이 사람을 더럽힌다."…… "입으로 들어가는 것은 무엇이든지, 뱃속으로 들어가서 뒤로 나가는 줄 모르느냐? 입에서 나오는 것들은 마음에서 나오는데, 그것들이 사람을 더럽힌다. 마음에서 악한 생각이 나오는데, 곧 살인과 간음과 음행과 도둑질과 거짓증언과 비방이다"(마태 15 : 11, 17-19).

"입으로 들어가는 것"은 문자적인 뜻으로 온갖 종류의 먹거리를 뜻하고, 그리고 그것은 육체에서의 그것의 씀씀이(善用)를 뜻하고, 배속을 통해서 찌꺼기로 나가는 것을 뜻합니다. 그러나 영적인 뜻으로 "입으로 들어가는 것"은 기억에서부터 생각에 들어가는 모든 것들을 뜻하고, 그리고 또한 이 세상에서부터 생각에 들어가는 모든 것들을 뜻합니다. 그리고 이런 것들은 먹거리에 대응합니다. 그러나 한편 생각에는 들어가지만, 의지에 들어가지 않은 것은 사람을 불결하게 만들지는 않습니다. 왜냐하면 기억이나 그것에서 비롯된 생각 따위는 그 사람에게는 그에게 들어가는 통로이지만, 그러나 의지는 그 사람 자신이기 때문입니다. 생각에 들어가고, 더 이상 진전하지 않는 것들은 말하자면 배를 통해서 본래적인 것으로 버려집니다. 그리고 "배속"(the belly)은 대응으로부터 영들의 세계(the world of spirits)를 뜻하는데, 그 세계에서 생각들은 사람에게 입류하고, 그리고 본래적인 것(=찌꺼기)은 지옥을 뜻합니다.
[3] 여기서 필히 주지하여야 할 것은, 만약에 그 사람 안에 있는 불결한 것들이 생각 속으로 들어오는 것에 비례하여 공표되지 않는다면, 그리고 또한 거기에서 보여지고, 인지되고, 분별되고, 버려지지 않는다면, 사람은 악들이나, 결과적으로는 거짓들로부터 정화(淨化)될 수 없다는 것입니다. 이러한 사실은, "입으로 들어가는 것"이 영적인 뜻으로 기억이나 세상에서부터 생각에 들어가는 것을 뜻한다는 것을 명확하게 합니다. 이에 반하여 "입에서 나오는 것"은 영적인 뜻으로 의지나 또는 사랑에서 생각에 들어가는 것을 뜻합니다. 왜냐하면 생각이 입으로 들어가고, 입에서 나오는 생각의 근원이 되는 "마음"(heart)은 사람의 의지를 뜻하고, 사랑을 뜻하기 때문입니다. 사랑과 의지가 그 사람 전체를 형성하기 때문에, 왜냐하면 사람은 그의 사랑과 같은 그런 존재이기 때문에, 그러므로 그것에서 나와 입으로 들어가는 것이나, 입에서 나오는 것은 사람을 불결하게 만드는 것입니다. 이런 것들이 온갖 종류의 악들이라는 것은 여기에 언급, 열거된 것들에게서 명확합니다. 이러한 내용이나 사실은 천계에 있는 주님의 말씀들의 뜻입니다. "마음"(=심령·heart)이 의지나 사랑을 뜻한다는 것은 본서 167항을 참조하십시오.
[4] 이사야서의 말씀입니다.

그 때에 스랍들 가운데서 하나가, 제단에서 부집게로, 집은, 타고 있는 숯을, 손에 들고 나에게 날아와서, 그것을 나의 입에 대며 말하였다. "이것이 너의 입술에 닿았으니, 너의 악은 사라지고, 너의 죄는 사해졌다"(이사야 6 : 6, 7).

"제단에서 타고 있는 숯불로 예언자의 입과 입술에 댄 스랍들 가운데 하나"는 그의 내면적인 정화를 뜻하는데, 그것은 이해와 의지에 속한 것이고, 그리고 따라서 가르치는 은혜(=선물)에의 취임을 가리킵니다. 여기서 "제단에서 타고 있는 숯불"은, 모든 정화가 그것에서 비롯되는 근원인 신령사랑을 뜻하고, "입과 입술"(the mouth and lips)은 생각과 정동을 뜻하고, 같은 것이지만, 이해와 의지를 뜻합니다. 이런 것들이 정화되었을 때 사람은 부정(不正)과 죄에서 물러나는 것이고, 결과적으로는 "그러므로 너의 악은 사라지고, 너의 죄는 사해졌다"는 말씀이 언급되었습니다. 어느 누구가 입이나 입술에 타는 숯불을 대는 것에 의하여 죄악이 제거되지 않는다는 것을 모르겠습니까! 그것들에게서 소리(=음성)나 말(=언어)이 발출하기 때문에, 입에 속한 것들이 총명적인 것들에 대응한다는 것은 《천계비의》 8068 · 9384항을 참조하십시오. 그리고 "입이나 마음에서 비롯된 것"이 이해와 의지에서 비롯된 것을 뜻한다는 것은 같은 책 3313 · 8068항을 참조하십시오.

581[A]. 꼬리는 뱀과 같고, 또 꼬리에 머리가 달려 있었다.
이 말씀은 오류들을 가리키는 감관적인 지식들(=과학지들)에서 그들이 교활하게 추론하는 것을 뜻합니다. 이러한 뜻은, 그것들이 이해의 궁극적인 것들이기 때문에, 감관적인 것이라고 부르는 지식들(=과학지들)을 가리키는, 여기서의 말들의 꼬리들인 "꼬리들"의 뜻에서 명확합니다(본서 559항 참조). 그리고 교활함을 가리키는, 곧 설명하겠지만, 감관적인 사람의 교활함을 가리키는 "뱀"(serpent)의 뜻에서, 그리고 이런 지식들에 의하여 추론하는 것을 가리키는 "머리"(the head)는 총명을 뜻하기 때문이고, 그러므로 "머리를 가지고 있다"는 말은 총명스럽다는 것을 뜻하기 때문입니다. 이런 지식들에 의하여 추론하는 것을 뜻한다는 것은 감관적인 사람과의 관계에서 "머리"는 지식들(=과학지들)이나 그것에서 비롯된 어리석은 생각을 뜻하기 때문이고, 그리고 그러므로 감관적인 지식들에 의한 추론들을 뜻하기 때문입니다. 이렇게 볼 때 "말들의 꼬리는 뱀과 같고, 꼬리에 머리가 달려 있다"는 말씀은 그들이 오류들을 가리키는 감관적인 지식들로부터 교활하게 추론한다는 것을 뜻한다는 것입니다. 이런 것들이 오류(誤謬)들이라고 불리웠는데, 그것은 감관적인 지식들은 사람이 영적인 것들에 관해서 그런 것들로부터 추론할 때, 오류들이 되기 때문입니다. 예를 들어 보겠습니다. 명성(dignities)이나 높은 지위, 그리고 재물 등이 진정한 축복이라고 하는 것이고, 그리고 이 세상의 위대한 것에 속한 그런 것들인 광영 따위가 천계적인 축복이 그것 안에 존재한다는 것이고, 그리고 주님께서는 당신 자신의 광영을 위해서 사람으로부터 예배나 숭배를 열망하신다는 것이나, 그 밖의 이와 비슷한 것들이 되겠습니다. 이런 것들은, 감관적인 사람은 이런 식으로 생각하기 때문에 그런 것들이 영적인 것들에 적용될 때, 오류들입니다. 그리고 그 사람은 총명을 받지 못하였기 때문에 다른 것을 전혀 알 수 없기 때문입니다.

[2] "뱀들"(serpents)이 성경말씀에서 교활함이나 영특함(=용의 주도함)에 관하여 감관적인 사람을 뜻한다는 것은 아래의 장절들에게서 잘 알 수 있겠습니다. 창세기서의 말씀입니다.

뱀은, 주 하나님이 만드신 모든 들짐승 가운데서 가장 간교하였다 (창세기 3:1).

여기서 "뱀"은 동물 뱀을 뜻하지 않고, 감관적인 사람을 뜻하고, 일반적인 뜻으로는 감관 자체를 뜻하는데, 그것은 곧 인간적인 이해의 궁극적인 것을 가리킵니다. 그리고 "남편(=사람)과 아내"(the man and his wife)는 "지식을 알게 하는 나무를 먹었다"는 것이 뜻하는 신령한 것들에 관한 감관적인 지식들(=과학지들)로부터 그 교회의 사람들이 추론하기 시작할 때 넘어진(=타락한) 태고교회(太古敎會 · the Most Ancient Church)를 뜻합니다. 그리고 감관적인 것에서 신령한 것들에 관해서 추론하는 그들의 "간교"(=교활함 · 奸巧 · craftiness)는 아담의 아내에게 있었던 뱀의 추론에 의하여 기술되었는데, 그것에 의하여 그들은 속은 것입니다. 뱀이 "들의 야생짐승(=들짐승 · any wild beast of the field) 가운데서 가장 간교하다"라고 언급되었는데, 그것은 그것이 유해하고, 그러므로 그것이 무는 것은 치명적이기 때문입니다. 그리고 그것은 그것 자체를 잠복처들(潛伏處 · lurking places)에 숨기기 때문입니다. "독"(毒 · poison)은 교활이나 사기(詐欺)를 뜻하고, 그러므로 뱀의 "문다"(=묾 · bite)는 말은 치명적인 상처(=해침 · hurt)를 뜻하고, 그것이 거기에서 무는 숨은 곳들(=잠복처들)이나 그것이 거기에 숨는 곳은 간교(=교활 · craftiness)를 뜻합니다.

[3] 반드시 주지하여야 할 것은, 모든 짐승들이 사람 안에 있는 그런 부류의 정동들을 뜻한다는 것입니다. 그리고 여기서 "뱀들"(serpents)은 감관적인 사람의 정동들을 뜻합니다. 그런 이유 때문에 그것들은, 사람의 감관이 하는 것과 같이, 땅바닥에서 배로 깁니다. 왜냐하면 이것은 가장 낮은 곳에 있기 때문이고, 배를 긺(creeps)은 말하자면 모든 다른 기능들 아래에 있는 땅을 가리키기 때문입니다. 더욱이 영계에서 감관적인 사람들은 낮은 장소들에서 살고 있고, 그리고 높은 곳으로 올라올 수 없습니다. 그것은 그들이 외적인 것들에 있기 때문이고, 그

들은 이런 것들로부터 판단하고, 그리고 어떤 사물에 관한 결론들을 짓기 때문입니다. 다시 말하면 지옥에 있는 자들은 거의 감관적이고, 그리고 그들의 대부분은 교활합니다. 그러므로 그들이 천계의 빛에서 보게 되면 그들은 다양한 종류의 뱀들처럼 보입니다. 그리고 이것이 악마가 "뱀"이라고 불리운 이유입니다. 지옥적인 것들이 교활한 것은 악이 자체 안에 모든 교활함이나 악의(惡意)를 숨기기 때문입니다. 그러나 선은 자체 안에 모든 영특함(prudence)이나 지혜를 둡니다. 이것에 관해서는 《천계와 지옥》 60장 지옥의 영들의 사악과 가증한 관계를 다룬 576-581항을 참조하십시오.

[4] 이것이 그 때 악마(the devil)나 지옥이 아래의 장절들에서 "뱀"이라고 불리운 이유입니다. 묵시록서의 말씀입니다.

> 그래서 그 큰 용, 곧 그 옛 뱀은 땅으로 내쫓겼습니다. 그 큰 용은 악마라고도 하고, 사탄이라고도 하는데, 온 세계를 미혹하던 자입니다(묵시록 12:9, 14, 15 ; 20:20).

시편서의 말씀입니다.

> 뱀처럼 날카롭게 혀를 벼린 그들은,
> 입술 아래에는
> 독사의 독을 품고 있습니다.
> (시편 140:3)

이 말씀은 역시 그들의 교활이나 기만(欺瞞)적인 속임수를 뜻합니다. 같은 책의 말씀입니다.

> 그들은 뱀처럼 독기가 서려,
> 귀를 틀어막은 귀머거리 독사처럼……

(시편 58:4)

욥기서의 말씀입니다.

    악한 자가 삼킨 것은 독과도 같은 것,
    독사에 물려 죽듯이
    그 독으로 죽는다.
    (욥기 20:16)

이사야서의 말씀입니다.

    그들은 독사의 알을 품고,
    거미줄로 옷감을 짠다.
    그 악을 먹는 사람은 죽을 것이요,
    그 알이 밟혀서 터지면,
    독사가 나올 것이다.
    (이사야 59:5)

이 장절은 영적인 것들로 다른 자들을 사기(詐欺)나 간교(奸巧)에 의하여 유혹하는 악한 사람들에 관해서 언급하고 있습니다. 그들의 교활함에 의하여 유혹하는 것에 대하여 숨긴 악들은 "그들이 품고 있다고 한 독사의 알들"이 뜻합니다. 그리고 그들의 사기적인 거짓들은 "거미들이 그것으로 짠 거미줄"이 뜻하고, 그들이 수용했을 때 치명적인 해침(有害)은 "그 알을 먹는 사람은 죽을 것이고, 그 알이 밟혀서 터지면 독사가 나올 것이다"는 말씀이 뜻합니다.

[5] 바리새파 사람들도 주님에 의하여 뱀과 같은 그런 존재로 불리웠습니다. 마태복음서의 말씀입니다.

    뱀들아, 독사의 자식들아, 너희가 어떻게 지옥의 심판을 피하겠느냐?(마태 23 : 33).

이런 부류의 교활이나 속임수가 주님께서 보호하시는 자들에게 전혀 해를 끼치지 못한다는 것은 아래의 이사야서의 말씀이 뜻합니다. 그 책의 말씀입니다.

> 젖먹는 아이가
> 독사의 구멍 곁에서 장난하고,
> 젖뗀 아이가 살무사의 굴에 손을 넣는다.
> (이사야 11 : 8)

"젖먹는 아이"나 "젖뗀 아이"는 이노센스의 선 안에 있는 자들을 뜻합니다. 다시 말하면 주님사랑 안에 있는 자들을 뜻합니다. "독사의 구멍"이나 "살무사의 굴"은 사기적이고, 간교한 영들이 있는 지옥을 뜻하고, 이런 것들에 들어가는 입구는 어두웁고 흑암의 구멍들과 같은 것이고, 그들이 그것 안에 있는 소굴을 가리킵니다.

[6] 지옥적인 영들의 간교(=교활)나 속입수가 주님께서 지키시는 자들을 전혀 해칠 수 없다는 것은 주님의 이런 말씀들이 뜻합니다. 복음서의 말씀입니다.

> 보아라, 내가 너희에게 뱀과 전갈을 밟고, 원수의 모든 세력을 누를 권세를 주었으니, 아무것도 너희를 해치지 못할 것이다(누가 10 : 19). 손으로 뱀을 집어 들며, 독약을 마실지라도 절대로 해를 입지 않으며, 아픈 사람들에게 손을 얹으면 나을 것이다(마가 16 : 18).

"뱀을 밟는다"는 것은 경멸(輕蔑)하는 것을 뜻하고, 그리고 속임이나 교활 또는 지옥의 무리의 사악한 술책을 무시하는 것을 뜻합니다. 그러므로 "원수의 모든 세력을 누를 권세를 주었다"는 말이 부언되었습니다. 여기서 "원수"(=적군)는 그 패거리를 가리키고, "그의 세력"은 그것의 간계나 교활함을 가리킵니다.
581[B]. [7] "악마"나 "사탄"이라고 불리운 자들을 합쳐서 지옥적인 영들의 악의(惡意)나 교활은 아래의 장절들에서는 "뱀들"이 뜻합니다. 신명기서의 말씀입니다.

> 주께서는 넓고 황량한 광야, 곧 불뱀과 전갈이 우글거리는 광야, 물이 없는 사막에서 너희를 인도하여 주신다(신명기 8 : 15).

광야에서의 이스라엘 자손의 여정은 신실한 사람들의 시험들을 표징하고, 그것으로 말미암아 그것들을 뜻합니다. 그리고 악령들이나 악귀들에 의한 그 때들 마다의 지옥으로부터의 수많은 공격들은 "불뱀과 전갈"이 뜻합니다.
[8] 이사야서의 말씀입니다.

> "모든 블레셋 사람들아,
> 너를 치던 몽둥이가 부러졌다고
> 기뻐하지 말아라.
> 뱀이 죽은 자리에서 독사가 나오기도 하고,
> 그것이 낳은 알이,
> 날아다니는 불뱀이 되기도 한다."
> (이사야 14 : 29)

여기서 "블레셋 사람"은 인애에서 분리된 믿음을 뜻하고, 그리고 그 믿음에 의하여 확증된 궤변(詭辯)들에 의한 수많은 자들의 현혹(眩惑)은 "뱀이 죽은 자리에서 나오는 독사나, 그것이 낳은 알에서 나온 날아다니는 불뱀"이 뜻합니다. 예레미야서의 말씀입니다.

"보아라, 내가 뱀을 너희에게 보내겠다.
어떤 술법으로도 제어할 수 없는 독사들을
너희에게 보낼 것이니,
그것들이 너희를 물 것이다."
(예레미야 8 : 17)

같은 책의 말씀입니다.

소리를 내며 도망치는 뱀처럼
달아날 것이다.
(예레미야 46 : 22)

아모스서의 말씀입니다.

비록 그들이 내 눈을 피해서
바다 밑바닥에 숨더라도,
거기에서 내가 바다 괴물(=바다 뱀)을 시켜
그들을 물어 죽이겠다.
(아모스 9 : 3)

교활함은 이사야서에서는 이런 말씀이 뜻합니다. 이사야서의 말씀입니다.

꼬불꼬불한 뱀, 리워야단(=바다 괴물).
(이사야 27 : 1)

[9] "뱀들"이 교활이나 간계(奸計)를 뜻한다는 것, 그리고 감관적인 사람에게 있는 영특함(=용의주도 · prudence)을 뜻한다는 것은 마태복음서의 주님의 말씀들에게서 명확합니다. 마태복음

서의 말씀입니다.

> 그러므로 너희는 뱀과 같이 슬기롭고, 비둘기와 같이 순진하게 되어라(마태 10:16).

선 안에 있는 자들은 "슬기롭다"고 하였고, 악 안에 있는 자들은 "교활하다"고 하였습니다. 왜냐하면 슬기로움(=영특·용의주도)은 선에서 비롯된 진리에 속한 것이고, 교활은 악에서 비롯된 거짓에 속한 것이기 때문입니다. 여기서는 선 안에 있는 자들에 대하여 언급되었기 때문에 여기서 "뱀들"은 영특함(=슬기·용의주도)를 뜻합니다.

[10] 악한 교활이 그것 안에 있는 극악한 자들을 뜻하기 때문에 "흙을 먹어야 할 것"이라고 언급되었습니다. 창세기서의 말씀입니다.

> 주 하나님이 뱀에게 말씀하셨다.
> "네가 이런 일을 저질렀으니,
> 모든 집짐승과 들짐승 가운데서
> 네가 저주를 받아,
> 사는 동안 평생토록
> 배로 기어다니고,
> 흙(=티끌·dust)을 먹어야 할 것이다.
> (창세기 3:14)

이사야서의 말씀입니다.

> 뱀이 흙을 먹이로 삼을 것이다.
> (이사야 65:25)

미가서의 말씀입니다.

> 그들이 뱀처럼 티끌을 핥으며…….
> (미가 7 : 17)

여기서 "티끌"(=흙먼지·흙·dust)은 저주받은 것을 뜻하고, "배로 긴다"는 것은, 사람 안에 있는 삶의 궁극적인 것을 가리키는 감관적인 것을 뜻합니다. 그리고 이것이 삶(=생명)의 궁극적인 것이기 때문에, 그것은 총명이나 지혜에는 존재하지 않고, 오히려 총명이나 지혜에 정반대되는 교활이나 술책 따위에 있습니다.

[11] 창세기서의 말씀입니다.

> 단은 길가에 숨은 뱀 같고,
> 오솔길에서 기다리는 독사 같아서,
> 말발굽을 물어,
> 말에 탄 사람을 뒤로 떨어뜨릴 것이다.
> (창세기 49 : 17)

단(Dan)에 관한 이 예언이 뜻하는 것이 무엇인지는, 만약에 "말"·"말의 발굽"·"뱀"이 뜻하는 것을 알지 못한다면, 어느 누구도 알지 못할 것입니다. 여기서 "말"(horse)은 진리의 이해를 뜻하고, "말을 탄 사람"은 총명을 뜻하고, "뱀"(serpent)은 총명적인 삶(=생명)의 궁극적인 것인, 감관적인 것을 뜻하고, "말의 발굽"(the heels of a horse)은 감관적인 지식들(=과학지들)를 가리키는 궁극적인 것들 안에 있는 진리들을 뜻합니다. 그리고 오류들에게서 비롯된 추론들에 의하여 감관적인 것이 정도(正道)에서 벗어나 이해를 해치는 일을 하고, 오도(誤導)하는 것을 뜻하는 것은 "뱀이 말발굽을 물어, 말에 탄 사람을 뒤로 떨어뜨린다"는 말씀이 뜻합니다. 이것이 단 지파에 관한 언급인데, 그에게서 명명(命名)된 단 지파는 그 지파들의 마지막이기 때문에, 그것으로 인하여 단 지파는 진리와 선의 마지막 것들(=궁극적인 것들)을 뜻하고, 결과적으로 교회의 궁극적인 것들을 뜻한다는 것은 《천계비의》1710 · 3923 · 6396 · 10335항을 참조하시고, 이 예언이 거기에 설명되었습니다.
[12] 총명적인 생명(=삶)의 궁극적인 것을 가리키는 감관적인 것은 이런 말씀들이 뜻합니다. 이사야서의 말씀입니다.

> 그 날이 오면, 주께서
> 좁고 예리한 큰 칼로
> 벌하실 것이다.
> 매끄러운 뱀, 리워야단,
> 꼬불꼬불한 뱀, 리워야단을
> 처치할 것이다.
> 곧 바다의 악어를 죽이실 것이다.
> (이사야 27 : 1 ; 욥 26 : 13)

출애굽기서의 말씀입니다.

> 모세의 지팡이가 변한 뱀(출애굽 4 : 3, 4 ; 7 : 9-12).

이 장절에서 관해서는 《천계비의》6949 · 7293항을 참조하십시오. 다시, 사람의 생명의 궁극적인 것들을 가리키는 감관적인 것들은 이런 말씀들이 뜻합니다.

> 이집트로 되돌아가기를 원하는 백성에세 불뱀을 보내셨다(민수기 21 : 6).

한편 그런 뱀들이 문 것의 치유는 주님의 신령 감관적인 것이 뜻합니다. 민수기서의 말씀입니다.

"너는 불뱀을 만들어 기둥 위에 달아 놓아라. 물린 사람은 누구든지 그것을 보면 살 것이다." 그리하여 모세는 구리로 뱀을 만들어서 그것을 기둥 위에 달아 놓았다. 뱀이 사람을 물었을 때에, 물린 사람은 구리로 만든 그 뱀을 쳐다보면 살아났다(민수기 21:8, 9).

주님의 신령 감관적인 것(the Lords Divine sensual)이라는 표현이 사용되었는데, 그것은, 주님께서 이 세상에서 영광화되었을 때, 다시 말하면 인성적인 것의 궁극적인 것에 이르기까지 그분의 인성적인 전체가 신령하게 이루어졌기 때문에, 그 표현은 사용된 것입니다. 이러한 내용은 주님께서 무덤에 일체 아무것도 남기시지 않으셨다는 사실에서 잘 알 수 있고, 그리고 주님께서는 제자들에게 이렇게 말씀하셨다는 사실에서 잘 알 수 있습니다. 누가복음서의 말씀입니다.

"내 손과 내 발을 보아라. 바로 나다. 나를 만져 보아라. 유령은 살과 뼈가 없지만, 너희가 보다시피, 나는 살과 뼈가 있지 않느냐?" 이렇게 말씀하시고, 손과 발을 그들에게 보이셨다(누가 24:39, 40).

주님에 의하여 영광화된 것, 또는 신령하게 된 것인 궁극적 감관적인 것(the ultimate sensual)은, 지주(支柱) 위에 매단 "구리뱀"(brazen serpent)이 뜻합니다. 이것에 관해서 주님께서는 친히 요한복음서에서 이렇게 말씀하셨습니다. 요한복음서의 말씀입니다.

모세가 광야에서 뱀을 든 것과 같이, 인자도 들려야 한다. 그것은 그를 믿는 사람마다 영원한 생명을 얻게 하려고 하는 것이다(요한 3:14, 15).

주님께서는 이스라엘 백성이나 유대 백성 앞에서는 이런 증표(證票·sign)에 의하여 표징되었습니다. 그것은 그들이 지극히 감관적이기 때문이고, 그리고 주님을 우러르는 감관적인 사람은, 그의 생각을 감관적인 것 아래나 위로 올리는 것이 불가능하기 때문입니다. 왜냐하면 모든 사람은 자기 자신의 이해의 고양(高揚)에 따라서 주님을 우러르기 때문입니다. 그리고 영적인 사람은 신령 합리적인 것(the Divine rational)에 따라서 우러르기 때문입니다. 이러한 것은 "구리 뱀"(the brazen serpent)이 감관적인 것을 뜻하지만, 그러나 그것은 영광화된 것, 즉 주님의 신령 감관적인 것(Divine Sensual of the Lord)을 뜻한다는 것은 명확합니다.

582. 그들은 그것들(=그 머리)로 사람을 해쳤습니다.
이 말씀은 그들이 이와 같이 교회에 속한 진리들이나 선들을 변질, 타락시켰다는 것을 뜻합니다. 이러한 내용은 감관적인 지식들이나 오류들에게서 비롯된 교활한 추론들에 의하여 교회의 진리들이나 선들을 왜곡, 타락시키는 것을 가리키는 "해친다"(to hurt)는 말의 뜻에서 명확합니다. 왜냐하면 그것의 꼬리에 관해서 이 말씀이 언급된 환상 가운데 본 "말들"은 온갖 오류들에게서 비롯된 추론들에 의한 성경말씀의 위화를 뜻하기 때문입니다(본서 575항 참조). 이런 식으로 볼 때, 요한에게 나타난 말들이 천계의 표징적인 외현들(the representative appearances)이 무엇인지 잘 알 수 있겠습니다. 다기 말하면 동물들이 나타났을 때 거기에 있는 정동들(affections)이 우리의 이 세계에서 보이는 그런 동물들의 형체들로 드러난다는 것입니다. 그럼에도 불구하고 어디에서나 그것들의 부위에 관해서는 다양다종(variety)하게, 특히 얼굴에 관해서 다종다양하게 나타납니다. 대응으로 말미암아 그것의 개별적인 것들은 그와 같이 드러나 보인, 정동에 속한 다종다양한 것들을 뜻합니다. 예를 들면 거기에서 보여진 "말들과 사자 머리와 같은 말들의 머리, 뱀과 같은, 그리고 머리를 가진 그것들의 꼬리들"이 되겠고, 그리고 말들 위에 앉은 자들은 "화홍색과 청색과 유황색의 가슴막이를 둘렀다"는 말씀들이 되겠습니다.

[2] 다양한 모습의 동물들은 영계에서 매일매일 보입니다. 그리고 또한 나는 그것들을 보았습니다. 그리고 대응들의 지식(a knowledge of correspondences)에 의하여 그것의 개별적인 것들이 뜻하는 것이 무엇인지 압니다. 왜냐하면 천사들의 마음에서 유입하는 모든 정동들을 그들의 안전(眼前)에서는 이 땅에 존재하는 모든 종류들의 동물들에 의하여 묘사, 그런 모습으로 형상되기 때문입니다. 이러한 사실은 우리의 세계에 있는 그런 것들이 천적인 것들이나 영적인 것들의 표징적인 것으로 완성된 이유입니다. 이런 표징적인 것들은 영들의 세계에 존재하는데, 그 이유는 그 세상에서는 내면적인 것들이나 외면적인 것들의 영적인 것들이 존재하기 때문입니다. 내면적인 영적인 것들은 정동에 속한 그런 모든 것들을 가리키고, 그리고 또한 그것에서 비롯된 생각이나 진리의 이해나, 선의 지혜에 속한 그런 모든 것들을 가리킵니다. 그리고 외면적인 영적인 것들은 주님에 의하여 외면적인 영적인 것들을 옷입히는 그런 것들로, 또는 내면적인 영적인 것들을 감싸기 위하여 창조되었습니다. 그리고 이런 것들로 옷입혀지고, 감싸졌을 때, 그것들은 자연계에 있는 그런 형체들의 존재에 들어옵니다. 따라서 종국에는 내면적인 영적인 것들의 형체들에 들어와 마감됩니다. 그리고 그것들 안에는 그들의 궁극적인 존재를 취합니다.

583. 20, 21절. **이런 재앙에서 죽지 않고 살아 남은 사람이 자기 손으로 한 일들을 회개하지 않고, 오히려 귀신들에게나, 또는 보거나 듣거나 걸어 다니지 못하는, 금이나 은이나 구리나 돌이나 나무로 만든 우상들에게, 절하기를 그치지 않았습니**

다. 그들은 또한 살인과 복술과 음행과 도둑질을 회개하지 않았습니다.

[20절] :
"이런 재앙에서 죽지 않고 살아남은 사람"은 앞에서 언급한 것과 같이 온갖 탐욕들에 의하여 멸망하지 않은 자를 뜻합니다(본서 584항 참조). "자기 손으로 한 일들을 회개하지 않는다"는 것은, 자아(自我 · 固有屬性 · proprium)에서 비롯된 것들에게서 자기 자신들이 실제적으로 떠나지 않은 자들을 뜻합니다(본서 585항 참조). "그들은 귀신들을 경배하지 않았다"는 것은 그들이 그들 자신들의 탐욕들을 예배하지 않았다는 것을 뜻합니다(본서 586항 참조). "금이나 은이나 구리나 돌이나 나무로 만든 우상들"은 자기 총명(=자기 자만)에서 비롯된 거짓 교리적인 것들을 뜻하고, 그리고 육신적이고 이 세상적인 사랑들을 선호하는, 그리고 그것에서 비롯된 원칙들을 선호하는 거짓 교리적인 것들을 뜻합니다(본서 587항 참조). "보거나, 듣거나, 걸어다니지 못한다"는 것은 그것 안에, 그리고 그것에서 비롯된 것에는 진리의 이해에 속한 것은 아무것도 없다는 것, 또는 선의 지각에 속한 것이 아무것도 없다는 것, 따라서 영적인 생명에 속한 것은 아무것도 없다는 것을 뜻합니다(본서 588항 참조).

[21절] :
"그들은 또한 그들의 살인을 회개하지 않았다"는 것은, 진리의 이해에 속한 것들이나, 선의 의지에, 그리고 그것에서 비롯된 영적인 생명(=삶)에 속한 멸망하는 것들에게서 자기 자신들이 실제적으로 따르지 않았다는 것을 뜻합니다(본서 589항 참조). "그들은 그들의 복술과 그들의 음행을 회개하지 않았다"는 것은 선의 타락이나 진리의 위화에게서 실제적으로 따르지 않았다는 것을 뜻하고(본서 590항 참조), 그리고 "그들은 그들의 도

둑질을 회개하지 않았다"는 것은 진리나 선의 지식들을 취하지 않았다는 것을 뜻하고, 따라서 자신들을 위해 영적인 생명을 취득하는 방법을 취하지 않았다는 것을 뜻합니다(본서 591항 참조).

584. 20절. **이런 재앙에서 죽지 않고 살아남은 사람들.**
이 말씀은, 위에 언급된 것과 같이, 탐욕들에 의하여 멸망하지 않은 자들을 뜻합니다. 이러한 뜻은 멸망하지 않은 자들 모두를 가리키는 "죽지 않고 살아남은 사람들"의 뜻에서 명확합니다. 성경말씀에서 "죽인다"(to be killed)는 것은 영적으로 죽이는 것인데, 그것은 영원히 멸망하는 것을 뜻합니다(본서 547・572항 참조). 그리고 또한 위에 거명된 탐욕들을 가리키는, 다시 말하면 "말들의 입에서 나오는 불・연기・유황"이 뜻하는 것들을 가리키는 "이런 재앙"의 뜻에서 명확한데, 그것들은 악에 속한 사랑(=애욕)이나 거짓에 속한 사랑(=애욕)에서 야기된 탐욕들을, 그리고 또한 악에 속한 거짓들에 의하여 교회의 진리들이나 선들을 파괴하는 욕망이나 정욕들을 뜻합니다(본서 578항 참조). 이런 것들이 "재앙들"(災殃・plagues)이라고 불리웠는데, 그것은 성경말씀에서 "재앙들"은 영적인 생명을 파괴하는 그런 것들을 뜻하기 때문입니다. 결과적으로 사람들 안에 있는 교회를 파괴하는 것들을 뜻하고, 그리고 그러므로 그것은 영적인 뜻으로 이해된 죽음을 야기하기 때문입니다. 말하자면 이런 것들은 자기사랑이나 세상사랑에서 일어나는 온갖 탐욕들과 관계를 가지고 있습니다. 왜냐하면 이런 사람들은 모든 종(種)과 유(類)의 악들이나 거짓들이 그것에서 솟아나고, 자라는 근원인 뿌리들이기 때문입니다.

[2] 묵시록서의 아래 장절들에서 "재앙들"의 뜻은 역시 이런 것을 가리킵니다. 묵시록서의 말씀입니다.

> 그들(=두 증인들)은, 물을 피로 변하게 하는 권세와, 그들이 원하는 대로 몇 번이든지, 어떤 재앙으로든지, 땅을 칠 수 있는 권세를 가지고 있습니다(묵시록 11:6).

같은 책의 말씀입니다.

> 사람들은 우박의 재앙이 너무도 심해서, 하나님을 모독하였습니다(묵시록 16:21).

또 같은 책의 말씀입니다.

> 그러므로 그 여자(=바빌론)에게
> 재난 곧 사망과 슬픔과 굶주림이
> 하루 사이에 닥칠 것이요.
> (묵시록18:8)

역시 같은 책의 말씀입니다.

> 나는 하늘에서 크고도 놀라운 또 다른 표징을 하나 보았습니다. 일곱 천사가 일곱 재난을 가지고 있었는데, 그것은 마지막 재난이었습니다. 하나님의 진노가 그것으로 끝났기 때문입니다(묵시록 15:1, 6, 8).

여기서 "재앙들"(=재난들)이 사람에게 영적인 죽음을 야기시키는 것들을 뜻한다는 것, 결과적으로 개별적으로나 전체적으로나 사람들에게 있는 교회를 전적으로 파괴하고, 황폐시키는 그런 것들을 뜻한다는 것은, 아래에 이어지는 장절들의 설명에서 잘 볼 수 있는데, 거기에는 "재앙들"(=재난들)이 언급, 거명되었는데, 특히 거기에서는 "마지막 일곱 재앙들"이 다루어졌습니다.

[3] "재앙들"(=재난들)은 예언서의 아래 장절들에서도 동일한 뜻을 가지고 있습니다. 이사야서의 말씀입니다.

> 주께서 백성의 상처를 싸매어 주시고,
> 매 맞아 생긴 그들의 상처를 고치시는 날에,
> 달빛은 마치 햇빛처럼 밝아지고,
> 햇빛은 일곱 배나 밝아져서
> 마치 일곱 날을 한데 모아 놓은 것 같이
> 밝아질 것이다.
> (이사야 30 : 26)

예레미야서의 말씀입니다.

> 네 상처는 고칠 수 없고,
> 네가 맞은 곳은 치유되지 않는다.……
> 네 죄악이 크고 허물이 많기 때문에,
> 내가 원수를 치듯이 너를 치고,
> 잔악한 자를 징계하듯이 너를 징계하였다.……
> 진정 내가 너를 고쳐 주고,
> 네 상처를 치료하여 주겠다.
> (예레미야 30 : 12, 14, 17)

같은 책의 말씀입니다.

> 에돔이 참혹하게 파괴되어, 그 곳을 지나는 사람마다 그 곳에 내린 모든 재앙을 보고 놀라며, 비웃을 것이다.
> (예레미야 49 : 17)

역시 같은 책의 말씀입니다.

그 곳(=바빌론 도성)을 지나는 사람마다
그 곳에 내린 모든 재앙을 보고,
놀라며 조롱할 것이다.
(예레미야 50 : 13)

신명기서의 말씀입니다.

너희가 이 책에 기록된 율법의 모든 말씀을 성심껏 지키지 않고, 주 너희 하나님의 영광스럽고, 두려운 이름을 경외하지 않으면, 주께서 너희와 너희의 자손에게 큰 재앙을 내리실 것이다. 그 재난이 크고 그치지 않을 것이며, 그 질병이 심하고, 오래 계속될 것이다.…… 또한 주께서는, 이 율법책에 기록도 되지 않은 온갖 질병과 재앙을, 너희가 망할 때까지 너희에게 내리실 것이다(신명기 28 : 58, 59, 61).

여기서 "재앙들"(=재난들)은 영적인 재앙들을 뜻하는데, 그것은 육신이 아니고, 영혼(the soul)을 파괴할 것이고, 그리고 그것들이 신명기서의 28장 20-68절에 열거되었습니다.
[4] "재앙들"(=재난들 · plagues)이 영적인 뜻으로 뜻하는 것이 무엇인지 스가랴서의 말씀입니다.

예루살렘을 치러 오는 모든 민족을, 주께서 다음과 같은 재앙으로 치실 것이다. 그들이 제 발로 서 있는 동안에 살이 썩고, 눈동자가 눈구멍 속에서 썩으며, 혀가 입 안에서 썩을 것이다.……
말과 노새와 낙타와 나귀 할 것 없이,
적진에 있는 모든 짐승에게도,
적군에게 내린 이같은 재앙이 내릴 것이다.
(스가랴 14 : 12, 15)

이 장절은 거짓들에 의하여 교회의 진리들을 파괴하기 위하여 애쓰는 자들에 관해서 언급하고 있습니다. 여기서 "예루살렘"

은 교리의 진리의 측면에서 교회를 뜻하고, 그리고 "예루살렘을 치러 온다"(=예루살렘에 대하여 전쟁을 수행한다)는 것은 거짓들에 의하여 이런 진리들을 파괴하기 위하여 애쓰는 것을 뜻합니다. "제 발로 서 있는 동안에 누구의 살이 썩는다"는 것은 이런 것을 꾀하고, 시도하는 자들에게 선에 속한 의지(=뜻)가 멸망할 것을 뜻하고, 그리고 따라서 그들이 이와 같이 철저하게 관능적이고, 자연적이 될 것이라는 것을 뜻합니다. 왜냐하면 "살"(flesh)은 의지(will)나 그것의 선, 또는 그것의 악을 뜻하기 때문입니다. 여기서 "발"(feet)은 자연적인 사람의 것들을 뜻하고, 따라서 "발로 서 있다"는 것은 오직 그것들로 말미암아 살아가는 것을 뜻합니다. "그의 눈동자가 눈구멍 속에서 썩는다"는 말은 진리의 모든 이해가 멸망할 것이라는 것을 뜻하고, "그의 혀가 입 안에서 썩을 것이다"는 말은 진리의 모든 지각이나 선의 모든 정동이 멸망할 것이라는 것을 뜻합니다. 이 예언의 말씀은 본서 455[B]항에 설명되었습니다. "말과 노새와 낙타와 나귀와 모든 짐승의 재앙들"은 거의 이것과 동일한 것들을 뜻합니다. 왜냐하면 이런 것들의 "재앙들"은 진리의 모든 이해의 상실(喪失)을 뜻하기 때문이고, 그리고 자연적인 것과 꼭 같이 영적인 것들의 상실을 뜻하기 때문입니다. "짐승의 재앙"은 선에 대한 모든 정동의 상실을 뜻합니다.

[5] 누가복음서의 말씀입니다.

> (요한은 자기 제자 가운데서 두 사람을 보내서 "오실 그분이 선생님이신지 물어 보게 하였다.") 그 때에 예수께서는 질병과 고통과 악령으로 시달리는 사람을 고쳐주시고, 또 눈먼 많은 사람을 볼 수 있게 해주셨다(누가 7:12).

여기서 "악령의 재앙들"(=악령으로 시달리는 것들)은 그 때 악한 영들에 의하여 사람들에게 닥친 사로잡음들(obsessions · 귀신들림)이나, 몹시 비참한 상황들이나 사정들을 뜻하지만, 그러나 그것은 대응적인 영적인 상태들을 뜻합니다. 왜냐하면 주님에 의하여 행해진 모든 치병들의 치유(治癒)들은 영적인 치유들 (spiritual healings)을 뜻하기 때문이고, 그리고 이것으로 말미암아 주님의 이적(異蹟)들은 신령한 것입니다. 이런 것 때문에, "눈먼 많은 사람을 볼 수 있게 해주셨다"고 하였는데, 이것은 진리의 무지(無知)의 상태에 빠져 있는 자들에게 주님께서 교리의 진리들의 이해를 주셨다는 것을 뜻합니다. 누가복음서의 말씀입니다.

> 어떤 사람이 예루살렘에서 여리고로 내려가다가 강도들을 만났다. 강도들이 그 옷을 벗기고 때려서, 거의 죽게 된 채로 내버려두고 갔다(누가 10 : 30).

이 말씀은 영적인 상처들을 뜻하는데, 그것들은 서기관들이나 바리새파 사람들에 의한 여행자들이나 이방 사람들에게 주입된 거짓들이나 악들을 가리킵니다. 이 비유말씀이 영적인 뜻으로 설명된 본서 444[C]항을 참조하십시오.

585[A]. 살아 남은 사람은 자기 손으로 한 일들을 회개하지 않았다.
이 말씀은 그들이 자아(=고유속성·proprium)에서 비롯된 것들에게서 실제적으로 떠나지 않았다는 것을 뜻합니다. 이러한 뜻은, 이것에 관해서 곧 설명하겠지만, 자기 자신이 실제적으로 악에서부터 외면, 떠나는 것을 가리키는 "회개한다"(to repent)는 말의 뜻에서, 그리고 자아(=고유속성)로부터 사람이 생각하고, 행한 것들을 가리키는 "자기 손으로 한 일들"(=행한 행실)의 뜻에서 명확합니다. 이러한 내용이 "그들의 손으로 한 일들"(=행실들)의 뜻이라는 것은, 아래에 이어지는 성경말씀의 여러 장절들에 잘 드러나 있고, 그리고 이것에서 볼 때 그 일들

(=행실들)이 의지에 속한 것들이고, 그것에서 비롯된 이해에 속한 것들이고, 그리고 또한 사랑에 속한 것이고, 그것에서 비롯된 믿음에 속한 것들이라는 것도 잘 드러나 있습니다(본서 98항 참조). "손들"(hand)이 능력(power)을 뜻한다는 것, 그리고 "그들의 손들"(their hands)은 따라서 자아(=고유속성)에서 나온 사람에게 있는 것을 뜻합니다.

[2] 사람의 자아(自我・고유속성(固有屬性・proprium)에 관해서 반드시 주지하여야 할 것은, 그것이 악 이외에 아무것도 아니고, 그리고 그것에서 비롯된 것은 거짓 이외에 아무것도 아니라는 것입니다. 자발적인 자아(=자의적 자아・the voluntary self・proprium voluntarium)는 악한 것이고, 그리고 그것에서 비롯된 총명적인 자아는 거짓이라는 것입니다. 이 자아(=고유속성)은 지난 긴 시리즈에서 사람이 주로 그의 부모・조부・증조부에게서 취한 것입니다. 그러므로 종국에 그것은 유전적인 것(the hereditary)인데, 이것이 바로 그의 자아(=고유속성)이라는 것이고, 그리고 점차적으로 축적(蓄積)되고, 압축(壓縮)된 악 이외에 아무것도 아니라는 것입니다. 왜냐하면, 모든 사람은 두 종류의 악마적인 사랑들(=애욕들), 즉 자기사랑(自我愛)과 세상 사랑(世間愛)에 태어났는데, 이들 사랑들(=애욕들)로부터, 마치 그들 자신의 샘에서 솟아나오는 것과 같이, 모든 악들이나 그것에서 비롯된 모든 거짓들은 솟아나오기 때문입니다. 그리고 사람이 이들 사랑들(=애욕들)에 태어나기 때문에 그 사람은 역시 온갖 종류의 악들 가운데 태어납니다. 이런 내용에 관해서는 《새 예루살렘의 교리》 65-83항을 참조하십시오.

[3] 사람은 그의 자아(=고유속성)의 측면에서 보면 이런 부류이기 때문에서 주님께서는 주님의 신령자비(the Divine mercy of the Lord)에 의하여 여러 방법들과 수단들을 주셨습니다. 그러므로 사람은 그것에 의하여 자기자아(=고유속성)에서 물러날

수 있습니다. 이런 수단들이나 방법들은 성경말씀에서 이미 주어졌습니다. 그리고 사람이 이런 수단들과 함께 협력할 때, 다시 말하면 사람이 신령성언(the Divine Word)으로부터 생각하고 말하고, 그리고 원하고 행할 때 그 사람은 신령한 것들 가운데 주님에 의하여 간수(看守)되고, 그리고 따라서 그는 자아(=고유속성)에서 물러날 수 있습니다. 그리고 이런 일이 계속해서 행해질 때 그 사람에게는 주님에 의하여 새로운 자아(a new self), 즉 임의적인 자아와 총명적인 자아가 생성됩니다. 이 새로운 자아는 사람의 자아(=고유속성)에서 완전히 분리된 것입니다. 따라서 사람은, 말하자면, 새롭게 창조된 것(created anew)이고, 그리고 이것은 성언에서 비롯된 진리에 의한 그의 개혁(=바로잡음·his reformation)이고, 그의 중생(=거듭남)이라고 합니다. 그리고 그것은 그것들에 따라서 사는 삶에 의한 것입니다. 이것에 관해서는 《새 예루살렘의 교리》"제 12장 회개와 죄의 용서에 관하여"(159-172항 참조) 그리고 "제 13장 중생에 관하여"(173-186항 참조)를 참조하십시오. 회개한다(to repent)는 것은 자기 자신을 악들에게서 떼어 놓는 것입니다. 그 이유는 모든 사람은 그의 생명(=삶)에서는 그런 존재이기 때문이고, 그리고 사람의 삶(=생명)은 주로 원하는 것(willing)에, 결과적으로는 행하는 것(doing)에 존재하기 때문입니다. 이렇게 볼 때 뒤이어지는 것은 단순히 생각이나, 또는 입술의 회개는, 그것이 동시에 의지에 속한 것이고, 그것에서 비롯된 행위에 속한 것이 아니라면 그것은 진정한 회개가 아니라는 것입니다. 왜냐하면 그 때 생명(=삶)은 앞에서와 꼭 같이 그 뒤에도 꼭 같이 남아 있기 때문입니다. 이러한 사실은, 회개한다는 것이 자기 자신을 실제적으로 악들에게서 떼어놓는 것이고, 그리고 새로운 생명(=새로운 삶)에 들어간다는 것을 명확하게 합니다(《새 예루살렘의 교리》159-172항 참조).

585[B]. [4]. "손으로 한 일들"(=행실들)이, 사람이 자아(=고유속성)로 말미암아 생각하고, 원하고, 행한 그런 것들을 뜻한다는 것은 성경말씀의 아래의 장절들에게서 잘 볼 수 있겠습니다. 예레미야서의 말씀입니다.

'손으로 만든 우상을 섬겨서 나의 분노를 격발시키지 말아라. 그러면, 나도 너희에게 재앙을 내리지 않겠다고 하였다. 그런데도 너희는 나 주의 말을 듣지 않았고, 오히려 손으로 만든 우상을 섬겨서, 나 주를 격노케 하였으며, 너희는 재앙을 당하고 말았다' 하셨습니다.…… 이번에는 바빌로니아 사람들이 많은 강대국들과 대왕들을 섬길 것이다. 이와 같이 나는 바빌로니아 사람들이 직접 행하고 저지른 일을 그대로 갚아 주겠다(예레미야 25 : 6, 7, 14).

"사람들이 직접 행하고, 저지른 일"은, 가장 가까운 뜻으로는 그들의 주조한 조상(彫像)들이나 우상들을 뜻하지만, 그러나 영적인 뜻으로는 "손으로 만든 일"(=작품)은 자기사랑이나 자기총명에서 비롯된 모든 악들이나 거짓들을 뜻합니다. "손으로 만든 작품들"(=일들)이라고 부르는 "주조한 형상들이나 우상들"은 같은 뜻을 갖습니다. 이러한 것은 아래에 이어지는 것에서 볼 수 있는데, 거기에서는 "우상들"의 뜻이 주어졌습니다. 사람의 자아(=고유속성 · man's self · proprium)는 악 이외에 아무것도 아니기 때문에, 따라서 신령존재에 전적으로 반대되기 때문에, 따라서 "너희는 나 주의 말을 듣지 않았고, 오히려 손으로 만든 우상을 섬겨서, 나 주를 격노케 하였으며, 너희는 재앙을 당하였다"는 말씀이 언급되었습니다. "하나님을 격노하게 하였다"는 것은 주님에게는 반대되는 것이지만, 그것은 사람에게는 악의 근원이라는 것을 뜻합니다. 그리고 모든 악들이나 거짓들이 사람의 자아(=고유속성)에게서 오기 때문에, "많은 나라들과 대왕들은 그들이 섬기게 만들겠다"는 말씀은 거짓들이 비롯된 근원인 악들이나, 악들이 비롯된 근원인 거짓들이 그들의 모든 소유를 차지할 것이라는 것을 뜻합니다. 여기서 "많은 나라들"은 거짓이 비롯된 근원인 악들을 뜻하고, "대왕들"(=큰 왕들)은 악들이 비롯된 근원인 거짓들을 뜻합니다.
[5] 같은 책의 말씀입니다.

> 참으로 이스라엘 백성(=자손들)은 자기들의 손으로 만든 우상으로 나를 화나게만 하였다(예레미야 32 : 30).

역시 같은 책의 말씀입니다.

> 너희는 왜 너희 손으로 만든 우상으로 나를 노하게 하며, 너희가 머물려고 들어간 이집트 땅에서까지 다른 신들에게 제물을 살라 바쳐서 너희 자신을 멸절시키며, 세상 만민에게 저주와 조롱의 대상이 되려고 하느냐?(예레미야 44 : 8).

"그들의 손으로 만든 작품들"(=우상들·works)은 여기서 영적인 뜻으로는 자기총명에서 비롯된 교리의 거짓들에게서 비롯된 예배를 뜻합니다. 이런 부류의 예배는 "이집트 땅에서 다른 신들에게 살라 바치는 제물"(=분향)이 뜻합니다. 왜냐하면 "향을 피운다"(=향을 살라 바친다)는 것은 예배를 뜻하기 때문이고, "다른 신들"(other gods)은 교리의 거짓들을 뜻하기 때문이고, 그리고 "이집트 땅"은 사람의 자아가 거기에 있는 자연적인 것이 그것의 자리를 가지고 있다는 것을 뜻합니다. 따라서 거기에서 자기총명이 나왔다는 것을 뜻합니다. 이 구절의 말씀은 천계에서 이와 같이 이해됩니다.
[6] 역시 같은 책의 말씀입니다.

> 내가 이렇게

내 백성을 심판하는 까닭은,
그들이 나를 버리고 떠나서
다른 신들에게 향을 피우고,
손으로 우상을 만들어서
그것들을 숭배하는 죄를 저질렀기 때문이다.
(예레미야 1:16)

여기서도 역시 "다른 신들에게 향을 피운다"(=향을 살라 바친다)는 것은 교리의 거짓들에게서 비롯된 예배를 뜻하고, "손으로 우상을 만들어서 숭배한다"(=절을 한다)는 것은 자기총명에서 비롯된 그런 것들에게서 비롯된 예배를 뜻합니다. 그리고 이런 예배가 신령존재에게서 비롯된 것이 아니고, 자아(=고유속성)에게서 비롯된 것이라는 것은 "그들이 나를 버리고 떠났다"는 말씀이 뜻합니다.

[7] 이사야서의 말씀입니다.

그 날이 오면, 사람들은
자기들을 지으신 분에게 눈길을 돌리고
'이스라엘 거룩하신 분'을 바라볼 것이다.
자기들의 손으로 만든 제단들은
거들떠보지도 않고,
자기들의 손가락으로 만든
아세라 상들과 태양 신상은
생각도 하지 않을 것이다.
(이사야 17:7, 8)

이 말씀은 주님의 강림과 그 때의 새로운 교회에 관해서 언급하고 있습니다. "사람들이 자기들을 지으신 분에게 눈길을 돌린다"(=쳐다본다)는 것은 신령선과의 관계에서 주님을 뜻하고, "이스라엘의 거룩한 분을 바라볼 것이다"는 말씀은 신령진리와의 관계에서 주님을 뜻합니다. "자기들의 손으로 만든 제단들은 거들떠보지도 않고, 자기들의 손가락으로 만든 아세라 상들이나 형상들을 생각도 하지 않을 것이다"(=바라보지 아니 할 것이다)는 것은 악들에게서 비롯된 예배를, 결과적으로는 자기 총명에서 비롯된 교리의 거짓들을 뜻합니다. 그러므로 이런 말씀들은 교리의 모든 것은 사람의 자아(=고유속성)에서 오지 않고 주님에서 올 것이라는 것을 뜻하는데, 이와 같은 경우는 사람이 진리의 영적인 정동 안에 있을 때인데, 다시 말하면 그가, 그것이 진리이기 때문에, 진리 자체를 사랑하는 때입니다. 그리고 대부분은 그것이 그에게 명성이나 이름을 주기 때문에 사랑하는 때입니다.

[8] 같은 책의 말씀입니다.

>여러 민족이 믿는 신들은
>모두 불에 던져 태웠습니다.
>그러나, 그들은 참 신이 아니라,
>나무와 돌로 만든 것이기에,
>앗시리아 왕들에게
>멸망당할 수 밖에 없었습니다.
>(이사야 37 : 19)

"앗시리아 왕들의 신들"은 거짓들이나 악들에게서 비롯된 추론들을 뜻하는데, 그것은 사람의 자아(=고유속성)에 일치합니다. 그러므로 그것들은 "사람의 손으로 만든 작품"이라고 언급되었습니다. 여기서 "나무와 돌"(wood and stone)은, 다시 말하면 나무나 돌로 만든 우상들은 자아(=고유속성)에서 비롯된 종교나 교리의 악들이나 거짓들을 뜻합니다.

[9] 역시 같은 책의 말씀입니다.

> 너희 각 사람이 너희 손으로 직접
> 은 우상과 금 우상을 만들어 죄를 지었으나,
> 그 날이 오면,
> 그 우상을 다 내던져야 할 것이다.
> 앗시리아가 칼에 쓰러질 것이다.
> (이사야 31 : 7, 8)

이 구절은 그 교회의 설립을 기술하고 있습니다. "그 날에 그들이 배척할 은으로 만든 우상과 금으로 만든 우상"은 그들이 진리들이나 선들이라고 부르는 종교나 예배의 거짓들이나 악들을 뜻합니다. 그리고 자기총명에게서 비롯된 종교나 예배의 거짓들이고 악들이기 때문에 "너희의 손이 너희를 위해 만든 것"(=너희 각 사람이 너희의 손으로 직접 만들었다)이라고 언급되었습니다. 이런 것들에게서 비롯된 추론들은 그 때 거기에 전혀 없을 것이라는 것은 "앗시리아가 칼에 쓰러지겠다"는 말씀이 뜻합니다.

[10] 예레미야서의 말씀입니다.

> 그 우상에게 얇게 펴서 입힌 그 은은
> 디시스에서 들여온 것이며,
> 그 금도 우바스에서 들여온 것입니다.
> 우상들은 조각가가 새긴 것,
> 은장이가 만든 공예품입니다.
> 그것에다가
> 청색 옷과 자주색 옷을 걸쳐 놓은 것이니,
> 모두가
> 솜씨가 좋은 사람들이 만들어 놓은 것입니다.
> (예레미야 10 : 9)

이 구절은 성경말씀의 문자적인 뜻에 의하여 확증된 종교나 예배에 속한 거짓이나 악을 기술하고 있습니다. "그 우상에게 얇게 펴서 입힌 그 은은 다시스(=스페인)에서 들여온 것이다"는 것은 그 뜻으로 성경말씀의 진리들을 뜻하고, 그리고 "우바스에서 들여온 금"은 그 뜻으로 성경말씀의 선을 뜻합니다. 그리고 이런 거짓들이나 악들이 자기총명에서 비롯되기 때문에, 그것들은 "조각가와 은장이(=기술자와 주물장이)가 만든 공예품이다"라고 하였습니다. 자기총명에서 비롯된 악의 거짓들이나 거짓의 악들에 의하여 확증된, 말하자면 옷입혀진, 성경말씀의 문자적인 뜻에서 비롯된 선의 진리나, 진리의 선은 "솜씨가 좋은 사람들이 만들어 놓은 청색 옷과 자주색 옷"이 뜻합니다.
[11] 더욱이 기술자 · 은장이(=주물장이) · 기계공(=장인)은 성경말씀에서 자기총명에서 비롯된 교리 · 종교 · 예배에 속한 것을 뜻합니다. 이러한 내용이 제단이나 성전이, 석수쟁이나 장인에 의하여 다듬은 돌이 아니고, 온전한 돌들(=자연석)로 지으라고 명령된 이유입니다. 제단에 관해서는 이렇게 언급되었습니다. 출애굽기서의 말씀입니다.

> 너희가 나에게 제물 바칠 제단을 돌로 쌓고자 할 때에는 다듬은 돌을 써서는 안 된다. 너희가 돌에 정을 대면, 그 돌이 부정을 타게 된다(출애굽 20 : 25).

여호수아서의 말씀입니다.

> 그 뒤에, 여호수아는 에벨 산 위에 주 이스라엘의 하나님을 섬기려고 제단을 쌓았다. 그것은 주의 종 모세가 이스라엘 자손에게 명령한 대로…… 쇠 연장으로 다듬지 아니한 자연적으로 쌓은 제단이었다(여호수아 8 : 30, 31).

성전에 관한 열왕기 상서의 말씀입니다.

9장 1-21절

(예루살렘의 성전은 돌로 지었다.) 돌은 채석장에서 잘 다듬어낸 것을 썼으므로, 막상 성전을 지을 때에는, 망치나 정 등, 쇠로 만든 어떠한 연장 소리도, 성전에서는 전혀 들리지 않았다(열왕기 상 6 : 7).

제단이나, 그 뒤의 성전은 신령선이나 신령진리와의 관계에서 주님에 속한 으뜸되는 표징들입니다. 그러므로 "그것들이 지어진 돌들"(=축성·건축된 돌들)은 교리·종교·예배에 속한 진리들을 뜻합니다. 여기서 "돌들"(stones)은 성경말씀에 있는 진리들을 뜻합니다. 자기총명에 속한 것은 반드시 아무것도 교리의 진리들이나, 따라서 예배의 진리에 다가가서는 안 됩니다. 결과적으로 그것 안에 있는 진리들은, 다듬지 않고, 자연석으로 쌓은 성전의 돌들이나, 제단의 돌들이 뜻합니다. 왜냐하면 이런 부류가 "기술자나 주물장이의 작품"의 뜻이기 때문입니다. 여기서 "연장"·"망치"·"도끼"·"쇠"는 일반적으로 그것의 궁극적인 것 안에 있는 진리를 뜻하고, 그리고 이런 부류의 진리는 주로 사람의 자아(=고유속성)에 의하여 위화되었습니다. 왜냐하면 이런 진리는 성경말씀의 문자의 뜻의 진리와 꼭 같기 때문입니다.

[12] "사람의 손으로 만든 일들"(=작품들·works)의 뜻에 관해서는 너무나도 많은 것이 있지만, 그러나 "손들의 일들"(=작품들·works of hands)은 성경말씀에서는 여호와에게, 다시 말하면 주님에게 그 공을 돌리는 것의 뜻인데, 그들은 개혁된 사람이나 중생한 사람, 또는 교회를 뜻하고, 개별적으로는 교회에 속한 진리의 교리나 선의 교리를 뜻합니다. 이러한 것은 아래의 장절의 "손의 일들"의 뜻을 가리킵니다. 시편서의 말씀입니다.

손수 하신 일들은 진실하고 공의로우며,

주님이 지시하신 법은 모두 믿을 수 있다.
(시편 111 : 7)

같은 책의 말씀입니다.

주께서 내게 세우신 목적을 이루어 주시니,
주님, 주의 인자하심은 영원합니다.
주께서 손수 지으신 이 모든 것을
버리지 말아 주십시오.
(시편 138 : 8)

이사야서의 말씀입니다.

너의 백성이 모두 시민권을 얻고,
땅을 영원히 차지할 것이다.
그들은 주께서 심으신 나무다.
주의 영광을 나타내라고 만든
주의 작품이다.
(이사야 60 : 21)

같은 책의 말씀입니다.

주님,
주님은 우리의 아버지이십니다.
우리는 진흙이요,
주님은 우리를 빚으신 분이십니다.
우리 모두가,
주님이 손수 지으신 피조물입니다.
(이사야 64 : 8)

역시 같은 책의 말씀입니다.

> 질그릇 가운데서도
> 작은 한 조각에 지나지 않으면서,
> 자기를 지은 이와 다투는 자에게는
> 화가 닥칠 것이다.
> 진흙이 토기장이에게
> '너는 도대체 무엇을 만들고 있는 거냐?'
> 하고 말할 수 있겠으며,
> 네가 만든 것이 너에게
> '그에게는 손이 있으나마나다!'
> 하고 말할 수 있겠느냐?……
> 이스라엘의 거룩하신 하나님,
> 곧 이스라엘을 지으신 주께서 말씀하신다.
> "내가 낳은 자녀를 두고,
> 너희가 나에게 감히 물으려느냐?
> (이사야 45 : 9, 11)

여기서 "이스라엘의 거룩하신 하나님, 곧 이스라엘을 지으신 주"가 주님을 뜻한다는 것은 아래의 13절에 이어지는 것에서 명확합니다. 그리고 "내 손으로 한 일"(=내가 낳은 자녀)은 주님에 의하여 중생한 사람을, 따라서 교회에 속한 사람을 뜻합니다.

[13] 같은 책의 말씀입니다.

> 만군의 주께서
> 이 세 나라에 복을 주며 이르시기를
> '나의 백성 이집트야,
> 나의 손으로 지은 앗시리아야,
> 나의 소유 이스라엘아,
> 복을 받아라' 하실 것이다.
> (이사야 19 : 25)

여기서 "이집트"는 자연적인 것을 뜻하고, "앗시리아"는 합리적인 것을, "이스라엘"은 영적인 것을 뜻합니다. 그리고 "앗시리아"가 하나님의 손의 일(=내 손으로 지은 앗시리아)이라고 하셨는데, 그것은 합리적인 것이 사람 안에 있는 개혁된 것을 가리키기 때문입니다. 왜냐하면 진리들이나 선들을 영접, 수용하는 것이 합리적인 것이고, 그리고 이것으로부터 자연적인 것은 영접, 수용하기 때문입니다. 그리고 영적인 것을 중생시키는 것인데, 다시 말하면 주님께서 영적인 입류에 의하여 중생시키는 것입니다. 한마디로 합리적인 것은 영적인 것과 자연적인 것의 중간 매채(the medium)이고, 그리고 중생시키는 영적인 것은 합리적인 것을 통하여 자연적인 것에 유입하고, 따라서 자연적인 것은 중생합니다. 신명기서의 말씀입니다.

> 주님,
> 그들이 강해지도록 복을 베풀어 주시고,
> 그들이 하는 모든 일을
> 기쁘게 받아 주십시오.
> 그들과 맞서는 자들의 허리를 꺾으시고,
> 그들을 미워하는 자들을
> 다시는 일어나지 못하게 하여 주십시오.
> (신명기 33 : 11)

이 말씀은, 인애의 선을 뜻하는 레위 지파에 대한 말씀입니다. 그리고 최고의 뜻으로는 그 선에 대한 주님에 관한 말씀입니다. "그의 손이 하는 모든 일"은 그것에 의한 개혁(=바로잡음・改革・reformation)을 뜻합니다.

586. 오히려 그들은 귀신들에게 절하기를 그치지 않았습니다.
이 구절은 그들이 그들 자신의 탐욕들을 예배하지 않는다는 것을 뜻합니다. 이러한 내용은 예배하는 것을 가리키는, "절한다"(=경배한다)는 말의 뜻에서 그리고 악한 탐욕들을 가리키는 "귀신들"의 뜻에서 명확합니다. "귀신들"(demons)이 악한 탐욕들을 가리키는데, 그것은 귀신들이 지옥적인 영들을 뜻하기 때문이고, 그리고 지옥에 있는 모든 영들은 악한 탐욕들 이외에는 아무것도 아니기 때문입니다. 왜냐하면, 천계에 있는 천사들과 꼭 같이, 지옥에 있는 모든 영들은 인류에게서 비롯되기 때문입니다. 그리고 사후(死後) 모든 사람은 이 세상에서 가졌던 그의 생명(=삶)과 같은 그런 존재가 되기 때문이고, 결과적으로는 그가 지녔던 그의 정동과 같은 존재가 되기 때문입니다. 그러므로 사람은 전적으로 그의 정동입니다. 다시 말하면 선한 사람(a good man)은 선과 진리의 정동이고, 악한 사람(an evil man)은 악과 거짓의 정동입니다. 더욱이 모든 사람은 사후에도 그의 정동에 일치하여 생각하고, 뜻하고, 말하고, 행동합니다. 악이나 거짓의 정동이 바로 탐욕이라고 부르는 것입니다. 그리고 그것은 "귀신들"이 뜻하는 것입니다.

[2] 그러나 우리의 본문에서 "귀신들에게 절한다"(=경배한다)는 말이 뜻하는 것이 무엇인지 간략하게 설명하고자 합니다. 사람은 누구나 영들과 함께 제휴(提携)하는데, 그들과의 제휴나 결합(結合)이 없다면, 어느 누구도 살 수가 없습니다. 사람과 함께 있는 영들은 그의 정동들이나 또는 탐욕들과 같은 그런 존재입니다. 그러므로 사람이 그의 예배에서 주님이나 이웃을 우러르지 않고, 자기 자신이나 이 세상을 우러른다면, 다시 말하면 그 사람이 명예나 재물을 손에 넣을 유일한 목적을 위해 하나님을 예배한다면, 또는 다른 사람들에게 해를 끼치기 위하여 하나님을 예배한다면, 그 때 그는 귀신들(demons)을 예배하는 것입니다. 왜냐하면 그 때 주님께서는 그의 예배에 현존하시지 않고, 다만 지옥의 영들이 거기에 있기 때문인데, 그 사

람에게는 그 지옥의 영들과 함께하기 때문입니다. 이런 영들은 그들이 신들(gods)이라고 믿기 위해서는, 그리고 예배를 받기 위해서는 미친 자 같아야 합니다. 왜냐하면 자기사랑에 있는 사람과 꼭 같이, 모든 영은 하나님처럼 예배 받는 것을 매우 열망하기 때문입니다. 결과적으로 이런 미친 탐욕은 사후 사람들에게 계속해서 남아 있기 때문입니다. 그 때 그들은 귀신들이 됩니다. 이러한 내용이 "귀신들에 절한다"(=섬긴다 · 예배한다)는 말이 뜻하는 것입니다.

[3] "이런 예배는 귀신들에게 제물을 바친다"는 말이 뜻합니다. 신명기서의 말씀입니다.

> 그들은 이방 신을 섬겨서
> 주께서 질투하시게 하였으며,
> 역겨운 짓을 하여
> 주께서 진노하시게 하였다.
> 너희는
> 하나님도 아닌 신들에게 제사를 드렸다.
> 너희가 알지도 못하는 신들,
> 새롭게 나타난 새 신들,
> 너희 조상이 섬기지 않던 신들이다.
> (신명기 32 : 16, 17)

레위기서의 말씀입니다.

> 그 백성(=이스라엘 자손)은 더 이상, 그들이 잡은 짐승을 숫염소 귀신들에게 제물을 바치는 음행을 저질러서는 안 된다. 이것은 그들이 대대로 영원히 지켜야 할 규례이다(레위기 17 : 7).

그들이 천막의 입구에서 바친 제물들은 주님의 예배를 표징합니다. 그 이유는 제단이나 성막이 주님이 계시는 곳인 천계를 표징하지만, 그러나 주님이 계시지 않는 곳에서 바쳐지는 제물들은 주님께서 계시지 않는 예배를 표징하기 때문입니다. 따라서 귀신들의 섬김(=제사)을 표징하기 때문입니다. 이것은 그 때 모든 것이 표징적이기 때문입니다.
[4] 시편서의 말씀입니다.

> 그들은 또한 악귀들에게
> 자기의 아들딸들을 제물로 바쳤다.
> (시편 106 : 37)

이것은 전적으로 지옥적입니다. 그러나 영적인 뜻으로 "아들들과 딸을 바친다"는 것은 악한 탐욕들에 의하여 교회의 진리들이나 선들을 왜곡하고, 파괴하는 것을 뜻합니다. 여기서 "아들들"(sons)은 교회에 속한 진리들을 뜻하고, "딸들"(daughters)은 그것의 선을 뜻합니다.
[5] 이사야서의 말씀입니다.

> 거기에서는 들짐승들이 이리 떼와 만나고,
> 숫염소가 소리를 내어 서로를 찾을 것이다.
> 밤짐승이 거기에서
> 머물러 쉴 곳을 찾을 것이다(=광야의 들짐승들도 섬의 들짐승들과 만날 것이며, 밤괴물이 자기 동료를 부르고, 헛간의 올빼미도 거기서 쉬며, 자신의 안식처를 찾을 것이다.
> (이사야 34 : 14).

이 장절은 현세적인 욕망들이나 철저한 자연적인 욕망들에 의한 교회의 전체적인 황폐를 다루고 있습니다. 그 욕망들이 온갖 종류의 거짓들이나 악들이 비롯된 근원입니다. 이런 욕망들은 바로 "광야의 들짐승들(the tziim)이나 섬의 들짐승"(the

izim), 그리고 "밤괴물"(the night monster)과 "나무의 괴물"(satyr)이 뜻합니다.
[6] 또 같은 책의 말씀입니다.

> 거기에는 다만 들짐승들(the tziim)이나 뒹굴며
> 사람이 살던 집에는
> 부르짖는 짐승들이 가득하며,
> 숲의 타조들이 거기에 깃들이며,
> 산양들(=나무의 괴물)이 그 폐허에서 뛰어 놀 것이다.
> (이서야 13 : 21)

이 구절은 바빌론에 관해서 언급하고 있는데, 바빌론이 뜻하는 자들에게는 그와 같은 관능적인 탐욕들이나 순수한 자연적인 탐욕들인 그런 것들이라는 것과, 그리고 이런 것들이 "그들의 집이 이런 것들로 가득 채워질 것이다"는 말과 그리고 "그들이 거기에서 살고, 거기서 뛰어 놀 것이다"는 말이 뜻하는 "그들의 마음의 생명을 형성한다"는 것입니다. 여기서 "집"(house)은, 그것 안에 그런 것들로 가득한 마음이나, 사람의 기질(=성품)을 뜻하고, "올빼미의 딸들"은 거짓들을 뜻하고, "나무의 괴물"(satyrs)은 관능적인 욕망들을 뜻합니다. 묵시록서의 말씀입니다.

> "무너졌다. 무너졌다.
> 큰 도시 바빌론이 무너졌다.
> 바빌론은 귀신들의 거처가 되고,
> 온갖 더러운 영의 소굴이 되고,
> 더럽고 가증한
> 온갖 새들의 집이 되었구나!"
> (묵시록 18 : 2)

그 때 그것들에 의하여 수많은 사람을 사로잡고 있던 주님에 의하여 쫓겨난 귀신들은 그것에 의하여 교회를 맹렬히 공격, 습격한 온갖 종류의 거짓들을 뜻하고, 그리고 주님께서 그것에서 교회를 구출하셨다는 것을 뜻합니다. 예를 들면 마태 8 : 16, 28 ; 9 : 32, 33 ; 10 : 8 ; 12 : 22 ; 15 : 22 ; 마가 1 : 32-34 ; 누가 4 : 33-38, 41 ; 8 : 2, 26-40 ; 9 : 1, 37-44, 49, 50 ; 13 : 32 그리고 그 밖의 많은 장절이 되겠습니다.

587[A]. 금이나 은이나 구리나 돌이나 나무로 만든 우상들에게 절하기를 그치지 않았습니다.
이 말씀은 자기총명에서 비롯된 거짓 교리적인 것들과, 그리고 육신이나 세상의 사랑들을 지지하고 선호하는, 그리고 그것에서 파생, 획득된 원칙들을 뜻합니다. 이러한 내용은 자기 총명에서 비롯된 교리 · 종교 · 예배의 거짓들을 가리키는 "우상들"(idols)의 뜻에서 명확합니다. 그러나 "금 · 은 · 구리 · 돌 · 나무로 만든 우상들"이 개별적으로 뜻하는 것이 무엇인지는 "금 · 은 · 구리 · 돌 · 나무"의 뜻에서 알 수 있겠습니다. 여기서 "금"은 영적인 선을 뜻하고, "은"은 영적인 진리를 뜻하고, "구리"(=놋쇠 · brass)는 자연적인 선을 뜻하고, "돌"은 자연적인 진리를 뜻하고, 그리고 "나무"는 감관적인 선을 뜻합니다. 이런 선들이나 진리들은 진정한 교리에 들어오는데, 그것은 이런 부류의 교리는 성경말씀의 영적인 뜻과 자연적인 뜻 양자에서 비롯되기 때문입니다. 거짓 교리(a false doctrine)가 성경말씀의 영적인 것들에 의하여 확증될 때, 그것은 금으로 만든 우상이나 은으로 만든 우상이 됩니다. 그러나 그것이 성경말씀의 자연적인 것들에 의하여 확증될 때, 또는 성경말씀의 문자의 뜻에 속한 것들에 의하여 확증될 때 그것은 구리(=놋쇠)나 돌로 만든 우상이 됩니다. 그리고 그것이 그저 단순한 문자의 뜻으로 확증될 때 그것은 나무로 만든 우상이 됩니다. 왜냐하면 성경말씀의 내면적인 뜻이나 영적인 뜻, 그리고 그것의 외면적인 뜻이나 자연적인 뜻이 거짓들을 확증하기 위하여 적용될 때, 이러한 것은 그것에 의하여 확증된 전부인 헤아릴 수 없이 수많은 이단사설(異端邪說 · heresies)에서 잘 알 수 있습니다.

[2] 성경말씀의 진정한 뜻이 이해되지 않을 때 거짓들은 확증적인 것이 됩니다. 그리고 이런 이유 때문에 자기사랑들(=애욕들)이나 그것에서 획득된 원칙들은 지배적이 되는데, 그리고 이런 것들이 지배적인 것이 되면, 사람은 천계의 빛으로는 아무것도 보지 못하고, 다만 그가 본 것은 무엇이나 천계의 빛에서 분리된 이 세상의 빛으로 본 것입니다. 그리고 이 세상의 빛이 천계의 빛에서 분리되었을 때 영적인 것들 안에는 칠흑 같은 흑암만 있습니다. 여기서 우리가 잘 알 수 있는 것은 이리엘 자손들이 이집트에서 취한 것이고, 그리고 또한 우상숭배의 더러운 관습에 관해서 주위의 민족들에게 취한 것이라는 사실입니다. 그들이 철저한 겉사람들이었기 때문에, 그들은 또한 자연적인 성향으로 말미암아 그들 안에 그 예배를 활착 시켰습니다. 이러한 사실은 성경말씀에 언급된 유다 왕들이나 이스라엘 왕들의 수많은 우상숭배들에서 잘 볼 수 있습니다. 그리고 또한 그들 가운데 가장 지혜로운 솔로몬 자신에게서도 잘 알 수 있겠습니다. 그럼에도 불구하고 그것들이 성경말씀에 언급될 때 그들이 자신들을 위해 만들고, 예배한 이런 우상들은 영적인 뜻으로는 자기총명에서 비롯된 거짓 교리적인 것들을 뜻하는데, 그 예배는 그것에서 비롯되었고, 그리고 그것에 일치합니다.

[3] 우상의 이 뜻은 영계에서부터 그 원인을 취합니다. 자기 자신들을 위하여 교리의 거짓들을 고안, 짜맞추는 거기의 영들은, 그들이 인간의 모습으로 보이기까지 여러 가지 방법으로

자신들을 우상들의 모습을 변형시키고, 두드러지게 합니다. 역시 그들은 다종다양한 표징들에서 발췌(拔萃), 선택하고, 그리고 그것들이 결합하도록 적합하게 합니다. 따라서 그들은 외적으로는 그런 모습으로 위조(僞造), 만듭니다. 이러한 내용은, 거짓들이 진리들이라고 스스로 설득하는 교회의 지도자들에 의한 이런 우상들의 형성을 증거하기 위하여 나에게 허락된 것입니다. 그리고 예를 들면 그들은 개별적인 것들을 서로 결합시키는 방법을 아는 것에 매우 뛰어나고, 그리고 그 뒤에는 그것을 옷입히는 방법에서도 뛰어납니다. 영국 사람들에 의하여 나는 이런 영들을 보았는데, 그것에 의하여 그들은 오직 믿음만이 구원의 본질이라는 것을 드러냈고, 그리고 그것은 사람에게서 비롯되는 그 어떤 협동 없이 인애의 선들을 생성한다는 것을 드러내 보여 주었습니다. 우상들은 영계에서 자기 총명에서 비롯된 교리나 거짓들 안에 있는 자들에 의하여 만들어지는데, 그 이유는 교회의 진정한 교리의 근원인 신령진리들이 천사들로 하여금 인간 모습을 야기시키기 때문입니다. 이런 이유 때문에 천사들은 성경말씀에서 신령진리들을 뜻하고, 그리고 이런 이유 때문에 성경말씀으로 확증된 교리의 거짓들은 인간의 모습으로 우상들을 나타내고 있습니다. 위화된 성경말씀의 진리들이나, 확증들로서 사용된 성경말씀의 진리들은 그런 모습을 유발하지만, 그러나 위화된 진리들은 생명이 전혀 없는 하나의 우상을 나타낼 뿐입니다.

587[B]. [4] 새겨서 만든 형상들이나, 주조(鑄造)해서 만든 형상들인 우상들이 교리의 거짓들이나, 종교나 예배의 거짓들을 뜻한다는 것은 성경말씀의 아래의 장절들에게서 잘 알 수 있겠습니다. 이사야서의 말씀입니다.

　　우상이란 대장장이가 부어 만들고,

>   도금장이가 금으로 입히고,
>   은사슬을 만들어 걸친 것이다.
>   금이나 은을 구할 형편이 못되는 사람은
>   썩지 않는 나무를 골라서 구하여 놓고,
>   넘어지지 않을 우상을 만들려고
>   숙련된 기술자를 찾는다
>   (이사야 40 : 19, 20)

이 장절은, 교리가 거짓들에 의하여 어떻게 서로 함께 융합(融合)되고 밀착(密着)되는지를 기술하고, 따라서 자기총명에서 비롯된 것들에 의하여 어떻게 그렇게 되는지를 기술하고 있습니다. 왜냐하면 이것들이 모두 거짓들이기 때문입니다. 여기서 "대장장이"(the artificer)나, "도금장이"(the refiner)나 "숙련된 기술자"(the wise artificer)는 그런 교리를 고안하고, 만드는 자를 뜻하는 그런 자를 찾는 자를 뜻합니다. 여기서 "금을 펴서 그 위에 입힌다"(=금으로 입힌다)는 것은 겉모양으로 선처럼 드러내는 것을 뜻하고, "은 사슬을 만든다"(=주조한다)는 것은 거짓들이 진리들처럼 적합하게, 그리고 드러내는 것을 뜻합니다. "썩지 않는 나무를 골라서 구한다" 그리고 "넘어지지 않을 새긴 형상을 준비한다"는 것은 교리가 시인되고, 거짓 같이 보이지 않게 하는 것을 뜻합니다.

[5] 예레미야서의 말씀입니다.

>   사람은 누구나 어리석고
>   지식이 모자란다(=사람은 누구나 지식에 의하여 어리석게 된다).
>   은장이는 자기들이 만든 신상 때문에,
>   모두 수치를 당한다.
>   그들이 금속을 부어서 만든 신상들은
>   속임수요,
>   그것들 속에는 생명이 없기 때문이다.

그것들은 허황된 것이요,
조롱거리에 지나지 않아서,
벌을 받을 때에는 모두 멸망할 수밖에 없다.
(예레미야 10 : 14, 15 ; 51 : 17, 18)

"새겨 만든 형상"(=신상)은 교리·종교·예배의 거짓을 뜻하기 때문에, 그러므로 "사람은 누구나 지식에 의하여 어리석게 되고, 은장이(=주물장이)는 자기들이 만든 신상 때문에 모두 수치를 당한다"라고 언급되었습니다. 여기서 "사람을 어리석게 만드는 그 지식"은 자기 총명을 뜻하고, 그러므로 거기에서 비롯된 거짓은 "자기들이 만든 신상"(=새겨 만든 형상)이 뜻합니다. 그리고 이런 부류의 거짓은 "그것들은 헛된 것이요, 잘못 만들어진 것들"이라는 말씀이 뜻합니다. 거짓들 안에 영적인 생명이 전혀 없다는 것, 이런 것들 안에는 자기총명에서 비롯된 것이 있다는 것 등은 "그것들 속에는 숨(=생명)이 없다"는 말씀이 뜻합니다. 왜냐하면 생명(life)은 오직 신령진리들 안에 있기 때문입니다. 다시 말하면 주님께서 친히 가르치신 것과 같이, 주님에게서 비롯된 진리들 안에 존재하기 때문입니다. 요한복음서의 말씀입니다.

내가 너희에게 한 그 말은 영이요, 생명이다(요한 6 : 63).

[6] 예레미야서의 말씀입니다.

이방 사람이 우상을 숭배하는 풍속은
허황된 것이다.
그들의 우상은 숲 속에서 베어 온 나무요,
조각가(=기술자)가 연장(=도끼)으로 다듬어서 만든
공예품(=손으로 만든 작품)이다.
그들은 은과 금으로 그것을 아름답게 꾸미고,

망치로 못을 박아 고정시켜서,
쓰러지지 않게 하였다.
그것들은 논에 세운 허수아비(=종려나무)와 같아서,
말을 하지 못한다.
걸어 다닐 수도 없으니,
늘 누가 메고 다녀야 한다.
그것들은 사람에게 재앙을 내릴 수도 없고,
복도 내릴 수가 없으니,
너희는 그것들을 두려워하지 말아라.······
그들은 모두가 한결같이
어리석고 미련합니다.
나무로 만든 우상에게서 배운다고 한들,
그들이 무엇을 배우겠습니까?
그 우상에게 얇게 펴서 입힌 그 은은
다시스에서 들여온 것이며,
그 금도 우바스에서 들여온 것입니다.
우상들은 조각가(=기술자)가 새긴 것,
은장이(=주물장이)가 만든 공예품입니다.
그것에다가
청색 옷과 자주색 옷을 걸쳐 놓은 것이니,
모두가
솜씨 좋은 사람들이 만들어 놓은 것입니다.
오직 주님만이 참되신 하나님이시지요.
주님만이 살아 계시는 하나님이시며,
영원한 임금이십니다.
(예레미야 10:3-5, 8-10)

여기서 "새겨서 만든 우상"은 자기총명에 의하여 정교한 자에 의하여 고안, 만들어진 교리의 거짓, 종교나 예배의 거짓을 뜻한다는 것은 영적인 뜻으로 살필 때 이 기술의 개별적인 것들에게서 명확합니다. 그것에 의하여 베고, 만든 자기총명은 "도

끼를 가지고 만든 손의 작품"이라는 말이나, "우상들은 조각가가 새긴 것이고, 은장이가 만든 공예품"이라는 말이나 "솜씨 좋은 사람이 만든 것"이라는 말이 뜻합니다. "기술자나 주물장이"(=조각가나 은장이)가 만든 공예품(=손으로 만든 작품)은 앞 단락에서 입증된 자기총명에서 비롯된 것을 뜻합니다. 그것에서 비롯된 거짓들은 "그들은 모두가 한결같이 어리석고 미련하다, 통나무는 헛된 것들의 교리다"(=나무로 만든 우상에게서 배운다고 한들, 그들이 무엇을 배우겠습니까?)라는 말씀이 뜻합니다. 이런 것들이 전혀 생명을 가지지 못하였다는 것은 "그것들은 논에 세운 허수아비(=종려나무)와 같아서, 말을 하지 못한다, 걸어 다닐 수도 없다"는 말이 뜻합니다. 여기서 "말을 한다" "걸어 다닌다"는 것은 사는 것을 뜻하고, 산다는 것은 영적으로 사는 것을 뜻합니다. 성경말씀으로 확증한 것들은 "다시스에서 들여 온 얇게 편 은"이 뜻하고, 그리고 "우바스에서 들여온 금"이나, 그들의 옷들을 가리키는 "청색 옷과 자주색 옷"이 뜻합니다. "다시스에서 들여온 은"은 성경말씀의 진리를 뜻하고, "우바스에서 들여온 금"은 성경말씀의 선을 뜻하지만, 이들 양자는 여기서는 위화된 것을 뜻합니다. "청색 옷과 자주색 옷"도 동일한 뜻을 가지고 있습니다. 교리·종교·예배에 속한 모든 진리는 여호와에게서, 다시 말하면 주님에게서 비롯된다는 것은 "여호와(=주)는 참되신 하나님(=진리의 하나님)이시오, 살아 계신 하나님이시요, 영원한 임금이십니다"는 말씀이 뜻합니다. 왜냐하면 주님께서는 신령진리로 말미암아 "하나님"이라고 불리웠고, 그리고 또한 "살아 있다"(living)나 "임금"이라고 불리웠기 때문입니다.

[7] 이사야서의 말씀입니다.

우상을 만드는 자들은 모두

허망한 자들이다.
그들이 좋아하는 우상은
아무 쓸모가 없는 것들이다.
이런 우상을 신이라고 증언하는 자들은
눈이 먼 자들이요, 무지한 자들이니,
마침내 수치를 당할 뿐이다.
아무런 유익도 없는 신상을 만들고,
무익한 우상을 부어 만드는 자가 누구냐?
그런 무리는 모두 수치를 당할 것이다.
대장장이들은 사람일 뿐이다.……
철공은 그의 힘센 팔로 연장을 벼리고,
숯불에 달구어 메로 쳐서,
모양을 만든다.
이렇게 일을 하고 나면,
별 수 없이 시장하여 힘이 빠진다.
물을 마시지 않으면, 갈증으로 지친다.
목공은 줄을 늘여 나무를 재고,
석필로 줄을 긋고,
대패질을 하고,
걸음쇠로 줄을 긋는다.
그렇게 해서 사람의 아름다운 모습을 따라,
우상을 만들어 신전에 놓는다.
그는, 용도에 따라서
백향목을 찍어 오기도 하고,
삼나무와 상수리나무를 베어 오기도 한다.
그러나 그 나무들은
저절로 튼튼하게 자란 것이지,
그들이 키운 것이 아니다.
하늘에서 내리는 비를 머금고
자라는 것이지,
그들이 자라게 하는 것이 아니다.

이 나무는 사람들에게
땔감에 지나지 않는다.
목공 자신도 그것으로 몸을 따스하게 하고,
불을 피워 빵을 굽기도 한다.
그런데 그것으로 신상을 만들어서
그것에게 절하며,
그것으로 우상을 만들어서
그 앞에 엎드린다!……
백성이
알지도 못하고 깨닫지도 못하는 것은
그들의 눈이 가려져서 볼 수 없기 때문이며,
마음이 어두워져서
깨달을 수 없기 때문이다.
그런 사람에게는
생각도 없고 지식도 없고 총명도 없다.……
"내 오른손에 거짓이 있지 않느냐?"고
말하지도 못한다.
(이사야 44 : 9-20)

새겨서 만든 우상에 관한 이 기술은 자기총명에서 비롯된 교리의 구성을 뜻하고, 그리고 그 기술의 개별적인 것들은 그런 구성의 개별적인 것들을 뜻합니다. 만약에 그렇지 않다면 이 새겨서 만든 우상의 단순한 구성을 그렇게 길게 신령성언(the Divine Word)에 있어야 할 이유가 무엇이겠습니까? 거기에 거짓 이외에 아무것도 없다는 것은 "우상을 만드는 자들은 모두 허망한 자들이다, 그들이 좋아하는 우상은 아무 쓸모가 없는 것들이다"는 말씀이 뜻하고, 그리고 또한 "그런 사람에게는 생각도 없고, 지식도 없고, 총명도 없다.…… 손에 쥐고 있는 우상이 참신이 아니라는 것을 받아들이려 하지 않는다"(=내 오른손에 거짓이 있지 않느냐?고 말하지도 못한다)는 말씀이 뜻합니다.

총명에서 형성된 교리의 거짓은 "철공은 그의 힘센 팔로 연장을 벼리고, 숯불에 달구어 메로 쳐서, 모양을 만든다"는 말씀이 뜻합니다. "철공은 그의 힘센 팔로 연장을 벼리고, 숯불에 달구어 메로 쳐서, 모양을 만든다"(=집게를 가진 대장장이는 숯불에 가공하여 망치들로 그것을 치고, 그의 팔힘으로 그것을 만든다)는 말씀은 자기사랑을 의지, 선호하는 거짓들의 모양을 만들어 낸다는 것을 뜻하고, 그들이 진리인 것처럼 보이기 위하여 오류들에 의하여 거짓들과 거짓들을 결합시키는 것을 뜻한다는 것은 "목공은 줄을 늘여 나무를 재고, 석필로 줄을 긋고, 대패질을 하고, 걸음쇠(=컴퍼스)로 줄을 긋는다. 그렇게 해서 사람의 아름다운 모습을 따라 우상을 만들어 성전(=집)에 둔다"는 말씀이 뜻합니다. 여기서 "사람의 모습"은 진리의 외현(=겉모습)을 뜻하고, "사람의 아름다움"은 그것에서 비롯된 총명의 외현(=겉모습)을 뜻하고, "그 집에 둔다"(=그 집에 산다)는 것은 그것에서 비롯된 영적인 삶(=생명)의 외현(=겉모습)을 뜻합니다. 이상에서 볼 때 거기에 총명에 속한 생명이나, 진리와 선의 지각에 속한 생명이 전혀 없다는 것을 뜻한다는 것은 "백성이 알지도 못하고 깨닫지도 못하는 것은 그들의 눈이 가려져서 볼 수 없기 때문이며, 마음이 어두워져서 깨달을 수 없기 때문이다"는 말씀이 뜻합니다. 우리의 본문말씀에 기술된 개별적인 것들이 일일이 뜻한다는 것이 무엇인지 설명한다는 것은 너무나 장황스러울 것입니다. 다만 필수적인 것은, 어느 누구나 단순한 새겨 만든 우상의 형성에 비하여 보다 내면적이고, 현명한 것을 뜻하는 것이 거기에 있다는 것을 볼 수 있다는 것입니다. 우리가 반드시 알아야 할 것은 이 기술 안에는 말로 형언할 수 없는 천계적인 지혜가 숨겨져 있다는 것이고, 그리고 비록 그 사람이 새겨 만든 형상 이외에는 아무것도 생각하지 못하지만 사람이 이런 것들을 읽을 때, 이 지혜 안에는 천사들

9장 1-21절   349

이 있다는 것입니다. 왜냐하면 거기에는 지금 여기에 수많은 대응들이 있는 것과 같은, 그리고 그것에서 비롯된 지혜에 속한 수많은 비의(秘義)가 있는 것과 같은 것들이 있기 때문입니다.
[8] 하박국서의 말씀입니다.

> 우상을 무엇에다 쓸 수 있겠느냐?
> 사람이 새겨서 만든 것이 아니냐?
> 거짓이나 가르치는, 부어 만든 우상에게서
> 무엇을 얻을 수 있겠느냐?
> 그것을 만든 자가
> 자신이 만든 것을 의지한다고 하지만,
> 그것은 말도 못하는 우상이 아니냐?
> 나무더러 '깨어나라!' 하며,
> 말 못하는 돌더러
> '일어나라!' 하는 자야.
> 너는 망한다!
> 그것이 너를 가르치느냐?
> 기껏 금과 은으로 입힌 것일 뿐,
> 그 안에는 생기라고는
> 전혀 없는 것이 아니냐?
> 나 주가 거룩한 성전에 있다.
> 온 땅은 내 앞에서 잠잠하여라.
> (하박국 2:18-20)

"새겨서 만든 형상"(=우상)이 교리・종교・예배에 속한 거짓을 뜻하기 때문에, 그리고 그것이 자기총명에서 비롯되었기 때문에 그것 안에는 영적인 생명이 전혀 없기 때문에, "우상을 무엇에다 쓸 수 있겠느냐? 사람이 새겨서 만든 것이 아니냐? 거짓이나 가르치는 부어 만든 우상에게서 무엇을 얻을 수 있겠느냐?"(=새긴 형상이 그것을 새겨 만든 자에게 무엇이 유익하겠으며, 부어 만든 형상과 거짓말의 선생을 만든 자가 그것을 신뢰하는 것이 그 만든 자에게 무슨 유익이 있겠느냐?)는 말씀이 언급되었습니다. 여기서 "거짓말"(a lie)은 거짓을 뜻하고, "선생과 거짓말을 만든 자"는 그가 그것을 고안하였다는 것을 뜻합니다. 그리고 "그것 안에 총명이나 생명이 없다"는 것을 뜻하고, 그리고 그것에서 비롯되었다는 것"은 "그는 말 못하는 신들(=우상들)을 만들었고, 그리고 그 속에는 호흡(=생기)이 전혀 없다"는 말씀이 뜻합니다. 그리고 교리·종교·예배의 모든 진리가 오직 주님에게서 비롯된다는 것은 "주께서는 거룩한 성전에 있다"는 말씀이 뜻합니다. "거룩한 성전"(temple of holiness)은, 신령진리가 있는 곳이나 신령진리가 비롯된 곳인 천계를 뜻합니다.

[9] 시편서의 말씀입니다.

> 이방 나라의 우상은
> 금과 은으로 된 것이며,
> 사람이 손으로 만든 것이다.
> 입이 있어도 말하지 못하고,
> 눈이 있어도 볼 수 없으며,······.
> (시편 115 : 4, 5 ; 135 : 15, 16)

"이방 나라의 우상은 금과 은으로 된 것이다"는 말씀은 내적인 것이 없는 외적인 예배를 뜻하고, 이해하지 못한 성경말씀의 문자의 뜻에 의하여, 그리고 감관들에 속한 오류들에 의하여 확증된 외적인 예배를 뜻합니다. "사람의 손으로 만든 것"은 자기총명에서 비롯된 것을 뜻합니다. "손으로 만든 것(=작품)이 자기총명에서 비롯된 것을 뜻한다는 것은 앞 단락을 참조하십시오. "그들은 입이 있어도 말하지 못하고, 눈이 있어도

9장 1-21절　　　　　　　　　　　　　　　　351

볼 수 없다"는 것은 이런 것들로부터는 그 어떤 생각(=사상)이나 진리의 이해가 전혀 없다는 것을 뜻합니다.

587[C]. [10] 사람의 자아(=고유속성)가 악 이외에 아무것도 아니기 때문에 자기총명에서는 거짓 이외에 아무것도 나오지 않습니다. 왜냐하면 그것은 자기 자신의 사랑과 자기 자신의 총명을 의지, 선호하기 때문입니다. 그러므로 이런 것들은 진리들을 목적해서 진리들을 찾지 않고, 다만 자신의 명예·명성·광영·재물을 목적해서 진리들을 찾습니다. 그리고 이런 것들이 지배적인 것일 때 천계는 그의 빛과 함께 입류할 수 없고, 그리고 시각이나 영적인 통찰력(enlighten)을 열 수 없고, 결과적으로 어둠 속에 있는 그들은 올빼미·두더지·박쥐 같이 봅니다. 이사야서의 말씀입니다.

　　우상들은 다 사라질 것이다.……
　　그 날이 오면, 사람들은,
　　자기들이 경배하려고 만든
　　은 우상과 금 우상을
　　두더지와 박쥐에게 던져 버릴 것이다.
　　(이사야 2 : 18, 20)

예레미야서의 말씀입니다.

　　가뭄(=칼)이 땅의 물을 치니,
　　물이 말라 버린다.
　　바빌로니아는
　　온갖 우상을 섬기는 나라이니,
　　그 땅에 사는 사람들이
　　그 끔찍스러운 우상들 때문에
　　미쳐 버릴 것이다.
　　그러므로 바빌론 도성에서는

> 사막의 짐승들과 이리들(=섬들의 들짐승들)이 함께 살고,
> 타조들(=올빼미)도 그 안에서 살 것이다
> (예레미야 50 : 38, 39)

여기서 "그 땅의 가뭄"(=칼)은 거기에 진리가 전혀 없는 것을 뜻하고, "사막의 짐승들과 섬들의 들짐승들"은 지옥적인 거짓들이나 악들을 뜻하고, "올빼미"(=올빼미의 딸들)은 거짓에 속한 정동을 뜻합니다. 이 구절은 갈대아와 바빌론에 관해서 언급하고 있는데, 그것들은, 지배나 통치를 목적해서 자신들을 위해 그런 것들을 고안, 만든, 온갖 악들을 의지하고, 선호하는 거짓들에 의한 진리와 선의 모독이나 악용을 뜻합니다.

[11] 호세아서의 말씀입니다.

> 그런데도 그들은 거듭 죄를 짓고 있다.
> 은을 녹여 거푸집에 부어서
> 우상들을 만든다.
> 재주껏 만든 은 신상들,
> 그것들은 모두
> 세공업자들이 만든 것인데도,
> 그들은,
> 이 신상 앞에 제물을 바치라고 하면서,
> 송아지 신상들에게 입을 맞춘다.
> (호세아 13 : 2)

"주조한 우상"(=거푸집에 부어서 만든 우상)은 자기총명에서 비롯된 교리적인 것을 뜻하기 때문에, "그들은 은으로 우상들을 부어 만들고, 자기들의 고안대로 우상들을 만들었으며, 그 모두가 세공업자들(=장인들)이 만든 것이다"는 말씀이 언급되었습니다. 그리고 그들이 그것에 의하여 영적인 생명을 파괴하고, 철저히 자연적인 것을 드러내기 때문에, "희생제물을 드리

는 자들은 송아지들에게 입을 맞춘다"고 언급하였습니다. 여기서 "희생제물인 사람"(=사람을 바친다는 것)은 영적인 생명을 파괴하는 것을 뜻하고, "송아지들에게 입을 맞춘다"는 것은 철저하게 자연적이 되는 것을 뜻합니다.
[12] 이사야서의 말씀입니다.

> 보아라. 이 모든 우상은 쓸모가 없으며,
> 그것들은 아무것도 할 수 없다.
> 부어 만든 우상은 바람일 뿐이요,
> 헛것일 뿐이다.
> (이사야 41 : 29)

교리에 속한 악들, 종교에 속한 악들, 예배에 속한 악들은 "이 모든 우상은 쓸모가 없으며, 그들의 모든 것들은 아무것도 아니다"(=그들의 작품은 아무것도 할 수 없다)는 말씀이 뜻합니다. 그리고 거짓들은 "그들이 부어 만든 우상을 바람일 뿐이요, 헛것일 뿐이다"는 말씀이 뜻합니다. 여기서 "바람이나 헛것"은 성경말씀에서 자아(=고유속성)에서 비롯된 거짓들에 관해서 서술하고 있습니다. 예레미야서의 말씀입니다.

> 어쩌자고 조각한 신상과 헛된 우상을
> 남의 나라에서 들여다가,
> 나를 노하게 하였느냐?
> (예레미야 8 : 19)

"남의 나라의 헛된 것"(=이방의 헛된 것 · vanities of aliens)은 역시 종교에 속한 거짓들을 뜻하고, "조각한 우상들"(=신상들)도 같은 뜻인데, 그러므로 "그들의 새긴 우상들과 이방의 헛된 것들"이라는 말이 언급되었습니다.

[13] 에스겔서의 말씀입니다.

> 이스라엘 족속 가운데서 누구든지, 우상들을 마음으로 떠받들고, 걸려 넘어져서 죄를 짓게 하는 올가미를 앞에 두고 예언자에게 오면, 나 주가 직접 그 많은 우상에 관해서 그에게 답변하겠다(에스겔 14 : 4).

여기서도 역시 "우상들"(=신상들·idols)은 자기총명에서 비롯된 교리에 속한 거짓들을 뜻합니다. 이런 거짓들을 영접, 수용하는 것이나 그것들을 시인하는 것은 "마음으로 떠받드는 우상들을 만드는 것"이 뜻합니다. 그리고 그것들에 의하여 감화되고, 그것들에 일치하여 산다는 것은 "자기 얼굴 앞에 자기 죄악의 방해물을 놓는다"(=걸려 넘어져서 죄를 짓게 하는 올가미를 앞에 둔다)는 말씀이 뜻합니다. 주님께서는, 이런 자들에 대하여, 그들이 이런 거짓들 안에 머물고 있는 한, 교리에 속한 진정한 진리들을 계시할 수 없다는 것은 선지자에게 나오는 이스라엘 집의 각 사람에게 "나 주가 직접 그 많은 우상에 관하여 그에게 답변하겠다"는 말씀이 뜻합니다. 여기서 예언자는 진리들을 가르치는 자를 뜻하고, 추상적인 뜻으로는 주님에게서 비롯된 순수한 진리의 교리를 뜻합니다. 그리고 "그 많은 우상들"(a multitude of idols)은 끝없이 많은 거짓들을 뜻합니다. 왜냐하면 원칙이라고 믿는 한 거짓에서는 온갖 거짓들이 끝없이 나오기 때문이고, 그리고 그것들의 관계에서 연속적으로 거짓들과 더불어 함께 나오기 때문입니다. 이러한 것이 복수로 "우상들"이라고 그들이 불리운 이유이고, 그리고 "그 많은 우상들"이라고 불리운 이유입니다.

[14] 같은 책의 말씀입니다.

> 내가 너희에게 맑은 물을 뿌려서 너희를 성결하게 하며, 너희의 온

갖 더러움과 너희가 우상들을 섬긴 모든 더러움을 깨끗하게 씻어 주겠다(에스겔 36 : 25).

"우상들"이 교리의 거짓들을 뜻하기 때문에, "내가 너희에게 맑은 물을 뿌린다"고 언급되었습니다. 여기서 "맑은 물"(clean water)은 순수한 진리들(=진짜 진리들)을 뜻하고, "그들에게 그것을 뿌린다"는 것은 거짓들로부터 정화하는 것을 뜻합니다. 여기서 이런 거짓들이 "너희의 온갖 더러움"이라고 하였습니다. 그것은 그것들이 악에서 비롯된 거짓들이기 때문에, 그리고 악을 생성하는 거짓들이기 때문입니다.

[15] 미가서의 말씀입니다.

> 내가 사마리아를 빈 들의 폐허로,
> 포도나 가꿀 밭으로 만들겠다.
> 그 성의 돌들은 골짜기에 쏟아 붓고,
> 성의 기초가 드러나게 하겠다.
> 새겨서 만든 우상을 모두 박살내고,
> 몸을 팔아서 모은 재물을 모두 불에 태우고,
> 우상을 모두 부수어서
> 쓰레기 더미로 만들겠다.
> 몸을 팔아서 화대로 긁어 모았으니,
> 이제, 모든 것이
> 다시 창녀의 몸값으로 나갈 것이다.
> (미가 1 : 6, 7)

"우상숭배적인 것이 된 사마리아"는 교리의 진리들이나, 삶의 선들에 관해서 황폐하게 된 교회를 표징합니다. 그리고 또한 교리의 거짓들이나, 삶의 악들에 의하여 파괴된 교회를 표징합니다. 교회의 모든 진리들에 대한 황폐는 "들의 무더기"(=폐허)로 만들고 "골짜기에 그 돌은 쏟아 붓고, 성의 기초가 드러나게 하겠다"는 말씀이 뜻합니다. 여기서 "들"(field)은 교회를 뜻하고, "들의 무더기"(=폐허)는 그것의 황폐를 뜻하고, "돌들"(stones)은 교회에 속한 진리들을 뜻하고, "기초들"(foundations)은 교회가 그 위에 세워진 자연적인 진리들을 뜻합니다. 이런 것들의 완전한 황폐는 "돌들은 골짜기에 쏟아 붓고, 성의 기초들이 드러날 것이다"는 말씀이 뜻합니다. 교리의 거짓들에 의한 그 교회의 멸망(=파괴)은 "그것의 새겨서 만든 우상들은 모두 박살날 것이고, 그것의 우상들은 쓰레기 더미가 될 것이다"는 말씀이 뜻합니다. "불사르게 될 음행의 대가들"(=몸을 판 화대)은 자기사랑과 세상사랑을 의지하고, 선호하는 것들의 적용들에 의한 진리의 위화를 뜻합니다.

587[D]. "새겨 만든 우상들"(graven images)이나 "부어서 만든 우상들"(molten images)이나 "우상들"은 아래 장절에서 동일한 뜻을 갖습니다. 이사야서의 말씀입니다.

> 내가 이미
> 우상을 섬기는 나라들을 장악하였다.
> 예루살렘과 사마리아가 가진 우상보다
> 더 많은 우상을 섬기는 왕국들을
> 장악하였다.
> 내가 사마리아와 그 조각한 우상들을
> 손에 넣었거늘,
> 예루살렘의 그 우상들을
> 그렇게 하지 못하겠느냐?
> (이사야 10 : 10, 11)

같은 책의 말씀입니다.

> 너는,
> 네가 조각하여 은을 입힌 우상들과,

9장 1-21절

네가 부어 만들어 금을 입힌 우상들을,
부정하게 여겨, 마치 불결한 물건을
내던지듯 던지면서
"눈 앞에서 없어져라" 하고 소리 칠 것이다.
(이사야 30 : 22)

역시 같은 책의 말씀입니다.

너희 각 사람이 너희 손으로 직접
은 우상과 금 우상을 만들어 죄를 지었으나,
그 날이 오면,
그 우상을 다 내던져야 할 것이다.
(이사야 31 : 7)

또 같은 책의 말씀입니다.

네가
"내 우상이 이 일을 이루었으며,
내가 조각한 신상과 부어 만든 신상이
이 일을 명령한 것이다"
라고 말하지 못하게 하려는 것이다.
(이사야 48 : 5)

또 같은 책의 말씀입니다.

깎아 만든 우상을 믿는 자와
부어 만든 우상을 보고
'우리의 신들이십니다' 하고 말하는 자들은,
크게 수치를 당하고 물러갈 것이다.
(이사야 42 : 17)

같은 책의 말씀입니다.

> 파수꾼이 외친다.
> 온종일 망대 위에 서 있다.
> 밤새 경계 구역을 계속 지키고 있다.……
> 파수꾼이 보고한다.
> "바빌론이 함락되었다!
> 바빌론이 함락되었다!
> 조각한 신상들이
> 모두 땅에 떨어져서 박살났다."
> (이사야 21 : 8, 9)

에스겔서의 말씀입니다.

> 번제물을 바치는 너희의 제단이 폐허가 되고, 너희가 분향하는 제단이 부서질 것이다. 너희 가운데서 칼에 맞아 죽은 사람들을, 너희의 우상들 앞에 던져 버리겠다. 또 나는 이스라엘 백성의 시체를 가져다가 그들의 우상 앞에 놓고, 너희의 해골을 모든 제단의 둘레에 흩어 놓겠다(에스겔 6 : 4, 5).

미가서의 말씀입니다.

> 그 날이 오면……
> 너희가 새긴 우상을 파괴하여 버리고,
> 신성하게 여긴 돌 기둥들도 부수어 버려서,
> 다시는 너희가 만든 그런 것들을
> 너희가 섬기지 못하게 하겠다.
> (미가 5 : 10, 13)

레위기서의 말씀입니다.

내가 높은 곳에 있는 너희의 산당들을 모조리 부수며, 분향단들을 다 헐고, 너희의 시체를 너희가 섬기는 그 우상들의 시체 위에다 쌓아 놓을 것이다. 나는 도저히 너희를 불쌍히 여길 수 없다(레위기 26 : 30).

신명기서의 말씀입니다.

너희는 그들의 신상을 불살라 버리고, 그 위에 입힌 금이나 은을 탐내지 말며, 빼앗지도 말아라. 그것 때문에 너희가 올가미에 걸릴까 두렵다. 그런 행위는 주 너희의 하나님이 미워하시는 것이다(신명기 7 : 25).

같은 책의 말씀입니다.

"대장장이를 시켜서, 주께서 역겨워하시는 우상을 새기거나 부어 만들어서, 그것을 은밀한 곳에 숨겨 놓는 자는 저주를 받는다" 하면 모든 백성은 '아멘'하고 응답하여라"(신명기 27 : 15).

[17] "금 · 은 · 구리 · 돌 · 나무로 만든 우상들"은 같은 뜻을 가지고 있습니다. 다니엘서의 말씀입니다.

벨사살 왕은 술을 마시면서 명령을 내려서, 그의 아버지 느부갓네살 왕이 예루살렘 성전에서 가져 온 금 그릇과 은 그릇들을 가져오게 하였다.…… 왕과 귀한 손님과 왕비들과 후궁들이 그것으로 술을 마셨다. 그들은 술을 마시고서, 금과 은과 동과 철과 나무와 돌로 만든 신들을 찬양하였다. 그런데 바로 그 때에 갑자기 사람의 손이 나타나더니, 촛대 앞에 있는 왕궁 석고 벽 위에다가 글을 쓰기 시작하였다.…… 부친께서 마음이 높아지고 생각이 거만해지셔서, 교만하게 행동을 하시다가, 왕위에서 쫓겨나셔서…… 사람 사는 세상에서 쫓겨나시더니, 그의 마음은 들짐승처럼 되셨고, 들나귀와 함께 사셨으며, 소처럼 풀을 뜯으셨고, 몸은 하늘에서 내리는 이슬로 젖으셨습니다(다니엘 5：2-21).

여기서 "예루살렘 성전의 금 그릇들과 은 그릇들"은 교회에 속한 거룩한 선과 진리들을 뜻하고, 그 때 바벨론 왕이 찬양한 금과 은과 동과 철과 나무와 돌로 만든 신들은 "우상들"의 뜻과 동일한 뜻을 가지고 있습니다. 그리고 이런 것들은 교리와 예배에 속한 악들과 거짓들을 뜻합니다. 그리고 "찬양한다"(to praise)는 것은 예배하는 것을 뜻하고, 그리고 "예루살렘 성전에서 가져온 그릇들로 술을 마시고, 동시에 그들의 신들을 찬양하고, 예배한다"는 것은 예배에서 악들이나 거짓들에 의하여 선과 진리의 모독이나 악용을 뜻합니다. 이런 모독이나 악용에 의하여 사람 안에 있는 모든 영적인 것이 파괴되었기 때문에, 그리고 영적인 것이 결여된 사람은 사람이 아니기 때문에, 그러므로 느부갓네살 왕은 사람에게서 쫓겨났고, 들짐승같이 되었습니다.

[18] 내적인 것이 결여된 외적인 것은 결코 예배될 수 없기 때문에, 그러나 다만 내적인 것에서 비롯된 외적인 것, 따라서 외적인 것 안에 있는 내적인 것이 예배될 수 있기 때문에, 따라서 땅 위의 어떤 살아 있는 모양의 새긴 형상(graven image)을 만드는 것을 금하고 있습니다. 신명기서의 말씀입니다.

> 남자의 형상이든지, 여자의 형상이든지, 너희 스스로가 어떤 형상을 본떠서도, 새긴 우상을 만들지 않도록 하여라. 우상을 만드는 것은 스스로 부패하는 것이다. 땅 위에 있는 어떤 짐승이나, 하늘에 날아 다니는 어떤 새의 형상이나, 땅 위에 기어다니는 어떤 동물의 형상이나, 땅 아래 물 속에 있는 어떤 물고기의 형상으로라도 우상을 만들어서는 안 된다(신명기 4：16-18 ; 5：8).

이것은, 유대 민족이 다른 민족들에 비하여 내적인 것이 결여된 외적인 것에 있었기 때문에, 따라서 그 민족이 거룩하다고 부르는 외적인 것들의 예배에 있었기 때문에, 금지한 것입니다. 그리고 제단, 그것 위에 놓이는 제물, 회막, 성전 등등이 가리키는 천계적인 것들을 표징하는 것 이상으로 다른 외적인 것들을 예배한다는 것은 우상숭배적인 것입니다. 사실 이런 것들의 유대의 제사(=예배)는 우상 숭배적인 예배였습니다. 그러나 그들에게 있었던 교회가 표징적인 교회였기 때문에, 비록 그것이 그들의 영혼의 측면에서 감동을 주지 못하였지만, 그들의 예배는 그 표징의 목적 때문에, 수용되었다는 것은 《천계비의》에서 그 민족에 관해 입증된 다양한 것들에게서 잘 알 수 있습니다(그 책에서 발췌한 《새 예루살렘의 교리》248항 참조). 그것이 명령된 이외의 장소에 있었던 광야시절의 천막이나, 성전 밖이나, 예루살렘 성전 안에 있었던 외적인 예배는 표징적인 것의 직관적 통찰(intuition)이 없는 표징 자체였고, 따라서 그 어떤 천계적인 것에서 분리된 철저한 세상적인 예배였기 때문에, 그러므로 그들이 자기 자신들을 위해서 이런 것들에 속한 형상들을 만들지 않는 정도까지 금지되었습니다. 왜냐하면 그 민족의 기질이나 본성은, 그들이 그것들을 보는 순간 그들이 그것들을 숭배, 예배하는 그런 것이었기 때문입니다.

[19] 우상숭배적인 민족이 사람들뿐만 아니라 다양한 종류의 짐승들, 새들, 땅을 기는 것들의 형상을 숭배, 예배하였다는 것은 이런 대상물들이 천적인 것들이나 영적인 것을 뜻한다는 고대 사람들에게서 비롯된 그것의 취급에서 비롯되었습니다. 예를 들면 "짐승들"은 정동들을 뜻한다는 것, "새들"은 그것에서 비롯된 생각(=사상)을 뜻한다는 것, "기는 것들이나 물고기들"은 감관적 자연적인 사람 안에 있는 동일한 것을 뜻한다는

것입니다. 이렇게 볼 때 내적인 것이 결여된 외적인 예배 안에 있는 자들이 이런 대상물들이 뜻하는 천계나 교회에 속한 거룩한 것에 관해서 들었을 때, 그들은 그것들을 예배하기 시작하였습니다. 이집트 사람들이나 그들에게서 비롯된 광야나, 그 뒤 사마리아에 있었던 이스라엘 자손들은 송아지들을 숭배, 예배하였습니다. 그것은 고대 사람들에게서 "송아지들"(calves)은 자연적인 사람의 선한 정동을 뜻하였기 때문입니다.

588. 그것들은 보거나 듣거나 걸어 다니지 못한다.
이 말씀은 그것 안에나, 그것에서부터는 진리의 이해나 선의 지각에 속한 것은 아무것도 없다는 것, 따라서 영적인 생명에 속한 것은 전무(全無)하다는 것을 뜻합니다. 이러한 내용은 진리를 이해하는 것을 가리키는 "본다"(to see)는 말의 뜻에서(본서 11 · 260[A] · 529항 참조), 그리고 지각하고, 복종하는 것을 가리키는 "듣는다"(to hear)는 말의 뜻에서(본서 14 · 249항 참조), 그리고 지각하는 이해를 가지고 있다는 것을 가리키는 "듣는다"는 말의 뜻에서(본서 529항 참조), 그리고 영적으로 사는 것을 가리키는, 주님과의 관계에서는 삶 자체를 가리키는 "걷는다"(to walk)는 말의 뜻에서(본서 97항 참조) 잘 알 수 있습니다. 이렇게 볼 때 명확한 것은 "보지 못하고, 듣지 못하고, 걷지 못한다"는 것은 거기에 진리의 이해, 선의 지각, 그리고 그것에서 비롯된 영적인 삶 등이 전혀 없다는 것을 뜻한다는 것입니다. 그리고 이것들은 우상들 안에, 또는 그것들로 말미암아 존재하지 않는다는 것입니다. 왜냐하면 "우상들"은 교리 · 종교 · 예배에 속한 거짓들을 뜻하기 때문이고, 그리고 이런 것들은 거짓들 안에 있지 않고, 오히려 선에게서 비롯된 진리들 안에 있고, 그리고 모든 이해는 진리들 안에 있고 진리들로 말미암아 존재하기 때문이고 그리고 모든 지각은 선에 속한 의지로 말미암아 존재하기 때문입니다. 결과적으로 영적인 생명에 존재하기 때문입니다. 결론적으로 말하겠습니다. 영적인 생명이 진리의 이해나 선의 의지에서 비롯된 지각 안에 존재하기 때문입니다. 왜냐하면 진리들은 천계의 빛 안에 있고, 그리고 매우 그렇기 때문에 진리들은 천계에 있는 빛을 자신에 주기 때문입니다. 이것은 주님에게서 발출하는 신령진리가 영계에서 모든 진리들을 만들기 때문이고, 그리고 그 빛은 모든 총명이나 지혜를 천사들에게 주기 때문입니다. 진리들 자체는 빛에 속한 것이기 때문에 그것에서 뒤이어지는 것은 거짓들은 전혀 빛에 속한 것이 아니라는 것입니다. 왜냐하면 거짓들은 빛을 소멸시키기 때문입니다. 결과적으로 거짓들은 성경말씀에서 "어둠"(darkness)이라고 불리웠기 때문입니다(본서 526항 참조). 그리고 거짓들이 어둠이기 때문에, 그것들은 영적인 죽음의 그림자(the shadow of spiritual death)입니다. 그러나 여기서 꼭 주지하여야 할 것은 악에 속한 거짓들은 이런 흑암(=어둠) 따위를 형성하지만 악에서 비롯되지 않은 거짓들은 그런 흑암을 형성하지 못한다는 것입니다. "듣는다"(to hear)는 것은 선에 속한 의지에서 비롯된 지각을 뜻하고, 그리고 그것에서 비롯된 복종이나 순종을 뜻합니다. 말(言語·speech)은 소리와 더불어 동시에 귀에 들어가기 때문에, 그리고 발설된 진리들은 이해에 들어가고, 그리고 그것으로 말미암아 생각에 들어가지만, 한편 소리들(=발음들·sounds)은 의지에 들어가고, 그것으로 인하여 정동에 들어갑니다. 영계에서 소리들(=음성들)이 의지에 속한 정동들을 나타내고, 생성한다는 것이나, 그리고 소리의 낱말들(the words of the sound)은 이해에 속한 생각(=사상)을 나타내고, 생성한다는 것은 《천계와 지옥》236·241항에서 볼 수 있고, 그리고 본서 323[A]에서 볼 수 있습니다. 이렇게 볼 때 "듣는다" "경청한다"(to hearken)는 것이 역시 복종하는 것을 뜻하는 이유를 알 수 있겠고, 그리고 "귀"(the ear)나 "들음"(hearing)이 복종을 뜻하는 이유를 알 수 있겠습니다.

589. 21절. 그들은 살인을 회개하지 않았습니다.
이 말씀은 그들 자신이 진리의 이해에 속한, 선의 의지에 속한, 그리고 그것에서 비롯된 영적인 삶에 속한 것들의 소멸에서 실제적으로 떠나지 않았다는 것을 뜻합니다. 이러한 뜻은, 자기 자신이 실제적으로 떠나는 것(turning away)을 가리키는 "회개한다"는 말의 뜻에서(본서 584[A]항 참조) 그리고 진리의 이해, 선의 의지, 그리고 그것에서 비롯된 영적인 삶의 절멸(=소멸·extinction)을 가리키는 "살인들"(murders)의 뜻에서, 잘 알 수 있습니다. 왜냐하면 "사람"(man)은 진리의 이해나 지혜를 뜻하기 때문이고(본서 280·546·547항 참조), 그리고 "죽인다"(to kill)는 것이 악에 속한 거짓들에 의하여 영적인 생명(=삶)을 소멸시키는 것을 뜻하기 때문입니다(본서 315·547·572항 참조). "살인"(murder)이나 "고살"(故殺·manslaughter)은 영적인 생명들의 소멸을 뜻한다는 것은 성경말씀의 여러 장절들의 입증 없이도 잘 알 수 있습니다. 이렇기 때문에 여기서 개별적인 것들은 영적으로 반드시 이해되어야 하겠습니다. 그리고 영적으로 "죽인다"(to kill)는 것은 영적인 생명을 소멸시키는 것을 가리키는데, 이런 일은 악에 속한 거짓들에 의하여 행해집니다.

[2] 이러한 내용이 요한복음서에서 주님에 의하여 악마가 "처음부터 살인자"였다고 불리운 이유입니다. 요한복음서의 말씀입니다.

> 너희는 너희의 아버지인 악마에게서 났고, 또 그 아버지의 욕망대로 하려고 한다. 그는 처음부터 살인자였다. 또 그는 진리 편에 서 있지 않다. 그것은 그 속에 진리가 없기 때문이다. 그가 거짓말을 할 때에는 본성에서 그렇게 하는 것이다. 그는 거짓말쟁이요, 거짓의

아버지이기 때문이다(요한 8 : 44).

이 장절은 악에 속한 거짓들에 의한 그 민족의 온갖 우상숭배들이나 전통(傳統)들을 통하여 영적인 생명을 소멸시킨 유대민족 자체를 뜻합니다. "거짓의 아버지"는 그들의 조상들을 뜻하고, 그들이 악들에 속한 거짓들에 의하여 영적인 생명을 소멸시켰기 때문에, 그 속에 진리가 없기 때문이고, "그가 거짓말을 할 때에는 본성에서 그렇게 하는 것이다. 그는 거짓말쟁이요, 거짓의 아버지이기 때문이다"고 언급되었습니다. 여기서 "거짓말"(a lie)은 성경말씀에서는 악에 속한 거짓을 뜻하기 때문입니다.
[3] "살인"이나 "거짓말"은 묵시록서의 아래 말씀에서도 동일한 뜻을 가지고 있습니다. 묵시록서의 말씀입니다.

> 개들과 마술쟁이들과 음행하는 자들과 살인자들과 우상숭배자들과 거짓을 사랑하고 행하는 자는 다 바깥에 남아 있게 될 것이다(묵시록 22 : 15).

악에 속한 거짓들에 의하여 모든 신령진리들을 파괴, 소멸하는 자들을 "바빌론"이 뜻하기 때문에, 바빌론은 이렇게 불리웠습니다. 이사야서의 말씀입니다.

> 너는 가증스러운 가지처럼 네 무덤에서 버려졌고, 칼에 찔려 구덩이 속의 돌로 내려가는 죽은 자들의 옷 같고, 발밑에 밟힌 시체 같도다. 너는 그들과 함께 매장되지 못하리니, 이는 네가 네 땅을 멸망시켰고, 네 백성을 죽였기 때문이다(이사야 14 : 19, 20).

이 구절은 바빌론에 관해서 언급하고 있습니다. 그들은 "칼에 찔렸다"고 언급되었는데, 그들은 악에 속한 거짓들에 의하여 멸망된 자들입니다. "땅을 멸망시켰다"는 것은 교회를 파괴하는 것을 뜻하고, "백성을 죽였다"는 것은 교회의 진리들을 소멸시키는 것을 뜻합니다.

590. 그들은 복술과 음행을 회개하지 않았습니다.
이 말씀은 선을 왜곡, 타락시키고, 진리를 위화하는 것에서 실제적으로 떠나지 않았다는 것을 뜻합니다. 이러한 내용은, 이것에 관해서는 곧 언급하겠지만, 선의 악용이나 타락을 가리키는 "복술"(卜術 · enchantments)의 뜻에서, 그리고 진리의 위화들을 가리키는 "음행"의 뜻에서(본서 141 · 161항 참조) 잘 알 수 있습니다. "복술"이 영적인 뜻으로 선의 악용이나 타락을 뜻한다는 것은 이런 사실에서, 다시 말하면 "음행들"과의 연관에서 그것들이 언급된 것에서 잘 알 수 있겠습니다. 그리고 "음행들"은 진리의 위화들을 뜻합니다. 그리고 성경말씀에서 진리가 다루어지는 곳에서는 선이 다루어지는데 그것은 성경말씀의 모든 개별적인 것 안에는 신령 천적인 혼인에 관해서 다루어지고 있기 때문입니다. 더욱이 여기서 언급된 것은 "살인 · 복술 · 음행의 회개"이기 때문입니다. 그리고 "살인들"은, 의지에 속한 선의 정동의 소멸을 뜻하고, 그리고 이해에 속한 진리의 지각의 소멸을 뜻합니다(본서 589항 참조). 성언에 속한 선이 왜곡, 타락될 때, 의지에 속한 선의 정동은 소멸되고, 한편 성언의 진리가 위화될 때 이해에 속한 진리의 지각은 소멸됩니다. 이러한 내용은 여기서 "복술들"이 뜻하는 것이 무엇인지 명확하게 합니다.

[2] 고대에서 널리 행해지고 있었던 마술(魔術 · 주술 · 呪術 · magic)이라고 부르는 수많은 종류의 지옥적인 술책들(infernal arts)이 있었습니다. 이것들 중에서 몇몇은 성경말씀에 열거되었는데, 예를 들면 신명기서 18장 9-11절이 되겠습니다. 이것들 중에 역시 "복술"도 있는데, 그것에 의하여 그들은 다른 자

들이 저항, 방해하지 못하게 하는 정동들이나 쾌락들을 야기시 켰습니다. 이러한 일은 중얼중얼거리는 소리들이나, 말들에 의 하여 행해졌습니다. 그것은 그들이 발표, 중얼거린 것입니다. 그리고 이런 것들은 유사한 대응들에 의하여 다른 자의 마음 과 소통하고, 그리고 다른 자의 감정을 자극하고, 때로는 다른 자로 하여금 그 어떤 특정한 방법으로 원하고, 생각하고, 행하 도록 꼼짝 못하게 사로잡기도 합니다. 이런 부류의 복술들은 예언자들 역시 능숙하였고, 그리고 채용되었습니다. 그리고 그 런 것들에 의하여 그들은 선한 정동들을 자극, 선동하였고, 때 로는 경청이나 복종 따위를 선동, 자극하였습니다. 좋은 뜻으 로 이런 황홀이나 그런 상태가 성경말씀에 거명되었는데, 예를 들면 이사야 3 : 1-3, 20 ; 26 : 16 ; 예레미야 8 : 17 ; 시편 58 : 4, 5이 되겠습니다. 그러나 악한 사람은 나쁜 감정들을 그 런 발설들이나 중얼거림들에 의하여 자극, 선동하였기 때문에, 따라서 복술 따위는 마술적인 것이나 마법적인 것이 되었기 때문에, 그것들은 마술적인 술책들 가운데 열거되었고, 그리고 엄격하게 금지되었습니다(신명기 18 : 9-11 ; 이사야 47 : 9, 12 ; 묵시록 18 : 23 ; 22 : 15). 그것은 또한 발람이나 이세벨을 참고 하십시오.

591. 그들은 도둑질을 회개하지 않았습니다.
이 말씀은 진리나 선에 속한 지식들을 취하지 않았다는 것, 따 라서 자신들을 위한 영적인 생명을 획득하는 방법을 취하지 않았다는 것을 뜻합니다. 이러한 내용은 어느 누구에게서 선이 나 진리의 지식들을 취하는 것을 뜻하는 "도둑질"(theft)이나 "절도"(stealing)의 뜻에서 잘 알 수 있는데, 그 지식들은 자기 자신을 위한 영적인 생명을 획득하기 위한 방법으로 종사하는 것입니다. "도둑질"이나 "절도"가 이런 뜻을 가지는 것은, 도 둑들이 가지고 가는 "재물"(wealth)·"의류들"(raiment) "가정

용품들"(utensils)이나 그 밖의 다른 것들도 진리와 선의 지식들을 뜻하기 때문이고, 그러므로 영적인 도둑질, 즉 영적인 뜻으로 도둑질은 이런 것들을 가져가는 것을 뜻합니다. 그것은 자연적인 도둑질, 또는 자연적인 뜻으로 도둑질은 전자의 것을 가져가는 것을 가리킵니다. 이러한 내용이 "도둑질"의 뜻이라는 것은 이러한 것, 다시 말하면 다른 자에게 있는 영적인 생명의 소멸은 우리의 본문에서 개별적으로 다루어진 것에서, 그리고 영적인 생명이 선의 왜곡이나 타락에 의하여, 그리고 진리의 위화에 의하여, 그리고 또한 그것에 의하여 영적인 생명을 획득하는 진리와 선의 지식의 박탈에 의하여 소멸이 다루어진 것에서 잘 알 수 있겠습니다. 이런 것의 모든 뜻이나 내용은, 이미 앞에서 입증한 것과 같이, "살인·복술·음행·도둑질" 따위가 뜻합니다.

묵시록해설[8]권 끝

□ 옮긴이 약력

이 영 근 서강대학교 경상대학 경제학과, 중앙대학교 사회개발 대학원 사회복지학과, 한국 새교회 신학원에서 공부하였으며, 예수교회 목사로 임직한 이후 예수교회 공의회 의장을 역임하였고, 월간「비지네스」편집장, 월간「산업훈련」편집장, 한국 IBM(주) 업무관리부장을 역임하였다. 현재 예수+교회 제일예배당 담임목사이고, 「예수 + 교회」 발행인 겸 편집인, 도서출판〈예수인〉대표이다. 역서로는 스베덴보리 지음 <창세기1·2·3장 영해>(1993),<순정기독교 상·하>(공역·1995),<최후심판과 말세>(1995), 우스터 지음<마태복음 영해>(1994), 스베덴보리 지음<천계비의1권>아담교회·2권 노아교회[1]·3권 노아교회[2]·4권 표징적 교회[1]·5권 표징적 교회[2]·6권 표징적 교회[3]·7권 표징적 교회[4]·8권 표징적 교회[5]·9권 표징적 교회[6]·10권 표징적 교회[7]·11권 표징적 교회[8]·12권 표징적 교회[9]와 13권 표징적 교회[10]·14권 표징적 교회[11]·15권 표징적 교회[12]·16권 표징적 교회[13]·17권 표징적 교회[14]·18권 표징적 교회[15]·19권 표징적 교회[16]·20권 표징적 교회[17]<천계와 지옥(上·下)>(공역·1998),<신령사랑과 신령지혜>(공역·1999), <혼인애>(2000)<새로운 교회·새로운 말씀>(공역·2001), <스베덴보리 신학 총서(上·下)>(2002), <영계일기[1]>(공역·2003)·<영계일기[2]>공역·2006)·<영계일기[3]>(공역·2008),<묵시록해설[1-6]>, <새로운 교회의 사대교리>(2003)와 저서로는 <이대로 가면 기독교 또 망한다>(2001), 성서영해에 기초한 설교집 <와서 보아라>[1]·[2](2004)와 [3](2005)과 편찬으로는 <천계비의 색인·용어 해설집>이 있다.

묵시록 해설 [8]
─묵시록 9장 1-21해설─

2016년 3월 7일 인쇄
2016년 3월 10일 발행
지은이 임마누엘 스베덴보리
옮긴이 이 영 근
펴 낸 이 이 영 근
펴 낸 곳 예 수 인

　　　 1994년 12월 28일 등록 제 11-101호
　　　 (우) 157-014
　　　 연락처·예수교회 제일예배당·서울 강서구 화곡 4동 488-49
　　　 전 화·0505-516-8771·2649-8771·2644-2188
　　　대금송금·국민은행 848-21-0070-108 (이영근)
　　　　　　　 우리은행 143-095057-12-008 (이영근)
　　　　　　　 우 체 국 012427-02-016134 (이영근)

ISBN 97889-88992-29-6 04230(set)　　　　값 19,000원
ISBN 97889-88992-69-2

◇ 예수인의 책들 ◇

순정기독교(상.하)
스베덴보리 지음 · 이모세 · 이영근 옮김 각권 값 20,000원

혼인애
스베덴보리 지음 · 이영근 옮김 값 35,000원

천계와 지옥(상 · 하)
스베덴보리 지음 · 번역위원회 옮김 각권 값 11,000원

신령사랑과 신령지혜
스베덴보리 지음 · 이모세 · 이영근 옮김 값 11,000원

최후심판과 말세
스베덴보리 지음 · 이영근 옮김 값 9,000원

천계비의 ① 아담교회
―창세기 1-5장 영해―
스베덴보리 지음 · 이영근 옮김 값 11,000원

천계비의 ②③ 노아교회 [1]·[2]
―창세기 6-8장 / 9-11장 영해―
스베덴보리 지음 · 이영근 옮김 각권 값 11,000원

천계비의 ④-⑱ 표징적 교회
[1]·[2]·[3]·[4]·[5]·[6]·[7]·[8]·[9]·[10]·[11]·[12]·[13]·[14]·[15]
―창세기
12-14/15-17/8-19/20-21/22-23/24-25/26-27/28-29/30-31/32-34/35-37/38-40/41-42장 /43-46/47-50영해―
스베덴보리 지음 · 이영근 옮김 각권 값 11,000원

천계비의 ⑲ 표징적 교회 [16]·[17]
―출애굽기1-4장/ 5-8장 영해―
스베덴보리 지음 · 이영근 옮김 각권 값 14,000원

묵시록 해설[1]·[2]
스베덴보리 지음 · 이영근 · 박예숙 옮김 각권 값 15,000원

스베덴보리 신학총서 개요 (상 · 하)
스베덴보리 지음 · M. 왈렌 엮음 · 이영근 옮김 각권 값 45,000원

영계 일기[1]·[2]·[3]
스베덴보리 지음 · 안곡 · 박예숙 옮김 각권 값 11,000원

새로운 교회의 사대교리
스베덴보리 지음 · 이영근 옮김 값 40,000원

이대로 가면 기독교 또 망한다
이영근 지음 값 12,000원

성서영해에 기초한 설교집 ≪와서 보아라≫[1]·[2]·[3]
이영근 지음 각권 값 9,000원

* 이 책들은 영풍문고 · 교보문고 · ≪예수인≫본사에서 구입할 수 있습니다.